濤石文化

濤石文化

家庭教育學

Family Education

林淑玲校閱

國立嘉義大學家庭教育研究所著

濤石文化事業有限公司
WaterStone Publishers

楊校長 序

家庭教育法於民國九十二年二月六日頒布施行,實為我國家庭教育工作推展之重要里程碑,其含義除代表政府對於國民家庭生活品質之重視之外,更為公權力提供一般家庭或弱勢家庭必要之家庭教育協助之法源依據。

然而古有明訓,「徒善不足以為政,徒法不足以自行」。法律訂得再週延、執法者再多,如果家庭教育工作人員對於家庭教育的意義、內涵、及其推展欠缺清楚的概念,將無法有效執行,民眾亦將無法因此獲益。我國家庭教育推展工作始自民國七十九年之「親職教育資源中心」之設立,嗣後本人任職教育部社教司長及次長期間,亦曾大力推動各縣市成立「家庭教育服務中心」,以擴大親職教育,建立和諧社會為主要工作,並於民國八十八年將「家庭教育服務中心」更名為「家庭教育中心」。根據行政院主計處之統計顯示,近年來台灣地區家庭之生活品質逐漸下降,包括棄嬰比率、離婚率、單親家庭比率、兒童受虐比率,及18歲以下離家出走人口率皆節節上升,更凸顯出家庭教育之重要性。

本校家庭教育研究所自民國八十七年招收第一屆研究生迄今,除致力於家庭教育專業人材之培育,更戮力於家庭教育學術研究及實務推廣工作。全所師生平日即經常一起研討家庭教育專業知能,並積極將所學及心得撰為書稿,繼民國九十年出版之「婚姻與家庭」一書之後,又再共同撰寫「家庭教育學」一書。其中包括家庭教育概念、全球家庭、家庭教育專業化、家庭教育中各項議題之討論,綜合各家理論與

台灣地區家庭教育之推展現況，對於家庭教育工作人員及對家庭教育有興趣之人士有相當之參考價值，期許本書之出版，有助於我國家庭教育專業化能更上層樓。

國立嘉義大學校長

楊國賜

作者簡介

林淑玲　學歷：國立政治大學教育研究所博士
　　　　經歷：教育部訓育委員會幹事、專員
　　　　現職：國立嘉義大學家庭教育研究所教授兼所長
　　　　　　　國立嘉義大學家庭教育中心主任

蔡婪娟　學歷：國立嘉義大學家庭教育研究所研究生
　　　　現職：國立嘉義大學家庭教育中心助理

郭春松　學歷：國立嘉義大學家庭教育研究所研究生
　　　　經歷：台北市敦化國中教師
　　　　現職：私立東石高級中學輔導主任

蔡秋雄　學歷：國立彰化師範大學輔導與諮商研究所結業
　　　　　　　國立嘉義大學家庭教育研究所碩士
　　　　現職：彰化縣潭墘國小教師兼教導主任

莊彗君　學歷：國立嘉義大學家庭教育研究所研究生
　　　　現職：雲林縣國小教師

涂信忠　學歷：中原心理系企管輔系畢業
　　　　　　　國立嘉義大學家庭教育研究所畢業
　　　　經歷：中華兒童腦力開發心算教育學會理事
　　　　　　　主人翁心算屏東班主任
　　　　　　　屏東縣家庭教育中心志工
　　　　現職：屏東市忠孝國小實習老師

鄭淑芬　學歷：美國西維吉尼亞大學外國語文學系碩士
　　　　　　　國立嘉義大學家庭教育研究所研究生
　　　　經歷：南榮技術學院英文助教
　　　　現職：高苑技術學院應用外語系講師

陳怡吟　學歷：國立中興大學外國語文學系畢業
　　　　　　　國立嘉義大學家庭教育研究所畢業
　　　　現職：高雄市和平國小實習教師

彭柑綾　學歷：輔仁大學企業管理學系畢業
　　　　　　　國立嘉義大學家庭教育研究所研究生
　　　　現職：嘉義縣南新國小教務主任
　　　　　　　救國團張老師—嘉義中心督導
　　　　　　　嘉義縣國教輔導團綜合活動領域輔導員

陳錫欽　學歷：國立嘉義大學家庭教育研究所研究生
　　　　現職：雲林縣重興國小教導主任

王秀枝　學歷：國立嘉義大學家庭教育研究所碩士
　　　　現職：台南市安慶國小教師

李慧美　學歷：國立嘉義大學家庭教育研究所畢業
　　　　現職：嘉義縣太保小國實習教師

張正正　學歷：國立嘉義大學家庭教育研究所碩士
　　　　現職：彰化縣合興國小教師

目　　錄

楊校長序
作者簡介

chapter 1

全球家庭

蔡嫈娟
郭春松

前 言

　　所謂家庭（family）乃指擁有血緣、婚姻或領養關係（或其他受認同的關係）的一群人，共同分擔著生殖和養育家庭成員的基本責任（Schaefer，2001）。而不論是在哪個社會或文化中，家庭都是必然存在的，因為它是人類最古老、最基礎，也是最持久的一個組織。

　　時序二十一世紀的今日，隨著人類文明的進展，文化的開發，科技的進步，經濟的繁榮和全球化的現象，散佈在世界各個角落的家庭有著和以注不同的面貌和型態。雖然有些家庭是生活在愛的環境中，但也有些家庭一直在恐懼中過生活；有些家庭很幸運地所有的家庭成員都能生活在一起，但也有些家庭因為戰爭、貧窮、疾病、種族歧視或族群紛爭而很不幸地顛沛流離，甚至是為了尋求生存所必要的食物而到處奔波。

　　也因為社會的快速變遷，家庭所依存的舊環境已經有所改變，並且深深地對家庭造成衝擊和影響。雖然這些社會變遷會產生壓力和緊張的心理狀態，並且可能會分裂家庭生活以及導致從上一代所學得的已不再是充足和適切的窘境。然而，一個複雜且多變化的環境，對家庭可能也會提供一個機會去豐富生活經驗和人際關係，並因此促成個人和家庭的成長及社會的進步（Arcus, 1992）。

　　因此本章主旨即在探究處於快速變遷中的全球家庭之角色、型態、面臨的問題、潛藏的危機及健康家庭的建立。

家庭的角色

在這廣大的社會中，家庭扮演著許多的角色和肩負著許多的責任。家庭不僅是新生命之所源起，更能對於生命的存在提供適切的照顧；家不僅提供食物和庇護滿足人類基本的需求，更能生產和製造財富，並提供大量的經濟服務。

為了更清楚明瞭在這快速變遷的社會中家庭所扮演的角色，筆者茲從以下幾個方向來做一探究。

家庭扮演「新生命的賦予(the life-giver) 與種族的繁衍」的角色

一個新生命的誕生，對父母、家庭和社會都具有不同意義。對父母而言，孩子的出生，他們不僅創造了一個新的生命，也被賦予一個新的身分——「父親」和「母親」的新角色，更因孩子的出生，使他們對於未來懷抱著一個夢想和願景。

對家庭和社會而言，隨著孩子的出生，讓家庭和社會有了新血輪，得以更替那些已死的人口，而這也確保了家庭、

社會和種族能隨著新生命的誕生繼續存在和繁衍。而大部分的地區，都把這個更替的任務交付給家庭來完成。

但根據內政部（民91）的統計資料顯示，近年來由於許多國家粗出生率（表1）和總生育率（表2）的普遍下降，再加上人口自然增加率（表3）持續下滑，人口老化指數持續攀升（表4），因此無怪乎許多國家都在調整人口政策，甚至研擬獎勵生育政策，希望能藉由更多新生命的誕生，讓人口減緩老化現象，也避免種族和社會出現滅絕的危機。

表一

主要國家粗出生率

單位：0/00

年別	中華民國台閩地區	日本	南韓	新加坡	中國大陸	澳大利亞	紐西蘭	美國	加拿大	英國	德國	法國	義大利	挪威	荷蘭
1992	15.5	9.8	16.9	15.4	18.2	15.1	16.8	15.9	14.0	13.5	10.0	13.0	9.9	14.0	13.0
1993	15.6	9.6	16.4	14.7	18.1	14.7	16.5	15.5	13.4	13.1	9.8	12.3	9.7	13.8	12.6
1994	15.3	10.0	16.3	14.0	17.7	14.5	15.9	15.2	13.2	12.9	9.5	12.3	9.4	13.7	12.6
1995	15.5	9.5	16.0	15.6	17.1	14.2	15.8	14.8	12.9	12.5	9.4	12.6	9.2	13.8	12.3
1996	15.2	9.6	15.3	15.2	17.0	13.9	15.4	14.7	12.3	12.5	9.7	12.7	9.2	13.9	12.2
1997	15.1	9.5	14.8	14.5	16.6	13.6	15.3	14.5	11.6	12.3	9.9	12.5	9.2	13.6	12.3
1998	12.4	9.5	13.8	13.1	15.6	13.3	14.6	14.6	...	12.1	9.7	12.6	9.3	13.2	12.7
1999	12.9	9.3	13.2	12.8	14.6	13.1	15.0	14.4	11.0	11.8	9.5	12.7	9.0	13.3	12.7
2000	13.8	9.5	13.4	13.7	14.0	13.0	14.8	14.4	11.0	11.4	9.0	13.2	9.0	13.0	...
2001	11.7	9.3	11.6	11.9	13.4	...	14.5	14.2	...	...	...	13.1	...	...	...

資料來源：我國內政部統計處

表二

主要國家總生育率

年別	中華民國 台閩地區	日本	南韓	新加坡	中國 大陸	澳大 利亞	紐西蘭	美國	加拿大	英國	德國	法國	義大利	挪威	荷蘭
1992	1.73	...	1.78	...	...	1.89	2.07	2.07	1.71	1.79	17.3	...	1.25	1.89	1.59
1993	1.76	1.46	1.67	...	...	1.86	2.05	2.05	1.69	1.76	...	...	...	1.86	1.57
1994	1.76	...	1.67	...	...	1.85	1.99	2.04	1.69	1.74	...	...	...	1.87	1.57
1995	1.78	1.42	1.65	...	1.99	1.85	1.99	2.02	1.67	1.71	1.25	1.71	1.19	1.87	1.53
1996	1.76	1.43	1.58	1.66	1.42	1.83	1.96	2.04	1.62	1.72	1.32	1.73	...	1.89	1.53
1997	1.77	1.39	1.54	1.61	1.37	1.80	1.97	2.04	1.55	1.72	1.37	1.73	...	1.86	1.56
1998	1.47	1.38	1.47	1.47	1.38	1.78	1.91	2.06	...	1.71	...	1.76	...	1.81	1.63
1999	1.56	...	1.42	1.47	1.33	1.76	2.00	...	...	1.69	...	1.79	...	1.85	1.65
2000	1.68	...	1.47	1.60	...	1.75	2.01	...	...	1.64	...	1.88	...	1.85	1.72
2001	1.40	...	1.30	1.42	...	...	2.01	...	...	...	...	1.90	...	1.78	1.71

附註：總生育率爲每一育齡婦女(15—49歲)在生育期間，所生育嬰兒之平均數。

資料來源：我國內政部統計處

表三

主要國家人口自然增加率

單位：0/00

年別	中華民國 台閩地區	日本	南韓	新加坡	中國 大陸	澳大 利亞	紐西蘭	美國	加拿大	英國	德國	法國	義大利	挪威	荷蘭
1992	10.2	2.9	11.3	10.9	11.6	7.0	9.1	7.4	7.1	2.6	-1.0	3.9	0.4	3.6	4.4
1993	10.3	2.5	11.0	10.3	11.5	6.8	8.9	6.7	6.3	1.8	-1.3	3.1	0.0	3.0	3.6
1994	9.9	2.9	10.8	9.5	11.2	6.9	8.4	6.4	6.1	2.2	-1.4	3.3	-0.3	3.5	3.9
1995	9.9	2.1	10.6	10.8	10.6	4.5	8.2	6.0	5.7	1.6	-1.4	3.4	-0.5	3.4	3.5
1996	9.5	2.5	10.0	10.5	10.4	5.8	7.8	6.0	5.1	1.6	-1.1	3.5	-0.4	3.9	3.3
1997	9.5	2.2	9.5	10.0	10.1	4.8	8.0	5.9	4.4	1.6	-0.6	3.4	-0.3	3.5	3.6
1998	6.8	2.1	8.5	8.5	9.1	4.7	7.7	5.9	...	1.5	-0.7	3.5	-0.8	3.2	3.9
1999	7.2	1.63	8.0	8.3	8.2	4.5	7.6	14.5	4.0	1.1	-0.9	3.5	-1.0	3.2	3.8
2000	8.1	1.8	8.2	9.2	7.6	5.2	7.8	13.9	3.0	1.5	-2.0	4.1	-1.0	3.0	...
2001	5.9	1.6	6.5	7.6	7.0	...	7.3	14.5	...	...	...	4.2	...	...	...

資料來源：我國內政部統計處

表四

主要國家老化指數

單位:0/0

年別	中華民國台閩地區	日本	南韓	新加坡	中國大陸	澳大利亞	紐西蘭	美國	加拿大	英國	德國	法國	義大利	挪威	荷蘭
1992	26.4	76.0	21.7	25.5	20.7	53.2	49.1	57.5	56.0	81.9	92.0	70.0	100.0	84.8	70.5
1993	28.2	81.1	22.7	26.0	21.6	54.4	49.5	57.6	56.8	81.2	93.3	70.7	103.9	83.9	71.0
1994	30.2	86.1	23.9	26.5	22.1	54.8	49.8	57.6	58.1	80.9	94.5	76.1	108.0	82.5	71.2
1995	32.1	91.2	25.2	27.5	25.0	55.7	49.9	57.9	59.6	81.2	96.3	76.7	112.2	81.5	71.7
1996	34.0	96.6	26.9	28.3	26.8	56.7	50.0	58.1	61.0	81.5	96.9	78.8	112.8	80.6	72.3
1997	35.7	102.0	28.6	29.0	28.2	57.0	50.1	58.1	62.1	81.5	97.5	80.7	116.3	80.2	72.8
1998	37.6	107.6	30.4	29.9	30.6	57.7	50.4	58.1	62.4	81.7	98.8	82.6	119.2	79.3	73.4
1999	39.4	113.0	32.3	30.7	31.9	58.8	51.0	58.0	63.9	81.6	101.3	83.8	122.1	77.9	73.0
2000	40.9	119.1	34.3	32.7	27.3	59.3	51.5	58.1	64.8	82.3	103.2	85.0	125.0	76.5	73.1
2001	42.3	125.1	36.3	32.3	28.7	60.7	51.6	58.4	67.4	83.4	106.4	85.7	129.6	75.5	73.5

附註:老化指數係指65歲以上人口佔0-14歲人口比率。

資料來源:我國內政部統計處

家庭扮演「教育者」(the teac-her)的角色,協助家庭成員學習

　　每個生命在早期所接觸的團體中,家庭對我們是最有影響力的。因為透過和家庭的接觸,我們學習每一個重要經驗。尤其是嬰幼兒期和學齡前期,家庭是主要的學習環境,而母親是斷奶前嬰幼兒最重要的老師。但隨著年齡的增長,照顧者可能轉換成年幼孩子的兄姐或祖父母,而在照顧行為

中，他們也同時扮演著教導者的角色，協助年幼的孩子學習。

雖然孩子都可以在家庭中學習，但在許多的文化中，孩子的性別決定了他們的學習模式，而通常大人會負責同性別孩子的教育工作。又孩子在家庭中的學習必須適用於他們每天的生活經驗。舉例而言，在西方，女孩藉著玩有秩序性且溫和的遊戲，被訓練成被動且有教養的人。她們藉著和洋娃娃玩，來學習為人母、為人妻的規矩。而男孩通常藉著玩積木和玩具槍，被訓練成活潑且獨斷的個體。他們被允許玩得髒兮兮，他們也被允許在他們的世界裡探險。

因此家庭扮演「教育者」的角色，協助家庭成員學習最適合生活於其所處文化社會的態度、行為和生活方式。

家庭扮演「社會地位賦予」(the dynasty-maker)的角色

每個生命一出生，就從其所處的「家庭背景」以及父母和親屬的社會地位，繼承了屬於這個家庭社會位階。而不論是在家庭、社會、族群或種族中，這樣的「先賦地位」決定了這個新生命在社會化體系中的地位。此外，家庭資源的多寡也會影響到這個新生命未來追求某些機會的能力，例如受教育或求職等（Schaefer，2001）。

但家庭所扮演「社會地位賦予」的角色對於那些生於階級制度的被迫害者而言，是一個殘酷的事實。例如在印度的種性制度系統中，超過億萬的奴隸或賤民，其身分和宿命是在出生前就已被決定了，甚至到死都無法改變。

家庭扮演「生計維持者」(the homemaker) 的角色——包括食物及庇護住所的提供

　　家庭是每個人生活中最重要的地方，因為從出生到死亡，家提供了我們食物和庇護，滿足了人類基本的需求（生理的需求和安全的需求），使得我們的生命得以繼續維持。

　　但在世界的各個角落，總有許多「無殼蝸牛」，為著「房事」而奔波勞苦。在已開發地區，許多人或租用房屋，或貸款購屋，雖然有一棲身之所，但一遇到經濟不景氣時，付不出房租，繳不起房貸，最後房屋又被房東或貸方給取回。在開發中地區，數以萬計的家庭住在不安全的環境，沒有公廁，沒有電力，也沒有乾淨的水。甚至有百萬戶的家庭住在用粗布或卡紙板建造的房子中，有些地區甚至受到洪水氾濫、颶風、地震的侵害而傾斜。而更有無數貧窮的家庭是無家可歸的，他們睡在街上、騎樓或橋墩下，過著餐風露宿的生活。由於沒有家的庇護，他們不僅缺乏隱私權，更暴露在惡劣的天候、偷竊和暴力的行為中。再者，由於他們沒有社會福利或職業，因此無家的雙親是生活在極度的緊張狀態中，因而他們也無法提供較好的資源給孩子。

家庭扮演「財富生產、傳遞及繼承者」（the wealth generator and the inher-itor）的角色

　　雖然在工業化的社會中，家庭已從過去經濟生產的單位轉變成消費的單位。但在以農業為主的社會中，家庭仍是一個主要的生產單位。尤其在農作物收成的繁忙時期，所有家庭中的成員，不分年齡和性別，都會被配與不同的農務工作，都會為著農作物收成後可能帶來的財富一起工作，為家庭財富的生產盡一己之力。

　　此外，家庭也是世代財富的傳遞者和繼承者。但由於財富和生活息息相關，因此家庭中的財富傳遞及繼承就受到相當的關注，而許多的家庭衝突就源起於此。

　　在大多數的社會中，男人通常是財產的繼承者，因為他們最有權力。雖然財產也有分配給女人的情形，如父親給與女兒財產或嫁妝，但這些財產或嫁妝通常會在婚後轉移給其丈夫。又男人與女人繼承的財產種類有所不同，女人通常從母親得到家中私人物品和東西，如廚具、活的牲畜，甚少有房子及可耕種的土地；但男人所繼承的財產通包括會生產財富的東西，如適合種植農作物的土地、樹木、家庭生意、運輸工具及會工作的動物。

家庭提供一個「安全網絡」(the safety net)，並扮演「保衛個體」(Safeguardi-ng the individual)的角色

　　家庭是每個人生活中最重要的地方，因為家提供了我們食物和庇護，滿足了人類基本的需求（生理的需求和安全的需求），使得我們的生命得以成長，並建立一個獨立的生活。

　　但對於許多因為疾病、傷殘而無法自我照顧的人，以及體弱多病的兒童或上了年紀行動不便的老人，在缺乏廣泛的支持下，家庭對他們而言，適時地提供了一個安全網絡，能讓他們得以受到好的照料和養護。也因此，大家普遍認為家庭是世界上最重要的福利機構。

　　然而，要照顧家庭中無法自我照顧的成員，不僅需要有足夠的人力，和源自親情的愛心及毅力，更重要的是要有充足的財力去支撐生活和醫療上的開銷。

　　一般說來，母親通常是負起照顧殘疾兒童的首要責任，而女兒通常要比兒子負起較多照顧上了年紀父母親的責任，因此這些家庭不僅鮮少讓家庭照顧者獲得短暫的休息，更會在許多的情形下面臨到難解的經濟問題，因為在對一個從未對家庭收入有貢獻的家庭成員提供這些照顧時，家庭中經常發生財務上的困難。

　　例如愛滋病，它正強烈威脅著所有的家庭。聯合國最新公布的數字顯示，全球有四千二百萬愛滋病患與愛滋病帶原者。而非洲南部仍是全球愛滋病感染的大本營，約有三千萬病患或帶原者（聯合報，民91，12月2日）。而在疫情未能獲得有效控制下，在非洲地區將會有數以百萬計的孩童，會因為愛滋病而變成孤兒。有些較幸運的孤兒，會有祖父母再度

扮演雙親的角色來照顧他們。但大部分的孤兒卻很不幸地被遺棄在醫院、孤兒院中，或是流浪到城市街頭上。

雖然在許多國家都有完善的社會福利措施，但隨著經濟的不景氣，以及國家整體收入的減少，在有些國家中，因為政策的改變以及公共支出的刪減，已經引起了嚴重的社會福利危機。而這項福利危機也正顯示出太過於依賴國家政府的危險性。

因此家庭相對於政府而言，更能為需要受照顧的家庭成員提供一個更有效率，且較低廉的安全網絡（the safety net）。但兩者是相輔相成的，在正式的官方機構中，極少能夠提供如家庭中所特有的溫暖及關愛。然而家庭的需求仍是多方面的，如果缺少了國家政府的支持，家庭仍是無法有效地完成許多其該扮演的角色。

家庭扮演「情感培養者」的角色

家是愛與情感的補給站，家庭成員之所以能緊密結合在一起，靠的就是出乎內心的無私的愛和情感。若是家人彼此之間能夠以真誠而熱烈的情感去尊重、照顧與了解，並對自己在家中的角色地位，恰如其分地盡職負責，必能營造一個溫馨和諧的家庭氣氛，讓每個家庭成員都能滿足其愛與情感的需求。

在大多數的社會中，嬰兒的照顧者通常是母親。由於他們朝夕相處及親密的接觸，因此母親和孩子們能更加了解雙方，並且發展出親密的情感聯繫。而這些親密的情感聯繫對於所有人而言，是快樂及認同感的最佳來源。

家庭扮演「休閒娛樂提供者」的角色

　　由於科技的進步及交通的發達，傳統以家庭為休閒中心的情形已逐漸走入歷史，取而代之的是多樣化的新型態休閒娛樂場所。但並非所有的休閒娛樂場所都能為社會發揮正向的娛樂功能，尤其是正在成長中的兒童及青少年。因此，若是家庭中的父母或成年人，能提供和教導他們選擇娛樂和休閒的基本原則，或是全家一起計劃安排休閒活動，相信孩子們在這些教導下都能學會如何充分運用閒暇，從事有益身心健康的休閒或娛樂活動，並且家庭成員間的關係會因休閒或娛樂活動的安排而更加活絡。而西諺有云「玩在一起的家庭就不會分開。」更是家庭娛樂功能的最佳註解。

扮演「傳遞人類價值及文化認同」的角色，協助家庭成員社會化

　　家庭是每個人出生後接觸到的第一個社會化單位，而且在未成年之前大部分的時間都生活在家庭之中，並且發展其人格，而最早指導他們學習與人相處、學習如何符合大社會的人是家庭中的父母和成年人。他們藉由指導孩子的行為，將原有社會文化的價值、語言

和規範傳遞給孩子。因此家庭是協助其成員社會化的第一個單位。

扮演「提供合法的性關係及確立性規範」的角色

　　兩性之間透過婚姻所形成的家庭，最顯著的一點就是公開而合法的性關係及性行為。但對性行為一定要有規範，否則會形成嚴重社會問題，甚至造成社會的解組。而此種性的規範正好可在家庭的範疇中確定。

　　但是社會的結構會影響這些標準，例如，在男性支配的社會裡，不論是正式或非正式的規範，一般都比較允許男性表達並享受性，但對女性則限制較多（Schaefer，2001）。

↕ ⌀ 家庭的型態

　　幾千年來，家庭一直在適應不斷變遷的世界，因此家庭的型態，在不同的宗教和社會文化中是多變的。而隨著社會的發展、經濟的繁榮、科技的進步和生殖技術的突破，家庭的形式愈來愈多樣化。為了明瞭這些新的家庭形式，是否意味著家庭價值的低落，或是代表現代家庭的發展正面臨挑戰，筆者茲將在變遷社會中的家庭型態整理如下：

核心家庭(nuclear families)與擴展家庭 (extended families)

　　所謂「核心家庭」是指由父母親與其未婚子女所組成的家庭。Calhoun, Light and Keller（1994）認為核心家庭又可分為兩種：

(1)生長家庭(family of orientation)：

　　指自己自幼生長的家庭，包括自己與父母及兄弟姊妹。自己是「從其所出」。亦即是「原生家庭」(family of origin)

(2) 生殖家庭(family of procreation)：

指自己與配偶和子女所組成的家庭。自己是長輩，子女是「從己所出」。（引自彭懷眞，民87）

而「核心家庭」就如其名一樣，家庭就像核心一樣，其他更大型的家庭型態都是以他爲基礎而建立的。而核心家庭遍佈全世界，尤其在西方可說是「現代」家庭的代表，而這樣的家庭型態已成爲人們理想中的家庭型態。但值得注意的是，從1960年到1990年的數據顯示，在許多工業化國家如荷蘭、加拿大、日本、美國、英國、瑞典等國，其核心家庭的比例有逐年下滑的趨勢（Schaefer，2001）。

而所謂「擴展家庭」是指由數代和數房所組成的家庭，例如祖父母、姑姑、叔伯、父母及其子女同住一起。Calhoun, Light and Keller（1994）指出：擴展家庭雖大，但仍有一核心，其核心是由有血統關係的一家人所組成，其他親友則是較邊陲的。（引自彭懷眞，民87）

在西方都市化的城市中，擴展家庭雖有但並不普遍。但這樣多代多房的家庭型態對於從事農業生產的地區而言卻是重要的，因爲這些家庭成員能在農業生產過程中，充當無給職勞工，增加人力，節省生產成本。

雖說擴展家庭並不普遍，但這樣的家庭形態仍有它的優點。由於在家庭中有較多親人可以提供協助和情感的支持，因此當遇到疾病、死亡或離婚等危機時，家庭成員所感受到的壓力會相對減少。

一夫一妻制(monogamy)與連續一夫一妻制(serial monogamy)家庭

　　所謂「一夫一妻制」，意指只可以有一個為合法或社會所承認的配偶的婚姻型態。但這婚姻型態在離婚率居全球之冠、再婚率也很高的美國，若是使用「連續一夫一妻制」來描述會更為貼切。因為在連續一夫一妻制下，一個人終其一生可能會有好幾個配偶，但是每一段時間只有一個。

一夫多妻或一妻多夫的家庭(polygamous families)

　　所謂「一夫多妻制」（polygyny）是指一個男性娶了兩個以上的妻子。雖然只有少許社會或文化允許這樣的婚姻型態，但在非洲撒哈拉沙漠以南地區仍存在著為數不少的一夫多妻制。事實上，多娶一個妻子回家，家庭中就多了一份女性勞力。而這些女性不僅有助於農事和家務，就長期來看，他們藉由生育更多的子女來累積家庭中更豐富的勞力資源。但在這些一夫多妻制的社會裡，只有富有人家的男子才有能力擁有數個妻子，大多數男性是娶不起一個以上的妻子，而較窮困的男子甚至連一個妻子都娶不起。

　　而至於「一妻多夫制」（polyandry）──一個女人有二個以上的先生──又比一夫多妻制更為罕見。在世界上只有少數幾個地區仍存在著這種婚姻型態，如太平洋的Marquesas Islands、喜馬拉雅山的山麓、西藏和南印度的Nyinba民族。

而其中西藏和南印度的Nyinba民族實施的是「兄弟制的一妻多夫制」，意即一個女性同時嫁給二位以上的丈夫，而這些丈夫彼此是兄弟。雖然這樣的一妻多夫制無法確定妻子所生的孩子的父親爲何人，但是關於父親義務的社會契約卻是被承認的。而兄弟共娶一個女人的好處在於能使兄弟生活在一起，而父親遺留下來的適合耕種的田產，就不會被分割且能完整地傳承到下一代。

都市化家庭(urbanizing families)

根據內政部（民91）的統計資料顯示，在2000年許多國家的都市人口比率都在六成以上，例如：中華民國，78％；美國，77％；日本，79％；南韓，82％；新加坡，100％；澳大利亞，85％；紐西蘭，87％；英國，89％；德國，77％；法國，76％；義大利，67％。而對許多工業化及發展中的國家來說，「都市化」及「核心家庭」是現代化最顯而易見的特徵。而在都市化家庭中，又以核心家庭較爲普遍，因爲核心家庭比擴展家庭更經濟，所以從鄉村到都市的移民大多選擇組成此一型態的家庭。

單親家庭(single parents fam-ilies)

　　所謂「單親家庭」是指只有一個父親或一個母親獨力撫養子女的家庭。在早期工業化的歐洲社會中，因為許多的戰爭和災難，而產生了許多的孤兒寡母的單親家庭。而在現代社會中，之所以會有愈來愈多的單親家庭，主要是因為日益升高的離婚率（表5）、夫妻分居兩地、移民以及未婚生子。

　　而在單親家庭中，雖然有少數父親擔負起親職的工作，但就大多數的單親家庭，主要的照顧者是母親。對單親家庭的照顧者而言，他們的生活通常過得很苦，而單親家庭中的母親更是如此。他們不僅要忍受我們一般人的異樣眼光、偏見或是刻板印象，更在扶養孩子的過程中，除了要忍受心理及生理上的疲憊，還得設法同時兼顧孩子撫養和教育的責任。

　　但在較富裕的國家中，有許多經濟獨立的女性選擇獨立撫養小孩，刻意成為「單親媽媽」，姑且不論其心態為何，這樣新的家庭型態對這些女性而言是個很大的挑戰。

表四

主要國家離婚率

單位：0/00

年別	中華民國 台閩地區	日本	南韓	新加坡	中國 大陸	澳大 利亞	紐西蘭	美國	加拿大	英國	德國	法國	義大利	挪威	荷蘭
1992	1.41	1.45	1.20	1.26	1.5	2.6	2.65	4.76	2.71	3.01	1.67	...	0.46	...	2.01
1993	1.45	1.52	1.30	1.17	1.5	2.7	...	4.60	...	3.08	1.93	1.92	0.42	...	2.00
1994	1.51	1.57	1.39	1.07	1.6	2.7	2.56	4.57	2.72	2.97	2.04	2.00	0.48	2.54	2.35
1995	1.57	1.60	1.46	1.19	1.8	2.8	2.62	4.44	2.64	2.89	2.07	2.01	0.47	2.38	2.21
1996	1.67	1.66	1.65	1.23	1.9	2.9	2.69	4.33	2.41	2.91	2.14	1.90	0.47	2.28	2.25
1997	1.80	1.78	1.82	1.25	1.9	2.8	2.59	4.34	2.25	...	2.29	2.05	...	2.26	2.16
1998	2.00	19.4	2.12	1.39	1.9	2.7	2.65	4.19	...	...	...	2.01	...	2.11	2.07
1999	2.23	2.00	2.50	1.31	1.9	2.8	...	...	...	...	...	1.98	...	...	1.96
2000	2.37	2.10	2.50	...	1.9	2.6	...	...	...	...	...	...	...	...	...
2001	2.53	2.27	2.80	...	2.0	...	...	...	...	...	...	...	...	...	...

資料來源：我國內政部統計處

女人當家的家庭（women-headed households）

　　傳統家務維持者通常都是男性，但仍有為數不少的地區仍有「女人當家」，意即家務維持是由女性來主持。相較於男性而言，女性當家在很多方面都顯得較為不利，因為她們當家的原因常是迫於環境的無奈而非自願的選擇。在開發中國家，有些女性在很年輕時便結婚，她們的丈夫平均大她們四到八歲，而由於她們涉世不深，所受的教育也少，當她們去賺錢時，她們的薪資也較男性少很多，因此比起男人，要

女人維持她們的家庭會有較多的困難。所以一般而言，女人是在貧窮中當家。

　　而爲什麼會有如此多的女人當家呢？原因如下：

(1)在非洲、亞洲、太平洋地區和工業化地區，當家的女人中，約有一半是寡居的，在大部分的開發中國家，這種情況是由於女人嫁給年長的男人，而且活得又比男人長所造成的。

(2)在工業化國家，女人當家很多是因爲分居和離婚的增加所造成的。

(3)許多開發中地區的丈夫爲找尋更好的工作和收入，因此遷移至城市或其他國家，而將家庭和經濟的負擔留給妻子。

小孩當家的家庭（child-headed famil -ies）

　　小孩當家的家庭可能包含兄弟姊妹，他們可能是被家庭遺棄或意外從家庭當中被拆散而流落至此，這種小孩當家的「家庭」是最脆弱的家庭單位。

　　根據聯合國兒童基金會關於《二○○二年世界兒童狀況

報告》，到2000年全世界仍有一億的適齡兒童未入學，他們有的因家境貧困被迫擔任童工，賺取微薄的薪資；有的因為戰亂、父母喪亡或被家庭遺棄而流落街頭生活。他們在街上被迫害，被警察不斷驅趕，連商家和當地居民也都不歡迎他們。而這些流落街頭的孩子常常因飢餓和疾病而身陷毒品和賣淫的惡性循環中，不僅容易出現犯罪行為，更可能因賣淫而產生了懷孕、墮胎、性病的問題。而在這世界上，他們不屬於任何人，當然更不可能有人會去保護他們，更不用說去為他們的死亡而感到哀悼。

混血家庭（hybrid families）

繼親家庭(step-families)與養親家庭(adoptive famil-ies)指的是父母親中的一方，與子女並無血緣關係的家庭。例如再婚後的家庭，由繼父或繼母與子女共同組成的家庭稱之為「繼親家庭」；因為收養的關係，而形成的家庭稱之為「養親家庭」。

繼親家庭（step-families）及收養家庭（adoptive），歷久以來是很普遍的，這些「混血家庭」（hybrid family）比起有血緣的家庭，它們被認為是較不安全，對小孩的傷害是比較大的。在工業化的國家所做的家庭研究通常是把焦點放在繼親家庭中的衝突問題，或是被收養的小孩要尋找其親生父母。由此可見，在繼親家庭中是需要做許多調適的。特別是再婚者，比起第一次婚姻有更高解除婚約的危機，並且有些小孩會被其繼父母虐待或忽略。

而在工業化國家中，由於小孩人數較少，收養不再只是為了共同分擔教養的責任，而是在提供在困難中的小孩有父

母，或沒有小孩的父母有小孩。而親生父母或收養父母，彼此不認識也不鼓勵彼此有接觸。

烏托邦式的集體家庭(utopian altern-atives)

　　所謂「烏托邦式的集體家庭」是指有許多人選擇在公共社區生活，但這些社區仍保持其核心家庭型態，唯煮飯、燒菜、吃飯、和照顧小孩是一起分擔的，大家共同做決定的，甚至連財產也是共享的。而在英國目前有兩百個永久會員的Findhorn Foundation和在澳洲1976年由Kim Reefe開始成立的Cennedryss community，都是相當著名的例子。

　　以色列的集體家庭強調共同社會比家庭重要。在集體家庭中，女性和男性一起工作，小孩則集中照顧。在集體家庭中，共同社會是主要的消費單位，也是生活的重心。這種共同分擔孩子養育工作的集體家庭是建立共同忠誠度的一大關鍵，雖說它強化了共同社會的重要，但卻也貶低了家庭的重要性。而許多研究報告指出在集體家庭長大的優點是不會有虐待、恐嚇、性犯罪的現象產生，也鮮少有抗爭、嫉妒、佔有慾的現象；而缺點是集體家庭的小孩不善於表達情感、較不具創造力和個人特色。

不孕家庭(childless families)與不育家庭(childfree families)

所謂「不育家庭」（childfree families）指的是只有夫妻二人獨自生活，並協議不生小孩也不養小孩的家庭。而對於這樣的夫妻，我們又稱之為「頂克族」（Double Income No Kids；DINK，意謂雙薪且不養小孩）。雖然我們通常認為女人在當了母親之後才算是一個完整的女人，但決定不生小孩的夫婦則強調沒有小孩的婚姻生活會更美滿。例如：根據中央社報導（民91，12月6日），上海市婦聯最近一項調查顯示，結了婚卻自願不育的頂克族家庭已經佔上海家庭總數的百分之十二點四。而頂克家庭的增多背後反映的是中國大陸民眾價值觀改變，伴隨著工業化和現代化，越來越多的家庭開始注重事業、家庭生活品質，不願被小孩拖累生活品質。當然家庭財務的狀況也是夫婦決定要不要有小孩的一項重要因素，例如，根據美國政府在1998年所做的統計，一個中產階級的家庭若把小孩養到十七歲，花在小孩吃、穿、住的費用大概就要美金148,540元，因此在這樣的財務壓力下，有些夫妻索性就不生小孩（Schaefer，2001）。

而「不孕家庭」（childless families）指的是夫妻因為不孕的因素而沒有子女的家庭。根據世界衛生組織估計全世界受到不孕所影響的人有80,000,000對夫婦。而這不孕不僅可能會導致個人希望、抱負或理想的幻滅，且承受家庭與社會期望所帶來的極大壓力和罪惡感，更可能會導致家庭失和、夫妻離婚，或被家庭及社會所排斥的窘境。

但自從1978年第一位試管嬰兒在英國出生以來，全世界的試管嬰兒技術蓬勃發展，並且不斷有相關的新技術，例如人工授精(Intrauterine insemination，IUI)、禮物嬰兒，又

稱爲輸卵管內精卵植入術(Gamete Intra-Fallopian Transfer
, GIFT)、試管嬰兒胚胎植入(In Vitro Fertilization, IVF)
、單一精子卵質內顯微注射(IntraCytoplasmic Sperm Inje
-ction，ICSI)、輔助孵化(Assisted Hatching)、冷凍胚胎
(Cryopreservation of embryo)。而許多的成功案例已爲這
些不孕的夫婦帶來了無限「生」機。但也沒人可以預測這些
生殖技術將對家庭生活產生什麼樣影響。

同居家庭(cohabition families)

　　所謂「同居家庭」是指男女朋友在未結婚情形下，以更
大的穩定性之關係生活在一起，但彼此間卻沒有婚姻關係。
例如在加拿大官方估計，魁北克省和西北行政區將有一半人
不會註冊結婚。1993年魁省出生的嬰兒，近五成是由未註冊
結婚之婦女誕下的。根據英國政府統計，英國有超過四成未
婚男女同居，而選擇不結婚或將婚期押後數年的男女也不斷
增加。至1995年，二十至三十歲的未婚女子中有四分之一和
伴侶同居，而年過四十的未婚女子中，則有兩成過著同居生
活。而在美國，1998年人口普查顯示，美國有四百多萬個同
居家庭，是1970年時的八倍。當中接近百分之三十六的未婚
愛侶家庭，育有年齡不滿十五歲的小孩。調查又發現，有一
半年齡三十出頭的美國婦女未婚同居。在挪威，2001年的人
口統計數據顯示2001年未婚同居家庭已占到全國家庭總戶數
的20%，比1990年增加了一倍。

同性戀家庭（homosexual families）

　　所謂「同性戀家庭」是指由男同性戀者（gay family）或女同性戀者（lasbian family）共同組成的家庭。雖然同性婚姻的合法性仍然受到相當的質疑，但是位在歐洲荷蘭，卻率先在2000年9月12日由國會下議院通過「同性戀結婚法」賦予同性戀人結婚及其他附帶的權利，包括認養子女和離婚的立法，而這項立法給予同性戀者的權利超過任何其他國家。雖說大多數的國家依然不承認同性戀婚姻的合法性，但他們仍堅持生活在一起，共組家庭，並透過收養或生殖技術來養育他們自己的小孩。

　　至於有許多人會質疑同性戀家庭對兒童性別角色認同會有何影響？雖然現有的研究資料都顯示同性戀家庭不會對兒童的性別認同有所影響。但由於現有的研究數量不多，再加上研究的時間不長，無法建立長期的追蹤資料，因此對於這個問題仍有待更多案例的研究和更長時間的追蹤來驗證說明（Newman & Newman，1999）。

家庭問題

　　所謂「國是家的集合體，家是國的基本單位」不論古今中外，家庭皆為組成社會國家的基本核心之一。本節將探討家庭的各種問題，隨著婚姻關係的建立、子女出生至年老，家庭成員所扮演的角色也不斷調整與改變，牽一髮而動全身地彼此相互影響著所有家庭中的成員。

男人與女人

　　男女婚姻的結合除了可以為家庭成員帶來實際的利益外（例如：經濟需求、事業發展），還有關懷、溫暖的情感獲得，並為團體提供連結的機會與擴展社會網絡，更可避免近親聯姻或亂倫所產生的不良後果。雖然近親結婚在亞洲及多數非洲地區是非常普遍，以巴基斯坦及印度為例，有一半以上是近親結婚，西方人認為近親結婚會造成遺傳學基因的混亂與罹患疾病的比率提高，所以美國有三十多州禁止近親結婚，甚至其中還有八個州認為近親結婚是犯法的。

　　根據我國內政部統計處「主要國家結婚率」的統計顯示，近幾年來全球性的主要國家結婚率有逐漸下降的趨勢，如下表所示：

表六

主要國家結婚率

單位：0/00

年別	中華民國台閩地區	日本	南韓	新加坡	中國大陸	澳大利亞	紐西蘭	美國	加拿大	英國	德國	法國	義大利	挪威	荷蘭
1992	8.2	6.1	9.6	5.5	6.5	6.6	6.5	9.2	5.8	6.0	5.7	4.7	5.5	–	6.2
1993	7.6	6.4	9.0	5.3	6.4	6.4	6.4	9.0	5.5	5.9	5.4	4.4	5.3	–	5.8
1994	8.1	6.3	8.7	5.0	6.3	6.2	6.3	9.1	5.4	5.7	5.4	4.4	5.1	4.6	5.4
1995	7.5	6.4	8.7	4.9	6.2	6.1	6.2	8.9	5.5	5.5	5.3	4.4	5.1	5.0	5.3
1996	7.9	6.4	9.4	7.9	6.0	5.8	6.0	8.8	5.3	5.4	5.2	4.8	4.9	5.3	5.5
1997	7.7	6.2	8.4	8.2	7.9	5.8	5.8	8.9	5.1	5.3	5.2	4.9	4.7	5.4	5.4
1998	6.7	6.3	8.0	7.3	8.2	5.9	5.3	8.3	–	5.1	5.1	4.6		5.3	5.5
1999	7.9	6.1	7.7	8.0	7.3	6.0	5.5	8.1	–	5.1	5.2	4.9		5.3	5.6
2000	8.2	6.4	7.0	6.9	8.0	5.9	–	–	–	–	–	5.2	–	–	–
2001	7.6	6.4	6.7	6.7	6.9	–	–	–	–	–	–	5.1	–	–	–

資料來源：我國內政部統計處

　　以目前西方社會而言，同居家庭的數目越來越驚人，且非婚生子女的數目也越來越多，這種趨勢尤其在北歐諸國、法國及英國等地最明顯。以挪威為例，一九九九年出生的小孩中有百分之四十九的父母是未婚同居，冰島則是百分之六十二。儘管同居家庭的比率很高，但婚姻在歐洲並未因此廢除，大部分的歐洲人仍會在一生中的某個時候結婚，可見世界上大多數人在尋找依靠或關係的支持時，家庭依舊仍是首要的選擇，而婚姻也不再是依賴公開的儀式或婚約的簽訂，最重要的是彼此關係的品質的維持。

　　在過去的傳統社會規範中，男人與女人分別被賦予不同的性別角色期待，然而隨著社會變遷，現代婦女必須面對多元角色的轉換與面對，在開發中國家，婦女平均一天花費在

工作上的時間是男人的兩倍，儘管如此，家務工作的重擔仍落在大部分的女性身上，並沒有因為工作時間的增加而減少，而男性依舊掌握了家中的收入與經濟資源，且在職場上，女性的薪資待遇和工作型態及職務仍不及男性。根據聯合國1975-1985年的統計顯示，婦女人口占全世界人口的1/2，做了全世界2/3的工作，但卻只有1/10的收入和少於1/100的世界資產，因此唯有婦女在健康、教育、工作及決策權享有和男性平等的機會，才有實現女性人權的可能性，由此可見，追求兩性平等還有一段很漫長的路要努力。

女人和母親

　　根據我國內政部統計處「主要國家總生育率」（如表2），顯示各國育齡婦女(15-49歲)在生育期間，所生育嬰兒之平均數為1-2人；而行政院經濟建設委員會2001年世界人口估計要覽表，則顯示出全世界的總生育率僅為2.8。

　　表2的數據顯示各國生育率普遍不高的情形，而造成生育率的下降的原因通常歸因於—結婚年齡延後、婦女受教育和就業機會的增加、有效避孕技術的增加以及懷孕中母職和工作角色的衝突等，此外，父母對子女的期待提昇，教養子女的成本與投資費用相對增加，也使得父母不再有 多子多孫多福氣的觀念。

　　雖然各國生育率普遍降低，但未成年懷孕的現象卻隨著性行為態度的開放而逐年增加，以奈及利亞而言，有43%的14—19歲少女性行為頻繁但避孕措施卻遠低於美國的任何一個城市；而巴西二十歲以下未成年少女早孕的情形也在逐年增加中，在1991年二十歲以下的年輕媽媽占總數的16%，在

2001年時比率已增加到21.2%，但相反的是，成熟女性生子的比例卻在下降中。由於未成年母親的身心發展尚未成熟，其生育的代價與影響勢必會比成人母親來的深遠，因此各國應如何有效降低未成年少女生育所可能產生的一連串負面影響，值得深思與預防。

男人和父親

在不同的文化中，男人對於父親的角色與期待也有所不同，一般而言，父親這個角色主要是在提供與維持家中所需資源，其扮演「供給者」的角色勝於成為「養育者」的角色，以致很少有機會去關愛和照顧子女，加上男人因離婚或工作關係必須至其他城市或國家的機會增加，導致常在養育子女的過程中缺席，因此男人常在孩子的照顧及發展的領域中感到無法勝任。

有份針對10個國家中的四歲小孩所做的研究顯示，其每天與父親單獨相處的時間平均少於一小時，其中香港平均約六分鐘，泰國約十二分鐘，中國大陸約五十四分鐘，而芬蘭則約四十八分鐘。而研究也顯示，若當父母雙方在一起時，則父親與孩子相處的時間就會增加，在美國一天則有一小時三十六分鐘，比利時則為三小時四十二分鐘。雖然有相當多子女在沒有父親或沒有母親的情況下仍具備健康與好教養，但也有研究顯示缺乏父親形象和少年犯罪、懈怠及低學業成就有相關聯。其實，我們也不能全然怪男人在養育子女的過程中缺席，也需要考量到在工作職場上「父親角色」比較得不到認同，職場上對母職的容忍度比較高，也因此我們常可看見母親帶子女出現在辦公場所較能被接受，但相同的情形

發生在男人身上，則較不被認同，因此男人和雇主們或許需要重新評估身爲男人在家中扮演的角色和責任。

兒童及青少年

　　有許多證據顯示疏忽兒童在身體、精神或情感上的發展，將會對兒童未來的發展產生不利的影響，儘管如此，對許多開發中國家的兒童而言，仍有許多兒童犧牲了上學及遊玩的時間而致力於工作上，例如：在墨西哥兒童只要年滿十二歲就可以在美國的工廠內工作。以拉丁美洲的兒童而言，有些因爲家境貧困，必須要在街頭工作貼補家用，他們通常從事小販、雜耍表演、跑腿送信、乞討、娼妓或販毒等活動，也因此產生了許多童工及街頭遊童及犯罪等相關社會問題。

　　而當孩子成長爲青少年時，也隨之需要面對許多誘惑及危險，在開發中國家中許多青少年會面臨械鬥及幫派問題，此外，根據美國的研究顯示近十年來，高中的退學率增加、青少年的懷孕和墮胎率逐漸升高，其中少年犯罪率在1960—1980年升高了30%，加上酗酒、不安全的性行爲與毒品，青少年所帶來的社會潛藏問題及危機更不容我們忽視。

老年人

　　由於醫療衛生的進步、生活環境及健康照顧的改善，人類的壽命也不斷延長，導致全世界老年人口不斷增加，也擴大了老年人在各國總人口數的比率，如下表所示：

表七
主要國家65歲以上人口佔總人口比率

單位:0/0

年別	中華民國台閩地區	日本	南韓	新加坡	中國大陸	澳大利亞	紐西蘭	美國	加拿大	英國	德國	法國	義大利	挪威	荷蘭
1992	6.8	13.1	5.4	5.9	5.7	11.6	11.3	12.6	11.6	15.8	15.0	14.0	15.6	16.2	12.9
1993	7.1	13.5	5.5	6.0	5.9	11.8	11.4	12.6	11.7	15.8	15.2	14.0	15.9	16.1	13.0
1994	7.4	14.1	5.7	6.1	6.0	11.9	11.5	12.6	11.9	15.7	15.4	15.0	16.2	16.0	13.1
1995	7.6	14.5	5.9	6.3	6.7	12.1	11.5	12.6	12.1	15.7	15.6	15.0	16.6	15.9	13.2
1996	7.9	15.1	6.1	6.4	6.9	12.2	11.5	12.6	12.2	15.7	15.6	15.3	16.8	15.8	13.3
1997	8.1	15.7	6.4	6.5	7.0	12.2	11.6	12.6	12.3	15.7	15.7	15.5	17.1	15.8	13.4
1998	8.3	16.2	6.6	6.6	7.4	12.3	11.6	12.5	12.3	15.7	15.8	15.7	17.4	15.7	13.5
1999	8.5	16.7	6.9	6.7	7.6	12.4	11.7	12.4	12.4	15.6	16.0	15.9	17.7	15.5	13.5
2000	8.6	17.3	7.2	6.8	6.8	12.4	11.5	12.4	12.5	15.6	16.2	16.0	18.0	15.3	13.6
2001	8.8	18.0	7.6	7.0	7.1	12.5	11.5	12.4	12.8	15.6	16.6	16.1	18.4	15.1	13.6

資料來源：我國內政部統計處「主要國家65歲以上人口佔總人口比率」

　　由上表可知，多數國家65歲以上人口佔總人口比率有逐年上升的趨勢，尤其是日本與義大利，老年人口所佔的比率將近其總人口的1/5。

根據聯合國統計，目前全世界六十歲以上的老年人口，平均每個月增加約一百二十萬人，預計至西元二千零二十年，全球老年人口總數將增至十四億人，爲一九八○年時的二點四倍。對社會國家而言，老年人口的增加除了生產力的降低外，高齡人口所需的年金、醫療、照護等需求也日增，因此政府所需負擔的社會福利及醫療方面等成本也相對提高，這些隨著社會變遷與各國人口結構的老化，所產生的老年人的問題將更值得社會的重視。

健康與身體機能衰退問題

　　隨著身體機能的老化，除了聽覺和視覺等各項身體功能的衰退外，老年人罹病的機會也相對增高，因此老年人首先要面對的就是健康問題所帶來的威脅，尤其當身體健康不佳或疾病產生時，老年人自我照顧的能力將會降低，此時日常生活起居等生活活動上都需要相關的協助與照料。

退休與婚姻關係調適問題

　　退休的問題對老年女性而言較不嚴重，但對老年男性而言，退休的來臨代表的是生活重心的頓失與家庭中角色的改變，從賺錢養家的工具性角色轉而爲幫助家務處理的輔助性角色，讓老年男性常會產生失落感與形成一種無用的自我評價，再加上退休後老年夫婦因爲相處時間增加，易增加夫妻相處間的摩擦與衝突，因此婚姻關係的調適問題也值得注意。

死亡與孤獨問題

　　任何人在面對死亡的威脅時，總會感到恐懼與不安，對老年人而言更是如此，尤其在面對其他親朋好友與配偶的相繼去世，老年人容易產生一種心理上的恐懼感與孤獨感，恐懼失去別人的照顧與無人可以依靠的孤獨感，再加上對於未來命運的無法掌握，那種無助感更會因為老年人周遭可以依賴的人減少而越顯嚴重。

居住問題

　　以美國而言，從1950年代以後老年人的居住問題就開始廣受社會的重視，因此特別針對少數民族的老人、寡婦及行動不便老人設立了一些有關老年人居住法案（例如：直接貸款案及房租輔助案等）來補救這些問題。而對中國而言，「養兒防老」雖然一直是中國根深蒂固的傳統觀念，但隨著社會價值觀與社會結構的改變，也產生了老年人孤獨生活且起居無人照顧的現象，雖然有許多專為老人設置的的養護機構或安養機構，但除了有經濟問題方面的考量外，也有不少養護機構出現經費不足、醫療設備不夠甚至是虐待老人的情形產生，值得注意。

社會適應問題

　　在家庭成員外移、職場上的退休或面臨配偶的死亡，老年人需要重新面臨社會適應問題，此時，朋友關係常扮演著非常重要的角色。老年社會學理論的活躍論認為老年人在社會上仍是活躍的，只是擔任或扮演的角色和年輕時有異而已，不論是志願團體或宗教團體等次級團體的加入，老年人常提供勞力財力來推廣組織目標，此時，對老年人而言，除了

可獲取精神上的支持外，也在此團體中建立了其朋友圈，這種朋友關係除了可以輔助家庭親屬關係之不足外，也成爲老年人生活中最親近的團體之一。

所謂「家有一老如有一寶」，在許多傳統社會中，祖父母在家庭中扮演知識、道德價值和生活技能傳授的重要角色，那種經驗豐富的財富，除了可以協助日常家事的處理外，也可協助度過家庭危機，更是兒童的重要照顧者。在奈及利亞有一半家庭當父母外出工作時，兒童是由祖母照顧；在英國，有超過三分之一的母親投入職場，而兒童也是交由祖父母照顧多於交給托兒所及保姆。在面臨社會上獨居老人的問題及老人受虐等案件層出不窮，如何讓老年人活的更健康，並運用他們豐富經驗的財富，活到老學到老，不再成爲社會或國家負擔，創造出生命的另一個春天，值得大家深思與努力。

家庭暴力與虐待

所謂的家庭暴力是指發生在家庭成員之間的暴力虐待行爲。它包括對配偶（前夫、前妻、同居人或男女朋友）、親子、手足或長者的身體虐待、言語虐待、心理虐待和性虐待。過去常有一錯誤的觀念，認爲家庭暴力是家務事，尤其是「法不入家門」，因此當遭遇這樣的問題時，受害人會有家醜不外揚的想法，而只尋求親密友人或醫生協助。

以全球而言，家庭內的施虐或施暴者多爲男性，而多數爲家庭暴力或虐待的犧牲者是婦女與兒童，且美國女性雜誌中的統計也顯示53%的男性同時虐待妻子和子女，可見遭受

丈夫或親密伴侶的毆打或虐待的婦女，其子女也受虐的比率相當高。以國內而言，根據內政部兒童局「台閩地區施虐兒童者」的相關統計（如表8），可看出施虐者的性別亦以男性居多，而施虐的身分則以父母佔大多數。

表八

台閩地區施虐兒童者

年別及地區別	施虐者總人數			施虐者人數按身分分										
				父母		養父母		照顧者		親戚		機構		其他	
	計	男	女	男	女	男	女	男	女	男	女	男	女	男	女
八十八年	4,944	2,984	1,960	2,352	1,607	27	29	74	109	144	83	6	10	381	122
八十九年	3,933	2,389	1,544	1,964	1,211	27	19	63	122	88	74	8	5	239	112
九十年	4,281	2,707	1,574	2,125	1,218	13	17	87	110	162	92	3	3	317	134

資料來源：內政部兒童局

此外，聯合國最近的調查也顯示，在許多國家如科威特、烏干達、智利、波蘭和美國，因酗酒和毒品問題而助長了對女性的施暴行為。由此可見，家庭暴力是嚴重的法律、社會跟文化問題，且全球皆然。

✐ 家庭中潛藏的危機

　　國家和社會的強盛主要是依賴家庭的強度，因此家庭和社會的關係是相當複雜且相互影響，本章節將探討家庭如何受到其無法掌控的外力因素所影響（如：國家政策、貧窮、戰爭等），這些因素皆會削弱家庭的強度與家庭成員的凝聚力，此時家庭應如何應如何因應面對，家庭又會以何種形式或角色存在？

國家與家庭關係

　　英國在一九八七年發生政府對家庭過多的介入而引發的社會事件，有二百多名的克利夫蘭的小孩因為遭受家庭性虐待而被強制帶離原生家庭的事件，人民控訴有些小孩並未遭受性虐待也被強制帶離的社會失序與亂象，更有些母親寧願選擇墮胎，也不願冒著將來小孩會被帶走的風險。相同的情形也發生在台灣社會，台北縣淡水現年六歲的女童，兩年前因家長疏於照顧而委託安置，後在安置期間女童泣訴遭受父親猥褻而轉成兒保案件，之後女童的父親與祖母更輪番上演親權與公權力對抗的戲碼。由上述事件看來，家庭教育究竟

是家務事或官務事？政府介入家庭教育的必要性與介入的程度爲何？擴大的福利制度是否會弱化家庭的功能？再度引起各界的討論與深思。

以美國政府和家庭關係演進而言，在工業革命前，因受洛克社會契約論與天賦人權論的影響，人們認爲政府不該干預個人財產權或家庭之教育問題；而在工業革命時期，因受功利主義的影響，認爲一個公平正義的社會應求取整體社會的最大利益，也因此透過許多立法，在求社會公益的前題下取代了許多家庭權益，並於一九〇〇至一九三〇這段期間逐漸擴大政府對家庭的關係，而在一九三〇至一九六八年，因受第二次世界大戰及經濟大蕭條的影響，美國政府在心理衛生、兒童、低收入戶及老人等領域開始扮演主要的角色，此階段美國政府與家庭間的關係達到巔峰；一九六八年以後因美國經濟開始走下坡，政府權力逐漸下放至地方，社會政策也趨向於保守；至一九八〇年代以後，美國聯邦政府的權力更大幅縮減，主張由私人部門及家庭、教會或社區等組織來負責對家庭的協助。

就英國而言，從十七紀初至十九世紀末，英國因「濟貧法案」的通過，主張在老人及殘障者照顧上，家庭應承擔較多的責任，但國家亦須在當家庭無力承擔此責任的情況下，發揮取代性的功能，這也代表英國國家介入家庭事務之始；至二十世紀，此作法遭受強烈批評，認爲在求助的過程中帶有標籤化的懲罰性質，導致需要幫助的家庭因怕失去尊嚴而望之卻步，有違社會福利政策初衷，也因之政府作法也隨之改變。綜合言之，以前英國政府是在家庭不能發揮功能時，提供「取代性」功能，而現在英國則是在家庭雖能發揮功能但負擔過重時，由政府來提供「補充性或支持性」功能。

由此可見，美國與英國政府的定位相當明確，並贊成在社區及家庭中提供相關的支持服務。雖然完善的福利制度可

以在家庭功能不足時發揮保護家庭成員的力量，但是否亦會反向的弱化了家庭本身的功能，值得令人深思。

世界上有許多國家認為家庭內的事務應由民眾自行解決，政府應在民眾求助時給予適時的援助與支持，但另一種說法則認為當民眾無法承擔或解決家庭的問題時，政府應適時的介入甚至是干預。

目前國內最受注目且與家庭教育息息相關，莫過於立法院於民國九十二年一月七日三讀通過「家庭教育法」（如附件），其中立法規定直轄市、縣（市）主管教育行政機關應針對適婚男女，提供至少四小時以上婚前家庭教育課程，以培養正確婚姻觀念，促進家庭美滿，必要時定獎勵措施鼓勵適婚男女參加。希望藉此能加強民眾對婚姻本質的深入了解與承諾，並有能力維繫良好的婚姻關係。東海大學社會系副教授彭懷真認為，結婚前要先上家庭教育課程的作法在國外很普遍，像是歐美的天主教、基督教的新人在上教堂前要先上課，韓國也有類似的規定，中國大陸則是強制規定婚前要上課。

關於國內至少四小時的婚前教育該如何上？誰來上？可以發揮多少實質的意義？目前都還有待觀察。有句廣告詞說「我是在當了父親之後，才開始學會如何當父親」，筆者認為每個人所會面臨到的婚姻問題不同，當步入婚姻之後，許多問題才會漸漸浮現，此時針對夫妻現有面臨的問題加以解決，並尋求相關資源的協助所發揮的功效才是最大，雖然加強民眾對婚姻本質的深入了解與承諾有其必要性，而婚前之婚姻教育也有其存在的必要性，但四小時的婚前教育又能發揮多少功效呢？實際上，每個階段所需面臨的婚姻議題皆不相同，婚姻教育並非僅侷限於將婚的青年男女，面對未婚青少年的情竇初開與離異夫妻勞燕分飛後所衍生的相關問題，更需政府單位加以重視並預防。

貧窮和家庭關係

　　貧窮、失業及負債嚴重的影響一個家庭的未來，即使像美國這麼富裕的國家，也有將近一億二千萬的小孩是生活在貧窮的標準以下，雖然傳統上多以收入作爲衡量貧窮與否的標準，但貧窮所影響的並非僅是家庭失去物質上滿足的能力，貧窮所帶來的影響及恐懼是遍及家庭生活中的每一部分，除了面臨疾病診治不易外，貧窮家庭的資源（如：土地）擁有也較少，因此改善生活的能力與機會也較少。尤其當一個家庭的收入拮据，家庭成員也將面對生存的現實考量，也意味著有許多家庭必須因此犧牲家庭成員中的個人權益，兒童需要提早投入工作的行列而無法就學，以亞洲而言，有些兒童因此必須到工廠工作甚至乞討或賣淫來償還家中的負債或支出。

　　因爲土地及資源分配不公，世界上許多貧窮家庭很少有機會可以合法的擁有土地或安全的住所，根據估計，全球無家可歸的人數約有十億，而在發展中國家有70-95%的住家是非法定居，因此，衍生出來的街頭流浪漢問題及居住品質低落的情形值得重視。

環境和家庭關係

　　1950年起全球人口增長兩倍但經濟卻快速成長五倍之多，這樣的成長背後所犧牲的就是我們賴以生存的環境，也讓家庭所有成員面臨環境惡化的危險與健康的威脅。聯合國環境計畫「2000年全球環境展望」(Global Environment Outlook

, 2000, UNEP)報告指出，美歐及部份東亞各國的經濟活動，不但消耗地球大部份的原料及能源，並製造出大量的垃圾及污染，已嚴重地破壞全球自然生態環境。根據全球衛生組織的統計顯示，全世界有五分之一的人口暴露在空氣污染中；而1992年俄國醫學學會的資料亦顯示，目前俄國一半的飲用水已經被污染，且有55%的學齡兒童患有健康上的疾病。

目前世界各國都警覺到不當開發與浪費資源對環境所造成的重大影響，也開始積極推展環保概念，並召開了不少會議，例如：1985年有28個國家達成「臭氧層保護協定」（維也納條約）、1987年有27個國家共同簽署「蒙特婁破壞臭氧物質管制條約」（蒙特婁議定書），強制規定締約國，至西元1990年時氟氯碳化物的使用量必須降至1986年使用量的50%、1992年6月於巴西里約熱內盧召開地球高峰會議，150餘國領袖簽署通過「聯合國氣候變化綱要公約」，對「人為溫室氣體」排放做出全球性管制目標協議，對溫室效應所形成的全球氣候暖化問題加以規範，並於1994年3月21日正式生效、1997年在日本京都召開會議通過「京都議定書」，期望能在2008至2012年期間，將6種溫室氣體排放量平均削減至較1990年排放量低5.2%的水平（蕭貞仁，2002）。雖然這些措施能暫時減緩環境問題所造成的影響，但唯有賴於環境教育的扎根與落實於家庭生活中，才是長期且有效的做法。

戰爭和家庭關係

　　戰爭對家庭的影響很大這是無可厚非的，而家庭成員中的老弱婦孺更是戰爭中最易受到傷害的一群，聯合國兒童基金會估計近十年因戰爭造成150萬的兒童死亡、超過400萬人殘廢，還有1200萬的兒童因此而無家可歸，並且有1000萬的兒童因爲戰爭而產生精神上永久性的創傷。戰爭除了造成家庭成員傷亡與家庭生計受到影響外，還會造成通貨膨脹、婦女兒童遭受性侵害、流亡奔走、貪污、物資短缺及疾病的產生等等，即便是戰爭結束後，其對政府或家庭的影響也未因此而結束，根據美國的研究報告指出，政府所承擔的士兵傷殘及醫藥或退休金支出爲戰爭費用支出的三倍，由此可見影響之鉅。

　　大體而言，發展中國家政府每年幾乎花了四分之一的預算在軍事或國防預算上，表面上看起來，這些大量的軍備武器採購與軍隊訓練支出似乎對家庭並無造成任何影響，但調查顯示：訓練一個士兵的成本可以讓一百位孩子受教育，購置一輛新的坦克車所花的費用可以用來蓋一千多間的教室並提供三萬多名孩子受教育，而購買一艘裝載核子彈的艦艇所花的費用可以建立全球兒童防疫計劃達五年之久。可見，不論戰爭發生與否，對國家或家庭都會產生有形與無形的影響，爲政者在輕言動武前，實在需要加以三思與衡量得失。

✐ 健康家庭的建立

　　由行政院主計處公佈之「民國九十年國民生活指標家庭生活綜合指數」（如表9）可看出，隨著社會長期變遷的影響，造成家庭結構與功能的改變，出現下述現象：

(1)年人與親屬同住比率降低，非婚生子女人數增加，可見親子倫理關係有待改善。

(2)在家庭和諧方面，隨著國人對婚姻態度的改變，離婚率有逐年增高的趨勢，所衍生之單親及教養問題值得注意，再加上兒童受虐比率與18歲以下離家出走人口率亦有逐年增加的趨勢，可見家庭和諧情形持續下降中。

(3)在居住空間方面雖有擴充，但居住費用負擔也隨之加重。

(4)「老年人與親屬同住比率」、「棄嬰比率」、「離婚率」、「單親家庭比率」、「兒童受虐比率」、「十八歲以下離家出走人口率」、「平均每人居住面

積」、「租金占家庭可支配所得比率」此八項國民生活指標觀之，可見台灣地區居住環境雖然逐漸改善，但親子倫理關係及家庭和諧情形有待改善、居住費用負擔趨重，使整體之家庭領域方面表現轉差，指數由81年99.7降至90年97.7為歷年來最低。

表九
國民生活指標家庭生活綜合指數

	81年	83年	85年	89年	90年
老年人與親屬同住比率(%)	90.3	90.6	90.5	88.4	89.5
棄嬰比率(萬分比)	9.7	6.1	3.7	2.2	2.4
離婚率(%)	1.4	1.5	1.7	2.4	2.5
單親家庭比率(%)	6.4	6.3	6.7	7.5	7.7
兒童受虐比率(%)	-	0.6	1.1	1.1	1.2
18歲以下離家出走人口率(人/十萬人)	-	84.9	129.0	189.3	225.1
平均每人居住面積(坪)	8.8	9.2	9.7	11.2	11.5
租金占家庭可支配所得比率(%)	14.8	14.6	15.0	15.2	15.2
國民生活指標家庭生活領域綜合指數(85年=100)	99.7	100.6	100.0	97.8	97.7
老年人與親屬同住比率	98.4	100.6	100.0	96.5	98.5
棄嬰比率	95.9	98.4	100.0	101.1	100.8
離婚率	105.0	103.0	100.0	91.9	90.6
單親家庭比率	101.5	101.9	100.0	96.2	95.2
兒童受虐比率	-	102.3	100.0	99.6	99.1
18歲以下離家出走人口率	-	101.2	100.0	97.4	95.8
平均每人居住面積	97.1	98.3	100.0	104.2	105.1
租金占家庭可支配所得比率	100.2	100.9	100.0	99.6	99.4

資料來源：行政院主計處

由此可見，社會的快速變遷的確給家庭帶來很大的衝擊，家庭必須能適時的因應與解決問題，因此促使家庭運作及功能的健全就很重要。

健康家庭的定義

何謂健康家庭？隨著研究者的不同，有著不同的解釋，諸如「非病態的家庭」、「學習型的家庭」、「幸福美滿的家庭」等等，此外，不同的文化對健康家庭的定義也有所不同，以中國文化而言，以往所謂的健康家庭強調的是兄友弟恭、長幼有序、夫唱婦隨、勤儉持家、承先啓後等具有傳統且家庭和諧的形象，但這種強調家族或整體的利益的文化特質，往往會忽視或犧牲家庭中的個人權益、感受及需求，因此，現在的健康家庭開始重視西方所強調的個人權利及獨立自主、真誠的接納溝通、家人親密關係及家庭中壓力與危機處理等特質。

健康家庭的特質

目前對健康家庭特質最著名的研究者Stinnett及DeFrain（1986）提出健康家庭至少有下列六項特質：

(1)承諾(commitment)：

　　指家庭中的成員在情感上能彼此承諾與認同，並花許多時間與精力在家庭內而非家庭外的事務上，爲達成家庭共同的目標及願景而一起努力，且互信互賴。

(2)感激(appreciation)：

　　家庭中的成員以溫暖且正向的態度，相互讚美欣賞、支持與感激，使家人覺得受到重視。

(3)良好溝通(communication)：

　　除了平時就常與家人溝通共享聊天的樂趣外，在面臨家庭問題時，彼此也能傾聽、同理、無條件積極關懷與接納並共同解決問題。

(4)共享時間(time together)：

　　即指重視與共享與家人同聚的時光，一起參與家庭娛樂與其他相關的家庭活動，以增加彼此間的親密關係及認同感。

(5)精神慰藉(spiritual wellness)：

　　家庭成員在精神或信仰上能夠彼此支持，增進家人間共同的信念。

(6)壓力與危機處理

(coping with stress and crisis)：

　　指當家庭在面臨困境或危機與壓力時，家人能夠共同面對困境與壓力，一起解決問題，並共同成長。

對於全球家庭而言，社會快速的變遷的確為家庭帶來許多挑戰及衝擊，因此，強化家庭的功能、協助家庭避免社會變遷所造成的影響或危機，已不再全是政府的責任，在了解所謂健康家庭的定義及特質後，除了增加家庭本身的賦權增能（empowerment）的能力，相關單位亦需提供必要的協助予家庭中的成員，提昇成員本身的能力來解決家庭所面臨的困境或家庭危機處理，如此才能使家庭功能強而有力的運作而能建立所謂的健康家庭。

【附件一】家庭教育法

（中華民國九十二年二月六日總統令　華總一義字第○九二○○○一七六八○號令公布）

第一條　爲增進國民家庭生活知能，健全國民身心發展，營造幸福家庭，以建立祥和社會，特制定本法；本法未規定者，適用其他有關法律之規定。

第二條　本法所稱家庭教育，係指具有增進家人關係與家庭功能之各種教育活動，其範圍如下：
一、親職教育。
二、子職教育。
三、兩性教育。
四、婚姻教育。
五、倫理教育。
六、家庭資源與管理教育。
七、其他家庭教育事項。

第三條　本法所稱主管機關：在中央爲教育部；在直轄市爲直轄市政府；在縣（市）爲縣（市）政府。本法涉及各目的事業主管機關職掌時，各該機關應配合辦理。

第四條　中央主管機關掌理下列事項：
一、家庭教育法規及政策之研訂事項。
二、推展家庭教育工作之研究及發展事項。
三、推展全國性家庭教育工作之策劃、委辦及督導事項。
四、推展全國性家庭教育工作之獎助及評鑑事項。
五、家庭教育專業人員之職前及在職訓練事項。
六、家庭教育之宣導及推展事項。
七、推展國際家庭教育業務之交流及合作事項。
八、其他全國性家庭教育之推展事項。

第五條　直轄市、縣(市)主管機關掌理下列事項：

一、推展地方性家庭教育之策劃、辦理及督導事項。

二、所屬學校、機構等辦理家庭教育工作之獎助及評鑑事項。

三、家庭教育志願工作人員之在職訓練事項。

四、推展地方與國際家庭教育業務之交流及合作事項。

五、其他地方性家庭教育之推展事項。

第六條　各級主管機關應遴聘(派)學者專家、機關、團體代表組成家庭教育諮詢委員會，其任務如下：

一、提供有關家庭教育政策及法規興革之意見。

二、協調、督導及考核有關機關、團體推展家庭教育之事項。

三、研訂實施家庭教育措施之發展方向。

四、提供家庭教育推展策略、方案、計畫等事項之意見。

五、提供家庭教育課程、教材、活動之規劃、研發等事項之意見。

六、提供推展家庭教育機構提高服務效能事項之意見。

七、其他有關推展家庭教育之諮詢事項。

前項家庭教育諮詢委員會之委員遴選、組織及運作方式，由各級主管機關定之。

第七條　直轄市、縣(市)主管機關應遴聘家庭教育專業人員，設置家庭教育中心，並結合教育、文化、衛生、社政、戶政、勞工、新聞等相關機關或單位、學校及大眾傳播媒體辦理下列事項：

一、各項家庭教育推廣活動。

二、志願工作人員人力資源之開發、培訓、考核等事項。

三、國民之家庭教育諮詢及輔導事項。

四、其他有關家庭教育推展事項。

前項家庭教育專業人員之資格、遴聘及培訓辦法，由中央主管機關定之。第一項家庭教育中心之組織規程，由各級主管機關定之。本法公布施行前，各直轄市、縣_市_政府依規定已進用之家庭教育中心專業人員，經主管機關認定為績優並符合第二項專業人員資格者，得

依業務需要優先聘用之。

第八條　推展家庭教育之機構、團體如下：
　　　　一、家庭教育中心。
　　　　二、各級社會教育機構。
　　　　三、各級學校。
　　　　四、各類型大眾傳播機構。
　　　　五、其他與家庭教育有關之公私立機構或團體。

第九條　推展家庭教育機構、團體得徵訓志願工作人員，協
　　　　助家庭教育之推展。

第十條　各級主管機關應對推展家庭教育之專業人員、行政
　　　　人員及志願工作人員，提供各種進修課程或訓練；
　　　　其課程或訓練內容，由各該主管機關定之。

第十一條　家庭教育之推展，以多元、彈性、符合終身學習
　　　　　為原則，依其對象及實際需要，得採演講、座談
　　　　　、遠距教學、個案輔導、自學、參加成長團體及
　　　　　其他方式為之。

第十二條　高級中等以下學校每學年應在正式課程外實施四
　　　　　小時以上家庭教育課程及活動，並應會同家長會
　　　　　辦理親職教育。　各級主管機關應積極鼓勵師資
　　　　　培育機構，將家庭教育相關課程列為必修科目或
　　　　　通識教育課程。

第十三條　中央主管機關得視需要研訂優先接受家庭教育服
　　　　　務之對象及措施並推動之；必要時得委託直轄市
　　　　　、縣(市)主管機關或推展家庭教育機構、團體辦

理。

　　前項優先對象及推動措施之方式，由中央主管機關定之。

第十四條　直轄市、縣(市)主管教育行政機關應針對適婚男
　　　　　女，提供至少四小時婚前家庭教育課程，以培養
　　　　　正確之婚姻觀念，促進家庭美滿；必要時研訂獎
　　　　　勵措施，鼓勵適婚男女參加。

第十五條　各級學校於學生有重大違規事件或特殊行為時，
　　　　　應即通知其家長或監護人；並提供相關家庭教育
　　　　　諮商或輔導之課程，其辦法由該管主管機關定之。

　　前項各級學校為家長或監護人提供家庭教育諮商或輔導之課程內
容、時數、家長參與、家庭訪問及其他相關事項之辦法，由該管主管
機關定之。

第十六條　中央主管機關得委託相關機構、學校，進行各類
　　　　　家庭教育課程、教材之研發。

第十七條　各級主管機關應寬籌家庭教育經費，並於教育經
　　　　　費內編列專款，積極推展家庭教育。

第十八條　各級主管機關應研訂獎助事項，鼓勵公私立學校
　　　　　及機構、團體、私人辦理推展家庭教育之工作。

第十九條　本法施行細則，由中央主管機關定之。

第二十條　本法自公布日施行。

參考書目

中文部分

內政部（民91）。內政部統計資訊服務網。線上檢索日期：
　　民國92年2月11日。網址：
　　http://www.moi.gov.tw/W3/stat/home.asp

王麗娟（民91，12月2日）。全球四千兩百萬人感染愛滋—世
　　界愛滋日聯國呼籲停止歧視。聯合報，第十版。

中央社（民91，12月6日）。上海百分之十二家庭不願生小孩
　　。線上檢索日期：民國92年2月11日。網址：
　　http://hk.news.yahoo.com/021206/5/oati.html

李淑容（民84）。國家與家庭的關係—兼論我國應有的家庭政
　　策。社區發展季刊。第70期 160-171頁。

教育部（民92）。社會教育司法令規章。線上檢索日期：民國
　　92年3月11日。網址：
　　http://www.edu.tw/society/Laws/L01/2/2.html

蔡文輝（民89）。婚姻與家庭：家庭社會學。台北：五南。

彭懷真（民87）。婚姻與家庭。台北：巨流。

蕭貞仁（民91）。由地球只有一個淺談環境教育，社教資料雜
　　誌，285期，第13-16頁。

Schaefer R. T.（2001）/ 劉鶴群、連文山、房智慧譯（民
　　91）。社會學。台北：麥格羅希爾。

家庭教育學

西文部分

Arcus, M. E.（1992）. Family life education: Toward the 21st century. Family Relations, 41（4）, 390–393.

Stinnett, N., & Defrain , J.（1989）. The healthy family : Is it possible? In M. Fine（Ed.）, The second handbook on parent education（2rd ed., pp.53–74）. New York: American Press.

Newman, B. M.,& Newman, P. R. (1999). Development through life: A psychosocial approach. New York: Brooks /Cole.

chapter 2

家庭教育的概念分析

- ◆中國人的家人關係及對家的看法
- ◆家庭教育是教育的一環嗎?
- ◆家庭教育的定義與內涵
- ◆結語
- ◆參考書目

林淑玲

中國人的家人關係及對家的看法

> 「家」字可以說是最能伸縮自人了。「家裡的」可以指自己的太太一個人,「家門」可以指叔伯侄子一大批,「自家人」可以包括任何要拉入自己的圈子,表示親熱的人物。自家人的範圍是因時因地可伸縮的,大到數不清,真是天下可以是一家。(費孝通,1985,23頁)

中國人的人際取向

對中國人而言,「家」是個日常生活中最常用的一個字,也是概念上不容易釐清的字。家是情感依附、安全感的基礎,有時候也是傷害、怨尤的來源。如果「家」的概念對中國人而言並不單純的只是一個地方;「家」這個字所包含的範圍,並不是單純的等於親屬關係而已,那麼在探討屬於中國人的家庭教育之前,有必要先瞭解中國人對家的看法。

楊國樞(1993a)在「中國人的社會取向:社會互動的觀點」一文中提到,中國人社會取向的特徵有四大類,分別是家族取向、關係取向、權威取向及他人取向。這四種取向和費孝通的「差序格局」相似,分別代表個體如何和團體融合(家族取向)、如何和個體融合(關係取向)、如何和權威(與

個體有關之重要個體)融合(權威取向)，以及個體如何和非特定他人融合(他人取向)。這種思考模式是以個人為中心，逐層逐漸往外擴展。在中國人的家族取向中，強調五種互相關連的事項，即家族延續、家族和諧、家族團結、家族富足，和家族榮譽；在對家族的感情方面，有幾種互相關聯的感受，即一體感、歸屬感、榮辱感、責任感(忠誠感)，和安全感。在對家族的意願方面則有八種行為傾向：繁衍子孫、崇拜祖先、相互依賴、忍耐抑制、謙讓順同、為家奮鬥、長幼有序，以及內外有別(楊國樞，1993)。在這種家族取向的影響下，中國人的生活運作一切儘量以家族為重、為先、為主，以個人為輕、為從、為後，而且在家族中的生活經驗與習慣會套用在家族以外的其他生活層面，出現「家族化」、「家庭化」或「泛家族化」的歷程（楊國樞，1981）。這種取向把中國人的人際或社會關係可概分為三大類：家人、熟人，和生人(楊國樞，1993)；其對待原則、對待方式、互動型態及互動效果如下表2-1。

　　從這個思考方向我們可以瞭解，在中國人的人際取向中，個人的家族取向是四種取向中最基本的一種，也是最核心的一種。在家族取向的親屬關係中，家人是最核心的概念，家人關係是因為生育或婚姻關係所帶來的先賦性特徵，而家人關係也是一種交往最多的關係。但是家人關係根據先賦性(人情)和交往性(眞情)的高低，可以把家人關係再分為四類（楊宜音，2001），並以表2-2表示如下：

　　1.先賦性高、交往性高：一般情況下的家人(父母與子女等)
　　2.先賦性高、交往性低：一般情況下剛建立的婆媳關係
　　3.先賦性低、交往性高：一般情況下剛出嫁的女兒與其父母的關係
　　4.先賦性低、交往性底：一般情況下的陌生人

表2-1 關係中之不同人際對待原則、對待方式、互依型態及互動效果

關係類別	對待原則	對待方式	互依型態	互動效果		
				正向情緒 (良好互動)	負向情緒 (不良互動)	因應或防衛方法
家人關係 (情感性關係)	講責任 (低回報性)	全力保護 (高特殊主義) (需求法則)	無條件互 相依賴	・無條件之信任 ・親愛之情	・罪感 ・沮喪 ・其他焦慮 ・憤怒或敵意	・壓抑 ・否認 ・怨尤 ・體徵化
熟人關係 (混合性關係)	講人情 (中回報性)	設法通融 (低特殊主義)	有條件互 相依賴	・有條件之信任 ・喜好之情	・恥感 ・其他焦慮 ・憤怒或敵意	・反向行為形成 ・合理化 ・自衛性投射
生人關係 (工具性關係)	講利害 (高回報性)	便宜行事 (非特殊主義) (公平法則)	無任何互 相依賴	・有緣之感 ・投好之情	・憤怒或敵意 ・恥感	・自衛性投射 ・合理化 ・直接發洩

(資料來源：修改自楊國樞，1993，107頁)

註：文中劃線之文字係楊宜音(2001)認為黃光國之分類可對應楊國樞之架構者。

表2-2 家人關係類別

交往性╱先賦性	真有之情高	真有之情低
應有之情高	夫妻關係、親子關係 (自己人)	與公婆的關係 與夫家其他成員的關係
應有之情低	與公婆的關係 與夫家其他成員的關係	一般情況下的陌生人

上述四種關係如再擴大至家庭以外的人際關係，可以如下表2-3所示。

表2-3 「自己人/外人」分類及其相互間的互動

先賦性關係　　　　交往性關係		應有之情、義務互助	
		高	低
眞有之情 自願互助	高	父—子 鐵哥們 （自己人）	農村父母—嫁出女 摯友 （交往性自己人）
	低	婆—媳、城市親戚 人情關係 （身份性自己人）	陌生人、外鄉人 圈外人 （外人）

資料來源：楊宜音，2001，156頁

從表2-2和表2-3可以看出來，中國人的人際取向，是以自己爲中心，有親疏遠近的；界定的標準有二，一個是和與生俱來的血緣有關的程度，一個是往來互動的、後天建立的關係的程度。表面上看起來，家庭中的「家人」關係應該都是低回報性、無條件互相依賴與信任的，但事實上，即使是「一家人」，還是有費孝通所稱的「因時因地可伸縮的」部分存在，例如所謂的婆媳問題，在楊中芳及楊宜音的界定裡，都是因爲「自己人/外人」的界定所造成的。當論及母子關係時，媳婦顯然是外人；當論及夫妻關係時，母親就變成是外人了。這種人際互動的特性，深深的影響著中國人的家人關係。

中國人的家人關係

　　中國人人際關係建構的核心是親密、義務與信任，那麼，是不是具備這三個條件的人際關係就是家人關係？事實上，家人並不是一般所知的父母、子女、兄弟、姊妹、丈夫、妻子而已，這些是因血緣或婚姻而成爲家人；另有些人是因交往或彼此具有情感性關係而成爲所謂的「類似家人」、「一家人」。

　　中國人的家人關係，根據黃光國（1988）的說法，是以情感性的關係爲基礎，這種關係是一種長久而穩定的社會關係，家人之間互動的法則是以需求爲主，互動的目的是以滿足雙方關愛、溫情、安全感、歸屬感等情感需要爲主。父母對子女的教養會訓練兒童壓抑任何形式的攻擊，要互相幫忙以增進家庭中的團結與和諧；當父母年老時，子女有奉養父母的責任。個人與家人之間的互動少有顧忌存在，能夠表現出個人原本眞實的行爲，與家人之間不需要玩人情或面子的權力遊戲。

　　楊國樞在1993年的論著中提出的觀點和黃光國說法相似。家人之間講的是責任，如果家人有任何困境或需求，要全力保護，家人彼此之間是無條件的互相依賴、無條件的信任的。就正面的影響來看，中國人的家人關係強調親密、自我壓抑與相互依賴；但是就負面來看，如果家人之間無法建立這種信任、依賴與親愛之情，就可能產生罪感、沮喪、憤怒或敵意，或其他焦慮；而因應這種親情困境的方式則是壓抑、否認、怨尤、體徵化或形成反向行爲。這種負向的情緒在余德慧(1987)的中國人系列書籍中討論頗多，例如中國人的黏離性格、反饋失敗的不孝感和孽子感，親子關係是以「共合」的方式存在，親子間共依附的現象比比皆是，不允許「分

離」，否則將產生「親子的撕裂感」。文中也提到中國人對待親密的人時最容易產生的神經質情緒是「怨」，而依附則是「怨」最重要的成因。緣於對家人的責任，想要全力以赴保護家人，總是願意為家人犧牲，因而會有「為對方做太多事」的感覺，而期待對方回應如果落空，就很容易出現「怨尤」。這種家人之間的人際衝突，正是黃光國所稱的「親情困境」。由此可以了解，「家」對中國人生活的影響很大，即便內心充滿怨尤，仍會對其有相當的期待。或許就正是吳瑾嫣（2000）以女性遊民為對象所作的研究中，遊民美玲的心聲：

> 「我對家算是一種，我覺得我對家是一種依賴，而且，我覺得家是一種每個人的避風港。我覺得在外面無論你受到什麼挫折的時候，你必須有個家讓你去擁有、去依靠，然後在你自己想哭的時候，你可以躲在那裡面哭泣。沒有人會嘲笑你，沒有人會看的見，我覺得這是我對家的看法…我覺得還是要有親人在，其實我喜歡爸爸媽媽姊姊弟弟住在一起，那才是一個完整的家。一個人可以給自己一個溫暖的小窩，但是那是一個窩，而不是家，我會覺得很孤獨。」

　　即使在遊民美玲的生命中，並沒有太多「甜蜜家庭」的記憶，然而，即便是被爸媽背棄後；即使她常常咬牙切齒、慷慨激昂指出弟弟是惡劣的人，她一輩子都不要跟他在一起；即使在她回到父親家後發誓再也不要回去等等，談到家時，她仍希冀一個與家庭成員一起生活的安樂之家。（吳瑾嫣，2000，102頁）

　　我們可以從楊國樞、余德慧，及遊民美玲對家的看法中瞭解到中國人的家人關係可以是正向的，也可以是負向的；而影響個人對家的觀感的關鍵可能仍在於前面所提及的「情

感性關係」，期望家能滿足個人對情感性關係正向的期待，但現代人在面對不同於傳統的生活型態，還有多少人能保有過去與家族成員建立無條件互相依賴、講責任、不求回報的家人關係？在資訊文化的衝擊下，現代家庭保有的家人關係及家庭價值觀值得探討。

中國人的家庭價值觀

楊國樞(1993b)認為價值觀是個人對特定行為、事物、狀態或目標的一種持久性偏好。在性質上包括認知、情感及欲向三類成分的信念，是用以判斷行為好壞或對錯的標準，或據以選擇事物的參考架構。因此，所謂家庭價值觀可以說是個人對家庭有關的行為、事物、狀態或目標的一種持久性偏好，是個人用以判斷與家庭有關行為好壞或對錯的表準，或據以選擇事物的參考架構。例如個人對於婚姻的價值、子女的價值都是家庭價值觀的一種。

楊懋春(1981)認為中國傳統家庭價值觀具有以下七項特點：

(1)因為勞動的需求，傾向「多子多孫，數代同堂」的概念，另一方面也重視「不孝有三，無後為大」的價值觀。

(2)男系父權社會，重視父傳子的傳承制度，另一方面也強調尊敬長輩，看重孝道觀念。

(3)受父系社會觀念影響而傾向重男輕女的觀念，
女子的地位遠不如男子，即使嫁為人婦，必須有子
女後，身份地位才會逐漸提高。

(4)講求絕對服從的教養態度，父母在教養子女上
有極大的權威，子女不敢對父母公然反抗。

(5)婚姻多憑「父母之命，媒妁之言」，個人無自主
權，個人的婚姻乃是家庭娶媳，而非個人娶媳。

(6)家庭成員的生產多交予長輩，共同生產，共同
消費，因此財產採共有方式，由長輩保管支出，家
人對家中財產有用的權利，也有保護的義務。

(7)家庭具有綜合性功能，除夫妻性生活的滿足及
收養子女外，還包括生養子女、家庭經濟的再分配
等。

　　這些傳統的家庭價值觀在社會變遷影響下，逐漸出現變
化。1980年代的變化重點在於小家庭數量增加，親族間的情
感關係日趨淡薄；養兒防老觀念漸落伍、也較不重男輕女，
但傳宗接代是生育的最大目的；婚姻自主但婚姻衝突也日增；
夫妻關係漸趨平權，肯定女性在家庭地位與事業成就兩方面
的角色價值，但女性在社會所扮演的角色價值卻未受肯定；
重視婚姻內性關係的和諧、不認可婚外性關係(林麗莉，1983
；湯克遠，1980)。到1990年代，從有關家庭價值觀的相關
研究可以看出，兩性在家庭中的關係更趨平權，大多數的人

對夫妻關係感到滿意、男性參與更多的家務(莫黎黎、王行，1995)，婚姻與離婚的價值也有了變化(蔡勇美、伊慶春，1995)。到了廿一世紀的今天，傳統家庭制度漸漸受到威脅。1990年代，北歐國家之結婚率已低於五成，美國聯邦最高法院更於2003年6月26日以六對三票，推翻禁止同性性行爲的法律，學者與同性戀權利運動人士認爲，這項裁決結果賦予同性戀合法地位，將鼓勵同性戀者繼續爭取同性婚姻、同居人權利、撫養與家長監護權等，專家預測此舉將強化爭取合法墮胎與其他可能引發社會分裂性議題的出現，例如對禁止獸交、重婚與亂倫等法律造成威脅，威脅傳統家庭制度(陳宜君編譯，2003/06/28，自由時報，12版)。可預期世界各國家庭價值的變化與發展，也將對我國人家庭價值觀產生衝擊。在中國人現代化的過程中，我們逐漸失去了與傳統價值的聯繫，但不表示傳統的價值或整個大環境的文化內涵全部與現代無關，改變是漸次出現的，在日常不知不覺中，已接受了許多與過去家庭價值不相符的事物、行爲或態度，而這些丕變中的價值將是討論我國家庭教育內涵的重要根據。

家庭教育是教育的一環嗎？

家庭教育與教育

　　一般書籍或相關文獻於討論教育的種類時，大多同意教育可以依其施行的場所，分為家庭教育、學校教育與社會教育。何謂家庭教育？家庭教育應包含的內涵為何？我們常說家庭教育、學校教育和社會教育是鼎足而立的教育三領域，三者缺一不可。但實際上，目前教育領域中，真正受到最多關注的是學校教育，即便是今日喊澈雲霄的教育改革，翻遍相關資料，也只在教育部社教司的業務當中找到「家庭教育的改革」此一討論主題，而民間教改人士以及相關學者專家，對於家庭教育的問題隻字未提。但縱觀今日社會，當社會問題出現時，許多學者專家開始追究問題的根源（蔡德輝、楊士隆，民89），通常到後來會從社會的問題，追到學校的問題；再從學校的問題追到家庭的問題。筆者曾多次在相關場合提到：現代家庭的許多問題可能並非家庭所自願而造成的，換句話說，其實家庭的問題很有可能是因為其他的社會問題、學校問題不得解決而共同造成。事實上，就人類生態學的觀點看，我們幾乎可以說：沒有任何一個與人有關的問題的形

成是單一原因造成的(Ambert,1993)。例如非行青少年問題，難道都是父母教養態度或方式不良造成？還是因為社會不良文化對青少年的誘惑大過於父母對青少年的諄諄教誨？學校教育對於發展個別差異較大的孩子是否能以更寬容的態度面對與處理？但不論是那一個原因，在解決家庭問題、學校問題及社會問題的過程中，家庭教育是絕對不可缺席的。

根據林寶山(民79)的說法，人類的學習分為有意的學習和無意間的學習；無意的學習是在個人未覺察、無法控制的情況下所獲得的經驗，而有意的學習是在一種經過縝密計畫或控制的學習情境中進行的活動。從這個觀點來看，一般人於家庭生活中所習得的經驗，可能大部分是屬於無意間的學習，這種學習的成果往往是無法控制或無法預知的。因為我們並未覺察情境的變化，也可能無法控制情境的變化。例如個人在日常家庭生活中學到父母的某些行為表現特徵，說話的音調、表情或動作表現等，或者應對進退策略。根據心理學行為學派的論點，在未覺察情況下習得的行為習慣，因為無法判定其增強來源，因此比較不容易被改變。這種無意間的學習雖然對於人類發展很重要，但是如果學習結果未符合健康生活所需，將造成負面的影響，因此並不值得鼓勵；人類社會或個人發展仍應透過教育方式較為理想。

所謂「教育」，說文解字將「教」字釋為「上所施，下所效」，「育」釋為「養子使作善也」；禮記則記載「教也者，長善而救其失也」。林寶山(民79)引賈馥茗的論點認為「教」、「育」二字意義相同，都是在增加才智、培養道德。蔡義雄（2000）認為教育包括下列含義：(1)協助及促進個體健全生長、發展；(2)教導個體正確及良好的知識、能力、思想、情操、習慣和態度；(3)使個體由幼稚趨於成熟，由不知不能、不善不行而趨於能知善、能行善等含義。因此，就字面意義來看，所謂家庭教育，可以說是在增加個人家庭

生活所需的才智，培養家庭相關道德的教育活動。它包括下列含義：(1)協助及促進個體於家庭中健全生長、發展；(2)教導個體與家庭生活有關的正確及良好的知識、能力、思想、情操、習慣和態度；(3)使個體對於家庭生活的知能，由幼稚趨於成熟，由不知不能、不善不行而趨於能知善、能行善等。

　　一般學者常將教育分為正式教育和非正式教育。正式教育的成立需要具備教育者、學習者，和教育者與學習者共同期望的目標等條件；如果未具備上述三者的教育活動則稱為非正式的教育活動。德國現象學派教育哲學家克里克將教育活動分為三層三線(蔡義雄，2000)。所謂三層分別是：(1)沒有自覺以前的人類相互影響的結合關係，是最低層的教育；(2)意識的結合且有目的的活動，如父母影響子女等；(3)有計畫的設施，為最高層。家庭教育顯然應涵蓋其中之三層，亦即個人未自覺的家庭生活內所受的影響；其次是有目的施予和家庭生活知能有關的影響；第三則是政府有計劃的家庭教育措施。

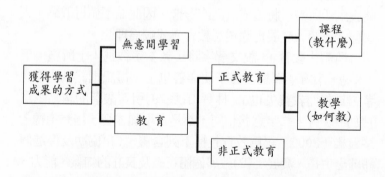

圖2-1　課程與教學關係圖(引自林寶山，民79，教學原理，11頁)

　　從字面的組合來看，「家庭教育」屬於教育的一環，是有意學習的結果，至少是個體為了因應家庭生活所需，由具有教育者身份的成員就某項特定的目的，提供學習者學習經驗的歷程。對於大部分的人而言，由於並未知覺家庭生活需要學習與教育；甚至有認為家庭生活為極其自然的事，並沒有學習與教育的必要，因此其家庭教育的施行是非正式的教育，有時候也可能是無意間學習。時至今日，家庭教育法已於92年2月6日由總統公布，家庭教育由非正式教育邁向正式教育之列，也希望家庭教育理論與實務的推展自此進入新的紀元。

　　然而，不論是非正式教育、正式教育或無意間學習，家庭教育的學習結果，可以依Gagnè(趙居蓮，民86)對於學習結果的看法，將其分為五種：

1. 智能技巧：指「知道如何做」或程序性知識。
2. 語言訊息：指能夠敘述意念的能力，也就是「知道某知識」或陳述性知識。
3. 認知策略：指思考、分析問題的方法，以及解決問題取向的內在歷程。
4. 動作技巧：指執行行動的單一動作。
5. 態度：指學習者本身選擇，而不是特殊的表現，稱之為態度。

　　每一種學習都有其學習的條件，存在於個體本身的稱為內在條件；存在於個體之外的，稱之為外在條件，可以安排在教學裡。各種類學習的內在條件及外在條件分別如下頁：

　　為協助讀者瞭解，茲將上述學習的類型在家庭生活學習的結果，舉例說明如下：

(1)智能技巧的學習

　　當家有來訪的客人，兒童知道該告知父母，詢問來客姓

氏並請來客稍坐。

(2)語言訊息的學習

在家庭中的語言學習，例如很多母語的學習並沒有文字，一開始也並非透過文字學習，而是在情境中透過口語互動而來。

(3)認知策略的學習

當孩子經歷父母離婚前的婚姻衝突，以及不安的家庭氣氛，如果父母再對其說：「都是因為你！」孩子內心自然產生的內在思考，認為自己是造成父母婚姻衝突的人，分析問題覺得他可能得乖一點，而解決問題的方式則是對父母表示自己會乖，請父母不要爭吵或離婚。

(4)動作技巧的學習

青少年在家中學習協助父母處理家務，從中學會執行某種家務的動作，例如洗碗、清理寵物便溺物。

(5)態度的學習

當孩子與父母外出觀賞表演，孩子看到父母對於插隊的人在行為上表現忍讓但實則在口頭上唾罵，兒童將學習到對於不遵守規範行為的處理態度。

根據有關信念、態度與行為關係的研究發現，個人對事物的信念可能影響其態度，進而影響其行為。在家庭教育中，認知策略、語言訊息、動作技能及智能技巧的學習都與行為較有關聯，而態度的學習相較於前四者，其更深植個人認知與情緒結構的深層。個人早期在家庭中的學習，圍繞著每日發生的家庭生活事件，我們獲得與家庭有關的上述五類學習結果，其中做值得關注的應是態度的學習。

表2-4　學習的條件

學習類別	內在條件	外在條件
智能技巧	1.過去已經學過的技巧是現在新技巧的組成成分 2.回憶舊有技巧並將它們以新方式組織的過程	1.依刺激回憶更低層次的技巧 2.讓學習者知道目標的重要性 3.利用敘述、問題或暗示來引導新的學習 4.提供機會讓學習者表現新學會的技巧，同時讓他將新技巧聯結於新例子
認知策略	1.認知策略本身沒有特定內容，但學習者需要能回憶過去學過的能力以進行內在的組織、組成簡單規則的概念，以及理解這些規則的語言陳述的能力	1.鼓勵學習者在各種不同的情境練習認知策略，給學生機會接受挑戰去發現管理化們的學習口思依的新方法
語言訊息	1.預先存在有組織的知識 2.以有組織的方式將訊息進行編碼	1.提供一個有意義的情境 2.增加線索的獨特性 3.重複的效果
動作技巧		1.提供語言指導以提供學習者程序性的步驟的路線，引導學習者關於「接下來要做什麼」 2.提供動作的圖象，指示學習者注意控制動作反應的外在線索 3.實際示範如何執行動作表現給學習者觀察 4.提供不斷重複練習表現的機會 5.提供能夠增強動作表現的回饋
態度	1.學習者必須具備新態度所指涉的對象、事件或人的類別的概念 2.個體具備所要選擇行動的情境中的相關資訊	1.建立示範者的吸引力和可靠性 2.學習者回憶時度的目標和態度可應用的情境，教學者必須刺激學習者這項回憶 3.示範者表現或溝通令人滿意的個人行動的選擇 4.示範或溝通指出示範者得到增強

註:整理自趙居蓮譯(民86)，學習與教學。

家庭教育的可能性

　　家庭教育的發生，如前所述「教育」之界定，需要有教育者、學習者，以及教育者與學習者共同的目標，三者配合方得成就。事實上，除了上述三者之外，筆者以為還需要適當「環境」因素的配合，教育才能施行。家庭教育之教育者與學習者二方共同的目標將在下一節中討論，因此本段先就學習者、教育者以及環境三者討論家庭教育發生的可能性。

學習者

　　人類所以稱為萬物之靈，是因為人類的幼稚期較地球上其他已知的生物長了很多；其腦部容量和身體的比例也比其他生物高許多，因此人類的學習能力遠較其他生物強。

　　目前世界上大多數人類行家庭生活，以家庭為社會的基礎單位。在家庭中生育子女、養育子女；奉養長輩、照顧長輩。家庭是個人出生以後的第一個學習場所，因此個人一生的言行思想皆深受家庭的影響。在學校教育還沒有普遍以前，大多數的人是透過家庭中的長輩代代相傳生活所需的知能，因此在家庭教育的範疇裡，學習者的確是存在的。

教育者

　　為了延續生命、保有種族，人類必須將上一代的生活智慧傳遞給下一代，幫助他們適應適者生存、物競天擇的環境。因此，家庭中的教育者，通常是父母或族中長老，教導學習者生活經驗中所萃取出來的智慧。在現代科技社會中，雖然許多生活所需知識已超越為人父母或家中輩所知與所能，但

基本生活態度與技巧，仍是家庭教育的重要內涵，因此，家
庭教育中的教育者確實是存在的。

環境

　　為了要適應社會生活，個體必須與環境妥協或者改變環
境。環境對個人的影響力在近三十年來的環境心理學中闡述
頗多，個人生活的具體且最早的家庭教育環境應該就是家庭，
在其中個人透過各種方式與其中的個人、事物和氣氛互動，
從而產生必要的改變。待長大離家後，個人仍依早期家庭造
成的影響力與家庭外的環境互動。因此，所謂家庭教育的環
境，也可以說是家庭教育施行的背景脈絡，包括生活中的事
件、人、物，以及無形的氣氛，都是影響個人成長的發展的
因素。例如人類生態學者Garbarino(1992)舉美國在1930年
代的經濟大蕭條為例，說明身處當時的兒童在生理及社會發
展中產生的無可磨滅的影響。在廿一世紀的台灣，因為SARS
(嚴重急性呼吸道症候群)的漫延，影響許多人無法外出，甚
至影響其家庭生活作息方式與互動方式。這些環境中發生的
事件對於家庭教育的影響確實是存在的。

家庭教育產生的方式

　　家庭教育所以產生，有其基礎，茲分述如下：

透過人類生態系統的相互影響而產生

　　只要是存在的物體，必然佔有一定的時間與空間，並且

會以某種方式與環境產生互動。因此家庭教育的產生，必須是教育環境中的人彼此之間有互動，而且這種互動的結果是彼此都受到對方的影響的。此外，從人類生態的觀點看，影響個人發展的因素包括小系統（個人本身特質因素、性別、年齡、健康狀況等）、中間系統（與小系統有關之個體與小系統之關係）、外系統及大系統。同樣的，家庭教育的影響因素也包括這些因素。換句話說，家庭教育的影響力不只是個人與個人之間的相互影響，還包括個人與社區、社會價值觀、意識型態等的交互作用。

家庭教育是一個持續不斷的事件，在小系統方面，影響家庭教育成效的小系統爲家庭本身的特質，例如小家庭和大家庭有其不同的特質；單親家庭與雙薪家庭也有不同。其次是原生家庭與創立家庭之間的中間系統關係，原生家庭是否支持或介入過多將影響小家庭的運作。如果以家庭中的子女與父母爲思考的單位，父母本身特質會影響其與子女之間的關係，這種中間系統本身就不平衡，父母屬強勢，子女爲弱勢部分。在中國人的家庭互動中，透過朱岑樓所稱的「恥感文化」；余德慧所謂的「黏離性格」、「共合」；楊國樞所稱的「無條件相互依賴」、「低回報性」等法則，基本上是非常的緊密的，對個人所產生的影響力既深又遠。

透過家庭社會化而產生

很顯然的，家庭是社會中的基礎團體之一，也是社會學中所論最小的團體，在這個含各種規則與制度而自成之特殊體系，是以社會角色、文化規範和共享意義，在社會互動之中所提供之常規性和可測性作基礎（朱岑樓，1988）。每個社會爲了進步，都有一套約定俗成的行爲規則，其所有成員或多或少遵守，這樣才能避免社會衝突、維持社會秩序，而

這套行為規則是依社會控制來約束或限制成員的行為。最積極有效的社會控制是社會化，朱岑樓(1988)認為它是經由個人所生活的環境，將所屬團體的價值、態度、規範等「內射」(interjection)到個人早先的氣質特徵，經過「內化」(int-ernalization)成為人格的重要部份。早期所吸收的文化特質，留存在人格深處，形成人格的核心，日後再接觸到新的文化特質，依其先後順序，附屬於核心，形成人格的外層。

在家庭中，個人所以容易被社會化，緣於家庭是最早滿足個人基本生存需求的單位，包括Maslow的生理需求（對食物、水、氧氣、休息、性和從緊張中解放出來的需求）、安全需求（對安全、舒適、祥和和免於恐懼的自由的需求）。漸次成長中，個人對於高層次的需求性也越高，除了家庭從基本的生存需求所引發的信任、親密與安全關係之外，更希望能透過這些關係獲得愛與隸屬需求（對歸屬、親近、愛與被愛的需求）、自尊（對信心、價值感和勝任能力的需求自尊並獲得他人的尊敬與讚美）、認知（對知識、瞭解和新奇的需求）、美（對秩序及美的需求）、自我實現（實現潛能並擁有有意義目標的需求），以及超越（對宇宙認同的心靈需求）等需求的滿足。由於家庭比起其他社會系統，是一個比較封閉的系統，擁有的資源比較少，因此無法完全提供個人高層次需求的滿足，因此當個人與家庭外的社會互動越見密切之後，家庭的影響力也越為降低，家庭提供個人的高層次滿足也越少，但這並不表示家庭對成年個人的影響力就消失殆盡。

在社會化的過程中，父母往往扮演的是子女學習的楷模。透過提供子女各種身心需求的滿足，父母甚至超越楷模的地位，對孩子形成某種權威。這種潛移默化的過程是日積月累而來的。例如父親對母親的態度，可能影響子女未來成年後對配偶的態度，因此為人父母必須澄清個人價值觀及過去生

活經驗的影響力，做好孩子成長過程的楷模。但是個人要能自然產生價值澄清或擺脫過去生活經驗對未來生活的影響力，並不全然是與生俱來的能力，這種能力需要透過教育與學習而來，這也是家庭教育必要與重要之原因。

透過父母明示而產生

　　所謂父母明示，在過去農業社會中，家族長老多會要求子弟背誦「弟子規」，例如「父母呼，應勿緩；父母責，須順承」、「冬則溫，夏則清；居有常，業無變」、「事雖小，勿擅為；苟私藏，親心傷」，以及「親所好，力為具；德有傷，貽親羞」等，都明白訓示為人子女於家庭中應如何「入則孝」。其餘如出則弟、謹、信、泛愛眾、親仁、餘力學文等，都與家庭生活有關，是早期社會最典型的家庭教育教材，對於家庭教育有相當之影響力。

　　除此之外，父母或長輩如本身瞭解家庭教育對於家庭生活及子女或晚輩發展的重要性，也可能透過說理、教訓、示範、引導等方式施行教育。例如過去傳統社會中，父母或長輩對於家規的訓示、家訓的解說，以及鄉里禮俗傳說等的口耳相傳；母親於閨房、灶間對女兒解說女性持家之道或為人子媳應守之禮等，皆是透過明示而傳遞中國人的家庭價值觀及家庭倫理觀念，教導子女或後輩有關行家庭生活應具備的知識、態度與技能。今日家庭型態多為小家庭，其社會支持網絡比傳統大家庭小，父母忙於營生，加上接受過家庭教育之相關資訊不多，明示教導子女如何經營家庭生活之機由大減。父母或在長輩在家庭內施行之家庭教育，在社會現代化的過程中，或許被視為理所當然的由父母承擔此責任，但父母卻未能承接，因而落空。今日家庭教育的傳遞應首重如何協助父母重新承擔其家庭之教育功能。

家庭教育的定義與內涵

家庭教育的定義分析

在探討家庭教育的相關文獻中，過去的學者專家對於家庭教育的定義，言人人殊。例如張振宇(民73)認為家庭教育是探討兒童的養育與訓育的學問，其定義接近「親職教育」的定義；劉修吉(民77)認為家庭教育是孩子誕生後在成長場所所接受的教育，亦即以家庭教育為與學校教育銜接的教育階段；尹蘊華(民59)認為廣義的家庭教育是個人一生的身心健全培養、情感生活的學習、倫理觀念的養成、道德行為的建立以及入學就業通婚成家，一切立身行事的指導都屬於家庭教育的範圍，尹氏的定義則是將所有情意的教育都歸之於家庭教育的範疇。

因為家庭教育是一種教育努力，分析這個概念的時候，應該包括一般目標或預期的結果，主題事件或內涵，預期對象和執行方法。在美國，與我國家庭教育一詞相當的名詞是「家庭生活教育」(Family Life Eductation)。根據Thomason & Arcus1992的觀點，所謂家庭生活教育是指個人行家庭生活所需要的認知、情意和技能。在分析家庭教育的必要條件

與充分條件時,是從家庭生活的一般性目標、期望達成的成果,以及內容三方面來著手。在一般性目標方面,Thomason & Arcus1992認為應是「強化及增進個人與家庭的幸福感」;其內容包括:人類發展與性、家庭人際關係、家庭互動、家庭資源管理、親職教育、家庭倫理、家庭與社會、溝通、決策與問題解決等項目。

在我國,家庭教育法第一條即列出家庭教育之終極目標:「為增進國民家庭生活知能,健全國民身心發展,營造幸福家庭,以建立祥和社會。」在預期對象方面,家庭教育之預期對象應為所有的個人,不單指擔負傳遞家庭重任之父母或成人,而是需要行家庭生活之所有個人都應包含在內;至於家庭教育與其他教育領域最主要不同處,在於其乃是個人行家庭生活所必要的知識、態度與能力,因此與 家庭教育有關之主題事件或內容,應是指個人在行家庭生活時所可能面臨的事件或內涵,將在下一段中討論;最後,執行家庭教育之方法不應狹義的以某些特定方法為限,而應包含各種形式之教育活動,以因應不同類型、不同時空與不同需要的個人所需。

綜合以上所述,茲將家庭教育之定義界定如下:

為健全個人身心發展,營造幸福家庭,以建立祥和社會,而透過各種教育形式以增進個人行家庭生活所需之知識、態度與能力的教育活動,稱為家庭教育。

家庭教育的内涵分析

　　在上述的定義中，首先需要進一步說明者，家庭教育不一定是家庭內的教育，只要是能促進個人行家庭生活所需之知識、態度與能力的教育活動都是家庭教育。因此它可能是家庭內父母對子女或長輩對晚輩的教育活動，也可能是學校內教師對學生行家庭生活所需之知識、態度與能力所進行的教育活動，也可能是社會機構對家庭中的個人所提供的各種家庭生活知能、態度與能力的教育活動。但是不論家庭教育在那一種領域實施，其內涵應是一樣的。

　　有關家庭教育的內涵，根據筆者分析九年一貫課程綱要及高中職課程標準中所列與家庭教育有關之項目，多至近300項。經由12位就讀家庭教育研究所之現職高中、國中及國小現任教師依其專業知能刪減與家庭教育無關者，剩下56項，再透過以問卷調查937位高中、國中及國小現任教師對於何者屬於家庭教育內涵之意見，經因素分析，得知高中以下學校教師認為家庭教育之內涵包括14個向度，其解釋量為67.366%，各向度之題項如下：

表2-5 高中以下教師覺知之家庭教育內涵因素分析結果

向度	題目
1 婚姻教育	1. 瞭解婚姻與家庭之內涵 2. 具備婚姻適應與家庭溝通之能力 3. 瞭解婚姻的真諦 4. 瞭解婚姻中愛的成長與蛻變 5. 建立婚姻生活的共識 6. 能夠包容婚前與婚後的轉變 7. 瞭解自己對婚姻的期望 8. 培養婚姻問題的調適能力 9. 培養雙生涯家庭的適應能力

2 家 庭 倫 理 教 育	1.建立適當的家庭倫理的觀念 2.瞭解家庭結構與功能 3.瞭解家人之間的關係 4.瞭解與父母相處之道 5.瞭解家庭系統的互動關係 6.瞭解自己家庭中家規的類型 7.培養對於家規的調適能力
3 家 庭 與 社 區 關 係	1.瞭解婚姻的法律常識 2.瞭解夫妻財產制之法律常識 3.瞭解人口老化的問題 4.瞭解與個人家庭成員相關之訊息 5.瞭解家庭與鄰居、社區互動的關係 6.瞭解社區所提供的家庭服務 7.瞭解各種與家庭有關之行業發展的現況與趨勢 8.瞭解高齡化社會的家庭問題 9.瞭解藥物濫用的原因與家庭對策 10.瞭解家庭消費的定律
4 離 婚 教 育	1.瞭解父母與子女之間法律常識 2.培養離婚問題分析及處理能力 3.培養外遇問題分析及處理能力 4.瞭解美滿婚姻的要件
5 家 庭 資 源 管 理	1.加強家庭垃圾分類、資源回收的概感 2.提升美感，就現有資源改善住家、房間或教室的環境 3.能具備正確之家庭保健常識 4.能辨識家庭中常見之身心異常狀況，並做簡易之處理 5.應用食物與營養之知能，以維護家人健康
6 單 親 家 庭	1.瞭解婚姻失調對家庭教育的影響 2.瞭解單親家庭親職教養的問題 3.瞭解子女行為偏差的原因與家庭因應之道

7 兩性與教養	1.培養家庭壓力調適的能力 2.瞭解教養的意義 3.瞭解愛情與婚姻的意義 4.能將正確之兩性平等觀念運用於家庭關係上
8 家庭溝通	1.建立共同決策家庭事務的協調能力 2.瞭解家庭溝通的功能與目的 3.瞭解家庭常見的溝通模式 4.建立和諧家庭溝通協調技巧
9 婚前教育	1.瞭解愛情、婚姻與親密行為的意義 2.瞭解婚前性行為的後果
10 家庭危機	1.培養家庭危機的應變能力 2.瞭解家庭暴力及其處理之道
11 家庭功能	1.認識家庭及婚姻中的兩性關係 2.瞭解家庭的功能 3.瞭解幸福家庭的特質
12	1.培養面對家人死亡與臨終關懷的處理能力
13	1.瞭解幼稚期、青年期、成年期的行為發展與心理適應
14	1.瞭解節育、優生的意義

　　上述14個向度中，除第12、13、14個向度各一題之外，其內涵包括婚姻教育、家庭倫理教育、家庭與社區關係教育、離婚教育、家庭資源管理教育、單親家庭機育、兩性關係與教養、家庭溝通、婚前教育、家庭危機、家庭功能等主題。這些主題或內涵的歸類是透過高中以下教師的意見而來，或許未能代表台灣地區大多數民眾的感受，要幫助民眾瞭解家庭教育，可以從每個家庭都會經歷的家庭生命週期來看。

　　從家庭生命週期的角度來看，可以將家庭生命週期分為八個階段(Goldenberg & Goldenberg,1996)：

1. 新婚階段(married couples without children)
2. 養育嬰幼子女階段(childrearing families：oldest child , birth-30 months)
3. 養育學齡前子女階段(families with preschool children：oldest child , 30 months-6 years)
4. 養育學齡子女階段(families with children：oldest child 6-13 years)
5. 家有青少年階段(families with teenagers：oldest child 13-20 years)
6. 子女將離家階段(first to last child leaves home)
7. 中年父母階段(empty nest to retirement)
8. 老年家庭階段(retirement to death of both spouses)

　　上述八個階段各階段之發展任務包括：

(1)新婚階段：

　　適應婚姻生活、認識並適應姻親關係、決定是否生育子女或準備生育子女等。

(2) 養育嬰幼子女階段：

　　調整夫妻關係，在夫妻角色外加上父母角色；學習做父母、瞭解嬰幼兒發展與成長需要；改變生活作息以適應子女成長需求，如工作與家庭之時間分配等。

(3) 養育學齡前子女階段：

　　學習接納子女的特質並提供其做最佳發展所需之資源，包括參與子女學習；調整親子關係，準備迎接第二個子女加入家庭；維繫婚姻親密情感；建立以子女為中心之家庭—社區關係等。

(4) 養育學齡子女階段：

　　擴大以子女為中心的家庭—社區關係；協助子女接受社會價值並社會化；調整夫妻關係以分擔家務及家庭責任等。

(5) 家有青少年階段：

　　學習接納青春期子女的生理、心理與社會關係的變化；協助子女自我認定並獲取準備獨立生活所需之能力等。

(6) 子女將離家階段：

　　接受原生家庭父母年邁體衰之事實，並提供必要之照顧；調整子女將離家之親子依附關係；學習接受並與子女的異性伴侶相處等。

(7) 中年父母階段：

　　接納子女成年離家後之生活作息變化；學習與成年子女及其伴侶相處；重新定義婚姻生活對夫妻和個人的意義；學習準備過退休生活的知識、態度與技能。

(8)老年家庭階段：

　　學習與成年子女及孫子女相處；學習成為祖父母；學習
準備面對衰老與死亡；統整個人一生之家庭生活經驗，完成
未完成的夢想等。

　　上述八個階段所述的發展任務，並非只執行各階段所列
出之項目而已。事實上，從新婚階段開始，每個階段的任務
都需與上一個階段緊密聯結；以上一個階段的發展為基礎，
完成各階段之發展任務。以婚姻適應為例，新婚階段的婚姻
適應包括兩人作息的調整、對金錢的態度的妥協、對婚姻的
承諾、對性與親密的界定等。其中對性與親密的關係可能是
尋求瞭解彼此的態度與需求、尋找滿足彼此性與親密需求的
需要的有效方法；到家有青少年階段，性與親密的議題可能
就要從激情之愛調整為承諾之愛，對配偶及婚姻作較高的承
諾以維繫家庭的穩定，提供子女在成長的狂飆期有個安定的
家庭作為避風港；到老年時，婚姻中的性與親密轉變為一種
心靈相屬的情感經驗，是親密成分較多的愛。因此，自個人
建立家庭始，一生中的婚姻適應都在發展中，並沒有一時刻
停歇，有不會因為有其他的任務加入或其他角色的變化而減
少。

　　從生命週期來看，以佔台灣地區六成家戶的雙親雙薪家
庭為例，家庭生活的主要內涵包括下列變化：

(1)家庭人際關係的變化：

　　先從兩人婚姻關係，發展到三人的婚姻與親子關係；

(2)世代關係變化：

　　從原生家庭分支出來的創立家庭二代關係，發展到三代
關係；

(3) 家庭角色變化:

　　從個人角色到夫妻角色,到父母角色,再到祖父母角色;

(4) 家庭生活所需適應的任務變化:

　　從婚姻生活適應、姻親關係適應,到工作與家庭時間分配的適應、家庭與社會資源關係的適應。

　　因此在探討家庭教育的主要內涵時,應該可以歸納包括下列七項:

(1) 家庭人際關係(含世代倫理關係、姻親關係)教育:

　　家庭人際關係中包括家庭角色界定、角色期待、角色任務,以及角色實踐等層面。

(2) 婚姻教育:

　　包括婚前擇偶、婚姻承諾、夫妻對婚姻的界定、婚姻生活的適應、婚姻衝突調適與解決、離婚或再婚選擇與調適、性的滿足與親密關係建立、兩性關係與協調合作等。

(3) 親職教育(含親師合作、家長參與):

　　親職角色與任務認知與實踐、教養策略與技巧、父母參與子女學習等。

(4) 家庭與社會資源關係教育(含工作與家庭時間分配、家庭與社會關係):

　　社會上與家庭有關價值觀的接受與調適、家庭與社會關係之建構、家庭所需社會資源認識及運用、工作與家庭時間

分配等。

(5)人類發展與學習教育：

家庭中個人全生命階段之發展與學習特性認知、個人發展與學習所需條件等。

除了上述各主題之外，跳脫家庭生命週期的觀點，以家庭生活的互動層面來看還有二個議題也是家庭教育中必須學習者，一是家庭學習與成長，包括問題解決與壓力調適；二是家庭互動。此二者是上述五個家庭教育主要內涵的基礎，因為家庭本身為動態存在的團體，無法靜止於某一點，因此在家庭教育的主要內涵中，應另加上這二項：

(6)家庭學習與成長：

健康家庭的概念、學習家庭的建立、家庭問題或衝突解決、家庭壓力調適與因應、家庭規則與價值觀之選擇與實踐等。

(7)家庭互動：

良好溝通與互動方式之認知與實踐、家庭時間(家庭日)的訂定與執行、家庭會議召開與決議之執行等。

家庭教育只是家庭內的教育嗎？

早期學者對於家庭教育的定義，為了避免與學校教育或社會教育產生混淆，大多將之定義為家庭內的教育。家庭教

育眞的只是家庭內的教育嗎？家庭教育與學校教育無關嗎？家庭教育與輔導、諮商或治療或許不同，但針對不同嚴重程度的家庭議題，是否有不同層次的家庭教育呢？茲分述如下。

從三級預防的觀點來看

　　所謂三級預防指的是初級、次級（或二級），及三級的預防工作。如前所述，家庭教育是一種教育努力，因此在教育、輔導或諮商，及治療的層次上，家庭教育所從事的活動屬於預防性的工作。初級預防是指在還沒有任何徵兆，生活運作也維持平常的狀況下所從事的學習或教育活動。例如新婚夫妻的婚姻生活還沒有任何問題徵兆，參與學習如何調適與適應婚姻生活及姻親關係的課程，是爲初級預防課程。次級預防是指針對已出現最輕微的徵兆，初步的徵兆所規劃的方案。這個階段的問題還沒有很嚴重，但如果不加以重視或處理，可能繼續惡化並危及家庭生活品質。例如夫妻爭吵、意見不合、性生活頻率及滿意度降低、對婚姻生活感到倦怠、沒有新鮮感等；手足衝突增加等。針對上述問題提供的強化方案，是爲次級的預防課程。三級預防指問題開始危及日常生活秩序，造成困擾所進行的補救性處遇。例如夫妻經常性的衝突，子女離家出走、兒童虐待或老人虐待等事件。Fisher & Ker-ckhoff(1981)將家庭教育的層次分爲三級，並依目標、生活技能、生活主題，及生活轉變列表4舉例如下。

表4　家庭教育目標與關注焦點的分類

| | 關注的焦點 | | |
目標	生活技能	生活主題	生活轉變
教育	1.針對特定生活技能所開設的課程	2.幫助個體在認知上瞭解關鍵性生活主題的課程	3.對特定生活轉變的所開設的課程
強化	4.技能訓練的方案	5.檢核並解決生活主題的方案	6.促進家庭跨越特定生活轉變的方案
處遇	7.和不適當的生活技能有關的問題的治療	8.對個人的治療	9.針對因爲生活轉變而造成的適應有關問題的治療

資料來源：Fisher & Kerckhoff，1981，p507

　　事實上，初級預防不只是在做問題的預防而已，更重要的是健康促進的概念。在醫療層面，過去的觀點較重視問題或疾病的預防，也就是花比較多的資源進行疾病的控制與預防，例如預防注射、疾病宣導等；現今觀念轉而重視健康促進，由個人生活習慣、健康心理等角度進行預防，例如休閒、運動等。在家庭教育的發展上也有共同的趨勢，過去政府及學者專家關注的焦點大都在家庭問題的處遇或強化，自民國88年起，教育部提出「學習型家庭」概念之後，家庭的學習以及健康家庭的促進逐漸受到重視，其概念將在下一章討論。

從學校教育與家庭教育的關係來看

　　在人類從狩獵、畜牧進而行農耕生活的同時，每個聚落

的文化傳承工作也由各家庭自行施教轉而由部落長老代為集中教育。其後，人類文明的累積，學校教育的興起，讓原先由家庭及部落擔負的教育責任轉由機構式的學校取代。早期學校教育的發展，學校漸成為有特定範圍的學習場所，針對特定的對象，依特定的方式，在特定的時間學習特定的內容。近百年來，由於績效責任、系統分析等理論興起，原先各地區自行辦理的小型鄉塾、私塾式的學校教育，漸變成規模愈來愈大的大型學校，大班級教學，教師的分工也愈見細微，甚至要求教師傳遞、教導全國或地區一致的教材，以方便比較、瞭解各地區或各別教師之教學成效及學生的學習成就。近年來，教育改革的聲音讓各界對於學校教育的形式及內容產生的種種疑問，要求學校回到早期學校教育的形式—每個村落或社區都可以依其居民所需辦理教育，決定自己的教育內容，開放教育的時間與人數，講求個人與自己的競爭與比較。

學校教育經過上千年的傳承，形成了對於學生、教師、課程與教學的種種預設。分別是：

1. 教師是理性、成熟的個體，只有教師知道應教導什麼有價值的課程給學生，學生是未成熟的個體，並不知道自己該學習什麼。
2. 教師是某一學科領域的專家，養成教育所學的知識應該要足夠因應日後任教所需。
3. 在教學上，為了方便傳遞課程並講求效率，應進行班級教學；班級教學假設學生年齡或能力應加以區分，讓同年齡或能力相當的學生一起學習，教學效果會比較好。
4. 學生是被動的個體，需要成熟理性的教師引導其學習，並以某些外在的誘因促進其學習動機。
5. 學校教育的目的在協助個人做好未來社會生活的準備

，因此學校教育的課程內容應包括個人未來社會生活應具備的能力，包括家庭與社會生活。

從學校教育的發展與特性可知，學校教育經過多年的發展，已經成為相當成熟的學門，但上述五個假設在面對社會變遷以及近年來各界教育改革的聲浪，其假設是否仍足以達成學校教育的目標，協助個人因應未來的社會生活及家庭生活？事實上，由於資訊累積的速度遠快於學校傳授的速度，學校所傳授的教育內容可能已經無法讓個人踏出校門後終身受用無窮，因此社會對於民眾終身學習、成人教育的要求日增。從另一個角度看，家庭生活在經過十九世紀以來的工業化、都市化、女性就業日增與教育水準提高等衝擊下，其變化也是不可否認的事實。而學校教育能替代家庭教育嗎？個人行家庭生活所需之知能是否可以透過學校教育學習呢？

家庭是愛的學校。因為家庭教育中最主要傳遞的並非學校教育中的知識，而是每個人與生俱來都需要且欠缺的愛與安全感。在探討家庭教育與學校教育的關係時，首先，我們必須確定的是：今日的學校教育無法取代家庭教育，二者需相輔相成才能真正解決問題，因為：

1.家庭教育的主要目的是提供家人愛與安全感，知識與技能並非最重要的教育目標。人類家庭生活經過二十世紀科技化、都市化等問題的衝擊，家庭的許多功能已經由其他社會機構取代。例如保護功能由警察及社會保護單位取代、照顧功能由教養機構、教育機構取代等。但唯一無法由其他社會機構取代的功能是人類對於愛與被愛基本需求的滿足。因此家庭教育在今日社會中最重要的功能是提供個人基本、穩定且源源不斷的愛的滿足。因為當個人初到人世，第一個面對的是家庭；當個人尚未成長以因應社會生活前，需要靠家庭哺育，並提供基本的安全感—包括對自己及對他人的安全

感。因此學校教育的目的如果是在幫助個人瞭解自己、瞭解他人，做好行社會生活所需的準備，那麼家庭教育的目的就是在幫助個人喜歡自己、喜歡他人，並且能進入學校接受教育，而後成為社會健全的一份子。

2.家庭教育的歷程與學校教育不同。家庭教育強調的是個人於家庭生活情境中自然的學習，從實際的家庭生活中進行教育與學習活動，如果是在家庭外學習者亦至少要有應用於家庭生活的機會。大部分的家庭教育歷程並沒有經過事先營造或規劃，反而是就日常生活中顯現的每個事件，針對此事件予以澄清或探討。因此家庭教育的歷程中，有部分並沒有明顯的教與學的關係與知覺，事實上，嚴格講起來，有部分的家庭學習歷程應該是有學習而無教導的。例如父母在日常生活中表達對於金錢使用的觀點或態度，不一定是對兒女表達，只是隨口說說，但因為日復一日的呈現，且在兒女尚未接觸任何其他的觀點以前不斷反覆的出現。父母本身並沒有知覺到這些表達對兒女而言是一種如何使用金錢的教育，但兒女在此情境中自然學習並作了某種程度的內化。過去農業社會中，貧困家庭無力讓子女進學校學習，因此父母可能刻意教導子女生活所需的技能，同時也明示其價值觀與態度；但今日的父母可能會認為這些學習是學校教育的責任，家庭生活中，教導的部分日漸降低，甚至可能只是一同生活，而沒有了刻意教導的歷程。

3.家庭教育中的施教者與受教者關係與學校教育中的師生關係不一樣。如果施教者是影響的來源，受教者是被影響者，今日的父母不一定是社會資訊的擁有者，也就不一定是施教者。在家庭中，每個人都有其發展階段與需求，新婚的男女在結婚後學習適應婚姻生活，因此施教者可能是一位成熟、理性的長者，但也有可能是學有專精的專家、有可能是過來人，也有可能是新婚夫妻透過自我探索進行學習與適應。

家庭中的每個人時刻都在成長與改變,個人的改變對於家庭中的其他人都是一種新的適應,因此家中的長者也只能就個人的經驗及心得傳遞予後生晚輩參考,由於資訊產生的速度太快,甚至有可能長輩過去的經驗在現在的生活中已失去參考價值。因此家庭生活中,每個人都應該學習,誰是施教者?誰又是受教者呢?有可能家庭成員中的每一個人都是施教者,每一個人都是受教者。

4.家庭教育的實施策略與學校教育不同。俗語稱「家家有本難唸的經」,我人可以瞭解—在每個家庭中所發生的事和經歷的心路歷程都是不一樣的。因此家庭教育的實施並沒有固定的教學方式可循,學校教育中強調以某些教學技巧協助學生提高學習成效,因此講求講述技巧、引起動機、鼓勵增強等,但家庭教育的實施可能沒有成規可循。每個家庭的人口組成不同、問題不同、經驗不同,很難用統一的方式來要求或實施。因此每個家庭必須主動表達並尋求成長或協助解決問題的資源,無法等待由政府或機構提供而全盤接受。

5.家庭教育沒有特定的教育內容。每個家庭的生命週期不同,經驗也不同,因此無法為所有家庭訂定一特定的教育內容,放之四海皆準。甲家庭可用的經驗或方式在乙家庭可能並不適用,因此家庭教育的內容會因個別家庭而不同,異質性很高。如果真要尋找家庭教育的內涵,可能要回到前面所討論的「家是愛的學校」此一論點看起,讓家庭如何成為一個予家人愛與安全感的場所、一個學習表達與接受愛與安全感需求的地方、一個學習與人相處的地方。

如上所述,家庭教育的特性有其異於學校教育之處,但家庭教育並未獨立於學校教育之外。事實上應該說:教育不應該因個人身在何處而區分,因為個人的學習應是就其生活所面臨的問題來統整,而非以學科領域進行區分。例如兒童在學校中學習人際互動的認知及技巧,並培養其對與人相處

的信任感與安全感，如果家庭此一最基本的信任團體反而不能提供練習與模仿的機會，對於學校教育而言，家庭教育就是反教育了；同樣的，當父母給予孩子充分的機會表達與創造的機會，希望孩子能在民主的氣氛中成長，但對於要求孩子種種不合理的要求(例如只說要帶國語，沒說明是帶國語課本或國語習作，結果兒童認為老師沒說清楚，因此沒帶，但老師還是處罰了學生，參見聯合報，89年7月21日家庭版—迷惘的父母)，兒童學到了一項在學校學習的規則—多說多錯、少說少錯；全部帶去學校就不會沒帶。這是學校教育在做家庭教育的反教育了。

　　筆者以為，學校教育與家庭教育各有其功能，無法論及誰優誰劣，更重要的是二者如果無法密切配合，受害的是受教育的每個個人。學校教育的特性是透過團體及學校情境的引導，以及在受過專業訓練的教師的指導下，學生有系統地學習經過整理或統整後的經驗，可以幫助學習者瞭解多數人的想法或看法。因此對於個人未來生活中所需要的知識、情意及技能做有系統的學習。我們希望家庭教育與學校教育之間的關係是互補的，個人在學校教育中所學，為了現在擔負家庭角色之用並為未來建立家庭做準備，但學校所學畢竟限於模擬情境，並非真實的家庭生活情境，因此需要能實際應用並驗證的家庭教育配合。而家庭教育中對於個人的要求與陶冶，也需要在學校教育中獲得肯定與驗證。例如婚姻教育目的在於幫助個人瞭解婚姻的本質以及經營成功婚姻的策略與方式，在學校教育中，教師於班級教學或團體活動中讓學生瞭解婚姻的意義、婚姻對個人的影響，以及婚姻的本質，並讓學生討論其所定義的成功的婚姻特質，以及如何經營婚姻等議題。對於尚未建立家庭的在學生而言，除了瞭解上述議題外，更可以透過訪談、觀察與相關資料與文獻閱讀，瞭解原生家庭父母的婚姻觀，以及理解並接受婚姻狀況，尤其

對於非典型家庭的學生而言，透過討論與探究，可以對於自己的婚姻觀有更清楚的觀點並接納父母的婚姻狀態，減低父母婚姻破碎或婚姻衝突對其所造成的負面影響。因此，學校透過專業的家庭教育工作者，得以規劃針對不同主題、不同年齡、不同需求的學生的家庭教育課程，讓學生在學期間接受較正面的觀點或提早澄清自己的觀點，對於家庭教育自然有其助益。

結語

　　家庭教育實務工作，若以民國77年於各縣市設置親職教育諮詢中心起算，至今十年有成，但家庭教育在我國學術界的發展時間卻相當短暫。各界對於何謂家庭教育的定義仍有相當爭議，對於家庭教育此一領域是否需要設研究所培育專業人才也有不同的看法。過去，社會各界僅知道家庭教育重要，但對於何以家庭教育重要卻是含糊籠統地以「家是社會的基本單位」、「家是個人第一個生活的團體」陳述，我們期待有更多對於學校教育有抱負的教師投入關心家庭教育的行列，從研究家庭教育、推展家庭教育開始，讓家庭教育與學校教育之間的互動有相成的效果，而非現在相互掣肘的狀態。未來將陸續提供與家庭教育相關的資訊與各界交流，以增進社會對於家庭教育的重視，讓家庭教育不只被認為重要，更是急要的教育。

🔳 參考書目

中文部份

尹蘊華（民59）家庭教育。台北：一善。

朱岑樓（1988）。從社會個人與文化的關係論中國人性格的
　　　　恥感取向。載於李亦園、楊國樞主編：中國人的性
　　　　格，91-132，台北：桂冠。

余德慧（1987）。中國人心底的故事—中國人的心理系列叢
　　　　書編序。2-14頁，張老師月刊編輯部：中國人的幸
　　　　福觀：命運與幸福，台北：張老師出版社。

吳瑾嫣（2000）。女性遊民研究：家的另類意涵。應用心理
　　　　研究，8，83-120。

林麗莉（1983）。現代化過程與家庭價值觀變遷之相關性研究。
　　　　東吳大學社會學研究所碩士論文。

林寶山（民79）教學原理。台北：五南。

迷惘的媽媽（民89）少開口就不會被罰？聯合報，7月21日，
　　　　卅三版。

張振宇（民73）家庭教育。台北：三民。

莫黎黎、王行（1996）。已婚男性的家庭價值觀及其對家庭的
　　　　需求之探究。東吳社會工作學報，2，57-114。

陳宜君編譯（2003/06/28）。保障同志性福，衝擊美社會制度。
　　　　自由時報，國際新聞12版。

湯克遠（1980）。從報指家庭版看我國社會價值觀念的演變—
　　　　以中國時報爲例。國立政治大學新聞研究所碩士論
　　　　文。

費孝通（1947/1985）。鄉土中國。北京：生活、讀書、新知

三聯書店。

黃光國　(1988)。中國人的權力遊戲，台北：巨流。

楊宜音　(2001)。「自己人」：一項有關中國人關係分類的
　　　　　個案研究。載於楊中芳主編：中國人的人際關係、
　　　　　情感與信任—一個人際交往的觀點，131-157，台
　　　　　北：桂冠。

楊國樞　(1981)。中國人的性格與行爲：形成與蛻變。中華心
　　　　　理學刊，23(1)，39-55。

楊國樞　(1993a)。中國人的社會取向：社會互動的觀點，載
　　　　　於楊國樞、余安邦主編：中國人的心理與行爲—理
　　　　　念及方法篇，台北：桂冠，87-142。

楊國樞編著(1993b)。中國人的價值觀—社會科學觀點。台
　　　　　北：桂冠。

趙居蓮譯(民86)　Gagnè, R. M.原著(1985)　學習與教學台北：
　　　　　心理。

劉修吉　(民77)　培養優秀兒女的家庭教育　台中：青峰。

蔡勇美、伊慶春(1995)。中國家庭價值觀的持續與改變：台
　　　　　灣的例子，載於張苙雲等主編：九０年代的台灣社
　　　　　會，台北：中研院社會所。

蔡義雄　(2000)。教育的本質。載於陳迺臣主編：教育導論，
　　　　　1-54，台北：心理。

蔡德輝、楊士隆(民89)。青少年暴力犯罪成因：科際整合之
　　　　　實證研究載於中正大學犯罪防治研究所主辦：當前
　　　　　青少年犯罪問題與對策研討會論文集嘉義：中正大
　　　　　學犯罪防治研究所

英文部份

Ambert, A.(1992). The effect of children on parents. N.Y. : The Haworth Press.

Fisher, B. L. & Kerckhoff, R. K.(1981). Family life education: generating cohesion out of chaos. Family Relations, 30(4), 505-509.

Garbarino, J. (1992). Children and families in the social environment.2 ed. New York: Aldine de Gruyter.

Goldenberg, I. & Goldenberg, H. (1996). Family theory: an overview. 4th ed. Grove, Ca. : Brooks/ Cole.

Thomason, J. & Arcus, M.(1992) Family life education: an analysis of the concept. Family Relations ,41,P.3-8.

chapter 3

家庭變遷與家庭成長學習

林淑玲

⑩ 家庭是一個生態系統

　　家庭的定義在不同文化中有其不同的含義，但在各種不同型態的家庭中都包含了三項共通之處：婚姻、養育子女，以及親屬。這三種關係交織出家庭內與家庭與社會的人際關係。在這個最基礎的社會組織中，孩子學習愛與被愛、被教導並準備教導他人，享受他人提供所需也學習提供他人所需。

　　過去有關家庭的研究大多受社會學、人類學研究的影響，將重心放在對家庭的微視研究，以家庭的結構與功能、家庭內成員所交織而成的角色關係爲焦點。這種靜態的觀點曾經影響家庭研究相當長的時間，但卻無法一窺家庭的全貌，更無法完整的解釋家庭中發生的種種現象。自1980年代起，受到生態學觀點的影響，學者開始將研究家庭的重心從微視的角度移到更大的視角，家庭與所處環境的關係成爲研究的重心，家庭本身被視爲一個生態系統，更是整個社會生態系統的一部分。研究者不再以單向的、簡單的觀點分析家庭中各種現象的影響來源，代之而起的是家庭內成員與家庭外系統間的動態的互動關係分析。因而家庭內的人際網絡分析固然重要，影響家庭內人際網絡的外在因素更是探討的重點。

　　有關家庭生態的研究，從最早的「人－境關係」（Person-Context Relations）理論，到以氣質理論爲基礎的「合調模式」（The Goodness of Fit Model），Lerner, Castellino, Terry, Villarruel, 和 McKinney（1995）更進一步統整了

「人—境關係」理論、「合調模式」以及Bronfenbrenner的「人類發展生態學」（The Ecology of Human Development）成為其發展脈絡觀點（Developmental Contextualism perspective）。這個觀點不只是應用了Bronfenbrenner的小系統、中間系統、外系統以及大系統的概念，更將家庭內的人際關係以人—境關係理論及合調模式解釋（如下圖一）。

在家庭生態觀點中，家庭不只是一群人的組合或家與戶的陳設，更重要的是其間所交織出的人際網絡關係，以及這些人際網絡關係與家庭外的中間系統、外系統和大系統之間的關係。其論點包括：

1.家庭是動態而非靜態的實體；家庭是存在的實體，因此會因時間而產生改變。這些改變部分是因為家庭內部的改變而來，部分則來自家庭外的中間系統、外系統以及大系統的改變，也可以說家庭的變遷來自家庭生態系統中的每一層級間的交互影響。例如孩子的誕生，代表家庭中成員增加、部分的成員角色增加，因而成員間的人際網絡關係改變，行為模式也可能隨之改變。另一方面，政府政策對於家庭而言是其外系統的一部分，政府政策的改變，要求員工人數在250人以上之機構，應設置托兒設施或提供適當的托兒措施，改變婦女工作與生活的型態，因而連帶的影響家庭內的角色分工，丈夫或妻子可能不再負責接送子女，增加較多的時間參與家庭休閒或社會活動，帶動家庭人際網絡的擴展。同時，家庭成員的減少或退出也會影響家庭內成員之間的人際網絡關係改變。例如子女離家獨立或家人死亡，家庭人際網絡因此而減少角色，其行為模式也隨之改變。

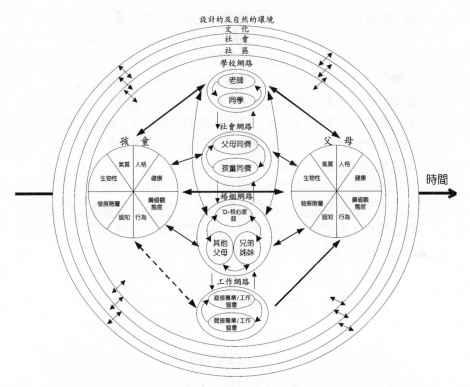

圖一 人類發展的發展脈絡觀點，引自 Lerner,R.M.,Castellino, D.R.
,Terry,P.A.,Villarruel,F.A.,&McKinney,M.H., 1995,Developmental
contextual perspective on parenting,p.297.

　　2.家庭中的成員所體驗到的經驗會隨時間及家庭人際網絡關係變化而改變。Bronfenbrenner的人類發展生態學強調家庭中的生態關係的實際經驗部分，例如個人發展的小系統強調的就是個人在實際情境中體驗到和每日創造的心理實體（the psychological realities of the actual settings in which individual experiences and creats day-to day reality.），而這實際體驗的經驗並不是一成不變的，而是會隨時間以及家庭人際網絡關係變化而改變。例如男女成家

前因戀愛而結婚，如果不能察覺個人及家人的改變，隨時間調整自己或學習改變，原先愛的關係與體驗不見得會繼續存在。同樣的，父母養育子女的過程中，可能忽略了孩子成長的變化，仍以過去對孩子的體驗教導與互動，可能因而造成親子間的矛盾衝突與緊張。例如Luster 和 Okagaki（1993）提出的影響親職發展的多元模式，將影響家庭人際關係的路徑加上時間因素。個人在第一時間的脈絡下所出現的互動，會隨著時間的遞移轉變成第二時間的脈絡，漸進成為現在所呈現的行為，其間關係如下圖二。在脈絡一中，母親養育第一個子女前已有的個人特質，會影響其在養育子女後第二時間的特質，再加上第二時間的脈絡特質，而形成母親於某一階段的親職行為。

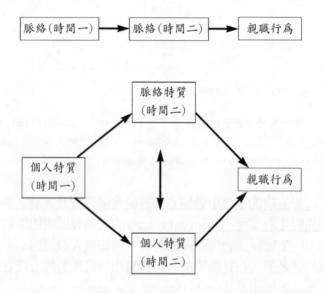

圖二　親職行為的多元影響，引自Luster, T. & Okagaki, L., 1993, Multiple influences on parenting: ecological and life-course perspectives, P.228.）

3.家庭內成員是相互影響的，個人對其他成員或其他系統的影響力視其間的關係位置而定。過去靜態的觀點大多強調家庭中長輩或父母對晚輩或子女的影響力，絕少提及家庭成員間的影響力是相等且雙向的（Ambert，1993），甚至在兒童發展的研究中，認為嬰兒是一張等著被影響的白紙，因此成人需要為孩子的發展與成就負完全的責任。但近代有關家庭內互動以及兒童發展的研究發現，嬰兒不是被動得被引起反應，他有主動引導成人反應的能力，而親子關係也不是單純的孩子被父母影響，父母也是被孩子影響的人。換句話說，家庭成員之間的關係不是單向或雙向而已，兩個人以上的團體間的人際關係，應該用「網絡」來表達或許較能釐清其間的關係。

　　茲舉例注意力缺乏/過動異常(AD/HD)兒童的問題及其家庭為例，來說明上述三項要點。醫學上認為神經化學的不平衡是AD/HD的重要因素。可能是因為一個或多個一元胺(mono-amine)的運作系統異常，包括腎上腺分泌的多巴胺或是正腎上腺素機制的異常。這種失功能的區域主要是在大腦前額葉。大部分AD/HD的兒童神經學上的環境假設是緣自先天的生物因素，包括透過遺傳傳導，或是懷孕及生產的時候的併發症所造成，但是有少數的兒童是在出生後才出現一些症狀，這可能是由於頭部外傷、神經系統的疾病，血液鉛濃度很高，或者其他生物上的併發症。不管各界公開的訴求為何，有些研究認為攝取精製糖或者其他人工添加物會直接造成AD/HD的問題。

　　臨床上對於AD/HD兒童常見的描述包括抱怨「不能聽從教導」、「不能完成指定的工作」、「做白日夢」、「容易煩躁」等等，這些描述中最常見的是警覺性不夠，也就是沒有辦法對工作維持長久的注意力。這種情形最常出現在需要維持注意的呆板、無聊、重複的工作時。臨床上所談到的AD/HD

兒童也可能出現衝動的症狀，例如：當別人在忙的時候，他會一直干擾別人，或是在玩遊戲的時候對於等待輪流玩顯得很不耐煩。他也可能出現在指令還沒說完之前就開始做、冒不必要的危險、插嘴、不顧社會後果輕率發言等。過動症狀出現的時候，不只有動作上的過動，也有多話的現象。有關身體動個不停的描述包括「老是走來走去」、「沒辦法靜靜坐著」等等；在口語部份，對這種兒童的描述通常集中在「話太多」、「喋喋不休或電動嘴」。不管是輕度或重度的AD/HD，造成這種行為外在看來是過度活動的主要在於這些行為的特性是極端的、漫無目標的，而且不屬於應有的發展特性的。

除了基本症狀之外，有AD/HD問題的兒童常常會表現一些次級的、併發的問題，並且對兒童在學校表現、家庭關係、同儕關係，以及其他許多社會心裡功能有不好的影響。例如，有臨床紀錄的AD/HD個案中高達65％有不聽話、好辯論、亂發脾氣、說謊、偷竊，以及其他明顯的作對-反抗違常和品性不良等問題。實際上，所有AD/HD的兒童都有某種程度的學習困難經驗，一個更常見的問題是，這些兒童的學術成果和學業成就明顯的比預估的潛能要低很多；20％到30％的兒童還可能會出現難語症或其他類型的學習障礙。由於上述的併發症狀，有相當高比例的AD/HD個案通常會接受某種型式的特殊教育。可能就是因為這些行為上、學業上，以及社會互動的問題，有AD/HD的兒童小孩通常表現出比較低的自尊，低挫折忍受力，有沮喪、焦慮的症候，以及併發其他情緒困擾。雖然有關青少年和成人的後果資料不足，但是現有的研究顯示，許多兒童期的AD/HD症狀會持續存在，一直到青少年時期和成年。但是絕大多數的人會學著去彌補這些問題，因而有比較滿意的成年生活適應，而那些沒有辦法去補救問題的人可能出現心理上的問題，例如沮喪或酗酒。

在討論AD/HD兒童的諸多問題原因之前，我們必須先瞭解影響AD/HD兒童問題惡化的影響因素有四：一是兒童本身生理上的失調，二是父母的特質，父母特質的量和變化，是造成兒童和父母衝突危機的背景脈絡；三是父母和兒童特質的合調程度；第四是壓力對家庭的傷害程度，養育一個AD/HD的兒童會對家庭功能造成相當大的壓力。尤其是父母的親職壓力和父母的罪惡感可能很高，會降低父母的親職勝任感。這些環境不見得都是因為錯誤的親職所造成，相反的，許多AD/HD兒童的父母所使用的親職策略對家庭中其他正常的孩子都很有效。由於壓力，父母會用比較強制、負面的態度來對待AD/HD兒童，即使他並沒有出現反抗或干擾行為。

從上述有關AD/HD兒童的描述，我們可以瞭解，家庭中人際間的互動是彼此相互影響的。父母與子女之間各有其特質，在第一時間內，AD/HD兒童的行為問題還不明顯的時候，父母對自己的親職勝任感還很高，但是當這類兒童入小學之後，問題越形嚴重，父母的親職壓力增加、照顧的量增大時，如果家庭因應壓力的策略不當或能力不足，接下來就可能讓AD/HD兒童的症狀更形惡化。由症狀的惡化，增強了父母對於AD/HD兒童負面的信念與態度，親子間的關係漸行漸遠似所難免。當孩子與父母無法溝通，無法親密相處，加上學業成就低落，無法獲得接納與認同，極有可能往家庭及學校外尋求認同與心理滿足，接著更多的行為問題因而產生。在育有AD/HD兒童的家庭而言，身為父母者不可能一開始就放棄對孩子的管教，通常是在其所認知的壓力大過個人認為自己能承受的程度後，才開始放棄。因此，當家庭出現問題時，家庭外的外系統、大系統是否支持其克服困境，將是家庭得以復原的重要影響來源。

家庭變遷所帶來的家庭成長壓力與需要

家庭變遷所帶來的家庭壓力與危機

廿一世紀的現代人，已經可以清楚的感受到舊社會的變動與不可知的未來越來越迫近我們每天的生活。

亞爾文‧多夫勒之未來的震撼這一類的書籍，所殷殷描繪的，都是未來世界所陷入的各種困境。然而向未來發出怨言還是無法阻擋它的到來；發生的變動越多，世局也就越混亂。考察混亂所激起的原因，乃是因為一整個體系裡各部門變動速率的不同所致。舉例言之，醫學的發達使得更多的嬰兒生存下來、一般人壽命加長，然而混亂卻因此出現，一直持續到食物供應及節育趕上進度，才平息；低價食物，意味著農耕必須機械化，而農耕機械化又意味著鄉村人口湧向城市，以及繼喜併發的種種問題，而這些又必須等到都市成長率趕上進度，才得平息；你無法倒轉醫學的發展，坐視人們相繼死亡，或是倒退農業技術，使得人們固守農村，妄想藉此阻擋未來。

有些人的主張是這樣的：我們所需要的實是減少新觀念，而非增加新觀念，因為目前所擁有的各色各樣的觀念似乎已使我們窮於應付了。這些人又指出原子彈，指出工業污染，指出超音速客機，以控訴新觀念的為害人類，可是原子彈卻是一個古老的觀念：使武器的威力越強越好；超音速客機也是源自古老的觀念：旅行速度越快捷越好；工業污染亦源自古老的觀念：丟掉廢棄物，忘掉它們。可見為害人類的並非新觀念，反而是亟須改革一番的舊觀念。——*Edward de Bono*，(引自愛德華_波諾原著，款碧台譯，民83，頁6-7)

　　家庭制度也同樣面臨著變動與不確定的未來。家庭為社會制度之一，家庭的存在必有其功能。一般人提到家庭的功能，通常直覺的會想到家是避風港；家是即使個人一無所有仍會接納你的地方；家是一個窩，一個可以放心的窩在裡面的地方。不論家曾經對個人造成多大的傷害，我們仍然企望能有個可以依靠的家。事實上這些對家的期望不是只希望有個可以回去的地方，更重要的是在家中可以無條件的被愛、被接納、被鼓勵，感受到自己存在的價值；希望家是個可以保護自己的天堂。但隨著社會的改變，家庭出現了許多非一般人預期的變化，家庭可能已不再是哺育個人、保護個人的基礎團體，反而成為傷害與不安的來源。當家庭無法提供個人這些必要的支持與保護的時候，我們會覺得家庭「功能失常」。在臨床心理工作中所界定的「功能失常」，通常是指比較嚴重的精神創傷、身心基本需求的剝奪等，對於一般家庭中每日面臨的功能失調並沒有做太多的關心。事實上，有許多嚴重的家庭問題，並不是一開始就是嚴重的，大部分都是源自家庭成長過程中的小問題，在家庭生態系統中因無法解決而逐漸累積與擴大（Weinstein，1995）。

　　所有存在的實體，都會隨著時間的變化而產生改變。家

庭是由人所組成的團體，也會因人的變化而引起家庭的改變。

　　隨著時間的遞移，家庭在變遷過程中都會面對或多或少的壓力，這些壓力可能來自家庭外部的改變，也可能來自家庭內部的改變，不論其壓力來源爲何，都是以家庭爲一個壓力的轉換器，而且通常是在家庭面臨要求家庭改變原先例行性的作息與互動方式的時候，家庭成員會知覺到不等程度的壓力。例如妻子告知已懷孕的消息對於丈夫而言，不只是面臨將爲人父的喜悅，他可能還意識到自己需要賺更多的錢、更努力工作以提供妻兒一個安定與溫暖的家庭環境。這個隨著家庭發展而出現的變化，對於工作穩定或已有相當成就的男性也許不算是太大的壓力，但對於事業剛起步或仍在尋求更好的工作成就的男性可能就是較大的壓力。因此，家庭的變遷（change）是家庭所有壓力的來源。

　　Carter和McGoldrick（1989）從系統以及時間遞移的觀點探討個人及家庭所面臨的壓力，並將壓力區分爲水平壓力及垂直壓力兩種（如下圖三），水平壓力包括發展性的壓力與未預期的壓力，而垂直壓力則包括家庭型態、迷思、秘密以及傳說等。我們可以借用應用危機理論及家庭生命週期的觀點，來看家庭所面臨的壓力。如果家庭在發展的過程中未能有效因應家庭生態的各種變化，家庭壓力將會隨著家庭生命週期的變化而出現，並在家庭內產生種種相應的連鎖反應。例如由發展性危機所產生的壓力，轉變爲與生存有關的危機，甚而減弱家庭因應與情境有關危機的能力。事實上，任何的改變都是一種壓力，不論是引起正面的或負面的結果的改變，都會造成個人某種程度的壓力。從生態的觀點來看，變遷並不是某種獨立事件或個體的改變而已，生態中的每一個系統，系統中的每一個部分都會互相影響與牽制。而家庭所知覺到的改變，會要求成員替換舊的思維與方法。在人的心理與行爲模式中，舊的思維與方法代表的是熟悉與舒服，新的則往

往代表不確定與不安全，因此對於家庭中的成員而言，要接受、建立並使用新的方式來看看待自己與他人之間新的關係、用新的方式處理事情或者看待生活中的瑣事，多少都會造成壓力。如果在改變中，家庭又無法隨之成長學習新的技巧、策略和方法以因應壓力，其功能勢必失調，並威脅到家庭成員生理與心理情緒上的健康。

事實上，危機的概念中包括危險與轉機二個次概念，根據應用危機理論(applied crisis theory)的觀點，家庭危機可以分為三類（Gilliland & James, 1997）：

(1)發展性危機（developmental crises）：

指個人或家庭在一般的發展與成長過程中，因為時間而造成的變化與危機。例如從兩人建立家庭，到孩子的誕生、中年期轉換職業生涯或者退休等，因為時間的遞移，家庭都可能因這些事件而出現危機。

(2)與情境有關的危機（situational crises）：

通常是指個人或家庭無法預先預知或控制的事件所帶來的危機，而且這類危機通常是突發的、無法預期的、令人震驚的，或者與大災難有關的事件。例如車禍、孩子遭綁架或強暴、失業、強烈地震、空難、突發的疾病或死亡等。

(3)與生存有關的危機（existential crises）：

是指與個人或家庭生存的目標、責任、獨立性、自由和承諾等有關的內在衝突和焦慮。例如，有些人在年過四十歲的時候應該在某項專業或個人服務領域有相當的投入與貢獻，如果無法達成這項發展任務，將造成個人的內在衝突與焦慮，也影響家庭內的人際互動；又如結婚多年未能生育，面臨家族或社會的關切與批評，也可能引發家庭內的衝突與焦慮。

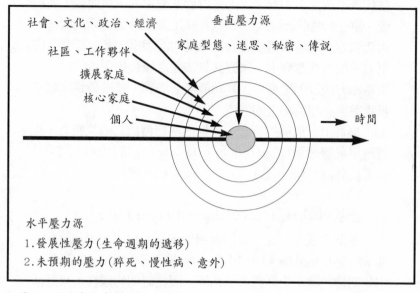

圖三 水平與垂直壓力源,引自E. A. Carter & M. McGoldrick,1989,
Overview: the changing family life cycle—a framework for
family therapy, p.9.

　　Gilliland & James 的分類和Carter和McGoldrick的分
類很相似。在這個架構中,個人必須隨著家庭的變化保持改
變的狀態,如果不改變,首先將面臨的是水平壓力中的發展
性壓力,家庭會被動的被家庭外的其他系統推著走,而其改
變的方向就很可能不能如家庭原先所預期,而是不可預期的
走向不可知的未來。此外,當家庭抗拒往前進,盡量留在原
地不變可能嗎?理論上是不可能,只是前進的速度較其他順
著被推動的家庭慢而已,而且還將面對垂直壓力所帶來的挑
戰,家庭如果沒有適當的抗壓能力或內聚力,將被壓扁或者
爆裂。

　　從壓力本身的特性來看,如果壓力持續的時間過長、出
現得太突然、出現頻率太高或者太強烈,都可能造成個人無

法招架或因應。尤其是家庭壓力對其成員的影響，常是如影隨形的跟隨個人、一代接著一代的顯現。究其原因在於家庭壓力如處理不當，對個人所產生的影響絕不是單純的生活不便而已，所影響的是個人對自我的評價與控制。Weinstein（1995）由此一觀點，彙整許多學者於家庭壓力對個人影響的論點，提出區辨健康家庭與不健康家庭（the healthy family and unhealthy family）的指標，包括：

(1) 個人的自我控制感：

家庭中的成員需要覺得自己能為自己的生活負責任，重視自己，而且覺得自己可以影響自己的生活世界。個人對於自己的生活結果的可控制感，是個人心理安全的重要來源。

(2) 與社會的融合：

每個人都需要感到自己在家庭或其他團體中是被接納的、被尊重的、受歡迎的重要成員。家庭中因血緣而形成的關係是在人與人的關係中較不易改變且較穩定的，不論個人願不願意，家庭中成員間的關係不像其他團體中的人際關係，它是沒有選擇的，因此如果家庭的成員在這種無法選擇的關係中又覺得自己是不被接納、不被尊重且不受歡迎，其傷害將比任何一種負面人際關係的影響力更大。

(3) 正向的自我評價：

家庭中的成員需要覺得自己具備某些特殊且值得驕傲的特質，這些特質能幫助他成功的面對人生，並因而對自己有更正向的自我評價。

(4) 彈性與開放：

家庭中的成員需要覺得自己即使犯錯仍會被接納，而且

有機會彌補或修正錯誤的結果。同時，家庭成員也知道自己有時間和有機會可以探索不同的選擇，不一定要用一種標準方式來解決所有的問題。當家庭成員感受到自己可以放心的進行嘗試錯誤時，就能把每一次的探索當成是挑戰而不是威脅，而壓力就不再是危險而是成長的機會。

(5)清楚的個人目標與價值：

每個人都需要清楚知道自己的人生目標，生活中什麼是對的、錯的、好的或壞的，並知道自己要的是什麼。當個人面對壓力時，首先受到挑戰的是價值觀，而且有可能在壓力下尋求適應的歷程中失去其原先的價值信念。

這些指標告訴我們，家庭壓力如果無法善加處理與因應，可能面對的是家庭中個人的自我控制感差、與社會的融合程度低、缺少正向的自我評價、欠缺彈性與開放，並且不清楚的個人目標與價值，這些問題呈現在社會中的現象可能就是有關家庭的各種亂象了。

台灣地區家庭變遷與面臨的壓力

根據行政院主計處發表之八十八年社會指標統計結果，88年社會變遷整體情形如下：（行政院主計處a）

1. 台閩地區人口突破2千2百萬，高齡化特徵顯著
2. 人力素質持續提升，教育資源分配差距縮小
3. 受地震傷亡影響，國人死亡率上升
4. 規劃整體交通網路，網路通訊益趨發達
5. 資源回收觀念漸落實，工業廢棄物處理須加強

6. 暴力犯罪續降，毒品問題不容忽視
7. 弱勢族群普獲照護，老人安全網漸趨完善
8. 出國旅遊風氣仍盛，震災救助全民參與

在家庭變遷方面，主計處於91年1月22日公布之資料顯示（行政院主計處b，詳如附件），社會長期變遷結果，家庭結構改變，出現下列現象：

1. 老人與親屬同住比例降低，非婚生子女人數增加，親子倫理關係仍有待改善。
2. 國人婚姻態度改變，離婚率逐年增高，衍生的單親問題、教養問題值得注意；受虐兒童比例、單親家庭比例以及十八歲以下人口離家出走比例增加，家庭和諧情形續呈下降。
3. 居住空間增加但居住負擔也提高。
4. 綜合「老人與親屬同住比例」、「棄嬰比例」、「離婚率」、「單親家庭比率」、「兒童受虐比率」、「18歲以下離家出走人口比率」、「平均每人居住面積」以及「租金佔家庭可支配所得比率」等八項指標，台灣地區民眾之居住環境雖漸改善，惟居住費用負擔趨重、親子倫理日趨淡薄、家庭和諧情形不若以往，使家庭領域表現轉差，指數由81年99.7降至89年97.6，減幅2.1%。

從上述行政院主計處的統計結果可以推論得知，現代家庭的改變提醒家庭教育的重要性。家庭可能不再是個封閉的團體，受到來自社會變遷的影響，家庭出現的變化使由好轉壞，家庭面臨的壓力將更為沉重，如果不儘速提供家庭必要的學習與成長機會，可預期的是，家庭將會被社會變遷推移到不可知且無法滿足家人基本需求的處境。

建立強有力的家庭

　　要避免家庭被動地被改變，應協助家庭成長與學習，成為強有力的家庭不只是政府的責任，應是全體家庭的共同責任。由於每個家庭的生態環境不同，每個家庭都是獨一無二的。但是有些家庭的運作與功能較其他家庭要健全，其特徵為何？Kantor和Lehr（1975）認為是瞭解自己對於家庭的責任，以及當家庭成員追求個人的成長與發展時，家庭有足夠的彈性以因應與包容。Stinnett, Chesser, 和DeFrain（1979）則歸納其研究發現，一個稱得上是強有力的家庭者，應具備下列六項特徵：

(1)感激：

　　家庭中的成員以溫暖的、正向的方式支持其他家人成為一個獨特的個體。

(2)時間共享：

　　強有力的家庭會花時間共處並享受共處的時光。

(3)良好的溝通型態：

　　家庭成員彼此間坦誠、開放並接納彼此。

(4)承諾：

　　家庭對每個家人都是重要的，家庭中的每個成員都是家庭人際次系統中的一員。家庭成員會花許多的精力與時間在家庭內而不是家庭外的事務。

(5) 宗教上高度虔信的取向：

強有力的家庭似乎較傾向於虔信某種宗教。對於生活的精神意義讓家庭成員之間有共同的信念，並促進家庭的價值。

(6) 以正向態度處理危機的能力：

當時局困難的時候，強有力的家庭能以彼此支持的方式來處理衝突和羈絆。

Lewis 和其同僚（Garbarino & Abramowitz, 1992）在1976年以中產階級的白人家庭為對象所作的研究結果發現，健康的家庭的特徵包括七項：

1. 對其他家人合作與友好的態度，而非敵對的態度。
2. 尊重個人或他人對世界的主觀看法。
3. 開放的溝通，而非模糊混淆與有距離的溝通。
4. 一種堅定與一致的父母教養方式，而非父母間為拉攏子女而出現競爭與不一致的教養方式。
5. 接納欣賞複雜而多樣的人類動機，而非簡化、控制的態度。
6. 以自發的方式互動，而非僵化或刻板的方式。
7. 鼓勵獨特性與創造性的人格特質與興趣發展，而非一成不變與盲目。

同時，比較最好的和最不好的家庭特徵，Lewis 和其同僚發現最好的家庭中的丈夫比較人際取向，對妻子較多支持，並且知道職業滿足的重要性；妻子則對於婚姻與家庭的滿足較高；同時這種家庭所感受到沮喪症狀、精神病和肥胖等問題也較少。在所有的家庭成員中，妻子是最容易受到家庭問題的傷害的人，也是第一個顯現出痛苦癥兆的人。此外，家庭的結構也是很重要的影響因素，最失功能的家庭的家庭結

構是混亂且沒有組織的，功能居中的家庭則是嚴格、順從取向的，而最好的家庭則是在個人與家庭需求之間呈現彈性平衡的現象。

從Stinnett, Chesser, 和DeFrain以及Lewis 和其同僚的意見中，我們可以歸納得知強有力的家庭特徵包括：

1. 成員對家庭的承諾，凡事以家庭為優先，花時間與家人相處並喜歡與家人相處。

2. 成員之間所建立的人際互動是以愛、尊重與信任為基礎的關係，因而彼此可以友好、尊重、開放、欣賞、感激的方式相處。個人與家庭間的關係是彼此支持與合作而非牽制與束縛。

3. 成員間有相似或一致的價值與信念，父母之間、親子之間的價值或信念一致，彼此溝通良好且順暢，家人間有共同的家庭願景。

4. 以正面的態度看待家庭的變遷，並具備適當因應家庭壓力與危機的能力，能共體時艱，共同解決問題。

家庭成長與學習的介入

改變本來就是一件不容易的事，要求家庭中的成員改變或成長學習更是困難（Boss, 1980）。通常對於沒有學習與成長覺察的家庭及其成員，要求其產生改變會遭遇到相當的

抗拒，因此需要家庭教育專業人員的協助與介入。

Gilliland & James（1997）認為專業人員要協助家庭因應危機，有下列六個步驟：

(1)從接受協助的家庭的觀點來界定其所經驗到的危機問題與情境

(2)確保接受協助家庭的生理與心理安全

(3)提供接受協助家庭心理支持

(4)尋找並嘗試其他可行的問題或危機解決策略

(5)擬定問題或危機解決的具體計畫

(6)尋求接受協助的家庭對於積極參與解決自己的問題的承諾，同時工作者也要坦誠、直接和適當的表達協助其解決問題或危機的承諾。

根據上述六個步驟，我們需要先引發家庭對於成長與學習需求的覺察。重視其主觀的感受，讓接受協助的家庭及其成員感受到心理與生理上的安全感，而後協助確認問題、尋求解決策略並著手解決。

Kaplan & Girard（1994）也提出相似的論點，認為強化家庭是以家庭為基礎的各類服務方案共同的工作重點。而強化家庭的六種方式為：

(1)幫助家庭中的成員相信他們自己有能力改變並幫助自己的家庭。

(2)提供接受協助的家庭新的觀點或態度來看生活世界及經驗。

(3)教育家庭中的成員並幫助他們增進自己的技能。

(4)認知並建構有助於維持家庭健康的能力與資源。

(5)幫助家庭成員瞭解他們確實有選擇的機會與與改變的空間。

(6)設計介入策略以支持及強化家庭內的文化與道德規範的內涵。

　　由於家庭面對的問題類型不同、主觀知覺的嚴重程度不同，因此家庭教育專業人員介入程度也應隨之調整，考慮因接受服務家庭的情形，選擇最適當的介入方式。Powell & Cassidy（2001）引W. J. Doherty的觀點，明確的規範家庭教育專業人員應瞭解並接受個人能力的限制，在執行家庭介入時依不同層級提供接受協助的家庭適當的服務（介入層級如下表一），同時也應避免涉入家庭治療的層級，以避免造成對服務對象可能的傷害。在考慮所謂「適當的服務」時，其介入的層級應從最少程度的介入到短期焦點介入，到家庭治療；不同層級的介入的目的不同，所應用的技巧也不同。

表一　家庭介入的層級

層級一：最少程度的介入

以機構為單位來與父母互動，而非以家庭為中心的互動方式。家庭不是聚焦的最重要考量對象，但是會依父母的實際需要或法令等相關問題與父母接觸。

層級二：資訊與建議

知識基礎：與家庭、親職及兒童發展有關的相關內容資訊。

個人發展：開放讓父母共同參與的方式來進行。

技巧：

1. 以清楚且生動的方式進行相關訊息的溝通
2. 引導發問
3. 在學習歷程中引導父母形成學習團體
4. 提供中肯且務實的建議
5. 提供社區資源之相關資訊

層級三：感受與支持

知識基礎：個人和家庭對壓力的反應，以及對團體歷程的情緒反應

個人發展：覺察自己對於父母及團體歷程有關的感受。

技巧：

1. 引導表達感受與關心的主題
2. 同理的傾聽
3. 讓參與者與他人分享感受及反應，瞭解他人的感受與反應
4. 營造開放與支持的氣氛
5. 保護在團體中過度自我坦露的父母
6. 引導父母進行協同解決問題的討論
7. 依據各別的父母或家庭需求、關心主題或感受提供適切的建議
8. 確認失能的個人或家庭

9. 根據父母和家庭特定的情況提供必要的指引

層級四：短期焦點介入

知識基礎：家庭系統理論

個人發展：覺察個人在系統中的參與，包括個人自己的家庭、父母的系統，以及更大的社區系統

技巧：

1. 問一系列問題以引導有關家庭動力關係中的父母問題的細節
2. 發展有關包含家庭問題的家庭系統動力關係的假設
3. 與父母一同工作一段時間，以改變父母與子女間一對一互動時的家庭互動型態
4. 確定何時結束這種介入力量，同時轉為提供層級的支持
5. 透過教育家庭及治療師，妥善協調出一個對彼此應有何期望的指引
6. 與治療師及社區系統共同工作以幫助父母及家庭

層級五：家庭治療

這個層級已超出父母和家庭教育的工作任務與範疇。以下所描述的僅提供以瞭解層級四中父母和家庭教育與層級五家庭治療間的界線。

知識基礎：與專家和社區系統互動以找出造成家庭危機的家庭系統和型態

個人發展：掌控家庭和個人情緒緊張的能力，維持個人在面對來自家庭成員或其他專業人員的強大壓力時仍能保持平衡的能力

技巧舉例：

1. 與難以參與的家庭或家庭成員晤談
2. 有效的統整和驗證有關家庭困境和互動形態的假設

3. 擴大家庭衝突以打破家庭僵局
4. 在危機階段密集進行對家庭的治療工作
5. 積極處理家庭對改變的強烈抗拒
6. 協商其他專業人員和其他同樣在做家庭工作的系統以
   建立合作的關係，即使這些團體是一種臨時性的組織
   也無所謂

　　根據W. J. Doherty的觀點，家庭教育專業人員提供介入服務首先在於前述引起家庭及其成員從覺察家庭及成員的變化引發對於家庭成長與學習需求的覺察，知覺到自己的需求，而後這些家庭才會尋求社會資源及協助。換句話說，在面對家庭教育或成人教育中常見的「該來的不來，不必來的來了一大堆」的問題，筆者以為最重要的是先協助家庭覺察自己的問題。

　　其次，家庭教育專業人員應評估家庭的生態環境，瞭解其問題與問題網絡，判斷其所需之介入類別。例如問題最輕微且最有能力改變者，透過諮詢專業或各種宣傳單張與刊物提供資訊與建議；而對於明顯感受到壓力與危機的家庭則需要提供支持與短期焦點介入；對於問題嚴重且家庭本身無力解決，或者未察覺本身問題或互動模式但已造成家人傷害的家庭，則應提供強制或半強制的家庭治療服務。

結語

　　面對家庭的變遷，曾有人憂心家庭此一對個人而言最基礎、做重要且最親密的團體將不復存在。我們不能說這種擔憂是不必要的杞人憂天，但是相信在面對家庭雖然會變這個不變的事實，只要提供必要的協助，家庭仍會是每個人企望的溫暖天堂，而這個想法需要更多關心自己家庭和別人家庭的人一同努力。

參考書目

中文部份

行政院主計處a（民91）。八十八年社會指標統計結果發表會，
　　91年3月7日取自
　　http://www.dgbas.gov.tw/dgbas03/bs2ws/
　　　　socialindex/89ne.doc。

行政院主計處b（民91）。國民生活指標家庭生活概況，91年
　　3月7日取自
　　http://www.dgbas.gov.tw/dgbas03/bs3/analyse/
　　　　new91031.htm。

吳瑾嫣（民89）。女性遊民研究：家的另類意涵。應用心理
　　研究，8，83–120。

彭碧台譯（民83）、愛德華_波諾原著。在對錯之外思考，台
　　北：桂冠。

英文部份

Boss, P.（1980）.Normative family stress: family bou
　　-ndary changes across the life span. Family
　　Relations, Vol.29, pp.445–450.

家庭教育學

Carter, E. A. & McGoldrick, M.（1989）.Overview: the changing family life cycle—a framework for family therapy. In B. Carter & M. McGoldrick（eds.）, The changing family life cycle: a framework for family therapy.（2nd）.New York: Harper & Row.

Garbarino, J. & Abramowitz,R. H.（1992）.The family as a social system. In J. Garbarino，R. H. Abramowitz，J. L. Benn，M. T. Gaboury，N. L. Galambos，A. C. Garbarino，K. Kostelny，F. N. Long，& M. C. Plantz，Children and families in the social environment.（2nd ）.New York: Aldine De Gruyter.

Gilliland, B. E. & James, R. K.（1997）.Crises inter-vention strategies. California.: Brooks/Cole Publishing Com.

Kaplan, L. & Girard, J. L.（1994）.Strengthening high-risk families: a handbook for practitioners. New York: Lexington Books.

Lerner, R. M., Castellino, D. R., Terry, P. A., Vill-arruel, F. A., & McKinney, M.H.（1995）.De-velopmental contextual perspective on parenting. In M. H. Bornstein（Ed.）, Handbook of parenting, Vol. 2, Biology and ecology of parenting. New Jersey: Lawrence Erlbaum Associates, Inc., Publishers.

Luster, T. & Okagaki, L.（1993）.Multiple influences on parenting: ecological and life-course per-spectives. In T. Luster & L. Okagaki（eds.）,

Parenting: an ecological perspective. New Jersey: Lawrence Erlbaum Associates, Inc., Publishers.

Powell，L. H. & Cassidy, D.（2001）. Family life edu-cation: an introduction. California : Mayfield Pub.

Vuchinich, S.（1999）. Problem solving in families: research and pratice. California: Sage.

Weinstein, S.（1995）.Family beyond family: the surr-ogate parent in schools and other community agencies. New York: The Haworth Press.

附件一

國情統計通報

〔專題分析〕   91年1月22日

國民生活指標家庭生活概況

	81年	83年	85年	87年	89年
老年人與親屬同住比率(%)	90.3	90.6	90.5	88.4	88.4
棄嬰比率(萬分比)	9.7	6.1	3.7	2.8	2.2
離婚率( )	1.4	1.5	1.7	2.0	2.4
單親家庭比率(%)	6.4	6.3	6.7	7.2	7.5
兒童受虐比率( )	–	–	–	0.8	1.1
18歲以下離家出走人口率(人/十萬人)	–	84.9	129.0	167.0	189.3
平均每人居住面積(坪)	8.8	9.2	9.7	10.6	11.2
租金占家庭可支配所得比率(%)	14.8	14.6	15.0	15.3	15.2
國民生活指標家庭生活領域綜合指數(85年=100)	99.7	100.6	100.0	98.3	97.6
老年人與親屬同住比率	98.4	100.6	100.0	96.5	96.5
棄嬰比率	95.9	98.4	100.0	100.6	101.0
離婚率	105.0	103.0	100.0	95.5	91.9
單親家庭比率	101.5	101.9	100.0	97.3	96.2
兒童受虐比率	–	–	100.0	98.0	96.0
18歲以下離家出走人口率	–	101.2	100.0	98.4	97.4
平均每人居住面積	97.1	98.3	100.0	102.4	104.2
租金占家庭可支配所得比率	100.2	100.9	100.0	99.3	99.6

資料來源:行政院主計處、內政部、警政署。

說　明：

　　1．89年底臺閩地區總人口2,228萬人，其中65歲以上老
年人口192萬人，占總人口8.6％，較81年底增1.8個百分點，隨
著社會人口長期變遷，造成家庭結構的改變，老年人與親屬
同住比率88.4％，較81年下降1.9百分點；89年棄嬰比率每
萬人2.2人，雖較81年下降7.5個萬分點，惟非婚生占出生人
數比率3.3％，八年間上升1.1個百分點，親子倫理關係仍有
待改善。

　　2．在家庭和諧方面，隨著國人對婚姻態度的改變，離
婚率有逐年增高的趨勢，89年離婚對數5.3萬對，離婚率2.4，
離婚率升高，所衍生的單親問題及教養問題，值得注意；89
年單親家庭比率7.5％，兒童受虐比率1.1，皆較以往提升；
18歲以下離家出走人口率亦有逐年增加趨勢，由83年每十萬
人離家出走84.9人增至89年189.3人，增幅達一倍以上，家
庭和諧情形續呈下降。

　　3．在居住空間方面，89年平均每人居住面積11.2坪，
較81年增加2.2坪；居住空間雖有擴充，惟居住費用負擔趨
重，89年租金占家庭可支配所得15.2％，較81年14.8％增加
0.4個百分點。

　　4．由表列八項指標彙編之國民生活指標家庭生活綜合
指數觀之，居住環境雖漸改善，惟居住費用負擔趨重、親子
倫理日趨淡薄、家庭和諧情形不若以往，使家庭領域表現轉
差，指數由81年99.7降至89年97.6，減幅2.1％。

附件二　國民生活指標（家庭生活部分摘要）

家庭生活綜合指數	99.66	100.69	100.60	100.22	100.00	99.63	98.37	97.77	97.72	97.55	...
指　標	81年	82年	83年	84年	85年	86年	87年	88年	89年	90年	91年
Indicators	1992	1993	1994	1995	1996	1997	1998	1999	2000	2001	2002
1.老年人與親屬同住比率	90.84	99.40	100.57	98.43	100.00	97.82	96.47	96.17	96.53	98.49	...
2.棄嬰比率	95.86	98.00	98.36	98.84	100.00	100.35	100.63	100.49	101.13	100.85	100.56
3.單親家庭比率	101.50	101.40	101.89	100.60	100.00	98.39	97.27	95.52	96.16	95.20	...
4.離婚率	105.01	104.25	102.99	101.76	100.00	97.91	95.51	93.16	91.89	90.60	89.19
5.兒童受虐比率	－	－	102.18	101.18	100.00	100.34	99.73	97.94	98.15	97.34	97.58
6.18歲以下離家出走人口率	－	102.19	101.19	100.23	100.00	99.75	98.44	98.13	97.37	95.80	96.42
7.平均每人居住面積	97.12	97.19	98.26	99.10	100.00	101.46	102.44	103.49	104.19	105.06	...
8.租金占家庭可支配所得比率	100.20	101.85	100.93	101.49	100.00	100.49	99.26	99.94	99.63	99.42	...

資料來源：92年7月8日取自行政院主計處第三局，

http://www.dgbas.gov.tw/dgbas03/bs2/91chy/90p1i-2.x1s

chapter 4

家庭教育專業化

郭春松

前言

　　民國九十二年二月六日由總統公佈施行的「家庭教育法」，其所稱之「家庭教育」係指具有增進家人關係與家庭功能之各種教育活動。而其宗旨是為增進國民家庭生活知態，健全國民身心發展，營造幸福家庭，以建立祥和社會。又其所包含的範圍有親職教育、子職教育、兩性教育、婚姻教育、倫理教育、家庭資源與管理教育，以及其他家庭教育事項。

　　雖然家庭教育法的公佈施行表現了政府對於家庭教育的重視，但如何讓家庭教育落實於社會生活中，發揮其功能，達到其立法目的，更是令人關注的焦點。又Czaplewski & Jorgensen（1993）認為：在家庭教育計劃中，教育者可能是最重要的一個環節。因此如何以專業化的態度來落實家庭教育就成為家庭教育領域中不可忽略的重要一環。

　　筆者在本章節中期能透過對於家庭教育專業化的界定、家庭教育者的培育及檢定、家庭教育專業化的模式、家庭教育者的技巧和特質、家庭教育者的信念、家庭介入模式、家庭教育的倫理規範以及未來的挑戰等相關議題，對家庭教育專業化做一探討。

家庭教育專業化的意義與內涵

　　所謂「專業」（profession），係指從事某種工作時，必須具備高度的專門知能，才能勝任該項工作的職業。當某一職業的執業人員，其要勝任該工作所需的特定知識和技能越高，而且只有少數經過嚴格篩選的人才能獲得這些工作時，則該行業的專業化程度也就越高（郭玉霞，民81；Freidson，1986）。

　　雖然不同學者對於家庭教育在專業化的發展有不同的看法，但依據East（1980）所提供的架構，可以依以下八項標準來衡量家庭教育達到專業地位的進展：

(1)必須是專職全薪的工作(The activity becomes a full-time paid occupation)

(2)必須要有培育的機構和完整的課程設計
(Training schools and curricula are established)

(3)必須要組織一個專業的協會或團體(Those who are trained establish a professional association)

(4)必須發展出特有的名稱、檢定標準、知識的核

心內涵以及實際執行應用的能力(A name, standards of admission, a core body of knowledge, and competencies for practices are developed)

(5)為避免團體的內部爭辯和同性質專業團體的外部衝突，必須要尋求一個獨特的角色界定(Internal conflict within the group and external conflict from other professions with similar concerns lead to a unique role definition)

(6)在執行過程中，必須要有專家參與或研究的支持，因為這較容易為社會大眾所接受。(The public served expresses some acceptance of the expertise of those practicing the occupation)

(7)檢定和證照是合法的象徵，代表一個團體為社會提供特定服務的認可，並且藉此讓所有成員能自我要求。(Certification and licensure are the legal signs that a group is sanctioned for a particular service to society and that is self-regulated)

(8)必須要發展一套倫理規範，藉此避免不合倫理規範的行為，以確保大眾的權利。(A code of ethics is developed to eliminate unethical practice

and to protect the public)

　　雖然根據East（1980）所提供的架構，可以依其標準一個步驟接一個步驟地來衡量家庭教育達到專業地位的進展。但是，整個專業化的核心，卻是實際執行和提供大眾服務的家庭教育者的技術和品質。就如Fohlin（1971）和美國家庭生活教育委員會（1968）指出，家庭生活教育者在家庭生活教育計劃的成敗中扮演極為重要的角色。又Czaplewski & Jorgensen（1993）也認為，在家庭教育計劃中，教育者可能是最重要的一個環節，因為他是發展和實際執行計劃的人，也是和計劃參與者直接互動的人。

家庭教育者的培育及檢定

　　對於家庭教育專業化(professionalization)議題的關注，早在二十世紀中葉Longworth（1952）就曾指出，若疏於建立檢定家庭教育師資條件的一套標準，終將對家庭教育相關領域的發展與成長造成負面的影響。之後的學者，如Kerckhoff(1964)與Somervill(1971)也有相同的擔憂，他們都認為，家庭教育者若缺乏正式的訓練，則無法朝向專業化發展。

　　關於家庭教育者的培育，在國內也是近幾年來才逐漸獲得重視，目前仍有待政府相關部門研擬一套家庭教育人員的培育和檢定計劃，不僅有專責的培育機構，同時也有相關檢定的方案來確保家庭教育人員的素質。

　　而在美國，關於家庭教育人員的培訓，Czaplewski &

Jorgensen（1993）認為還不夠專業，充其量只是經由在職訓練（in-service）來培訓家庭教育人員。而基於家庭教育內容的多樣性，Darling（1987）和Fohlin（1971）則指出，對於家庭教育專業化的準備，需要謹慎細心地處理，並且要留意某些特定技能的發展。

此外，對於家庭教育者的培育究竟應朝向一般化（generalist）——培育家庭教育者具備廣泛的知能，以幫助家庭處理繁複的家庭問題——，抑或是朝向專門化（specialist）——培育家庭教育者某一學科的專精訓練，且對該學科的理論與實務有深入的認識——發展，仍是見仁見智。但美國家庭關係協會(NCFR,1984)卻認為，無論家庭教育者的培育是朝向一般化或是專門化，了解家庭教育的各個主題領域，對身為一名家庭教育者而言都是非常重要且是最基本的要求。

至於家庭教育專業者的檢定，美國家庭關係協會從1984年開始採用檢定方案，至今，這樣的檢定方案是目前唯一從涵蓋許多主題領域來檢定家庭教育者的一個檢定方案。其目的乃在於：

1. 評估個別的家庭教育者是否稱職。
2. 提昇並維持家庭教育的專業水準。
3. 確認家庭教育的知識核心內涵，以作為家庭教育者的工作指引。
4. 為家庭教育的相關課程發展提供一個方針或綱要。

而要申請證照，則需符合許多標準，包括培育機構及實務經驗的文件證明、目前正從事家庭教育的相關工作以及一份專業成長的記錄。而當拿到證照後，就不再進行考試，但在每五年換照的同時，需提出自己在專業成長上的證明文件。

家庭教育專業化的模式

對於任何學科的專業者而言，最重要的品質是才幹和能力。在西方，從遠古的希臘和羅馬時期，證書已被專業人士用作向大眾及消費者品質保證的一種形式。而四十年來，美國社會就運用著專業證照制度來辨識專業人員是否具備專業知能。

而在家庭教育專業化的模式方面，Bratton和Hildebrand（1980）根據取得專業化過程的不同，提出了三個主要模式，茲分述如下：

執照制（licensure）

亦即給予個人執業許可的憑證。而這執照是由政府的相關單位所核發，為的是要保護人民免於受到不適任執業者所傷害。而這樣的執照，是從事相關工作所必須的，是政府給予執業者擁有從事某種工作、使用特別稱號或是執行特定功能的權利。

認可制（accreditation）

認可制亦是一種資格認證，是核發給專業方案（如學校、學院、大學、機構），而非一般個人。這樣的資格認證是由專業的協會或機構針對符合設立條件和教育的標準的相關方案給予許可認證。這些標準是透過定期的評鑑來維持。

而根據美國社會行政協會（ASAE，1988）調查一百個專業協會，總結出認可制的目的如下：

1.對組織的自我改善創造出一股推力，並促進其專業標準的向上提昇。

2.在自願的基礎上，提供評鑑和教育。

3.對於好的表現和動機給予讚揚，以促進其有更好的表現。

4.保護社會大眾的利益。

證照制（certification）

證照制中的證照，是由非官方的專業協會或機構，核發給符合該專業協會所定條件和標準的個人。根據美國社會行政協會（ASAE, 1988）針對專業組織的調查顯示，普遍認為證照方案的目的在於：

1.提昇及維持專業的標準。

2.鼓勵個人能依據所提供的成功標準進行自我評鑑。

3.確定個人能對相關專業的理論與實務，以及相關規定予以認知和接受。

4.利用觀摩專業者的實際教學，以提昇專業品質。

5.藉由鼓勵參與專業發展的後續方案來提昇在專業上的表現。

家庭教育者的技巧和特質

從家庭教育法界定的工作範圍包含親職教育、子職教育、兩性教育、婚姻教育、倫理教育、家庭資源與管理教育，以及其他家庭教育事項看來，家庭教育所面對的是個人的和較為敏感的議題，例如：如何做決定、個人的成長與行為改變、性、溝通技巧、親職和資源管理等議題。因此Darling（1987）認為對一個家庭教育的學習者而言，學習過程中的焦點應集中於其個人自身的感受、動機、態度和價值觀。因

為家庭教育主要是在協助參與者去做分析、澄清以及決定自己的價值觀和價值系統（Family Service Association of America【FSA】,1976）。也因為家庭教育者所面對的都是這些個人的和敏感的議題，因此無可避免地會觸碰到自身的感受和可能有的偏見等問題。

家庭教育者必須要對不同於自己的觀點予以接納，並且對別人的情緒表露感到自在。所以許多家庭教育培育機構都要求學生去檢視自己的原生家庭、家庭中的各個角色、家庭規範和價值觀，藉此不僅可以讓學生察覺自己是如何受到家庭經驗的影響，更可以幫助他們確認可能影響他們執行家庭教育成效的衝突因素。

此外，為了要能提昇家庭教育的執行成效，家庭教育者必須察覺自身對於文化、種族、體能、性別和社經地位可能存有的偏見，並且時常檢視下列幾個問題：(Powell & Cassidy , 2001)

1. 我如何看待在人際間所存在的差異？
2. 對於這樣的差異是該予以尊重、抑或是忽視或畏懼？
3. 假如我和一群與我截然不同的人在同一團體中，我會如何看待自己的角色？是協助者？是領導者？是擁護者？抑或是他們的夥伴？

當然，對於貧窮，身為家庭教育者亦應嚴肅地來檢視自己對這問題的態度，因為家庭教育者在這議題上的態度和觀點，會影響他和參與者的互動關係。

總之，有時我們的觀點或態度雖然是如此的根深蒂固，以致於我們幾乎忘了它們的存在，但是它們卻是深深地影響我們如何來看待這個世界。雖說察覺自己在各個層面所存有的偏見是深具挑戰性和令人感到不自在的，但身為一名家庭教育者，如果不願意去面對這些議題，不僅可能會大大減損

在執行家庭教育過程中的效能，更可能會因此喪失讓自身成長的契機。

　　從上述內容我們不難發現，家庭教育者是家庭教育成效好壞與否的關鍵因素。既是如此，我們不禁要問：要成為一名稱職的家庭教育者應該具備哪些特質或技術？筆者認為美國家庭關係協會（NCFR, 1984）為確保家庭教育計劃的成效及品質，所訂定出來的成功家庭教育者的特質值得我們參考，其標準如下：

1. 一般的學科能力（General intellectual skills）
2. 自我覺察（Self-awareness）
3. 情緒的穩定性（Emotional stability）
4. 成熟度（Maturity）
5. 同理心（Empathy）
6. 有效的社交技巧（Effective social skills）
7. 自信心（self-confidence）
8. 彈性（Flexibility）
9. 尊重多元
　（Understanding and appreciation of diversity）
10. 語言和文字的溝通技巧
　（Verbal and written communication skills）
11. 在一對一的基礎上，能和各個年齡層及各種團體互動和溝通的能力。（Ability to relate well with all ages and groups and on a one-to-one basis）

建構家庭教育的哲學體系—家庭教育者的信念

　　雖然具備某些個人特質會增加家庭教育者的效能，但針對「家庭」發展出一哲學體系的重要性亦不容小覷。就如Dail（1984）認為家庭教育的哲學體系之所以重要，有以下五種原因：

1. 它可以為家庭教育指引出一個方向和目標。
2. 它允許家庭教育者和自己接觸，做更深層的自我探索。
3. 它能評估家庭教育的問題。
4. 他可以釐清社會上家庭教育需求和活動的關係。
5. 他提供一個了解家庭真實性、家庭在社會中的價值、家人情誼的本質、家庭教育的角色的基礎。

　　而Powell 和 Cassidy（2001）更進一步認為，要成為一名有效能的家庭教育者，必須要深思下列四個問題：

1. 應徹底地了解自身對家庭所持的信念為何？
2. 如何去定義「家庭」？
3. 家庭教育的目的為何？
4. 要清楚了解家庭教育的效益何在？以及清楚了解如何能更有效地達成這個目標？

　　因此在明瞭家庭教育哲學體系的重要性後，我們應深思在建構家庭教育的哲學體系過程中，有哪些基本的信念是必須被詳細說明的。而Dail（1984）的觀點值得我們參考。他認為要建立家庭教育的哲學體系，有下列四個信念必須要被詳細說明：

關於家庭和家庭生活本質的信念

　　身為一名家庭教育者必須要清楚自己是如何去定義「家庭」。例如，如何去看待同性戀所組成的家庭？如果家庭教育者無法明瞭自己在這議題上可能存有的偏見，那麼這就可能影響自己在面對這對夫妻的效能。

　　此外，家庭教育者亦需明瞭自己認定的家庭應是如何？家庭在個人生活中扮演何種角色？家庭在社會中該如何定位、該扮演何種角色，才能發揮其最大的效能？最後，身為一名家庭教育者必須明瞭服務對象對於家庭的信念的個別差異，唯有了解其個別差異，才能在設計方案或活動時，有一清楚的目標。

關於家庭教育目的的信念。

　　身為一名家庭教育者必須明瞭家庭教育的目的為何，如此方能在工作中發展出適當的目標。是家庭教育的目標改變行為嗎？是家庭教育目標提供我們頓悟、技術和知識嗎？家庭教育目標是有正面效果還是有反作用效果？家庭教育目標提供支援嗎？他會助長特定的意識型態或信念系統嗎？最後，家庭教育者必須清楚知道自己在完成什麼，以及為何要這麼做。

關於家庭教育內涵的信念

　　身為一名家庭教育者必須明瞭在家庭教育的領域中應包含哪些主題？而哪些主題是不適當的？何時應將個案轉介到其他領域的專業人員？方案或計劃的內容是否包含偏見或刻板印象？訊息的來源是否合適或跟得上時代潮流？

　　而在此一信念中，家庭教育者必須要明瞭自己所處的情境，若非屬於自身專業領域的問題，應及早轉介至其所屬之專業領域。此外，家庭教育者更應清楚自己的能力和適合的

介入層次，避免因過度介入或超出能力範圍而造成不必要的
傷害。

關於家庭的學習歷程的信念

身為一名家庭教育者必須明瞭家庭是如何學習和運作使
其像一個團體？而這個團體是如何影響個別成員的學習和思
考？團體的學習和個別的學習有何不同？如何讓一個小團體
發揮其最大的效能？團體的發展需求、社會需求和情感需求
重要嗎？學習目標和評鑑重要嗎？受教育後的家庭成員在家
庭中是如何影響其他人的？

此外，家庭教育者若能了解人類發展和學習過程，不僅
可以提昇自己的專業知能，更能在面對服務的對象時，以更
適切的技術來協助處理問題。同時，家庭教育者若能明瞭家
庭是一個系統，那麼他將會意識到在學習過程中家庭成員的
重要性，因為他們會構成一個相互影響的循環系統。

家庭介入模式

對一個專業的家庭教育者而言，清楚認知家庭教育的範
圍和限制，以及對自己專業知能的了解是非常重要的。因為
在從事家庭教育的過程中，家庭教育者所面對的問題在層次
上深淺不一，可能是簡單的家庭諮詢或教育就可解決，也可

能是需要輔導、諮商，甚或是治療。倘若家庭教育者無法明
瞭家庭教育的範圍和限制，以及不清楚自己的專業知能程度
，只憑一顆赤忱的心，想要協助對方解決問題，此一問題非
但無法獲得妥善處理，更可能因此傷害了對方，或延遲了最
佳的治療時機。因此，在此一議題上，家庭教育者最常提出
的問題是：家庭教育（family education）和家族治療（Family
Therapy）的分界線究竟在哪裡？家庭教育者如何知道在哪
一個地方就該停止和結束，並適時地將個案轉介至家族治療
的專業機構？

　　針對此一家庭教育者的疑慮，筆者認爲Doherty（1995）
所提出的「家庭介入模式的五個層次」（the levels of family
involvement ）可以幫助家庭教育者對此一問題有較爲清楚
的認知。茲將Doherty的「家庭介入模式的五個層次」（the
levels of family involvement ）作一說明：

層次一：對家庭最少量的介入（Minimal Emphasis on Family）

　　在層次一中的重點大多聚焦於制度或組織，而非家庭或
家庭成員。因此在此一層次中所包含的父母和家庭成員的活
動或方案，只是因爲法律上的規定或制度上的要求，殊少考
慮到父母或是家庭成員的需求或興趣。例如幾乎所有學校都
會舉辦的「親師座談會」，常常流於形式，只是爲了符合規
定或要求，因此在活動過程中，教師幾乎是做了一整場的演
說，非但無法讓家長實質投入或參與，更難獲得家長的意見
回饋，達到親師溝通的主要目的。因此在層次一中對家庭所
做的相關工作被認爲是不足的。

層次二：資訊與建議(Information and Advice)

在層次二中，包含了和家庭成員分享在兒童發展、親職、家庭互動等議題上的相關知識與訊息。因此，在此一層次中，家庭教育者要有良好的溝通技巧、能引出問題、參與討論、回答問題、熟悉相關的資源，並做適切的建議。

在層次二的活動中，可包含相關文獻的分享、相關時事的分析、演講的方式或教育性的工作坊。

層次二主要的重點，是能對大多數處在低危險情境中的家庭提供重要的資訊。但其主要的限制是，因為在此一層次迴避了情感的和經驗的領域，且沒有介入父母在個人問題的討論上，所以缺乏足夠的深度，去刺激大多數的個案作有意義的改變。

層次三：情感與支持(Feelings and Support)

層次三除了包括層次二的活動、知識及技巧之外，又增加了父母或家庭成員的感覺及經驗，並利用這些人的坦露作為教育過程的一部份。

在此一層次中，教育者要能用同理心傾聽，能以溫和的態度探究個人的故事及感受，創造一個開放且支持的團體氣氛，共同參與問題的討論與解決，並針對父母或家庭成員的特殊狀況做適切的建議。

層次三結合了認知與情感，並且在大多數的家庭教育情境中以資訊的分享、情感和支持對家庭做出最適切的介入。因此層次三普遍被視為是大多數家庭教育活動中最適切的介入層次。

在層次三中，主要是處理家庭生活的壓力，而較不處理個人創傷性的記憶與經驗(例如性虐待)。而家庭教育者在團體中應保護父母或家庭成員避免太多的自我坦露。同時家庭教育者必須有很好的察覺能力，並對任何的情感反應感到自

在，當他們表達痛苦的感受時，能夠支持，而不是試著拯救或逃走。

Doherty認為在層次三中，家庭教育者常犯的錯誤有：

1. 因過多的情緒或個人訊息造成家庭教育者感到不自在，而太快退回到認知的層次。
2. 在沒有足夠的討論下，就將焦點或議題拉回團體。
3. 在父母有機會談其感受或故事時，就給予不成熟的建議。
4. 對於家長的經驗或感受探究的太過深入，不僅可能讓對方有被侵犯的感覺，更可能因太過深入而無法協助之。

因此，若能做適切的處遇，層次三平衡了深度與極限，是家庭教育的特點。

當然，家庭教育者必須明瞭層次三的限制：若在團體中，參與者所出現的需求或問題，已不是用教育或支持就可以解決的，這時家庭教育者就必須將之轉介給治療師，或是轉介到家庭教育方案的第四級。

總的來說，層次三強調個體和家庭對於壓力的反應、團體歷程的情緒。

對參與者而言，必須察覺自己與父母關係和團體歷程的感受。

對家庭教育者而言，可應用的技術包括：1.引導表達情緒和關心；2.積極傾聽；3.情緒和反應正常化；4.創造開放且支持的氣氛；5.保護父母在團體中不做太多的自我坦露；6.安排父母在討論中合作解決問題；7.針對父母和家庭獨特的需求、關注和感受給予最適切的建議；8.確認個體和家庭機能不良；9.安排父母和家庭獨特的位置。

層次四：短期焦點式介入
(Brief Focused Intervention)

在層次四中，家庭教育者應評估並有計劃地協助父母面對困擾的親職教育問題、更廣泛的家庭互動模式和更大的系統問題。

此一層次適合有特殊需求的家庭，亦即有高危機的家庭，包括未成年父母的家庭及同儕問題，家中有人有精神疾病或受兒童保護的家庭，家中有慢性疾病或殘障小孩的家庭。因此層次四的介入問題，不只是一對一的小孩議題，它牽涉到父母與另一共同父母（co-parent）或與其他家庭成員，或與處理小孩問題的專家的互動問題。例如離婚夫婦對小孩共同扶養的衝突，或與夫婦當中一人聯盟的祖父母介入小孩扶養的衝突，或與進行兒童保護服務的社工人員的爭執。

在層次四中，家庭教育者需學習評估家庭問題與發展出基本介入的技巧，以改善他們的問題。同時也必須察覺自己的感受及自己與自己的家庭及社區系統的關係，以避免自己與父母或與他們衝突的人或團體產生三角關係。

在LFI系統中，層次四對父母與家庭教育者而言是需要有特定的技能的，所受的訓練是超乎一般非治療性的訓練。它是經由挑選出爲特定父母族群服務，並接受家庭評估及基本家庭介入訓練的專家所執行的家庭教育工作範圍。因此層次四的家庭介入需要與父母或一群父母訂立清楚的契約，以便參與比層次三更爲吃重的工作。

Doherty認爲在層次四中，家庭教育者常犯的錯誤有：

1.不自覺地介入太深而無法處理。

2.處理問題時與父母沒有達成共識。

3.在層次三還沒有充分的討論時，就快速進入評估與介入。

4.無法提供有效的協助，仍停留在第四級。

　　值得注意的是，對一個有困擾的家庭，層次四的介入在很短的時間內就需要開始，例如一次討論，一次追蹤。但若這層次的介入無法提供有效協助，或問題是非常嚴重的，家庭教育者最好是將其轉介到治療機構或回到第三級的行動。若該家庭無法接受治療的轉介，則家庭教育者需停留在第三級，不要提供無效的協助。

　　層次四是有其限制的，它只處理親職教育的問題，而不涉入婚姻功能，心理異常或成人的個人問題。

　　在LFI模式中，層次三是家庭教育者介入最典型的模式，但層次四的介入也愈來愈受到重視，因為家庭教育者要處理特殊需求及多重壓力的家庭愈來愈多，因此家庭教育者不應只停留在知識與支持的層次三了。例如面對未成年母親，層次三是無法提供有效協助的，因為她必須要面對的問題，包括她是青少年、共同父母、學生，甚至是福利接受者等複雜關係的相關問題。

　　總之，在層次四中，家庭教育者必須明瞭家庭系統理論，並認知到自己加入的系統，包括自己的家庭、父母系統和較廣的社區系統。而其所應用的技術包括：1.問一連串的問題以引導出詳細的父母問題和家庭動力圖像；2.提出家庭系統動力涉入問題的假設；3.與父母維持一段短期的互動，以改變家庭的互動模式；4.知道何時結束介入的行動，是繼續指導還是回到層次三的支持；5.在教育家庭和治療者關於雙方的期望時，扮演一個和諧的指導者；6.與治療師、社區系統一起工作來幫助父母和家庭。

層次五：家族治療(Family Therapy)

層次五已經超出了家庭教育的範圍和任務了。家族治療主要是涉及改變家庭互動的模式以處理嚴重的心理及家庭問題。層次四是侷限在親職教育的議題；層次五則涉及夫妻關係、原生家庭的問題或家庭成員的精神問題。第五級所面對的問題主要是處理個人強烈挫折感，或人際間的衝突與矛盾，或家庭成員抗拒改變的情況。

在層次五中，家族治療者常用的技術包括：1.會見家庭或很難改變的家庭成員；2.有效地改變、嘗試關於家庭困難及互動模式的假設；3.使家庭衝突逐步上升以打破家庭僵局；4.危機發生時與家庭密集地工作；5.建設性地處理家庭強烈的反抗；6.與其他專家和其他與家庭一起工作的系統商議合作的關係。

在這五個層次中，Doherty以階層式的安排，從對家庭最少量的介入到家族治療，並認為第一和第五個層次都超出家庭教育的任務外。

而根據Doherty的「家庭介入模式的五個層次」(the levels of family involvement)相關內涵，筆者依其介入的由淺至深，試以圖1示之：

層次一	層次二	層次三	層次四	層次五
家庭最少量的介入	資訊與建議	情感與支持	短期焦點式介入	家族治療

依法律或制度　　　　　家庭和親職教育的任務　　　　　家族治療
規定施行

圖1　家庭介入模式的五個層次

✎ 家庭教育的倫理議題

在家庭教育的領域中，倫理的相關議題之所以重要，Arcus（1987）認為有以下三種原因：

1. 倫理已被界定為家庭教育生命週期的架構的一部份，並且也被美國家庭關係協會（1984）列為家庭教育者檢定的課程領域之一。

2. 在人們每天的生活經驗中，每個人都必須針對關鍵性的問題作出抉擇。因為這些問題和困境大都與家庭教育的相關問題有所關聯，因而家庭教育者必須為處理這些相關問題預做準備。

3. 所有專業者在執行業務或工作時需要更多的專業素養和責任感，因為許多人的生活會因他們的行動而產生潛在性的衝擊。

由於家庭教育者在執行家庭教育過程中的責任逐漸獲得關注，因此發展出一套關於家庭教育的專業倫理規範是必要的。

又根據美國科學促進協會的專業倫理計劃（AAAS; Chalk, Frankel, & Chafer, 1980）認定，專業倫理規範存有幾個目的：

1. 達到法定的要求，例如專業的登記。
2. 給予專業人員激勵，鼓勵他們能依照倫理規範行事。

3.提醒專業人員他們工作上的倫理觀點。

4.為成員提供處理倫理問題和爭辯時的指引。

5.保護專業的完整性。

6.保持專業的地位或專業的獨占權。

此外，Brock（1993）認為專業倫理規範是設計來防範消費者和該專業受到傷害，同時也用來保護專業者本身。而Brock（1993）指出，用來幫助專業者的倫理規範可用以下五個原則來敘述：

1.在法定的資格下執行工作或業務。

2.切勿利用別人。

3.以尊敬的態度待人。

4.保守秘密。

5.切勿傷害別人。

而Doherty更進一步認為，道德的核心或精髓應該存在於大多數專業領域中，包括：公正、真實、正當和勇氣。但也有許多是家庭教育中固有的道德。例如：關懷照顧、謹慎、實用的智慧、積極樂觀和充滿希望。而不論如何，若是要實現有效能的家庭教育，這些特有的道德對家庭教育者而言是非常必要的。

再者，美國家庭關係協會（NCFR，1999）所研擬的「家庭教育中倫理思想和實務的方法」對於處理倫理問題提供了六個處理的步驟：

1.重要人際關係的確認。

2.原則的應用。

3.矛盾或衝突對立的確認。

4.道德的運用。

5.思索可行的行動。

6.決定行動方式。

　　總之，身為一名家庭教育者，不僅需要有適切的個人道德規範，更需明瞭和內化家庭教育專業領域中的價值核心。並且要依照專業倫理規範和倫理問題的處理步驟來執行家庭教育的相關計劃或活動，如此方能協助對方在不同的情境中做出最正確的決定。

未來的挑戰

　　在了解上述家庭教育專業化相關議題之後，筆者試從下列幾個面向針對國內家庭教育專業化的發展作一省思。

法令規章的訂定

　　家庭教育法的公佈施行表現了政府對於家庭教育的重視，又從家庭教育法第六條：「各級主管機關應遴聘（派）學者專家、機關、團體代表組成家庭教育諮詢委員會」；第七條：「直轄市、縣（市）主管機關應遴聘家庭教育專業人員，設置家庭教育中心」第十條：「各級主管機關應對推展家庭教育之專業人員、行政人員及志願工作人員，提供各種進

修課程或訓練；其課程或訓練內容，由該主管機關定之。」
不難發覺相關組織的成立、專業人員的培訓和選聘亦是影響
家庭教育施行成效的重要關鍵。

　　雖說家庭教育法已立法公佈，相關的組織、任務和人員
的選聘及培訓也在該法中有明文規定，但是組織架構、任務
編組、工作內容及人員的選聘條件和培訓制度等相關施行細
則卻仍付之闕如。再者，攸關組織是否能正常運作和人員是
否能長期接續投入的家庭教育經費，雖說在家庭教育法第十
七條：「各級主管機關應寬籌家庭教育經費，並於教育經費
內編列專款，積極推展家庭教育。」已有明文規定，但是整
體而言，在政府人事精簡、財政窘困的情況下，家庭教育相
關組織的成立和運作，以及專業人員的選聘和培訓都面臨極
大的挑戰。因此，為確保組織能健全發展，專業人員能發揮
其專業知能，在工作推展上獲致最大成效，仍有賴相關法令
規章的訂定。

專業人員的培訓

　　Czaplewski & Jorgensen（1993）認為：在家庭教育計
劃中，教育者可能是最重要的一個環節。因此，雖然家庭教
育法第七條規定直轄市、縣（市）主管機關應遴聘家庭教育
專業人員，設置家庭教育中心，但是對於這些家庭教育專業
人員的養成教育是否有專責的培育機構？養成教育的課程內
容為何？選聘的條件和資格為何？任職後，在執行業務過程
中是否有督導制度？其在職進修或訓練的課程內容為何？等
相關問題卻沒有明確的說明和規定。因此，如何培訓家庭教
育專業人員亦是國內在施行家庭教育過程中不可忽略的重要

一環。

專業組織的成立

就如同East（1980）所言，欲使家庭教育達到專業地位就必須要組織一個專業的協會或團體、發展出特有的名稱、檢定標準、知識的核心內涵以及實際執行應用的能力，並且要尋求一個獨特的角色界定。因此，我們不僅期待國內能有更健全的家庭教育人員培育機構和完整的課程設計，更希望能成立家庭教育的專業組織，一方面藉由專家學者的參與和研究來深入探究家庭教育相關問題，藉以提供第一線家庭教育人員更充足的資訊和最適切的策略；另一方面，也期待家庭教育的專業組織能發展出一套針對家庭教育人員的檢定標準，因為這不僅有助於人員專業素養上的提昇，更能藉此讓所有成員能自我要求，進而獲得社會大眾的普遍認可。

專業倫理規範的建立

黃炳煌（民82）曾指出，「專業倫理的準則」是約束專業人員行為或操守的道德原則或規範，其目的在於促進其會員向社會提供更佳的服務，並驅逐會員中不良份子。又East（1980）也指出，「發展一套倫理規範，藉此避免不合倫理規範的行為，以確保大眾的權利」是衡量家庭教育達到專業地位的標準之一。因此，在致使家庭教育邁向專業化的路途

中，建立一專業倫理規範確有其必要性。

只是環顧國內的相關專業團體或組織，都有其專業倫理規範或守則，例如中國輔導學會的「諮商專業倫理守則」、中華民國醫師公會的「醫師倫理規範」、中國教育學會的「教育人員信條」、中華民國全國教師會的「全國教師自律公約」，因此，在建立家庭教育專業倫理規範時，如何區辨出家庭教育和這些相關團體彼此間的異同，亦是值得令人深思的要點。

所以，我們不僅期待國內能成立更具實際效能的家庭教育專業團體，同時也希望能在家庭教育領域中建立起一套專業倫理規範，藉此避免出現不合倫理規範的行為，以確保大眾權益。再者，就如沈清松（民85）所言：「就專業倫理而言，專業人員也可以透過專業工作中專業理想的實現，達致個人能力的卓越，與良好關係的滿全。」因此，家庭教育人員若能恪遵專業倫理規範，不僅能讓業務的執行更具專業化，個人也能從中獲得多方面的成長。

☝ 參考書目

中文部份

沈清松（民85）。倫理學理論與專業倫理教育。通識教育季刊，3(2)，1-17。

黃炳煌（民82）。師資培育與專業道德。教師天地，64，14-18。

郭玉霞（民81）。美國教學專業化運動的發展現況。載於《教育專業》。台北：師大書苑。

西文部分

Arcus, M. E. (1987). Education in ethics for family life educators: Goal, strategies, and problems. Paper presented at the National Council on Family Relations Annual Conference, Atlanta, GA.

American Society of Association Executives. (1988). Policies and procedures in association management. Washington, DC: Author.

Bratton, B., & Hildebrand, M. (1980). Plain talk about

professional certification. Instructional
Innovator, 25（9）, 22-24, 29.

Brock, G.（1993）. Ethical guidelines for the practice
of family life education. Family Relations,
42（2）, 124-127.

Chalk, R., Frankel, M. S., & Chafer, S.B.（Eds.）.（1980）.
AAAS Professional Ethics Project: Professional
ethics activities in the scientific and
engineering societies. Washington, DC: Amerivan
Association for the Advancement of Sciences.

Czaplewski, M., & Jorgensen, S. R.（1993）. The prof
-essionalization of family life education.
In M. E. Arcus, J. D. Schvaneveldt, & J. J. Moss
（Eds.）, Handhook of Family Life Education:
Foundations of family life education. Vol. I.
（pp.51-75）. Newberry Park, CA: Sage.

Dail, P. W.（1984）. Constructing a philosophy of family
life education: Educating the educators. Family
Perspective, 18（4）, 145-149.

Darling, C. A.（1987）. Family life education. In M.
B. Sussman & S. K. Steinmetz（Eds.）, Handbook
of marriage and the family（pp.815-833）. New
York: Plenum.

Doherty, W. J.（1995）. Boundaries between parent and
family education and family therapy: The levels
of family involvement model. Family Relations,
44（4）, 353-358.

East, M.（1980）. Home economics: Past, present, and
future. Boston: Allyn & Bacon.

Family Service Association of America. (1976) . Overview
of findings of the FSAA Task Force on family
life education, development, and enrichment.
New York: Author.

Fohlin, M. B. (1971) . Selection and training of teachers
for life education programs. The Family Coor
-dinator, 20, 231-240.

Freidson, E. (1986) . Professional powers: A study of
institutionlization of formal knowledge. The
University of Chicago Press.

Kerckhoff, R. K. (1964) . Family life education in American.
In H. T. Christensen (Ed.) , Handbook of marriage
and the family (pp.881-911) . Chicago: Rand
McNally.

Longworth, D. S. (1952) . Certification of teachers of
family living: A proposal. Marriage and Family
Living, 14, 103-104.

National Commission on Family Life Education (Task Force
of National council on Family Relations) .
(1968) . Family life education programs: Pri
-nciples, plans, procedures: A framework for
family life educators. The Family Coordinator,
17, 211-214.

National Council on Family Relations. (1984) . Standards
and criteria for the certification of family
life educators, college/university curriculum
guidelines, and an overview of content in family
life education: A framework for planning life-
span programs. Minneapolis, MN: Author.

National Council on Family Relations. (1999). Tools
        for ethical thinking and practice in family
        life education. Minneapolis, MN:Author.
Powell, L. H., & Cassidy, D. (2001). Family life ed
        -ucation: An introduction. California: Mayfield.
Somervill, R. M. (1971). Family life and sex educat
        -ion in the turbulent sixties. Journal of
        Marriage and the Family, 33, 11-35.

chapter 5

價值觀與家庭教育

◆前言

◆家庭教育中價值觀的本
　質

◆家庭如何傳遞價值觀

◆影響家庭價值觀傳遞的
　因素

◆結語

◆參考書目

蔡秋雄

前　言

　　家庭是社會的基本單位，個人在家庭中接受人生的第一個教育歷程，許多人格、觀念的養成皆是在家庭中奠定基礎。家庭也是人類發展互動關係的第一個社會世界，人生早期在與父母的人際互動中，承受了來自父母的教導，就在這教導的過程中，價值觀有意與無意地被傳遞著，而個人也主動或被動地接收了一些價值觀，這些來自家庭的價值觀，將會影響著個體日後的觀念、態度與行為。雖然在歷史的脈絡裡顯示出家庭價值觀是常變的，但也顯示有些家庭價值觀是不變的，例如沈清松（1989）對台北及高雄兩地的問卷調查發現，受訪者大部分認為家庭平安居是最主要的家庭價值，而追問十年內他們的價值觀會有怎樣的變化？大部分人仍然認為不會有很大的變化。然而謝秀芬（1997）研究發現，台灣地區受科技發展影響，社會和經濟結構急速變遷，現代人外在生活方式與傳統社會已有差異，但是深層的家庭觀念、家人關係等傳統的價值觀仍受到相當的肯定，這必然導致許多傳統的價值觀在現實上有實踐的困難。就在這種一方面不願意放棄傳統的家庭價值觀，一方面又不得不面對現實環境的考驗，到底21世紀的現代家庭需要哪些家庭價值觀呢？傳統的家庭價值觀有哪些已經不復存在了？又有哪些是需要發揚並傳承下去的？

　　在漫長的農業社會裡，家庭是一個集政治、經濟、保護、教育、宗教、娛樂、情愛、生育等功能於一身的獨立體，而這些功能均圍繞著一個根深蒂固的價值體系，這個價值體系為何？我們除了知道它的應然，是透過家中父母及群落的族長傳遞外，至於它的所以然為何？我們並無法能清楚地掌握著。21世紀的家庭教育在面對家庭價值觀的議題時，重要

的任務之一，不外乎協助傳遞這些價值觀的現代父母，使其清楚地自我覺察：到底我在做什麼？我傳遞的是什麼價值？這些價值有意義嗎？

　　自由與開放一直是人類追求進步的方向，而事實上人類社會隨著政經環境的民主與繁榮，著實達到了應有尺度的進步。然而，隨著政經環境的民主與繁榮，許多社會的結構逐漸轉型、改變，家庭的組成、結構也隨之產生變化，家庭價值觀因此而產生重大變革。尤其對我國家庭的衝擊更為嚴重，我們的家庭不僅要面對傳統價值體系的束縛，還要適應西方文化的開放，再加上近來家庭快速的核心化，家庭已無法全方位承擔所有的價值傳承，這是無奈，抑或是推諉，是不得而知的。但可確知的，家庭終究已被家庭外的機構或團體介入了，這些機構或團體承擔了家庭原有的部分任務，而使得家庭的價值體系產生五千年來空前的變化。尤其學校的教育功能越來越大，家庭、學校如何既合作又競爭，成了當今重要議題。

　　未來我們的家庭究竟會如何？家庭制度會消失或繼續存在？我們不得而知，但是我們可以確定的是，家庭教育已不再是家庭內的人際關係而已了，而是家庭與社會功能的平衡事件，家庭原先的價值與功能幾乎大半可以由其他機構來取代。這種現象給了我們二個思考方向：

1. 家庭還能傳遞哪些必要的價值？有所變，亦有所不變，家庭價值中哪些是不變的？哪些是變的？如何強化不變家庭價值觀？又如何調適改變的家庭價值觀？

2. 家庭教育法已經於今年(2003)二月六日頒布實施立法通過，顯示家庭門戶已經大開，這說明著家

務事已「人人可管」，家庭教育的重點已不再只是
親職或婚姻，且教子也已不能再照自己意思為所
欲為。到底教育責任誰要來負責呢？如何落實
法案？目標又何在？課程如何設計？又怎樣實施
？......在在顯現，現況中的家庭教育工作人員
，所面臨的挑戰及責任之重大。

　本文先從了解家庭教育中的價值觀及其本質切入，進而
探究家庭價值觀是如何傳遞的，有哪些理論支持著家庭價值
觀的傳遞，並針對價值提出幾點迷思與澄清，最後以家庭教
育工作人員立場，試著建構出21世紀家庭價值觀教育的具體
做法。

⬆ ⑯ 家庭教育中價值觀的本質

　　當家庭教育在二十世紀初於北美地區開始發展時，根據Kerckhoff的說法，家庭教育之興起乃是因爲當時的家庭在面對社會變遷時，產生了不適當的反應，而家庭教育早期的努力即試圖改正此不好的情況（引自Arcus & Daniels, 1993）。據此說法，早期家庭教育的任務就是去協助家庭或說服人們去做正確的事，以讓家庭及家人得以能適當地反應，而這「正確的事」就是我們所要談的家庭價值觀，所以當家庭教育於二十世紀初開始萌芽時期，價值觀就已經是屬於這領域的一部份了。長久以來人們普遍對家庭教育中價值觀的議題，有著多樣性的論證及思辯，甚至對於其定義、範圍或可教育性等的討論，常是充滿著分歧性。爲了要釐清家庭教育中價值觀的屬性及重要性，對於價值觀本質及基本概念的認識是重要的。

　　什麼是價值觀？對於價值觀大力的研究首推美國社會心理大師Rokeach，他將價值觀定義爲「一項價值觀是一種持久的信念，此一信念認爲：某一特定的行爲模式（mode of conduct）或存在的終極狀態（end-state of existence），較其相反的行爲模式或存在的終極狀態，是爲個人或社會所

偏好 」（Rokeach, 1973, 頁.5）。李柏英（2002）指出，價值觀被認為是代表著個人及社會某些方面的渴望，這些渴望模糊地與人類的欲求、讚許、值得感、美麗及良善有關，而價值觀與需求（needs）最大的不同乃在於： 需求是否會被否認，取決於它們是否能夠通過個人及社會的詳查；而價值觀則是從不需否認，因為價值觀的內容是個人及社會所認可的需求，因此當個人將他的需求在認知上轉成各種價值觀時，人們就可以體面地公開談論他的需求。因此價值觀是個人行為的指引，也是人類對某種目標的喜好傾向。價值觀甚至被用來當做任何事件的標準，用它來決定未來的方向，以及合理化過去的行動（Braithwaite & Scott, 1991）。但是，曾如李柏英（2002）所言：「價值觀的研究結果是不容易整合的」（頁80），各家理論及實徵研究對於價值觀應有的準則及範疇也都相當分歧，在此我們並無法對價值觀提供完整的敘述，我們只能偏重於有關家庭教育方面特別的價值觀，試著從概念的區分、價值觀的種類及不同層級價值觀的分析來了解價值觀在家庭教育中的本質。

價值觀的概念

價值觀是指引個人行為的心理思維，人類依此而行動，因此它是一種信念。它也是一種理想，因為依此個體才能思考他認為重要的事。Daniels（1975）指出，「價值觀概念是一種「心理規範」（psycho-normative）的概念。 也就是說，它是一種被用來「型塑人類某些心理特質或狀態，並指

出人類標準化的態度（如何評價這個世界）的一種概念」（Daniels, 1975,頁21）。價值觀包含了兩個要素，即評價與經驗，所謂評價是指，知道事件的某些狀態是好的、值得做的(或不好的、不值得的)；而經驗是指，體驗到事件，並了解事物的狀態，將有助於區辯人我之間的差異（Arcus & Daniels, 1993）。例如有人說家庭教育是一件有用的事，因爲它可以促進家人和諧相處或者避免家庭暴力事件。前半段是評價，後半段則是自己所經驗到的。

另外價值觀常會與其他概念相混淆，像與態度、看法及偏愛之間的混淆，必須加以釐清。依據 Daniels（1975）的看法，態度是「總結性的」評價，例如說：「我對A的態度是B」，事實上是告訴人家，我對所有事件已經深思熟慮了，我已提出了總結性的評價；而價值觀卻是來自某一特別的觀點（如道德、法律或實用的），它是從總體思考中抽出其中之一的角度（例如道德角度）來表達。因此，它是有特殊觀點的考量的，而態度則是個體總結全體觀點的最終評價。

看法則是可以不需要有充足的證據的。當一個人對某件事有質疑且沒有支持性的證據時，通常典型的回答是「是呀！那就是我的看法」。一個人具有的看法可以是經驗性的，也可以是價值性的。如果有充足的證據，就代表這是經驗性的；如果沒有充足的證據，就表示那是價值性的。因此價值觀在此即代表著沒有充足證據且非經驗性的，但它卻是個人及社會所認可的（李柏英，2002）。

偏愛是指，如果有人說：「我喜歡這個計劃」或「我不喜歡這個執行者」，其實和計劃或執行者都無關，因爲這個人已經經驗過這方案。相反的卻和說話者有關，因爲這是他

個人已經經驗到的宣告。另一種說法：「這個家庭教育計畫是成功的」或「這個家庭教育執行者是無效能的」，那麼，這個人是分別對計畫及執行者，做了一個價值觀的宣告。兩者是相關的，但它們卻常常顯現不一致。例如，一個人相信喝咖啡對身體健康不利（提出喝咖啡的負面價值）， 但是他仍然偏愛喝咖啡。

Arcus與Daniels（1993）將以上這些概念之間的差異歸納如下：

1. 對事物正向或負向的看法就是「價值觀」宣告。
2. 一個人對某一特別事件的總結性看法，就是「態度」。
3. 將個人對某事喜愛的訊息表現出來，就是「偏愛」。

Rokeach（1973）認為，價值觀會推著我們去主張並要求我們去思考及去行動，對個體具有主導性。持有某價值觀就代表致力於某一目標或某一行為。例如，我們抱持誠實和平等的價值觀，就意味著我們的思想及行為將反映出這些價值觀。價值觀不僅塑造了我們的生活，它更積極引導我們的思想及行為。從以上分析，價值觀已經遠遠超越了態度及偏愛，它可以幫忙我們做選擇及下判斷，它已經成了人類決策層級的重要角色，在個人及家庭生活中的影響更是巨大。

價值觀的種類

價值觀是一種被用來型塑人類某些心理特質或狀態，並指出人類標準化的態度的一種概念（Arcus & Daniels, 1993

），也就是說人類依此來評價這個世界。因此，每個人所持有的觀點及其所處的立場各不相同，當然建構出來的價值觀就不盡相同。這裡我們所關心的價值觀種類必須是關係於家庭教育的，是與家庭教育的目的及主體有關的。以下謹討論道德、文化、宗教及個人等四種價值觀。

道德價值觀

所謂道德，是指在一個處境下，能超越個人的私利，並對週遭全部的權利及利益做公平的考量（Arcus & Daniels, 1993 ），其主要目的在排除任何一個團體或個人的偏袒或優待。因此道德價值觀乃在於考量到行為有否影響到他人的權利或安危。一向標榜自由開放的美國社會，在面臨日益惡化的社會犯罪及校園安全憂慮後，也開始認真地檢討已被封存許久的道德價值議題了，他們希望透過大力的提倡道德知識，以喚起自制、憐憫、責任、勇氣、誠實、忠誠、信心……等道德的價值觀（李振清，1994）。

我國本來就是注重道德價值的民族，自古流傳下來的家庭教育典籍，像民間流傳的書籍【課子隨筆鈔】，就輯錄了上百千篇的庭訓、誡子、家戒等家庭道德價值觀，洋洋灑灑地傳遞著人類美好的、善良的行為典範。而這些道德價值觀正成為美國小心翼翼地規劃廿一世紀的教育目標（李振清，1994 ）。因此我們可以預見到，以現今處於急速變遷的社會環境中，家庭教育將會有許多機會討論到道德危機的議題，例如對婦女及兒童的暴力、私德與公德的衝突、對同性戀的排斥，以及原住民的待遇，全包含在道德危機之中，這些道德價值議題明顯地與家庭教育有關聯。

文化價值觀

　　文化是人類活動所留下來的東西，可能是具體的東西，也可能是種意識型態的哲學（鄧志平，1996 ）。在此我們所討論的文化價值觀是屬於後者，也就是說，文化價值觀是指影響個人思考、行爲及認知現實世界的文化假設。不過在現實世界中，文化假設並沒有一定的模式，只有那些對個人有意義的才成爲個人的文化價值觀。

　　Arcuss與Daniels（1993）指出，在家庭教育中，有兩個有關文化價值觀的重要看法，第一是，所有的文化都和主要的理想及巨大的恐懼有關：一般而言，在一個特定的文化中，道德原則的意義與目的是在幫助主要理想的達成（例如，獲得平等或家族的延續 ），及避免巨大的恐懼（例如，避免剝削或自主權的喪失）；第二，因爲文化不是停滯不動的，在文化內部裡，理想及恐懼之間可能存有衝突，這些衝突中的某些部份將成爲家庭教育的核心議題。現今的家庭教育工作者不僅要注意到文化的差異，更必須敏銳覺察到這些差異性所反應出來不同文化的特質及其對家庭教育工作的意義。

　　文化價值觀對個人及家庭的影響，最明顯之處乃在於人際溝通上。文化價值觀就像是一個人戴著的一副特有的眼鏡，來看待身旁的所有人事物。因爲這副眼鏡是由不同的文化背景所打造的，所以每個人看待人事物的方式當然就有所差異，個人或家庭生活中，如果少了對文化價值觀差異的覺察，首當其衝的就是人際間的溝通問題。

宗教價值觀

John Naisbitt在他的「二千年大趨勢」一書中,強調在未來數年裡,宗教信仰活動將會持續吸引全球世人的注意。在台灣,傅佩榮(1993)指出,根據1993年的統計,台灣的宗教場所,包括寺廟、教堂、神壇等,多達一萬七千餘處,足見宗教現象,在台灣十分蓬勃。而瞿海源(1985)亦指出,全世界目前無宗教信仰者及無神論者只佔全部人口的百分之二十一;在國內二十歲以上的人口中亦只有百分之九的人不信任何宗教。也就是說,宗教信仰的人口,遠多於沒有宗教信仰者。

世界各地存在著各式各樣的宗教信仰,這些宗教信仰的確對家庭有著深遠的影響,例如猶太教家庭中,仍保存著每週一次以特別餐點及點蠟燭儀式,來表示對神的景仰;而印度移民更以家庭式的宗教活動充分表現家庭的重視宗教。宗教機構和價值在過去的社會中,對家庭生活有顯著的影響,而在今天也是家庭結構和關係的重要因素。Garrett(1989)更指出,宗教及家庭已被視為是維持及強化基本社會價值的正面角色,它們的份量是同等重要的。

宗教信仰在家庭教育中的確佔有一席之地,例如西方基督徒家庭及東方的佛化家庭,均自有一套完善的治家之價值觀。基督徒的家庭禮拜,或是佛化家庭的應對進退,均充分表現出慈愛、忍耐、誠實、勤勞、節儉、知足......等家庭教育的核心標的。當然,各種宗教均有其特有的信仰,家庭教育工作人員需要敏感地去覺察出這些不同的宗教價值及其帶給家庭不同的影響。

個人價值觀

有個人價值觀，當然就有所謂的公眾價值觀，例如利他、愛人、仁慈、富同情心、毫不自私及幫助別人。就正如小我對大我一樣，個人價值觀實際上只對個人做探討，強調做了那些事是對我個人好，而不強調它是對大眾有利的，所以整體而言，個人道德觀是「尊重自己」。但是，在華人傳統禮教社會裡，我們的老祖宗清楚地告訴我們，一旦大我與小我有所衝突時，自應以大我為優先考量，而這個大我在華人社會中最基本的機制就是家庭。

　　然而，從東西方的相關實徵研究可以看到，一般人越來越強調個人價值觀的重要性了（黃光國，1995；Garner & Stein, 1998；Lawler, 1995），這是極度工業化之後必然的現象，是擋不住的潮流。我們不能因為要捍衛公眾價值而防堵個人價值觀的高漲；相反的，我們該當思考公眾價值與個人價值共存及共榮的發展方向。

　　現今的家庭教育重點，應以了解價值觀的所以然為主，而不應只侷限於傳統「家教」的應然之推廣而已，應該從協助個人了解自己的個人價值觀開始，並學習尊重別人的價值觀，進而分辨公眾價值觀和個人價值觀的差異，及其對個人及家庭的影響。

價值觀的層級

　　如前所述，因為觀點、角度或立場的不同，所建構出的價值觀也不同。在我們生活的整個生態環境中，包含著各式各樣不同層級的組織或機構，這些組織或機構因為現代化而

形成了一個動態的大系統，彼此之間存在著相互影響的特質。Bronfenbrenner（1979）的生態學觀點認為，影響人性發展的因素不僅包括直接性接觸的家庭互動及家庭環境，尚包括了廣大的社會及文化。生態學觀點所指的「環境」，是指個體以外的每一件事情，包括家庭(人)、朋友、鄰里、職業、學校、社會態度、文化背景......等直接或間接影響個體的事件。我們型塑了環境，環境也將型塑我們，個體是與其環境互動的，彼此在互動過程中，環境因個體影響變了，而人亦受到環境作用也改了，彼此會漸漸趨於平衡狀態，Rudo-1ph Moss稱此原則為「漸進式的統整」（progressive conformity）（引自Garbarino & Abramowitz,1992,頁12 ）。在我們生活的整個生態中，除了家庭具有價值觀之外，其他組織包括所有的文化團體、宗教、社區、事業機構、政府機關和家庭教育研究與實務的領域......等等，不管是潛在的或是顯著的，也當然具有其特定的價值觀。

很明顯地，各種層級間的價值觀也必然存有衝突，這些衝突可能是個人所持有的價值觀與家庭、教會或社會機構的價值觀相衝突，也可能是家庭教育領域的價值觀與某些宗教的價值觀相衝突，也可能是組織之間的衝突......等等。面對這些層級的價值衝突，我們該當思考兩件事：

第一、 如何透過家庭教育協助個體、家庭或其他組織面對這些衝突，並促使個體、家庭或其他組織學會平衡與調適。

第二、 如何能在兼容並包，顧全大局下，對於大眾有利的價值觀投入更多的關心與努力。

家庭教育中價值觀的角色

　　家庭生活教育於廿世紀初，在北美地區開始發展開來，當時是爲了因應社會的需求，因爲家庭在面對社會變遷時，產生不適當的反應，致使社會明顯地失去對家庭成員的控制，尤其是小孩及青少年（Arcus & Daniels, 1993）。而當初的人們想法極盡單純，他們認爲家庭教育就是很簡單地說服人們去做些「正確事情」而避開做錯誤的事情，然後「家庭問題就會減少、離婚率將會下降、孩子將受到較好的照護，如此一來家庭機制就得以保存」。而價值觀─正確事情，在家庭生活教育一起步的當下，就成了這領域的一部份了。

　　但是，縱覽美國家庭生活教育發展史，可以發現價值觀一直是個爭論不休的議題，甚至長久以來家庭生活教育者一直無法確定價值觀是否屬於家庭教育，他們也一直無法釐清一些問題：要教什麼？何時教？如何教(Arcus & Daniels, 1993)？直到1968年家庭生活教育國家委員會(The National Commission on Family Life Education)指出，家庭生活教育應該可以協助社會態度及價值觀的建構，進而幫助青少年釐清他們自己的觀點並擴展隱藏於價值結構背後的思想，價值觀在家庭教育的角色終於有了清楚了立場。之後，美國家人關係會議(the National Council on Family Relations，簡稱NCFR)，在1970年的一份研究報告也指出：在家庭教育中應強調個人主體性及家庭責任的重要性，且課程方案的設計，應該能夠敏感覺察出這領域既有的不同道德觀點。八○至九○年代NCFR更發展且修定出「生命全程家庭生活教育架構」(Framework for Life-Span Family Educations），將倫理議題訂成為家庭生活教育的九大主題之一（Arcus, 1987; 1992; Arcuss, Schvaneveldt, & Moss,1993 ; Bredehoft, 1997; 2001），至此終於讓價值觀在家庭教育中居於重要的地位。

台灣地區，根據黃光國(1995b；1997)針對台灣地區的大學生和企業員工做為研究對象，要求受事者分別評定自己與父親對各項價值觀的重要性。其研究結果顯示：與家庭相關的價值觀中，受試者雖然對某些項目例如賢妻良母、長幼有序、香火傳承及成才成器等，已經不如父執輩外；其他如重視幸福、和諧的家庭價值觀包括家庭幸福、平安、婚姻美滿、和諧、禮貌、禮儀及家庭性輔等觀念，均不亞於父執輩。而大陸學者肖平（1999）對大陸地區家庭觀念及關係變化做大規模的調查研究，他發現九〇年代社會轉型的確對傳統家庭觀念產生重大衝擊，雖然婚姻觀念加劇改變中，傳統孝悌觀念也逐漸淡化，但是研究也顯示大多數子女並未忘記對家庭和長輩的基本義務，新一代年輕人仍然保持著明確的家庭責任的意識。

華人家庭價值觀在當代文化變遷當中仍是有所變也有所不變的，而這些變與不變是需要透過家庭教育來了解並以教育方式介入的，正如肖平（1999）所指出的，人們的思想觀念在文化變遷帶來的動盪中產生的價值錯位和無所適從的盲目性，是需要社會通過積極有效的教育和引導來加以調整。Gusfield從社會價值變遷的角度來看，他認為傳統價值觀與現代價值觀並非截然二元對立（引自陳舜文，1999）。陳舜文（1999）更認為，工業化及西化的時代潮流，雖然會在華人的生活世界中建構出許多的新制度和新觀念，但是傳統價

值觀念仍然可以透過華人日常生活所使用的語言文字和互動行為，與新的制度和觀念同時並存的，揉合成新的價值觀。歸納台灣及大陸地區學者（王叢桂，2002；肖平，1999；呂麗絲，1992；周麗端，1998；寇彧，2002；陳舜文，1999；莫藜藜、王行，1996；謝秀芬，1997）的研究或論點，可以發現儒家思想的「家教」，依然存在於家庭教育之中，透過家庭的運作，我們應然地傳遞著固有的儒家思想。

不管價值觀在東西方的家庭教育中扮演著怎樣的角色，我們應該注意到，家庭教育的課程目標是需要鮮明可見的。顯現的課程背後通常隱藏著許多潛在的課程，這些看不到的潛在課程所建構出來的價值觀，是我們不易覺察到但影響力卻是巨大的。因此，當我們在此討論種種家庭價值觀議題的同時，我們應放多一點心思在那些看不到的潛在價值觀上。

家庭如何傳遞價值觀

傳統華人的社會中，可以看出家庭是個人成長和學習社會關係的起點，個人的家庭價值會影響日後他與其他社群的關係（陳舜文，1999）。可見家庭價值觀對於個人及社會國

家的影響是既深且遠的，身爲現代父母，因爲是家庭的中心，言行舉止必將影響家庭的其他成員，尤其是可塑性極大的小孩。就在親子的日常互動之間，家庭價值觀已經漸漸地從父母傳輸到小孩子的身上去，您知道您是如何在家庭中傳承您家庭的價值觀嗎？您又如何將您既有的家庭價值觀傳遞給您的下一代？您爲何要承受上一代的價值觀？您又爲何要教下一代如此的價值觀？種種我們習以爲常的有形及無形教育，它們存在的道理爲何？也許這些習以爲常的價值觀裡面，隱藏著許多的禁忌與迷思，且它們的參照標準又是什麼呢？我們應該加以覺察並理解出來，讓我們的家庭教育能更貼近家庭的核心價值。

我們依然傳遞著哪些家庭價值觀

Lawler於1989年曾指出，傳統的家庭是定義在血統及法律上；但是 Lawler （1995）對一般的美國民眾進行家庭定義的問卷調查，研究結果顯現美國民眾對家庭的定義分別爲1.認爲家庭是一群具有血統、婚姻及收養關係的人集合在一起的佔22% ；2.認爲家庭是一群人住在一個屋子下的只佔 3% ；3.認爲家庭是一群互相愛著對方及互相照顧的人佔74% ，顯然地，相較於傳統的家庭定義，如今已經有將近四分之三的美國成年人認爲家庭是建立在愛情及養育之上。該研究也對家庭的價值進行研究，結果發現一般民眾認爲家庭具有的價值分別是：提供情感的支持有85% ，促使個人負責任的行爲有81% 及尊敬他人（特別是父母與小孩）80% 。而較低

比率的則是照顧年老雙親佔77%，留給下一代較好的世界70％及對上帝的信仰69%。Garner與Stein於1998也年曾對199個有18歲青少年的家庭，進行家庭價值觀對青少年問題行為影響的研究，該研究中將青少年家庭價值觀的項目透過因素分析而得到兩個主要的因素：一個是傳統的／成就的及人性的／平等的，研究結果顯示青少年比起其母親們，明顯重視人性的／平等的價值觀。

在台灣地區，黃光國（1995）指出，年輕人對家庭幸福、婚姻美滿等價值的重視程度和上一代相差無幾；但對孝順、有禮貌等價值的重視程度不如上一代；對於含有壓抑個人慾望的價值觀，如賢妻良母、貞潔、節儉、長幼有序等，重視程度更遠不如上一代。顯示新一代依然重視家庭的價值，但不再強調壓抑自己以區從家庭的權力結構。謝秀芬（1997）研究也指出，家庭的婚姻與情感價值，仍為當代台灣民眾極為重視的價值，婦女對於子女的價值與生命的延續非常重視，仍持傳統觀念，認為子女是夫妻生活的調劑品且是家庭的目標，而對於養兒防老及重宗接待以較不重視，但對於奉養父母仍認為是為人子女應盡的義務。邱奕嫻（1999）將家庭價值觀分為家庭、婚姻、家庭內兩性關係與家庭倫理四個面向加以探討，以探知高中生的家庭價值觀。研究結果顯示，高中學生在家庭面向上的觀點逐漸呈現多元化，但仍有受到傳統觀念的影響；婚姻面向的家庭價值觀，在性觀念方面有逐漸開放的趨勢，其餘則仍受到傳統觀點所影響；在家庭內兩性關係面向上，有關性別角色的部分觀念傳承傳統價值，而夫妻平權的觀念則正逐漸普及中；在家庭倫理面向方面，孝道觀念與過去較不相同，而家人關係愈來愈重視民主溝通。

陳舜文（1999）為了了解台灣地區現代家庭價值觀，曾就中央研究院第二期第五次「台灣地區社會變遷基本調查」問卷內容中的「文化價值組」二個分量表：「孝道價值量表」及「基本家庭價值量表」中的20個家庭價值觀項目，合併進行因素分析之研究，結果獲得情感及規範二個主要因素。有關台灣現代家庭價值觀量表因素結構如表一。情感因素就是代表著人們重視家庭成員之間的感情；而規範因素代表著家庭組織對於個人行為的要求。陳舜文針對這兩項因素再與受試者年齡進行相關分析，研究結果呈顯著差異，情感因素與受試者年齡成負相關，而規範因素與受試者年齡成正相關，也就是說年輕者較年長者重視情感因素，而年長者較年輕者重視規範因素。

　　廿一世紀台灣地區的家庭價值觀正在改變中，雖然新一代價值觀趨向於個人價值觀，然而對於傳統的價值觀並不是全盤遺棄，仍有所沿用（王叢桂，2002；江朝貴，2000；吳明清，1984；邱奕嫻，1999；林廷宗，1992；林麗利，1983；周麗端，1998；黃光國，1995；康曉蓉，1998；莫藜黎、王行，1996；謝秀芬，1997；蕭玉玲，2001 ），這一點和國外的研究（Garner & Stein, 1998; Lawler, 1995）呈現一致的現象。年輕一代對於情感支持的需求並未減低，家庭仍然需要繼續傳承教育好子女的親職責任、夫妻情感鞏固的重要性、善待父母的孝道、心存感激的養育之情、互相照顧彼此尊重的人際觀念……等家庭價值觀。而在傳宗接代、光宗耀祖、為子女犧牲及照養父母……等規範因素上，東西兩地則呈現漸不被重視的狀況。

表一：台灣現代家庭價值觀量表因素結構

	情感因素	規範因素
家人感情好	.88	
教導子女（兒童教養主要是家庭的責任）	.87	
父母之間的感情對孩子的影響	.77	
對父母的養育之恩心存感激	.76	
父母去世，不管住得多遠，都親自奔喪	.73	
家庭幫助個人的成長	.72	
無論父母對你如何不好，仍然善待他們	.67	
奉養父母使他們生活更舒適	.65	
盡量維持住一個婚姻	.55	
賺足夠的錢養家	.47	
爲了傳宗接代，至少生一個兒子		.81
放棄個人的志向，達成父母的心願		.76
做些讓家族感到光彩的事		.68
爲了顧及父母的面子，爲他們說些好話		.61
結婚後和父母住在一起		.60
替父母還債		.56
爲了子女，無論如何不應離婚		.52
子女還小時，母親不要出外工作		.50
結婚成立一個家庭		.46
信度係數	.91	.83
總變異數解釋量	35%	29%
因素間相關值		r=.61

資料來源：陳舜文，1999，4，頁214。

代間傳遞的相關理論

　　Garner與Stein於1998年對199個有18歲青少年的家庭，所進行家庭價值觀對青少年問題行為影響的研究，在該研究中探討母親價值觀對一般或特殊家庭中青少年的影響，因為是採用縱貫研究法，所以讓我們更加清楚母親價值觀與子女價值觀之代間傳遞的過程。該研究發現母親企圖在教育子女時一直維持住他們的價值，且母親與其子女之間的價值觀之相關考驗，也呈現一致性的顯著相關。楊自強（1985）針對國中生價值觀念與父母教養方式關係進行研究，也發現台北市國中生對價值觀念的重視程度與個人、家庭、父（母）等因素多有關係。吳明清（1984）針對我國青少年價值觀念及其相關因素的研究上發現，影響青少年價值觀最深的人是父母。

　　不管是在美國或是台灣，我們都正站在一個歷史變動的階段裡，有很多是我們無法掌握的，但也有很多是我們可以掌握的，當美國人民被問到您的人生當中什麼是您認為最重要的，有61% 的人回答家庭是最重要的，且雖然美國人民也預期到未來將有更多的離婚、單親及混合家庭，但是家庭仍然是他們最想擁有的制度及生活方式（Lawler, 1995 ）。可見家庭的功能仍然持續發揮著，家中價值觀仍然透過家庭的機制而運作著，這種運作不外乎透過父母親教養子女方式而發生，在親子互動的過程中一點一滴地傳承著。周麗端（1998）更指出「教育在形成個人價值觀體系的效果會隨著年紀的增加而變小」（頁45）。因此個人家庭價值觀的型塑受到小時候父母親的教養方式的影響將是最大，蔡秋雄（2002b）在探討

21世紀家庭價值觀與家庭教育時，即指出影響家庭價值觀現代間傳遞的三個理論；依附理論、客體關係理論及社會學習理論。以下就依此三理論來分析價值觀的代間傳遞。

依附理論（Attachment theory）

依附是嬰兒靠近和接觸母親；為維持靠近和接觸母親的一些反應行為稱為依附行為；人類的母親和嬰兒，天生就有一種相互回應的傾向，嬰兒透過哭、笑、眼睛追隨擊發出聲音來表示需要母親，而母親也天生就有一種能滿足嬰兒需求的回應，因而母子即發展出依附關係（王碧朗，2001）。依附理論是由英國精神醫師John Bowlby所發展出來的，他認為嬰兒在襁褓時期，如果能接收到母親溫暖穩定的情緒的照顧，且母親能適時滿足嬰兒的需求，那麼嬰兒的信任及安全感便逐漸養成（引自王碧朗，2001）。隨著嬰兒的成長與發展，嬰兒對外界的試探行為一切以母親為中心，一旦感受到外界有危險均會以母親為尋求保護的對象，最後嬰兒會發展出對自己、重要他人及整體世界的內在運作模式。

依照Bowlby的看法，嬰兒內化的運作模式（interal working models）是由嬰兒與母親所形成的依附關係衍生而來的，它是孩子用於知覺和解釋人際的世界、指導人際的行為、預期行為及構設行動的目的和計劃（王碧朗，2001 ）。從早期嬰兒的成長與發展中，母親的確是嬰兒依附的主要對象，他們依附關係的好壞，自然影響到嬰兒日後所發展出來的內在運作模式，而這個模式的好壞當然也影響了嬰兒長大後的人際適應及親密關係。且個體童年期與父母互動過程中所發展的依附關係與內在運作模是影響深遠，將會一再重複

於和下一代的互動上（蘇建文、龔美娟，1994）。

Garner與Stein（1998）在論述到有關價值觀的代間傳遞的議題時，他們曾提到，如果小孩與其楷模有強烈的依附關係時，則小孩不僅從楷模身上學到其親密的行為，而且也學到了楷模特有的價值觀、態度及信念。人類小時候最親密的楷模，絕大多是自己的父母親。價值觀就在親子依附行為的互動上，由上一代傳遞到下一代。價值觀透過親子間的依附關聯，轉化到個體內在的心理運作，形塑到下一代的人格結構裡面去，進而影響到孩子日後的行為及人際關係。因此父母親對小孩價值觀養成的影響，是不容置疑的，父母親在不知不覺的情況下透過親子的依附傳遞了他本身的價值觀。

客體關係理論（Object relations theory）

Mahler的客體關係理論強調嬰兒自出生後三年內，在與母親的互動過程中，是嬰兒自我意識與心理「分離–個體化」的發展期（引自劉修全，1999）。客體關係是指一個人與其內在、外在、真實、想像的對象互動所產生的關係，也就是我們與真實或想像的內、外界「客體」的交互影響歷程，這種歷程可由外在的真實客體內化為主觀的內在世界，也可由內在的主觀想像，外射為外在的客觀世界（黃素菲，1996）。相對於子女則最重要的客體當然是他的父母親，以客體關係理論來看，子女在嬰兒期對客體的認識，天生在內在世界就有了扭曲，因此父母對處理嬰兒的自主性的心理需求，就顯得特別的重要（黃素菲，1996；劉修全，1999），因為一旦父母親被嬰兒扭曲的內在世界所投射出來的負面行為所制約，而投以嬰兒不良的回饋行為，則嬰兒將發展出不健康

的人格，進而影響日後價值觀的型塑。

相反的，父母親如果對嬰兒一直維持「愛」的心境，而成功轉化嬰兒所投射出來的攻擊，那嬰兒將感受到與雙親情感連結上的安全。日後在接收到父母的情感傳遞後，進一步發展出自尊與安全認同的永恆客體（歐陽儀，1998）。透過父母親的教養，子女吸納並內化父母親的價值觀，進而發展出自我的價值觀，在這主客體之關係上，家庭價值觀有形無形地被傳遞著。家庭價值觀於親子之間透過主客體之間的傳遞，雖未有實徵研究的證實，但我們可以確定的是，上一代錯誤行為模式與要求遵行的毒素教條，的確使子女的成長受到扭曲，而這些子女將會因此發展出不好的內在客體形象，進而形成負面的自我形象。

從客體理論來看，價值觀的傳遞與形成是透過親職教育，為人父母者即是透過此客體理論在傳遞著您的「好」與「壞」的價值觀。問題是什麼是「好的價值觀」與「壞的價值觀」？或是什麼是「好的客體形象」與「壞的客體形象」？恐怕爭議就大了！到底由誰來判定？對於家庭教育已進入公領域的我國，該當如何面對，的確是一大挑戰。

社會學習理論（Social learning theory）

Bandora 的社會學習理論重點在於觀察學習，所謂觀察學習是指藉著觀察他人的行為而學習。在家庭教育領域裡，引用這個理論來看待親子之間的代間傳遞，重點就放在子女藉由過去與父母互動的經驗過程中，如何觀察父母的一言一行，甚至包括了潛在的思想，並從中學習。將父母平日的表現，一點一滴地累積吸收，最後終於將日積月累下來的「精

髓」，內化成自我的一部份，而這些東西個體往往是沒有覺察到的，甚至是在不願意的情況下，潛意識地內化學習到的。班都拉也認為人們許多行為乃是透過內在標準而被自我規範，此內在自我標準之建立來自早期生活中重要他人所給予之酬賞和懲罰（林淑梨、王若蘭、黃慧真譯，1992）。而人類早期的重要他人多半是父母親。

　　當然，人並非鸚鵡，不是照單全收然後照單反應，因為人有自我思想及智慧。問題是當人類在嬰幼兒時期，思想邏輯根本尚未成熟到可以運作，根本擋不住外界尤其是父母的影響，這也難怪精神分析學派宗師Freud曾說過「三歲定終生」的話。父母親的確是子女仿效的對象，他們的言語舉止，甚至思想，都是子女的學習典範。

　　前面曾提到價值觀是指引個人行為的心理思維，人類依此而行動，因此父母本身的價值觀當然顯現於平日家居活動當中，而子女自然而然是父母施教及影響的對象。例如美國現代家庭，父母重視子女隱私權，當他們進入子女房間時必須叩門等候回應始得進入子女房間，如此尊重他人的價值觀根本不用說或教，就自然而然的形成；而中國傳統「入則孝，出則悌」在一些佛化家庭中，因為父執輩的身體力行，也使得年幼的小孩即能從中學習適當的人際關係。

　　以上三種代間傳遞的理論，說明了上一代的價值觀透過了依附關係內在運作模式的運作、社會學習的仿效及客體形象的建立傳遞到了下一代。藉著對這些代間傳遞理論的觀點，可以幫助我們澄清及覺察到「我」的重要性，我的家庭價值觀乃是我的父母透過日常家居生活的點滴，而型塑出來的，雖然父母並非我全部家庭價值觀的來源，但他們卻是深具

影響力。而「我」又將要依此方式將我的價值觀傳遞給到我的下一代。值此之際，當我在家庭中透過有形或無形的方式，進行家庭價值觀傳遞時，最該當思考的是「我知道我在做什麼嗎？」、「我所傳遞的內容合宜嗎？」及「我清楚這樣做的道理何在？」

影響家庭價值觀傳遞的因素

Minuchin（1974）的系統理論告訴我們，家庭是一個系統，而系統之下有很多的次系統及次次系統，每個次系統之間將互相關聯及互相影響，家庭內任何一個成員都會受到其他成員的影響。Bronfenbrenner（1979）的生態學觀點更認為，影響人性發展的因素不僅包括直接性接觸的家庭互動及家庭環境，尚包括了廣大的社會及文化。因此當我們急呼家庭價值觀之重振與發揚之際，除了著眼於家庭內的父母立場之外，家庭外政府的導正優良社會風氣、實行正確的家庭教育政策、釐清不合時宜之意識型態及建設優良文化價值觀更是刻不容緩。

父母的立場

在傳遞家庭價值觀上，父母的角色極為重要，孩子在成長發展過程中父母提供學習的楷模，從父母身上學到了負責任、尊重他人...等等，當然這種學習結果也來自父母的期望（Lawler, 1995）。可見父母在家庭價值觀的傳遞上具有主動及被動的角色。但是，不管父母是主動或是被動的立場，身為父母在教養子女時，都應清楚您所傳遞的家庭價值觀是什麼？父母想要清楚自我的價值體系，就必須從覺察自己的原生家庭、現在家庭及整體生態的系統運作模式下手：

覺察我與原生家庭的界線（boundary）

從上述三種代間傳遞理論可以看出，父母的教育方式常常是一代延續著一代，現今父母本身使用的教育方式，有很大部分是來自上一代。如果上一代所傳遞給我們的價值觀是不健康的，那將使我們重蹈覆策而影響到我們的下一代。因此，很顯然地，「自我覺察」將是父母在教育子女家庭價值觀時，最重要的課題。而如何清楚覺察目前我所擁有的價值觀體系，就成了此課題的第一個步驟。

系統理論告訴我們整體家庭是一個大系統，在此系統之下具有各成員彼此間組成的次系統，例如，親子次系統、夫妻次系統、祖孫次系統、手足次系統......，通常只要家庭兩兩成員構成連線者，均可看成是一個次系統。各次系統之間的界線必須是清楚可進出的，不能太黏稠，也不能太疏離。一旦家庭某一次系統過度黏稠或疏離，則家庭人際關係將

產生偏態，長久下來家庭人際關係發展不良，進而影響家庭價值觀在家庭教育上的傳遞。

現代父母在教育下一代家庭價值觀時，應先對自己與原生家庭的家庭系統作自我覺察的工作，將自己現存有的價值觀與原生家庭各次系統的界線作一對比，是否有哪一個價值觀受到原生家庭次系統界線不明的影響。例如，有些妻子特別強調生兒子是媳婦地位的保障，這種價值觀可能來自這位妻子原生家庭中，父母親與兒子之次系統過度黏稠，且父母親與女兒之次系統過度疏離所致，因而造成女兒長大為人妻之後，強調生兒子是保障其媳婦地位的價值觀。當我們面對於我們目前所「特別強調的」價值觀，進行「尋根之旅」時，果若發現類似上述的例子，我們就有了自我的覺察。當我們在教育下一代時，我們就不應盲目地要求子女遵從這些「教條」或「家規」，因為那常常是您與原生家庭系統不平衡所造就成的結果。

如果您對您與原生家庭的價值體系沒有此番自我覺察，那不健康的價值觀就可能因此而惡性循環地傳遞給下一代。相反地，如果您覺察到了原生家庭對您的影響，包括那些固定的互動模式、或是根深蒂固的家庭規矩⋯⋯，且您也清楚了解那是不健康的影響，那您就應斬斷這種連結，尋求較高度的自我分化，讓自己獨立自主，擺脫原生家庭負面的影響。

建構界線分明的家庭系統

父母親在教育子女時應隨時提醒自己「自我分化」的重要性。所謂「自我分化」是個體由原生家庭的系統中發展出

獨立自主與個別化的程度（王嚮蕾，1994 ）。因為自我分化越高，其與家人的界線就越清楚，越能允許自己的獨立而不會感受到罪惡感。也不會在自己現在的家庭當中，轉向要求自己的子女，以填補自己的內在空虛。

　　如果此時此刻您能清楚勾勒出您的家庭系統圖，然後很清楚看出您家庭各次系統之間界線的清晰度，您就可以知覺到您家庭系統是屬於哪種平衡了，雖然偏態也是一種平衡，但是此種平衡仍然會種下日後不易覺察的家庭價值觀，而當這些價值觀是負向的時，它的影響將是深遠的。因此我們還是以追求清晰分明、可進可出、有一點黏又不會太黏的系統界線最為健康，成員在此可以彼此快樂互動，價值觀的傳遞也因彼此間有了高度的自我覺察，而得以清楚顯現。

　　至於如何建構有點黏又不會太黏的家庭系統界線（boundary），以下試以一個上班族的父親為例，說明界線清楚的家庭經營之道：

老王的家庭經營之道

老王是一個朝九晚五的上班族，他每天準時於六點前回到家，回家後他必然趁太太忙於準備晚餐之際，陪心愛的小孩（一男一女）玩耍，讓孩子在體力上有所消耗些，大約30-40分鐘使父子盡歡，七點左右全家人（母親、太太、一子一女及自己共五人），共進晚餐，彼此交換一日工作及學習心得。七點半至八點，老王將時間留給母親，細心陪著母親觀看母親喜愛的連續劇，與母親徜徉於親子之歡中。八點至九點是小孩作家課時間，老王夫妻輪流陪小孩做功課，也趁機各做一些自己的事。九點一到，小孩及母親即就寢。

雖然在公司上班一整天，回家後又分別陪小孩及母親，但老王並沒有將體力及精力用完，他深知經營家庭最根本的方法就是將體力、精力及時間留給家人。因此，他用心建立他在公司工作系統的清楚界線，以減少體力的支出，盡量預留足夠的體力回家；回家之後，他更注意家中各次系統的體

力及時間的分配，除了與小孩玩耍及陪母親看電視聊天之外，他並沒有耗盡體力及精力。當小孩及母親帶著滿足的心情入睡後，剩餘的時間就屬於老王和妻子這夫妻次系統的了。直到進入甜美的夢鄉，老王剛好用盡這一天體力與精力，他們一家人既快樂又和諧。(引自蔡秋雄，2002a，頁46)

由這個例子來看，維持家庭中系統界線的清楚並不難，只要我們多注意家庭中每一位成員的個別需求，用心地透過「體力」及「時間」的適當分配，那麼建構清晰的家庭系統界線是簡單可行的。

洞察生態環境的變遷及平衡

從生態學觀點而言，影響一個人或家庭的價值觀已經不只是個體或家庭內的因素，舉凡父母親的職業、小孩的學校、社區的建設、國家的家庭政策、文化及民族意識……等層面的互動，都將直接或間接地透過家庭及父母影響著下一代的小孩。然而父母是生長在昨日的世界，我們大部分價值觀都是在昨日世界內化完成，如今我們卻必須以現代價值為準的社會準則來教養子女，甚且我們還得教養子女去應付未來的世界，如果現代父母不能洞察未來的變遷趨向，那將更顯現出我們的無能為力（簡賢美，1995）。因此為了具備洞察生態環境變遷的能力，現代父母必須從本身充實新知及提昇自我敏察力做起，進而關心生活週遭的社區習性及建設、學校教育目標及親師互動，甚至注意國家家庭教育、政經文化等政策。

當我們敏察到生態環境中某些層面有了改變的跡象時，身為父母親者即應主動地去參與及體會，並從中理解出我們的極限何在，我們應該隨之改變的東西是什麼，而不應改變

必須堅持的價值又是什麼，讓我們的家庭及小孩很快地適應整體的大環境，讓整體生態系統一直維持著動態平衡的狀態。

綜合上述，父母親藉由與原生家庭、現在家庭及整體生態系統的互動中的自我覺察，了解自己的分化程度及允許子女的自我分化，且也能在此自我覺察之後，去區辨上一代與自己的家庭教育價值觀之間的不良之處，並去蕪存菁，進而調適與整體生態環境的落差，並使落差儘速回歸平衡。那麼父母的家庭教育將是成功的。

政府的立場

家庭在西方國家的眼裡是屬於私領域的範圍，政府對於家務事仍然持不便介入的尊重隱私的立場。然而，隨著家庭關係的瓦解及家庭價值觀的改變，造成家庭暴力的層出不窮、離婚率的節節升高、單親家庭的吃掉大半的國家福利大餅⋯⋯等等原本是「國之本在家」的國家後盾，如今竟成了國家沉重的負擔。因此有鑒於家庭及家庭教育對社會、國家以致於全民族的深遠影響，政府應在此時對於家庭有鮮明的立場。

重建優質家庭價值觀

個人取向、物質取向的價值觀正是現階段國人家庭價值觀發展的方向。然而發展的過程中會不會產生偏差現象呢？會不會造成「動搖國本」的迷途羔羊呢？吳明清（1984）指

出我國青少年價值觀念雖仍具有傳統中華文化的理想，但也反映了現代社會的特色及表現人格發展之特徵。試想台灣地區自七０年代經濟起飛後社會，極盡奢靡的物慾生活、講求品味、追求性感浪漫，套句史賓格勒的一句名詞來形容我們現在的社會，叫做「浮士德文化」，「浮士德」代表現代人的心靈，也就是很有知識、很有能力，但卻寧可出賣靈魂（林廷宗，1992）。這不正是我們現代社會的寫照嗎？另外，青少年價值觀充分表現了獨特的人格特質，從「只要我喜歡有什麼不可以？」到「不偷不搶，當檳榔西施有何不可？」再到「最快賺錢法－援助交際」。這樣的「草莓性格」正在我們青少年體內醞釀著，這樣的性格傾向，隱含著人類發展史上的危機，顯示出台灣地區價值觀教育的急迫性與重要性。

從前一節的研究文獻可以看出，華人家庭之中其實存在著優良的傳統家庭價值，只是被隱藏住而已。如今我們根本不必高喊重建家庭價值，因為家庭觀念已經深入我們這個民族的骨子裡（呂麗絲，1992）。我們只要喚醒人們的注意，鼓勵多一點的正向家庭價值的活動，則優質的家庭價值觀就會很快出現在現代家庭之中。正如台灣地區所推行的心靈重建活動，其用意不正是在喚醒人們隱藏在內心深處的優質價值觀。

促進家庭教育法之執行與落實

二○○三年二月六日總統府已經頒布實施家庭教育法，這個法令的頒布說明著家務事必須設立罰條介入管理。儘管西方世界，像美國仍然界定家庭教育是屬於私領域範圍，仍然還是認為家務是私事，居於尊重家庭隱私權，公權力盡可

能不要介入家庭裡面。但是居於民族習性的不同，我國依然首創家庭教育法的立法、頒布與實施。

撇開政治策略議題，居於福利家園理念，我們該當對一般或某些家庭提供發展性或預防性的協助，以促進家庭的永續及正常發展。美國前總統柯林頓於1995年7月28日對全美教師會會員演講時曾說：「如果我們真的想擁有家庭價值，我們就應先擁有有價值的家庭」（Clinton, 1995），並於會中提出十四點幫助家庭的政府家庭策略，包括年老父母及幼小子女的照顧支持、預防青少年懷孕、藥物濫用、家庭暴力、家庭經濟......等等。事實上不管美國，或是前蘇聯，甚至連我國都因家庭價值與功能的漸趨瓦解而嚐到經濟物質發展的苦果；我國跟所有先進國家一樣，科技、經濟的先進並沒有讓我們有足夠的智慧品嚐幸福人生的滋味，反而因此失去了一個人最基本的立足點-享受家庭生活（呂麗絲，1992）。因此教育國人重塑家庭價值觀的家庭教育，是最實惠的社會福利政策，甚至是鞏固國力的重要措施。目前教育部正大力推動學習型家庭活動，針對六至七種型態的弱勢族群家庭，進行教育以輔導其功能正常運作，就是重建或發揚家庭價值觀的一種明確方向。

不管是美國或是台灣地區，現階段的家庭政策均展現出正視家庭教育重要性的立場，也可看出是政府積極欲扭轉社會家庭不良風氣的作為。但是，它的立場仍然是很明確的協助立場，家庭價值觀形成的主體仍然是以家庭為主的，很多的家庭功能與價值是政府無法取代。

相關議題與具體做法

　　價值觀屬於個體或群體的意識活動，不同的個體或群體所建構出來的價值觀，當然隨著各自對外界的不同感知及反應模式而有所不同。因此普遍大眾對於價值觀之相關議題的見解就充滿著多樣性，為了對於價值觀之家庭教育有具體可行的辦法，我們應該充分對於相關的概念或問題進行討論，進而澄清這些不同概念及問題的本質。以下先呈現相關的概念及問題的討論，接著提出家庭教育工作人員應有的具體做法。

問題與討論

我們有權利可以對一個人下價值評判嗎？

　　如果可以，那麼這個被評價的人，還能稱得上是獨立的個體嗎？人之所以為人，乃在於他是一個完整的獨立個體，他有他獨立的思考方式，他的行為都有他獨自的邏輯思考理由。例如：一個小孩偷了別人一支鉛筆（也許他常如此），我們可以驟下定論說：「這個小孩是混蛋！」嗎？這顯然是不公平的。「這個小孩是混蛋！」言下之意，就是說這小孩不是人，然而明明他是人呀！

我們有權評價的是人的行為還是他的主體？

從上一子題的論點來看，這小孩子偷人家鉛筆的行為是不對的，我們可以不接受他的錯誤行為，但他那獨立的主體，我們應該要接納的。唯有接納他的主體，我們才有權利討論他的行為，也才有機會改善他人的行為（這樣就不會傷害人了）。

家庭教育工作者，本身是否應該價值中立？

當我們面對我們的「服務對象（小至個人，大至所有民眾 ）」時，不管是實務或是研究，一旦有了價值的評判，這樣的結果顯然是有失客觀的立場。然而，實際上我們是不可能將個人的價值觀隔絕在與「服務對象」建立的關係之外，除非我們所做的只是規則而機械的教育工作。「讓當事人了解我們的價值觀，並在諮商中公開地討論，將是一件極有意義的事」（Corey, 2001,頁19），雖然家庭教育與諮商是有差異的，但是對於教育或諮商過程中的關係建立是相同的。因此，家庭教育工作人員並不需要過度擔心自己的價值觀會影響到我們的 「服務對象」，而使教育工作無法自然進行。另一方面，家庭教育工作者也不能過度強調自己擁有絕對又明確的價值觀，認為他的工作就是要影響「服務對象」。總言之，家庭教育工作人員個人的價值觀，於實務工作之中不要強求涉入，但也不需要一味地規避它。

推展家庭教育工作時，如何面對價值觀？

　　價值觀是一種人類的心理作用，心理作用屬於個體的各自思維，不同個體當然具不同的價值觀，且價值觀對個人或家庭的影響是深遠的（甚至跨越好幾代）。雖然父母或教育者都沒刻意去教導孩子們價值觀，但無形中卻已將價值觀植入孩子的價值體系裡，因為價值觀就在生活中，是無法避免及區隔的。因此，教育上對價值觀的型塑就更形重要，如何透過有形的教育活動，去協助個體建構出他無形的內在價值觀，將是父母或教育者必須慎思明辨之處。家庭教育工作人員於推展家庭教育工作之中，面對價值觀議題時，應充分發揮覺察、協助、支持的功能，除了隨時隨地自我覺察之外，也要協助及支持父母親培養並增進自我覺察的能力，讓教育者與服務對象都能清楚自己的價值參照標準是什麼及自己的極限何在。

價值觀的家庭教育重點何在？

　　價值觀之家庭教育，很顯然的重點應放在個體的構念過程中，在這過程中普通化、大眾化的價值觀，應該被充分「諄諄教導」，尤其針對已具思考成熟的青少年及成年，因為他們已具有個體自主的能力，他們會獨立思考判斷您的「諄諄教導」的內容是否恰當。至於小眾化、私人化的價值觀，也應被充分「價值澄清」，尤其針對青少年以下的小孩，透過「價值澄清」的協助過程，由他自己下判斷，且尊重孩子們彼此的個別差異。因此，價值觀的家庭教育內容與重點應該包含放諸四海皆準的「精粹主義」及符合 e 世代的「實用

主義」，例如：父母的監護權與子女隱私權，及新興文化價值與傳統文化價值之間的平衡。

價值觀教育的具體做法

以參與者為主體的教育方法

　　價值觀的形成，乃是透過個體內在的建構過程而獲得的學習，在這過程中，參與者要主動去思考各種選擇，且能自由自在地選擇他喜歡的。因此教育者盡可能以價值中立的立場，不強迫參與者去學習，不強加自己的價值在參與者的身上，讓參與者自己去覺察、自己去構念、自己去珍愛、最後能內化成他人格的一部份。此時的教育者並非完全沒有「價值觀」，相反地，整個過程都應清清楚楚地知道自己的方向及目標，而這方向與目標不也就是教育者的「教育價值觀」嗎！

以情意為活動內容

　　傳統價值教育的方法包括：示範、說服、限制選擇、激勵、設立規定、運用文化或宗教信條及訴諸良心。無疑地，這些方法皆意欲以控制外在行為，來形成信仰與態度（莊明貞，1990）。雖然學習內容包括認知、技能與情意，但經由上述的方式終難形成價值，因為價值是必須個體從與環境接觸的「體驗」中，經過深思熟慮與自由覺察，而構念出來的。因此，創造出一個溫暖的、接納的及同理心的情境氣氛，

參與者才能解放他的慣用防衛，才能有機會去接觸自己的內在世界。家庭教育工作人員以關懷、真誠及同理心的態度，營造出最佳的情意境界，讓參與者在有形的活動中，得到無形的情意學習。

協助父母親培養自我覺察能力，鼓勵父母攝取新資訊

父母的社會化速度遠低於子女之後，父母的學習曲線幾乎和子女相反，青少年期的學習和速度正處於高峰，而一般父母的學習則因外務太忙或積習難改，學習速度和量相對減少（簡貴美，1995）。父母對時代潮流沖激的接納能力與程度，很顯然地落後於子女。因此，親子之間的衝突將隨彼此間的差距而愈形嚴重。如果父母不加把勁，提升自己應付資訊時代及應付此時代的子女的能力，恐怕家庭制度及家庭價值會因此而瓦解。家庭教育工作人員除了有此體認外，更應以具體行動來加強父母自我覺察及學習新時代的家庭生活技能，並學習接納「新式」價值觀：積極、自主與創新。

以自我實現為目標

價值澄清教學法雖然帶有認知理論的基礎，但是它特別強調，當澄清混淆及衝突的價值之後，將使個人更能光明磊落，更能自由的心靈舒展、放鬆，而求得潛能的實現（謝明昆，1994）。價值觀的教育方法雖然不侷限於價值澄清法。但是所有的價值教育方法的目的是一致的，均是在追求個人的自我實現。因此，家庭教育工作人員的教育目標即在此，

所有的課程設計、方案實施都應以此爲依歸。是人文的、人本的、自我實現爲導向的。

發揮家庭教育工作人員催化者的角色

家庭教育工作人員是家庭教育成敗之重要因素之一，在面對價值觀議題時，家庭教育工作人員除了遵照目標鮮明的方案策略來執行之外，本身仍應以催化的角色來激起參與者的內在運作機制，讓參與者去醞釀、思考及澄清價值觀。這個催化角色應該充分考慮到以下幾點問題。

1. 呈現有價值的東西：家庭教育工作人員，只要去陳述「價值的東西」來吸引參與者，讓參與者羨慕喜愛，而產生想學習的念頭，且經學習後能認同這個「價值」，那麼價值教育就算成功了。至於什麼叫做「價值的東西」，重點就在於家庭教育工作人員你怎麼想？是要放諸四海皆準的「精粹主義」？還是現實的「實在主義」？還是混合式？其比例如何才恰當？將全部由家庭教育工作者你來決定，因爲你有絕對又明確的「家庭教育價值觀」！

2. 清楚自己的價值觀：家庭教育工作者，一定要清楚自己的價值觀的立場，絕對不能運用「強勢」的條件去改變「弱勢」。因此，在過程中應採用「我訊息」的技巧，隨時覺察有否受到自己背後價值觀過度地影響，避免因此而讓參與者感受到「你認爲我不好」。

3. 建構自己完整的價值系統：家庭教育工作人員也是「獨立思考」的個體，他從事的是目標鮮明的「教育工作」，因此，實際上是不可能價值中立的。所以，建構出一個完全屬

於您自己的 「信念系統」，才是我們應努力的方向。在這「信念系統」中，我們要有高敏感度的「整體的思考」，以自己的信念系統為主，不要去「觸及」（touch）別人的信念系統，隨時覺察自我「有沒有不公平的對待我們的服務對象?」、「要不要去更改服務對象的價值信念？」、「要不要實行權利去評價別人？」……。也就是說：什麼事應該做，什麼事不應該做，一個專業家庭教育工作人員，必須利用自己的信念系統去「整體思考 」，並反問自己。別人是無法替您做決定的，因為家庭教育工作人員只能問自己有沒有權利，但不能問別人有沒有權利。

4. 協助參與者提昇構念能力：人與外在人、事、物的互動過程中，會產生了一種傾向，在這種傾向中必須做抉擇。自由自主的一個人必須為自己的行為、思想負責任，而這些思想及行為是具有連貫性的，必需要藉由個體邏輯性構念才能達成。家庭教育工作人員應協助參與者提升他的構念能力，那種協助或教育的過程是重要的，而不是內容。

5. 由參與者決定要或不要：透過有形活動的催化，參與者內在一次又一次地澄清再澄清，自己會覺察到差異的存在。至於改變或不改變，則由參與者自己決定，因為我們的任務就是催化而已。

結 語

　　我們生在這個瞬息萬變的時代裡，幾乎沒有什麼是不變的，包括家庭的定義也是隨時在變的，以前由男女才構成婚姻的關係，現在已有同性夫妻了；以前父母子女才構成親子的關係，現在人與貓、狗或其他動、植、寵物也照樣構成甜美的「家庭成員」關係。至於單親、離婚、同居及組合等的家庭型態更是不足為奇。然而，我們也必須承認，不管您選擇了哪一種家庭型態，「家庭」這樣的一個「機制」仍然會繼續存在。這正告訴我們「家庭教育」是需要繼續走下去，而我們也相信「家庭的價值」必然有其傳遞性、發展性及重要性的，就曾如蔡典謨（1997）所指出的，家庭價值觀對孩子成就的影響是深遠的，傑出成就的美國亞裔常是來自重視家庭觀念、重視教育、尊師重道、勤奮努力、紀律、謙虛尊敬長輩等傳統家庭價值觀的家庭。因此綜觀以上論述，其實在華人地區，現代的家庭中仍然可以看到傳統價值觀被傳遞著，只是現代人不去將它明顯化、不再去談論它罷了。且從以上所引證的實徵研究更顯現，現代人並沒有要排擠掉傳統的家庭價值，這證明了在進入21世紀的華人社會中，家庭價值觀仍然是有所變與有所不變的。雖然多數的研究均無法明確具體地說明到底哪些

價值觀改變了或哪些價值觀依然不變,但整體輪廓是清楚的:現代人追求個人/平等/情感等的新式價值觀有超越傳統家庭價值的趨勢,但我們並不會拋棄傳統家庭價值,因為這些家庭價值觀是中國人幾千年傳遞下來的,根本已經深入這個民族的骨子裡,在這個民族的每一個家庭裡都有,只是被隱藏起來而已。

因此,當我們在追求新式家庭價值之同時,不要忘記將隱藏在您我家中的傳統家庭價值觀給重振起來。如此兼容並蓄,一方面吸納現代優良的家庭價值觀,一方面肯定我們「家庭」的機制是有價值及有功能的,並且「用心」地經營這個「家庭」,那麼藏在家庭深處的「價值觀」將會活起來。如此我們的家庭將會生生不息,永續發展下去。最後,仍然要特別強調「用心」經營家庭的主角,仍不外乎父母親,在家庭日常生活中,唯有父母親以高度自我覺察的能力,一方面覺察自我的價值系統,一方面清楚了解您所要的家庭價值觀是什麼,然後帶領全家人一起開創美好的共同願景。

參考書目

中文部分

王碧朗（2001）。依附理論－探討人類情感的發展。教育研究資訊，(9)3，68-85。

王嬌蕾（1994）。原生家庭父母自我分化與青少年自我分化、焦慮之相關研究。國立台灣師範大學教育心理與輔導研究所未出版碩士論文。

王叢桂（2002）。影響工作價值觀傳遞之因素：男性中小企業主及一般職業工作者子女之比較。應用心理研究，14，117-150。

江朝貴（2000）。從「檳榔西施」探討青少年的價值觀。學生輔導，70，26-43。

肖平（1999）。九〇年代中國大陸地區家庭觀念及關係變化狀況研究。應用心裡研究，4，175-203。

李柏英（2002）。評價歷程的理論與測量：探討價值觀與情境關聯的新取向。應用心理研究，14，76-116。

李振清（1994）。傳統價值觀與現代使命感：當前教育的方向。國立教育資料館館訊，29，1-3。

邱奕嫻（1999）。台北市高中學生家庭價值觀之研究。國立台灣師範大學家政教育研究所未出版碩士論文。

吳明清(1984)。我國青少年價值觀念及其相關因素。國立台灣師範大學教育研究所未出版碩士論文。

沈清松（1989）。如何重建中國人的價值觀。自由青年，82（4），14-18。

呂麗絲（1992）。家庭價值觀的重建與父職教育的推廣。社

教雙月刊，51，10-13。

林廷宗（1992）。談價值教學。花蓮文教，2，12-14。

林淑梨、王若蘭及黃慧真譯（1992）/Phares, E. T.著。人格心理學。台北：心理出版社。

林麗利（1983）。 現代化過程與家庭價值觀變遷之相關性研究。東吳大學社會學研究所未出版碩士論文。

周麗端（1998）。 中等學校學生家庭價值觀分析研究。中華家政學刊，27，45-67。

康曉蓉（1998）。 針對台北市國中生道德價值觀之研究。國立台灣師範大學家政教育研究所未出版碩士論文。

莊明貞（1990）。收錄於歐用生等人譯：價值與教學。43-56。高雄：復文圖書出版社。

寇彧（2002）。 青少年道德判斷、價值取向發展及其與道德觀念影響源之關係。應用心理研究，14，151-187。

莫藜藜、王行（1996）。 已婚男性家庭價值觀及其家庭的需求之探究。東吳社會工作學報，2，57-114。

黃光國（1995a）。青少年的社會適應與身心健康研討會講詞。教育資料文摘，34(4)，95-99。

黃光國（1995b）。儒家價值觀的現代轉化：理論分析與實徵研究。本土心理學研究，3，276-338。

黃素菲（1996）。 從客體關係談親子互動。蒙特梭利雙月刊，7，32-33。

陳舜文（1999）。「仁」與「禮」： 台灣民眾的家庭價值觀與工作態度。應用心理研究，4，205-226。

傅佩榮（1993）。 宗教現象的哲學反省。載於國立台灣大學哲學系主辦，通識教育中的哲學課程研討會論文集。台北：國立台灣大學哲學系。

楊自強（1985）。 國中生價值觀念與父母教養方式關係之研究。國立台灣師範大學教育研究所未出版碩士論文。

蔡秋雄（2002a）。現代家庭價值觀之傳遞與父母因應之道。
　　教師之友，43(2)，41-47。

蔡秋雄（2002b）。有所變有所不變：論21世紀家庭價值觀與
　　家庭教育。載於中國教育學會/國家基礎教育實驗中
　　心/廣州市教育科學研究所主編，第五屆(2002)兩岸
　　家庭教育學術研討會論文集(頁272-287)。廣州：廣
　　州市教育科學研究所出版。

蔡典謨（1997）。價值觀與孩子的發展。資優教育季刊，63
　　，13-17。

鄧志平（1996）。文化價值觀與諮商專業工作。諮商與輔導
　　，126，34-36。

劉修全（1999）。心理的誕生：Mahler客體關係理論簡介。
　　諮商與輔導，157，14-17。

歐陽儀（1998）。由教養方式代間傳遞過程談未來親職教育
　　的發展方向。輔導季刊，(34)4，42-53。

謝秀芬（1997）。現代婦女的家庭價值觀與家庭期待之研究
　　。東吳社會工作學報，3，1-46。

簡貲美（1995）。社會變遷下的價值取向與家庭教育。教師
　　天地，74，39-42。

瞿海源（1985）。現代人的宗教行為與態度。載於中華文化
　　復興運動委員會主編，現代生活態度研討會論文集(
　　頁199-221)。台北：中華文化復興運動委員會。

蘇建文、龔美娟（1994）。母親的依附經驗、教養方式與學
　　前兒童依附關係之相關研究。教育心理學報，27，1
　　-33。

蕭玉玲（2001）。檳榔西施的就業動機與價值觀取向之研究
　　。靜宜大學青少年兒童福利研究所未出版碩士論文
　　。

家庭教育學

西文部分

Arcus, M. E. (1987). A framework for life-span family life edcation. Family Relations, 36,5- 10.

Arcus, M. E. (1992). Family life esucation : Toward the 21st century. Family Relations,41(4),390-393.

Arcuss, M. E., Schvaneveldt, J. D., & Moss, J. J. (1993). Handbook of Family Life Education: Foundations of family life education.Ca.:SAGE Publications.

Arcus, M. E., & Daniels, L. B. (1993). Values and family life education. In M. E. Arcus, J . D . Schvaneveldt, & J. J. Moss, (Eds.) , Handbook of Family Life Education: Foundations of family life education. Vol. I.76105.CA.:Sage. Publications.

Braithwaite, V. , & Scott , W. A. (1991). Values. In J. P. Robinson, P. R. Shaver, & L. S.Wrightsman(Eds.). Measures of Personality and Social Psychological Attitudes (pp.661-753). NY: Academic Press.

Bredehoft, D. J. (Ed.). (1997). Family life education life span framework teaching resources. MN: National Council on Family Relations.

Bredehoft, D. J. (2001). The framework for life span family education: Revisited and revised. Family Journal, 42(2), 212-221.

Bronfenbrenner, U. (1979). The ecology of human dev-
    elopment : Experiments by nature and design .
    Cambridge, MA: Harvard Uninersity Press.

Clinton, B. (1995). Remarks to the American Federat-
    ion of Teacher. Weekly Compilation of Presen-
    tial Documents , 31(31) , 1321-1329.Retrieved
    Jan 17 , 2002 , from EBSCO database (Academic
    Search) on the World Wide Web:
    http://www.ebsco.com

Corey, G .(2001). Theory and practice of counseling
    and psycho therapy(6[th]ed.) Brook/Cole Publising
    company.

Daniels, L. B. (1975). Psycho-normative concepts and
    moral education research. Yearbook of the Ca-
    nadian Society for the Study of Education ,2,
    21-36.

Garbarino, J. & Abramowitz, R. H.(1992) Sociocultur-
    al risk and oppor- tunity. In J. Garbarino,(w
    -ith R. H. Abramowitz,) (Eds.). Children and
    families in the social environment(pp35-70).
    NY: Walter de Gruyter,Inc.

Garner, H. E. & Stein , J. A. (1998) Values and the
    family. Youth & Society, 30 (1), 89-121. Re-
    trieved Jan, 23,2001, from EBSCO database (A-
    cademic Search) on the World Wide Web:
    http: //www.ebsco.com

Garrett, W. R. (1989) Review of the religion and fam
    -ily connection: Social sciences perspectives
    . Review of Religion Research, 31, 106-107.

Lawler, M. G. (1995) Family: American and Christian. American,173（4）,20-23.

Minuchin, S. (1974). Families & Family therapy. Cambridge, MA: Harverd University Press.

National Commission on Family Life Education. (1968). Family life education programs : Principle, plane, procedures. The Family Coordinator, 17, 211-214.

National Council on Family Relations. (1970). Positi-on paper on family life education. The Famil-y Coordinator, 19, 186.

Rokeach, M. (1973). The nature of human values . NY: Free Press.

chapter 6

家庭教育中的性別議題

莊彗君

家庭教育學

214

前言

　　家庭是一切人類社會和文化的基本單位，以男人充當主人和家長的基本形式形成後，家庭中的男人統治女人的基本模式，便逐漸在人類社會和文化的歷史發展中，成爲不斷複雜化的社會和文化總體中各種統治關係的基礎（高宣揚，1999）。

　　我國傳統以來，鑑於農業社會的生活形態，「男尊女卑」、「父、夫權優先」的觀念於是根深蒂固的存在社會中，社會視婦女爲附屬地位，並未承認婦女具有完全之獨立地位，而婦女一旦進入婚姻，似乎就喪失自身的人格，這些情形即使在現在的社會仍可發現。

　　而觀照不同時空背景兩性角色所呈現出來的改變，一份以美國六十年代與九十年代以婚姻內涵爲主題的報告中顯示（Barich & Bielby, 1996），隨著年代的推移，傳統兩性觀念開始受到時代的挑戰。在這種角色認知轉變過程中，女性對婚姻的期望與脫離刻板印象的彈性注注比男性大得許多，更企圖使用一些新的策略，來打破女性角色與家庭、小孩關係必然的聯結，於是提出解構不平等的性別對待、重建性別平等和諧的家庭生活觀。

　　然而，兩性平等由來已久，想要達到「兩性平等」，是一條漫長的路；但是，我們看到的是，一步一腳印，兩性平等歷史的腳印已一步步鋪展開來。

家庭教育學

兩性平等的遠景

歷史的回顧

　　回顧中國的歷史，在傳統社會中，男尊女卑、男主外、女主內、男性宰制的觀念在家庭中耳濡目染地形成，女性的地位被定位在照顧家庭及小孩，默默承受家庭的壓力，作個盡責的妻子。在傳統時代的婦女，必須要接受社會中「三從四德」、「一女不嫁二夫」的行爲規範，女性一向是依附在男人之下，經濟並不獨立，而男性在社會上則擁有地位、聲望、權力及家庭的支配權。於是，我們看到的是女性普遍受到壓抑，更從婚姻中受到被宰制的命運，多半的女性並不快樂，然而卻都逆來順受，只爲維持傳統賢妻良母的美德，本著犧牲小我、完成大我的使命，一肩挑起家庭大大小小事的重擔，希望自己能是個人人豎起大拇指稱讚的「好妻子、好媳婦、好母親」，而自己卻逐漸不知不覺地喪失了自我。因此，勇敢的女性主義者提出了要挑戰社會的舊有觀念，更要女性以經濟獨立、自己的力量來重新定位她們在社會中的地位，來找回自我、和男性平等的自我。

　　回顧兩性平權發展的歷史，女性主義運動者在兩性平等

的發展中不斷積極的挑戰傳統家庭觀念及習俗對「女性角色」舊有枷鎖的桎梏。然而,國內要走向兩性平等似乎非常漫長與不易,原因是中國父權結構非常根深蒂固,男女性別意識型態的偏頗,致使女性教條式地遵守「三從四德、女子無才便是德、女主內、一女不事二夫」的貞操觀等等的道德觀念模式,代代相沿成習,難以扭轉。

我們應該可以想像,當社會上有一半性別受到壓抑、歧視、差別對待時,這是一個怎樣的社會?現代民主國家莫不以營造一個不具兩性歧視的社會為目標。然而,在我國由於長期受到父權意識型態深遠的影響及民主化發展較遲緩的原因,雖然性別平等在我國受到憲法保障(我國憲法第七條規定「中華民國人民無分男女、宗教、種族、階級、黨派在法律上一律平等 」);然而,此議題在過去長久以來並未受到應有的重視。直到現今,兩性平權意識高漲,政府也在努力傳達兩性平等概念。於是,在性侵害犯罪防治法第八條中規定各級中小學每學年應至少有四小時以上之性侵害防治教育課程,其中第一項即包括兩性平等教育;而家庭教育法草案則將性教育列為家庭教育的第二項內涵,性別工作平等法的三讀通過亦強調職場上性別工作的平等,而且更兼顧到婦女的實際需求。很明顯地,我們的社會已經慢慢重視平等議題。而且,基於兩性不斷創新的理念,我們預見在兩性平等教育的實施上,尚有進步、努力的空間(連國欽,2002)。

除了政府的努力外,上述提到,女性主義運動者亦是推動兩性平等教育的重要推手,在過去20年間,當傳統性別在人類發展和關係上面臨挑戰時,女性主義運動者有別於一般甘受壓制的婦女,就像是捍衛兩性平等的戰士一樣,勇敢地站出來了,其精神是相當令人欽佩的。

女性主義運動

「女性主義」是多種流派的知識運動，基本上承認女性受宰制的事實；而女性主義主要目的就是在理解女性從屬地位，解放女性，而對性別角色、家人角色、婚姻關係、家庭權力、女性母職、女性為照顧者等信念都提出挑戰（洪久賢，2001）。

女性主義提出過去男性專屬的權利，女性也要求平等獲取。於是，女性從家庭解放進入學校，而出了學校、進入社會後便一展長才與男性競爭。表面上，這好像打破了多年來的傳統角色，女性不再屈居於壓抑的地位；實質上，女性卻面臨了前所未有的新挑戰，那就是現代女性不僅在社會上須和男人競爭，在家庭裡卻仍脫離不了看護者的角色，因為女性在改變，男人卻未隨之改變。現今物質時代的高昂生活條件，迫使多數女性必須選擇出外工作共同維持家計，於是「蠟燭兩頭燒」，女性付出的生活代價明顯高過男性，女性不得不再一次為自己爭取權益，打破男人「只顧外，不理內」的傳統，要求男人也負起分擔家事的責任。

女性主義於是被質疑是其將婦女推向工作職場，然而或許有些婦女仍喜歡選擇留在家中擔任家庭主婦，但不管婦女選擇在公或私領域，重要的是，女性主義主張婦女不是被迫性選擇成為家庭主婦，被指定該做家事或是採宿命論接受一切不公平的性別待遇，而是透過教育產生性別意識覺醒，認清社會文化所建構的性別關係，清楚自己要什麼，而能做自主性的選擇(Lesley,2000)。也就是說，婦女可以擁有自主權選擇當家庭主婦或職業婦女。

所以，女性主義提出的遠景是在對抗社會傳統的性別角色，挑戰獨佔、單一結構功能的家庭，他們抵抗任何特殊家

庭用永久安排的方式經營家庭，而主張靠著自然、生物、功能等方式來經營。他們更反對象徵父權的聯合家庭結構功能想法，意識到這會造成家庭成員的利益分歧和衝突。他們並認為傳統家庭不切實際，而且在傳統家庭婚姻中女性沒有足夠的權利和公平，所以女性主義提出了以下主要論點：

1、強調在對自己和別人的關係和責任上有平等、公平的地位和權力。

2、在家庭本質改變和家庭、個人的問題上強調社會、歷史、文化內容的重要。

3、要了解家庭形式傳遞的合法性。

4、討論家事是支薪或不支薪工作。

5、強調自我足夠經濟對婦女和家庭的重要。

6、承認所有家庭成員在家庭性別角色上有潛在報酬的個別差異(Arcus，1993)。

總括來說，女性主義的信念，就是促使兩性平等，兩性擁有相同的價值與權力，而並不是塑造另一個女男不平等的社會。因此，所有女性主義者試圖終止女性的從屬地位、解放女性，因為現在多數人已相信平等與解放以及重新建構是必要的；「平等」意味著不應該因為性別差異而有不同價值，而在後現代社會中，「解放」意味著現存受到限制的性別角色必須改變（劉秀娟，1999）。這對既有的父權社會勢必帶來了挑戰，因為意識型態已作了大幅度的改變與調整，然而這卻是中外時勢所趨的潮流。

在臺灣，也有許多女性主義者對推動臺灣婦女運動不遺餘力，台灣的兩性平等教育於是展開了一片契機。

臺灣婦女運動長期的貢獻

　　回顧臺灣婦女運動長期的貢獻，最早首推七十年代呂秀蓮的「新女性運動」。當時呂秀蓮等人提出具有女性平等理念的著作。而除了書寫出版外，並以設立「保護妳專線」等方式從事拓荒的工作，爲台灣的婦女運動揭開了序幕。八十年代初，李元貞也出面號召同好成立「婦女新知雜誌社」，關心婦女議題，繼續推展婦運。一九八七年，婦女新知改組爲「婦女新知基金會」，得以名正言順推動婦運，各種民間的婦女團體，比如婦女新知、晚晴協會、主婦聯盟……等大量成立。

　　幾年之間，臺灣婦女團體如雨後春筍般成立，不同於婦女新知在議題上的多元並容，她們大多以單一或特定議題爲主，此類團體大都以期望女性同胞自我成長，提高婦女地位爲目的，於是越來越多婦女自覺到自己地位受壓制，而努力走出這個牢梏。其必然對我國長期以來所建構「男尊女卑」的社會機制，產生動搖與質疑，但不管如何，有愈來愈多人加入兩性平等的各項工作是近十年來的一項事實。而不容置疑的是，在擺盪之間，兩性平等的社會需要更多人的努力與打造，才能眞正落實。

　　推動兩性平等教育之路千辛萬苦，而兩性平等教育內涵包羅萬象，想要推動兩性平等教育，就必須先瞭解其中的性別議題。

性別議題研究

性別刻板印象

　　所謂「性別角色刻板印象」（sex-role stereotype），即因性別的不同而認為性別應該做什麼樣的特質，持有一個固定、刻板的看法(陳皎眉，1999)。性別刻板印象深藏在社會上每一個人的心中，在許多相關的理論陸續被提出來欲解釋性別發展的複雜性時，其中特別受到近代學者注意的，乃是由Bem在1981年所提出的性別基模理論(Gender schema theory)。

　　性別基模理論包括了社會學習理論與發展理論的觀點，同時也強調文化因素對兒童性別角色發展的影響。Bem 認為，性別基模是一種認知的結構，從性別基模理論觀點來看，個體將更容易受到社會規範與性別角色意識型態影響，接受文化所賦予男女角色合適的行為。而此時文化規範中兩性刻板印象，便成為個體的自我應驗預言(self-fulfilling prophec-ies)，驅使個體去扮演社會所期待的性別角色(劉秀娟，1998)。

　　現代社會一般人可能透過社會文化的性別刻板印象來說明個人對兩性特質的認知，如女性的特質便可能被形容成「

養育的」、「善表達的」、「依賴的」；相反地，男性化的行為通常就被形容成「競爭的」、「能力的」、「主宰的」。這些性別刻板印象正反應了社會對兩性特質行為的標準與角色期待(洪雅眞，2000)。

傳統的男性刻板印象中包含了三個主要成分：地位（功成名就和受人尊重的需求），堅強（力量及自我信賴）和反女性化(避免從事刻板的女性活動)(Thompson & Pleck,1987)；此外，傳統的男性被認為在性活動方面是十分活躍積極的，即使是老年男性仍是如此，這對男性或多或少造成了困擾，尤其是較具女性特質的男性，或在性方面中規中矩的男性更是如此。而對於女性，在一般人的心目中至少有三種刻板印象：家庭主婦（傳統的顧家型婦女）、專業的婦女(獨立、有企圖心並且自信)和玩伴女郎(性的對象)(Basow, 1992)，而且，她們都被期待要生育子女，這對女性而言也是一種束縛，因為女性不可能劃分得如此清楚，而且現在越來越多的頂客族不想生育子女了。

因此，我們每個人都處在或多或少的性別刻板印象中，Arcus(1993) 卻也提出現在對以前家庭、人類發展、男性、女性的假定都將大幅的改變，刻板印象中關於男女特質，將超越性別而注意到各方面的特質，於是性別特質已不是那麼重要的劃分依據，我們將盡量地將兩性都當成「平等」、「對等」的「人」來看待。

因此，我們除了加強對男女特質各方面的瞭解之外，並要求性別角色也要平等。

性別角色平等的意義

「性別」，是心理學上與文化上的語彙，是每個人對於自己或他人所具有的、顯露的男性化與女性化特質的一種主觀感受(可視爲一種性別認同)；性別同時也可以說明社會對男性行爲及女性行爲的一種評價(可視爲性別角色)(劉秀娟，1999)。「性別」是一個基礎且核心的分析，大部分是由社會所建構的，而非單來自生物學的觀點。

「平等」則是指公平、無私、公正的對待不同屬性的個體(平等一詞有尊重差異、包容異己之意)，而「性別平等」就是指兩性能在性別的基礎上免於歧視，而獲得教育均等的機會(蘇芊玲，1999)。

兩性要有教育均等的機會，就須靠兩性平等教育，談到「兩性平等教育」，其實要求的也只是個體與個體、社群與社群之間的平等及尊重教育而已(劉秀娟，1999)。透過兩性平等教育的歷程和方法，我們希望兩性都能站在公平的立足點上，不因生理、心理、社會及文化上的性別因素而受到限制，更期望經由教育上的兩性平等，促進男女在社會上的機會均等，而在兩性平等互助的原則下，共同建立和諧的社會(教育部，2001)。然而，性別角色若是僅以兩性化來回應生活挑戰也是不足的，我們必須要超越性別(不是混淆性別或放棄性別)角色，才能發展出具有因應、解決生活問題，提升生活自理能力與品質的能力(劉秀娟，1999)。

家庭教育中即有很多相關的性別議題，需要我們深思熟慮的，包括：性徵、婚姻、工作與家庭生活、父母身份及撫養、家庭變遷……等。我們都必須以平等的觀點來檢視兩性性別角色。

✒️ 家庭教育中相關的性別議題

性徵

　　就兩性性徵而言，兩性平等主義者認為生物學的因素應次於社會文化與歷史的影響。Spanier(1980) 的性別化或Gagnon(1977)的性別描述也都著重在社會的影響。兩性平等主義者以平等的觀點指出：女人在性慾方面受社會化的影響壓抑而保持緘默不談、充滿虛構，因而女人被認為性慾較低，而由於受男人的控制及否定的社會化，使女人經常否定她們的性徵、學習不去談論性慾、不去接納性、而把性關係與親密混為一談。因此，女性經常喪失對身體的主控權，甚至害怕性。

　　兩性平等主義者指出生物學的觀點其實誇大了性別的差異，並提出兩性在性慾、官能上的相似處。在男人方面，Ze-1bergeld(1981) 指出，在我們社會中男性官能不良的高比例都是和其窄小的性別角色定義有關，例如強迫要求的性侵略、履行伴侶性滿足的基本責任……等。所以，兩性平等主義者也認為應提出一個更多元的男性角色，允許男性在性方法上減少機械化、得到更豐富的性滿足、而另一方面也要察知女性的性慾，使兩性兼備兩性角色。

婚姻

在傳統的社會價值觀中，婚姻被視爲生命史上的兩件大事之一（另一爲生育子女）。在既有的婚姻模式中，女性被期待奉獻自己或放棄自己（如姓氏、子女角色和興趣）來滿足以丈夫、子女爲主要架構所形成的「家庭需求」（劉秀娟，1999）。而Beauvoir（1947）則認爲婚姻是傳統社會指派給女人的命運，結婚是女人的天職，婚姻對男女並未建構平等互惠的基礎，男人婚後仍是獨立的個體，而女人則必須爲男人提供生育，且料理家務，此爲兩性不平等非常明顯的例證。

另外，劉惠琴（1999）也根據Keller在1974年對女性性別角色的分析，有以下的描述：

◎女性生命的核心集中在婚姻、家庭與小孩。

◎女人仰賴男人提供物質與地位。

◎社會強調女性的撫育功能，例如愛與照顧等人際取向的特質。

◎鼓勵女性爲他人而存在，而非爲自己存在，並鼓勵女性從丈夫及孩子的關係中獲得替代性的成就，而非來自於個人成就的滿足。

◎抑制女性的主動性、肯定性、攻擊性及對權力的追求。

因此，婚姻關係中的夫妻對於自己或另一半角色，往往產生了不同程度的角色期待（Worden,1994）。而婚姻關係中夫妻角色行爲，通常是雙方認知與態度相互影響的產物，不論婦女本身所抱持的性別角色認知傳統與否，丈夫對婦女傳統或現代化的角色期待，均可能影響婦女爭取工作的動機或夫妻對婚姻關係的滿意度。在傳統文化規範對女性角色的教導與角色期待之下，雖然目前女性就業比率有不斷攀升的情

況，但現代女性的角色特質仍有大部分受到社會制度上不平等及社會化歷程的影響，因而顯現出傳統的性格特質。

此外，婚姻型態各不相同，可畫分為三種(Gildert，1985)，分別是傳統的婚姻（the traditional marriage）、參與型的婚姻（the participant marriage），以及角色分享的婚姻（the role-sharing marriage）。在傳統的婚姻中，家務責任大多是由妻子來履行，這樣的分工型態對目前的職業婦女而言，無異是更增加了工作與家庭雙重角色的負擔。在參與型的婚姻中，夫妻雙方都有工作，子女教養也由雙方共同分擔，但家務工作仍主要由妻子來完成。而在角色分享型的婚姻中，夫妻雙方都有工作且都樂於教養子女，並共同負擔家務工作與責任。在此，Gildert即認為伴侶雙方平等的分享權力與分擔義務是平等婚姻關係的基礎(Steil，1997)。因此，角色分享的婚姻象徵著兩性平等。

夫妻對性別角色的扮演非常重要，將影響著家庭決策的過程。在兩性角色觀念逐漸變遷的情況下，當妻子進入平等觀念，而丈夫在家庭中的主要地位開始下降時，若夫妻雙方對彼此所扮演的角色沒有共識的話，則隨之而來的可能是家庭不斷的紛爭。從夫妻個人對性別角色認同程度可以發現，當配偶想法觀念較接近時，決策過程顯得簡短而協調，婚姻滿意度則較高；相對的，若從夫妻對性別角色的認知態度有所差距時，則決策的時間可能延長而令人沮喪（Scanzoni，1980），而婚姻滿意度則較差。

婚姻滿意度差，終將引起家庭衝突，結果從統計上就可以明顯的看到，其結婚率下降、而結婚年齡、離婚率，以及非婚姻關係的同居率卻持續在增加。離婚後的婦女也異於以前，會重建關係，創造複雜的離婚擴展家庭，而不是破碎的家庭。另外，同居也被視為是婚前的試驗，婚姻的序曲，或者是終身的選擇（洪久賢，2001）；因此，婚姻的經營與維

持，是現代人的一大考驗。

工作與家庭生活

目前較過去社會兩性角色明顯的改變，大多在於人們面對工作角色認知與行為上的改變。根據人口統計(Steil,1997)，社會上有越來越多的婦女和男人一樣取得工作地位及擔負責任。然而，並非所有人的觀念都能夠以同樣速度改變，即使在現代化的性別角色中，個人認知觀念與角色行為也必然與傳統兩性角色有所關連；因此，人們對於角色認知與現實生活的行為表現也有所區隔（Scanzoni,1980）。

1980年和1990年在美國有一項慎重且公開的研究結果顯示，成年男女(包括職業婦女及其先生)仍理所當然地將丈夫角色繼續視為家庭中的財務支持者。而在1989年的一項針對高成就、雙薪家庭配偶的調查中，發現68%的丈夫及52%的妻子仍然相信賺取薪資是丈夫的責任，也有超過半數認為丈夫在家庭角色的主要義務，便是去工作來支撐整個家庭(Steil,1997)。因此，丈夫在家庭中擁有一個較大影響力的地位，形成自己有理由從家庭責任中抽離，或將時間都投注在他的工作之中，甚至於批評妻子的工作使她疏於照顧孩子(Steil,1997)。

而Thompson 和 Walker (1989) 指出，無論工作如何劃分，女人的工作量往往是男人的兩、三倍，雖然目前有些男人也從事較多的家事與照顧小孩的工作,女人進入外邊的職場工作，但是並沒有使男人的家庭工作有什麼明顯改變（Coltrane & Ishii-Kuntz,1992）。

Rudd 和 Mckenry（1982）也指出，已婚職業婦女雖然感受到過重的工作量，但其先生、小孩仍是種支持角色而已，原因是她們對於家務的幫忙有較低的期待。我們相信，妻子的婚姻及個人滿意度與家務的公平分配有積極的相關，但是有些婦女仍勉強承擔較重的家務，因爲家務的分擔可能會導致與所愛的人產生爭執而被認爲嘮叨，此外有時婦女亦會不滿先生的工作品質，而寧願自己來做；因此，雖然有些家事是勉強去做，但是她們也不會放棄，因爲她們能獲得權力和自尊。

　　而在工作方面，在1992年Silberstein的研究報告中認爲，雙薪家庭的婦女可能比男性更容易接受較少成就的工作。在此研究中妻子說明的理由是：(1)對丈夫的自尊來說，他的工作是較重要的。(2)妻子及家庭都需要丈夫成功。(3)妻子害怕他人認爲是丈夫在工作上缺乏成就而留在家中幫忙家務。因此，Steil認爲，現代夫妻抱持的「有意識自我調適期望」（consciously altered expectations），如個人對性別角色、工作、家庭及婚姻如果帶有不同於傳統規範的期望時，往往會被社會化壓抑，即使婚姻關係中的伴侶有最好的努力，也很難不受龐大社會價值觀的影響(Steil，1997)。因此，個人通常需要在抵抗改變、情緒的交互過程中，才能逐漸確立自己處於婚姻關係中的角色行爲模式。

　　另外，在家庭中丈夫與妻子的職業仍然有不同的差異性，社會仍認同丈夫爲家庭主要供應者的角色。相對的，妻子的工作多被視爲非必要性的，乃是出於妻子自己的意願。在這樣的情況下，妻子的工作通常不被考慮是一般家庭認定而必須的，而是妻子追求自我發展的選擇（Steil,1997)。因此，女人照顧小孩與家庭，也成了責無旁貸的任務。而女人在家照顧小孩與家庭是否應該支付薪資，也因此成爲兩性平等主義者質疑和推動的觀念。不論是給薪工作或家事、家庭

工作都是性別勞動的例子，兩性平等主義者認為不論是代表男子氣概的工作或家事與照顧家庭、小孩等，都應視為同等的，是給薪與提供的角色。然而，現在即使愈來愈多的婦女進入職場，對於照顧家庭與小孩是一種給薪的觀念仍舊沒有產生(Arcus, 1993)，由此亦可看出兩性不平等的待遇。

男性在家庭中自古以來擁有較大的家庭權力，而家庭權力主要包含了家務分工和家庭決策等兩方面。兩性平等主義者希望男性能多參與家務分工，及讓女性能平等擁有家庭決策權。伊慶春在民國78年即有研究指出，家務分工以往都是由女性操持家務；因此，當男性參與家務分工時，就會被認為是夫妻平權的表現。而對家庭決策而言，過去男性一向擁有分配權力及家中重大決策的決定權，因此如果夫妻共同決策或以妻為主的決策型態增加，則代表家庭決策是平等的。換言之，男性如果參與家務分工及家庭決策的平等分擔，會被認為是兩性角色平等的具體表現，因而想要往兩性平等之路邁進，男性就要多參與家務，而女性就要多參與家庭決策。

雙薪家庭已成為現在社會的趨勢，因此，二十一世紀的家庭將勢必需要依據新的價值取向重新定位，必須設計新途徑使得工作與專業生活更符合家庭需求。而此取向包括：（1）更有彈性的工作時間；（2）父母兼職工作的可能性；（3）工作時數適合於家庭生活週期；（4）工作職場附設幼稚園或幼稚園在公司附近；（5）家庭服務系統與家庭諮商機構；（6）網路線上工作；（7）提供協助全職照顧子女者重回工作崗位所需的就業訓練（Pichler, 2001）。然而不管如何，工作和家庭生活都需要兩性平等、互相配合，才能締造互尊互重的和諧社會。

父母身分與撫養

父母對小孩而言，是最重要且影響深遠的，原生家庭的父母，被視為是個體在社會中最初且最主要的社會化管道與社會化代理人（劉秀娟，1998）。Arcus(1993)提出傳統性別角色的潛在男女性別差異，是因其幼時被養育和經驗所造成。而從心理分析論(Psychoanalysis)的觀點來看，Freud強調兒童早期經歷照顧者之性別角色行為，將間接影響兒童的潛意識結構，並且持續不變。因此，父母親對兒童的心理健康及男性化與女性化特質發展具有肯定性的影響（洪雅真，2000）。

在小孩與父母共處的生活中，時間及母親全心的照顧、關心的品質、父母親受支持的婚姻及家庭關係、社會經濟的資源、工作的等級等皆為小孩能否獲得關愛的重要因素（Ar-cus,1993 ）。而當兒童的性別認知確立之後，同性別父母認知建構對兒童來說就不是唯一的來源，兒童也可以透過許多管道，獲得適合其性別角色行為的概念(劉秀娟，1998)；因此，小孩周遭環境與社會對小孩亦有決定性的影響。

家庭變遷

回顧臺灣的變遷，可以發現目前臺灣女性地位，在現代社會中已經有了相當的改進。國內學者伊慶春在民國七十五年的研究中指出，近半個世紀以來，由於科技文明的進步，加上兩性平等主義者的努力，台灣社會的兩性角色態度慢慢在改變，其中可歸納出幾個重點：

1、性別角色日趨現代化，在不斷的調整中。

2、男性性別角色態度表現通常較女性更為保守、傳統
　。

3、當個人教育程度愈高時，通常愈能擁有現代化的性
　別角色。

　　雖然時代不斷的改變，大部份現代女性想積極扮演好她
們的工作角色；但另一方面，為了適應社會對於女性家庭角
色的期待，則又必須保有傳統特質來屢行家庭角色與照顧責
任。因此，Fuestenberg在1993年指出，當女性社會角色改
變之際，當代男性也漸漸由提供家庭經濟的工具性角色退出
一些，而多一些家務工作與照顧責任的分擔。但對於身處台
灣傳統父權意識型態及在「新好男人」變遷價值觀中擺盪的
男人而言，要達到所謂的「平等關係」，似乎還有好長的一
段路要走（莫藜藜、王行，1996）。

　　而儘管兩性平等的路難走，兩性角色觀念卻也已經在現
代社會中逐漸改變，目前台灣亦有全省的家庭教育中心，推
行許多有關性別議題的課程，使得傳統規範截然分明的行為
限制也慢慢降低了，人們對兩性的認識也越來越清楚了，因
此，經由越多人的參與，兩性平等之路走得越平順了。

♪ 目前台灣家庭教育中心有關 性別議題方案執行之現況

　　以下課程規劃時間是民國八十三年以前，全省的家庭教育中心有關性別議題之方案規劃（張慧敏，1994），可供推動兩性平等方案之參考：

台北市家庭教育中心－婚前教育班

　　本課程以班級方式進行，透過講師與學員雙向溝通，帶領未婚男女一起探討愛情的真貌，促使男女兩性了解彼此的差異，學習正確的兩性交往知識及技巧，以做好婚前準備。課程內容包括 ：「婚前的自我評估」、「交友、約會、擇偶三部曲」、「良好溝通習慣的建立」、「婚前準備」、「兩性間的親密關係」、透過分組座談及電影討論一系列課程，使學員彼此有了解、交流互動的機會。

苗栗縣家庭教育中心－親密愛人工作坊

　　爲了增進未婚青年對婚姻本質的認識，使其學習良性的
兩性溝通以爲將來婚姻生活的美好前景做好準備。

　　課程內容包括：活動針對適婚青年設計，以演講座談、
小組討論與演練、遊戲方式進行，使成員了解「如何邀請與
拒絕」、「兩性的溝通與衝突」、「愛情價值觀」等。

台中縣家庭教育中心－「問情～兩性情感團體」

　　使成員對男女角色重新認知，學習適當的溝通技巧。活
動主題包括：自我價值與愛情觀、接納自己與他人、檢視兩性
關係與差異、探討兩性交往的態度、溝通技巧的認識與練習。

台中市家庭教育中心－圓滿意婚前教育研習班

　　藉由團體互動、討論、探索及認識個人的價值觀、婚姻
觀以及對事情的處理，並學習處理衝突。

　　團體進行主題包括：「自我探索」－澄清個人價值觀；
「婚姻迷思」－ 澄清個人對婚姻似是而非的神話觀念；「踏

出第一步」－了解自己在異性交往的性格傾向，在兩性交往中，適度表達自己的情感；「衝突與溝通」－提供成員對衝突的認識與處理，學習良好的溝通技巧。

宜蘭縣家庭教育中心－兩性情感團體

主題包括：自我探索、兩性心理差異、談情說愛、擇偶與約會、兩性溝通。

桃園縣家庭教育中心－兩性情感成長團體（初階）

協助未婚青年男女了解兩性為主要課程，課程內容包括：人際吸引初探、從兩性差異看兩性認同、自我性格與兩性交往、我的價值、兩性溝通。

高雄縣家庭教育中心－「愛與情緣互動研習營」

以研習、座談方式進行，主題包括：「婚前與婚後」、「昏因、婚姻」、「讓我喜歡讓我憂－談兩性情節」等，其中

爲增加成員對自我肯定與跨出情感的第一步，特別安排一項「打開話匣子－談自我推銷與潛能開發」，受到成員很大的迴響。

彰化縣家庭教育中心－新未婚情侶懇談會

提供學員探討婚姻關係，配合主題設計問卷，讓情侶或夫婦用心體會，並誠懇交談。探討主題：有效的溝通、家庭背景與價值觀、家庭財務的處理、婚姻中的衝突、性關係、生理與生育計劃，讓成員對婚姻的神聖有了深切的體認。

藉由這些課程，確實幫助了許多參與者對自我及兩性的了解、婚姻本質的認識、溝通的技巧及解決衝突面對問題的能力（蕭韻文，2000）；然而，若國人未能覺知此課程的重要，其成效就微乎其微，因此，加強呼籲兩性主動參與此課程是增進兩性和諧關係之關鍵所在。

「教育」的提升正是促使著兩性平等觀念擴展的主要原因之一（Scanzoni,1980），所以，兩性平等的路要走，就要從根本基礎做起，未來走向就要以教育體系融入兩性教育。

⬆ ✍ 未來走向—教育體系融入 兩性教育

　　教育體系包括了學生、教師和教育等，每一環節都非常重要，推動兩性平等教育未來走向需要在此確實紮根。

學生

　　Belenky,Clinchy,和 Tarule(1986) 指出女性學生著重在聽，抑制說、提問和主觀性而傾向於聽取更多的情感，男性學生的學習則比女性更會說、常插嘴、使女性不易反應主題的開端。

　　而除了學生本身性別學習特質外，同齡的伙伴也是其強而有力的社會化代理人之一，他們在學校期間的相互影響會變得愈來愈重要。在許多的情況中，特別是對青少年來說，同儕壓力比父母或其他成人的壓力更加強烈且具影響力。在學前階段，同儕對其友件的性別角色行為就已經會造成影響，而在學前到青少年時期，以傳統形式來表現性別角色行為的兒童比較容易受到同儕的接納。於是，在性別一致性方面的強烈同儕壓力，便是導致國小學童少有跨性別形成的理由之一(劉秀娟，1999)；也就是說，性別刻板印象將經由同儕

壓力而更加確立。

教師

在教學中，男教師和女教師會帶來不同的經驗或遠景嗎？教師會對故事和經驗做廣博的運用，教師的經驗也會融入課堂中的對話、內容和中心論題，所以答案是肯定的。而劉秀娟（1999）就指出教師是父母之外最重要的社會化角色，教師如果能察覺性別差別待遇對學生性別認同的影響，並且願意協助兩性平等教育的推動，將是相當重要的推動者，所以，教師也是影響學生性別意識非常重要的人。

教師是兩性平等教育成敗的關鍵。因此，教師應檢視自我的教學活動；消極方面，避免複製傳統的兩性角色及明顯的性別不平衡的現象；積極方面，要正視教學活動中的性別意涵，推展具兩性平權精神的教學活動，建立無性別歧視的教育環境，以實現兩性平等的教育目標。

因此，在教學活動方面，教師須採用多元教學活動，如：討論、澄清、批判、角色扮演、學習單等開放性的教學策略，讓學生能跳脫既有的窠臼，勇於自我反省和批判僵化的性別觀；而在教學態度上，教師也應循循善誘，以學生的好奇心為起點，讓學生能有兩性的自覺，兩性和諧、互尊互重，進而彼此能兩性平權的平等對待，最終目標則為培育出擁有兩性平等觀的下一代。

因此，教師對兩性平等想要推動的多元教育而言，最困難的工作恐怕不是找尋合適的、正確的教材，然後統一灌輸給學生而已；而最重要的是，要教導學生擁有開放的、理智的、可以承認己身的成見而謀求公平正義的氣度，進而培養可以尊重別人的心胸。

教育

　　教育部於民國八十六年三月七日成立「兩性平等教育委員會」，致力推行兩性平等教育，並於同年七月十九日頒布「兩性平等教育實施方案」，擬從學校、社會及家庭三個層面，全面推動兩性平等教育，以建立無性別偏見與歧視之學校教育與社會文化環境，進而達成兩性平等教育目標，以落實兩性平等教育之眞諦(謝臥龍，1999)。另外，九年一貫課程暫行綱要的實施，除了規劃七大學習領域之外，尚有六大議題融入各科教學中，兩性議題即爲其中之一，可見兩性平等教育正在持續擴大進行中。

　　而民國八十九年一月二十三日成立之「中華民國家庭教育學會」及各縣市成立之「家庭教育中心」，也爲國內的家庭教育推動不遺餘力；國立嘉義大學也成立家庭教育研究所，台大、清大、高師大和高醫也有開設一些有關性別教育課程，讓愈來愈多人投入兩性平等教育的行列，同時也提高了更多人現代化的兩性教育水平。另外，生命線、張老師信箱、台大婦女研究室、各大醫院精神科、療養院等社會資源也提供不少民衆做兩性心理上的諮詢；此外，還有很多兩性書籍月刊、網路資料……等，都爲兩性平等教育一一鋪路；兩性平等教育資源越來越多，經過二十多年的努力，至今兩性平等教育總算成爲全國的教育政策，有了全面落實的可能；更在我國成爲一股教育的改革運動，並在現階段中有了最好的發展契機(莊明貞，1997；教育部，2001)。

結語

　　展望兩性平等教育之路，「女性」扮演著重要的角色，女性若要兩性平等，就必須先認可扮演「帶領」的角色，因為女性有「害怕」成就、「等待」男人為她們改變、或男人「同意」她們改變的傾向；而原居於優勢地位的男人多不覺得需要改變。因此，兩性皆需透過教育使性別意識覺醒，察覺自己的生存處境與社會脈絡（劉蕙琴，1999）；換言之，女性需要學習自己主宰自己，男性也要學習改變自己。

　　在此巨大兩性角色變遷中，男性也要調整自己的腳步，因為面對女性主動爭取自我權力，男性不但心理上要面臨權力被剝削，另一方面也要面對女性的挑戰；因此，在這些社會變遷下，男性也須學習如何調適自己，藉由文化、同儕團體學習當「新好男人」，給自己多一點機會及時間去接觸家庭、小孩、家事。父職教育是極待加強的，我們應鼓勵男性正視父親的角色，發展多元的父職論述，並且能夠和母親、子女等家人產生對話，流露真實的感情，享受身為父親真實的快樂（Marsiglio, Amato, Day & Lamb,2000）；如此一來，兩性才有扮演不同性別的真實意義。

　　其實，在真正平等的社會中是沒有什麼可以憂慮的，雖然男性長久以來在生物性上面獲得權力與地位，然而，他們也必定會在平等精神中獲得良好的性格與人際的成長。同樣的，女性在這方面也是獲益良多，在平等的兩性關係中，基

於對他人或是其他性別的尊重,能夠自我成長,予以每一個人最適性的發展機會及回饋,相信我們的世界能因此更好、更安全與更祥和(劉秀娟,1999)。

因此,請女性採取主動、正向的思維,積極的行動和表達吧!讓男性知道「女性『要』什麼!『想』什麼!」,彼此良性的溝通,就可讓兩性相處更和諧、更平等。讓我們期待,「性別」不再是不平等的原因,讓每一個人都能喜歡自己的性別,並為自己的性別角色盡最大的努力,讓兩性相互尊重、永久和諧;這樣,兩性關係一定能甘之如飴、家庭生活品質一定能更提昇、個人及社會福祉一定能更增加!讓我們大家一起期待吧!

參考書目

中文部分

伊慶春(1986)。對已婚婦女就業之性別角色態度的研究態度的研究－資源以及性別的差異。中研院三民主義研究所。

洪久賢(2000)。國中教師兩性平等教育專業發展個案分析研究。師大學報, 45(2),37-53。

洪久賢(2001)。教師性別教育專業成長之分析研究。師大學報, 46(2),同意刊登付印中。

洪久賢(2001)。家庭生活教育的性別議題：女性主義觀點。中華民國家庭教育學會。家庭生活教育。師大書苑。

洪雅眞(2000)。夫妻性別角色、權力與衝突之研究。國立嘉義大學家庭教育研究所。

高宣揚(1999)。後現代論。臺北：五南。

教育部(2001)。九年一貫課程暫行綱要。臺北：教育部。

陳皎眉(1999)。從性別差異看兩性平等教育。臺灣教育,0：583,3-9。

張慧敏(1994)。「婚前教育」全省巡禮。交流道,10-18。台北：台灣地區家庭教育中心。

莊明貞(1997)。兩性平等教育如何落實—多元文化教育觀。教師天地,90,13-21。

莫藜藜,王行(1996)。已婚男性的家庭價值觀及其對家庭的需求之探究。東吳社會工作學報,2,57-114。

連國欽(2002)。嘉義國小教師與學生對兩性平等教育教學內

涵與教學實踐之調查研究。國立嘉義大學家庭教育
　　研究所。

劉秀娟(1998)。兩性關係與教育。臺北：揚智。

劉惠琴(1999a)。女性主義與心理學。載於王雅各主編，性
　　屬關係(上)：性別與社會、建構，132-170。臺北
　　：心理。

劉惠琴(1999b)。女性主義觀點看夫妻衝突與影響歷程。婦
　　女與兩性學刊，10，41-77。

謝臥龍(1999)。教育部行動研究規劃之內與歷程。載於教育
　　部兩性平等教育整合實驗計劃成果彙編，1-4。臺北
　　：教育部。

蕭韻文(2000)。婚前教育課程規劃之初探。國立嘉義大學家
　　庭教育研究所。

蘇芊玲(1998)。家庭－兩性平等教育的基石親子關係。婦女
　　論壇，http：/forum.yam.org.tw/women/backinfo
　　/education/stone3.htm since 1998.11.1

蘇芊玲(1999)。學校如何結合社區推展。教育部八十八年度
　　南區中小學校長兩性平等教育研習手冊。高雄：國
　　立高雄師範大學。

西文部分

Arcus, M.E.,Schvaneveldt,J.D.,& Moss, J.J.(Eds.)
　　　　(1993). Handbook of family life education.

Barich,R.R.& Bielby,D.D.(1996)Rethinking marriage-
　　　　Chang and Stability in Expectations. Journal
　　　　of Family Issues, 17,139-170.

Beauvior, S. de. (1947/1953). The second sex, H.M.
　　　　Parshley,trans. & ed. NY: Knopf, Inc.

Belenky, M. F., Clinchy, B. M., Goldberger, N. R., &
　　　　Tarule, J. M. (1986). Women's ways of knowin
　　　　-g. New York: Basic Books.

Coltrane, S., & Ishii-Kuntz, M. (1992). Men's hous-
　　　　ework: A life course perspective. Journal of
　　　　Marriage and the Family, 54, 43-57.

Gagnon, J. H. (1977). Sexualities. Glenview, IL: Sco
　　　　-tt, Foresman.

Lesley, J. (2000). 'Revolutions are not made by down
　　　　-trodden housewives'. Faminism and the house-
　　　　wife. Australian Feminist Studies,15(32), 327
　　　　-249.

Marsiglio, W., Amato, P., Day, R. D. & Lamb, M. E.
　　　　(2000). Sholarship on fatherhood in the 1990s
　　　　and beyond. Journal of Marriage & the Family,
　　　　62 (4), 1173-1192.

Pichler,G.(2001).Tradition,transition, transformati-
　　　　on of families. Creating a new era of family
　　　　tradition, transition & transformation. The

11th Biennial International Congress of ARAF
-E.

Rudd, N. M., & McKenry, P. C. (1982, June). Social
psychological and economic indicators of fa-
mily satisfaction with the dual-work role.
Paper presented at the annual meeting of the
American Home Economics Association, Cincin-
nati, OH.

Scanzoni,J.H. & Szinovacz,M.(1980)Family decision-
making:A developmental sex role model. Beve-
rly Hills,CA:Sage.

Spanier, G. B. (1980). Sexualization and premarital
and sexual behavior. The Family Coorainator,
24, 33-41.

Steil,J.M.(1997)Marital equality:Its relationship to
the well-being of husbands and wives. Thous-
and Oaks,CA:Sage.

Thompson, L., & Walker, A. J. (1989). Gender in fam-
iles: Women and men in marriage, work, and
parenthood. Journal of Marrage and the Fami-
ly, 51, 845-872.

Worden,M.(1994)Family therapy basics.Brooks,CA:Cole
Publishing Company.

Zelbergeld, B. (1981). Male sexuality. New YorkL: Ba
-ntam.

chapter 7

家庭教育中的種族與多元文化議題

涂信忠

家庭教育學

248

前言

　　家庭是社會的小縮影，社會是世界的濃縮點。單一社會
所呈現的運作方式除了原有獨特的文化外，也受到其他文化
的影響，歷經衝突、調適、融合，轉化成新的屬於自己的社
會文化；同樣的，單一家庭除了家族原有傳統代代相傳，也
經由人與人之間的接觸、影響，使得家庭成員吸收新概念，
結合自己原有之觀念與想法，成為現有的家庭運作模式。無
論是哪個種族、哪種文化，只要有互動，一定會改變。　每
個族群、每個文化的價值觀可能相似，也可能截然不同，在
此我們將討論多元社會文化中家庭成員經由文化交流、人類
互動，使得許多的觀念價值互相傳遞也互相影響，有的被淘
汰、有的更茁壯，無論如何轉變，留存下來的將有別於傳統
，而更獨特。

　　本文，將簡略描述族群融合的相關理論及在不同文化社
會中若干關鍵性的議題：如在族群融合過程中所產生的種種
衝擊。著重在涉及家庭教育議題的內涵，和評估他們與家庭
教育的關聯。同時，對於設計多元化社會中個人和家庭的重
要方案提出建議。本文中將文化定義為「在一大群人中整體
的價值、信念及共同的行為　」。包含分享特徵例如：語言、
情感、理念、思考模式、行為模式、身體的特徵、溝通型態
、有形的手工藝品等。如此，可以說是包含人類文化的大部
份或許多不同文化的共同部份，如：閩南文化、客家文化、
原住民文化、美國文化、加拿大文化、日本文化、墨西哥文
化、印地安文化等等。

　　最後，本文要強調的是，無論是哪種文化所呈現之價值
，在不同族群、不同團體所認同的部分不盡相同，但最重要

的是期望每個人要懂得尊重各個文化的差異，勿以有色觀點
視之；擷取他人文化中好的部分來調整自己，未嘗不是一個
好的方式。另方面家庭教育工作者在設計方案時，對各種文
化應採正面的態度視之，針對其需求、期望、能力，審慎評
估，選擇適合之活動課程，以真誠的態度執行之，其成效自
然可期。

多元文化社會中族群融合的相關理論

　　家庭是傳播文化價值和傳統的主要媒介，由一代到下一代，為了孩子們在大社會中的生存而社會化(Saracho & Spo-dek,1983)，在同質性高的社會，傳統價值的傳承比較容易。然而當人們遷移後，各種語言、文化傳統的交互作用是極為平常的事，在廣大多元的環境之下，與原有的家庭價值和傳統產生衝突，而使其欲保存傳統的完整性有所困難(Jim & Suen,1990)。世界不再是由孤立的同質社會所構成(Banks,1979)不同語言和文化的人也許會住在同一個地區或住的很近（Saracho & Spodek,1983)，因此，多種語言及多元文化是生活所必須面對的。

　　多種語言與多種文化在家庭教育上是息息相關的。過去，許多家庭教育工作者，在家庭教育方案中很明顯的以主流文化的標準去實施，這使得參與的其他族群成員在主流文化中，想同時保有他們自己的文化上倍增困難。近期內，家庭教育工作者在發展家庭教育方案中，已經不再忽略多元發展的內涵，而著重在支持及對所有家庭增強其效能，這是非常可喜的現象。

　　文化並不是靜止不動的，由於時間因素，當他們與其他文化或環境相互作用時，便會改變。我們以「多元文化」、「多元語言」及「不同文化」來描述存在文化團體之間的不

同狀況，多元文化教育的焦點，在於從不同文化團體之間的一般特徵下，由過去文化中分辨出各種獨特的特性來；而新文化的特徵則是顯示文化相互交流互相影響後的結果。

「族群」是更獨特的關係，通常其焦點為一群人分享其團體認同的意念；透過血緣關係、共同語言、價值態度、思考模式、情感與行為。在同一文化下，可能有許多不同的族群；如：福佬客、都市原住民、非裔美國人、華裔加拿大人 ...。

學者對於這些族群融合的理論，通常包含下列四種：

同化理論

同化理論的目標是使少數民族團體能融入主流文化（Ap-pleton,1983；Feagin,1984； Mclemore,1983；Parillo,1990）。主張隨時間變化，少數民族團體逐漸傾向主流文化，直到最後以主流族群為依歸，結合成一個共同的文化。在同化理論中，主流文化的特色為優越的，且為大家所渴望的。其他次要族群則是不自然的、拙劣的、且令人不滿意（Mc-lemore,1983）。這種過程稱為"涵化"，發生在至少二個層面1.行為的/文化的層面：如，主流文化的行為模式；2.結構的層面：如，主流文化的組織、習俗、一般人民的生活方式（Gordon,1964）。

許多社會中，在處理文化差異方面的策略上應用了同化理論。如：在中、小學不考慮學童的背景，以主流文化的價值觀作為一般的文化價值來傳授（Banks,1979）。不同種族的次要族群的價值觀，在教育過程中常未被認真對待，甚至根本被忽略。然而，當人們陶醉在一般的人類文化時，該文化是否即為主要文化常令人質疑。甚至，是否主要文化的特

色眞的比次要文化優越，也無法確切證實。此外，即使在最少數的文化族群中，人們似乎也不會完全放棄原有的文化特質，而以其他文化來取代。這些原有的文化特質是根深蒂固地深植在個人的人格特質中，這使得即使若干代過去了，少數族群仍然在其他族群中保有其特殊的文化。

事實上，經由與其他文化族群的交互作用，原來的文化會改變，而產生新的文化特徵。同化理論的學者，無法解釋這種新文化特徵的出現；因此我們覺得在不同文化社會中，發展家庭教育方案的策略上，這種趨近高度種族中心的做法是會受到限制的，它會在不同的文化族群中助長偏見和分裂。

合併理論

合併理論認為：一個新文化團體的發展肇因於先前存在團體，是經由其生物學及文化差異的合併而成一個新的綜合體（Appleton,1983；Parillo,1990）。合併理論就好像類化的作用，它意謂著少數族群文化及主要文化同時的消失（McLemore,1983），新文化族群的產生是經由所有的文化團體修改而成的。

這個理論有一段時間受到歡迎，因為它描述許多族群透過交互作用，使它們擁有過去民族傳承獨特的共同特徵。證據支持這種狀況是最好的，有許多例子可以說明，如：不同國家人們經由通婚、宗教、及文化思想、行為、價值觀的互相交流而互相影響，像不同族群的食物、休閒活動、節慶的互通等（Appleton,1983）。

然而在多元化社會中，發展家庭教育策略以幫助個人及

家庭，受限於許多理由相當少的證據支持「合併理論」（App-leton,1983；Banks,1988）。合併理論要求主流和少數文化放棄他們擁有的文化遺產，而改變爲一個新的文化；而許多少數族群在主流團體的勢力下，努力爭取平等繼續繁榮，這種現象遍及全世界。事實上，"熔爐"的概念，是指與主流文化一致，或是團體中的人們再製成主流文化的風格（Herb-erg,1960）。合併理論認爲新的、獨特的文化特徵出現，是不同文化的人們相互影響的結果。它無法認同在所有的文化團體中，有一般性的文化和個別的文化的特徵同時存在。更進一步說，「合併理論」將新的獨特文化團體的出現重新解釋爲「主流文化的確認」是一種誤導，無法正確反應當前多元文化社會的本質。

文化多元論

文化多元理論，是個明確的不同種族的理論，這可以被追溯到 Kallen（1915）的著作。他反對族群應該放棄他們個別的文化去變成美國人的觀點。他相信雖然所有美國人主導美國文化並且參與職業、教育、政治生活立足點的平等；他們同時也擁有決定保留多少文化遺產的自由。

文化多元的理想是簡單的，它並沒有清楚的描述「異族-順從」或「熔爐」的意識型態。造成許多這些混淆，是因爲不同的多元論者在各種族群間有不同程度的分類主張而來的（Lemore,1983）。目前學者呈現有二種不同的文化多元型態的說法：正式文化多元論（classical cultural plurali-sm）及現代文化多元論（modified cultural pluralism）（Appleton,1983）。正式文化多元論者認爲，不同團體的人

們住在一起，像社會上的一般成員和平地共存，每一團體認同他們自己的文化特色，隨時間的變化更多的交互作用，這些團體可能形成共同的政治價值、分享語言、思想交換，縮減了他們之間的文化距離；現代的文化多元者認為，我們仍無法得知在不同族群間確切的改變（Appleton,1983；Banks,1988），這些團體的改變及發展方向，不能單獨的被解釋為是由他們過去民族特徵的遺傳，還是經由共同文化中其他文化的交互作用後而產生的。

種族起源論

根據文化多樣性來看（Greeley,1974）族群被視為有動力的彈性機制，它會成長與改變。但忠於原有族群，不會受到改變的威脅，當不同的移民團體互相接觸時，他們已經存在各種共同特質，這些共同的特質是每一個團體原文化系統中的一部份。（如圖1）

| 文化多數 |
| 共通特徵 |
| 移民團體 |

圖1：原始的文化系統

（改寫自：Appleton,1983）

這種最初相似的程度，在不同移民團體間，有的團體比較多，有的比較少。例如：移民至美國的歐洲團體，分享廣大的西方文化傳統。大部分愛爾蘭人最初到美國時說英語，同時也意識英國的政治系統。個別來自東南亞者，則未分享這種語言及文化的特徵。每一種個案不同。這些共同的特徵總是影響團體間的動力發展。在大社會中持續的團體互動、涵化及經歷等，導致共同文化的成長。

移民團體愈來愈像主流文化，主流文化有時也類似移民團體，當共同文化成長時，一些移民的特性仍持續著，導致修正團體的認同，這種團體認同的發展過程是“文化多元”（如圖2）

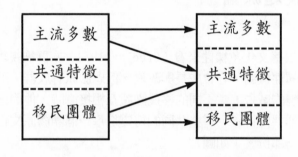

圖2：修改後的族群認同
（改寫自：Appleton,1983）

它可能被指出，經由此適應的過程，會帶來不同團體一起建立其共通文化。它也會作用於其他方面。在主流文化的衝擊下，若干移民特徵，顯得較不明顯，將各種類似或不同於共同文化的少數民族過去文化特徵結合成一個民族團體。由圖3可以看出少數民族在主流文化特徵之外的發展過程。

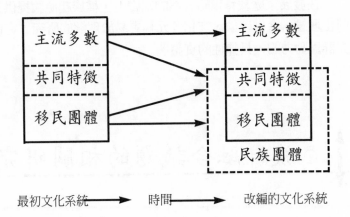

最初文化系統 ➝ 時間 ➝ 改編的文化系統

圖3：民族團體的發展
（改寫自：Appleton,1983）

　　由種族學的觀點來看，一個民族團體可以朝向原來的文化系統，也可以擴展一個新的範圍。少數民族可以再主張，再發現其被涵化的文化遺產。種族學是多元面向的，而非單向的。少數民族團體在過去世代中，經歷不同的改變。在許多疑慮下，它們被主流社會同化，然而他們仍保有其獨特的政治、文化而生存下來。儘管他們與過去有所不同，他們仍能生存，且在某一方面較過去更爲獨特。如：在北美西部的印地安人，在一百或五十年前，他們不是相同的族群，受到一些傳統的，一些社會的因素影響，另外一些則是他們過去文化遺產與社會互動所造成。如此一個持續的過程，證實了種族學自然演進的動力，此即是所有民族團體的特徵。

　　總而言之，種族起源論者強調：

　　　1.彼此分享與發展共同文化。

　　　2.尋找和增進其獨特的文化遺產。

　　　3.在今天及未來獨特的族群，均可持續的發展。

在發展家庭教育策略方案的基礎上，種族起源論提供比同化理論、合併理論、文化多元論更易於理解的研究，它視族群為動力的，具彈性的實體。

族群融合議題的相關研究

在加拿大Jim 和 Suen（1990）藉由華裔家長及青少年的發展研究，了解遷徙家庭的過渡時期及文化衝突的經驗。針對遷徙者和他們的期待、過渡時期的衝突、雙重文化的窘境、世代衝突等議題對照台灣地區的研究情況說明如下：

遷徙者和他們的期待

儘管相似族群背景的人會移到相似的地理區域居住，雖然他們擁有共同的文化傳統，但並不表示他們就是完全同質的團體。（Bank,1979 ; Chan,; Jim & Suen,1990 ; Kitan-o,1983 ; Laosa,1977 ; Saracho & Hancoek,1983 ; Taka-nishi & Kitano,1975）甚至在相同族群背景的個人間，仍有某種文化的差異性。有來自城市的或鄉村的，有來自知識分子的家庭，也有來自文盲的家庭，有些是被迫逃難的難民

、有些是爲了某種目標的志願遷徙者。了解這些重要的文化
差異，幫助我們調查不同背景的人的期望及其發展（Sarach
-o, & Hancoek, 1983）。通常，許多人是爲了尋求更好的工
作或改進生活品質而志願移民到特定的地區，而其他的遷徙
者，則可能是因爲環境、本土生態的改變、內戰、政治差異
、宗教、經濟衰退等因素被迫遷徙的。在新環境裡，不同的
遷徙者會發展出不同的期待。

在台灣地區原住民由山區遷徙到都市，即是爲了改善生
活條件及向上流動的可能性，由於原住民社會的特殊文化型
態、語言、宗教信仰和生活環境的差異，許多研究比較原主
民與非原住民的適應問題，都發現原住民的適應情形比非原
住民要差。（陳貴龍，民76；關復勇，民76；蔡俊傑，民82
）。但是他們將期望延伸至他們的下一代。莊啓文（民90）由
他們的教育價值觀及對子女的期望研究中發現，都市原住民
家長之教育價值觀可從兩方面來看：在家庭教育上是：重視
家庭的教育功能，認爲家庭教育是身爲家長的責任。因此具
備自動自發的責任感。注重小孩的品行培養孩子尊重長輩、
長幼有序、助人、向善、不說謊的情操以適應都市生活。在
學校教育上是：認爲學校教育能學習知識使人聰明，學習知
識能促使自我肯定不受歧視。因此學校教育是有用的工具，
對學校教育是認同、尊重。另方面覺得學校教育並非公平的
學習，學校教育不能保證品行。學校教育必須符合自願性。
家長對其子女的教育期望是：1.期望孩子念到大專院校；2.
充分告知升學訊息；3.等待尊重孩子決定；4.不希望下一代
在升學上再出現遺憾；5.期望努力用教育成就來帶動原住民
。

由上述研究可知，不論國內外遷徙者因爲不同的遷徙因
素而有不同的期待，這種期待會影響其適應新環境及與主流
文化交流的需求。

過渡時期衝突

　　進入一個新文化環境，學習這些新價值觀及變遷，對某些人來說可能是興奮的，但對有些人來說，有如在敲響它們的喪鐘（Jim & Suen ,1990）。當族群價值觀與新環境價值衝突時，會經驗到多種情緒。包括生氣、怨恨、挫折、敵意、害怕。這些可能顯現出不同的行為，包括抗爭、歧視、暴力、退縮、背棄、壓抑、孤立。在這樣的環境中，身分需要重建，價值要再檢視，舊習俗要放棄或保留，實踐已學到及未學到的、加強新關係、挑戰新機會、冒風險、克服害怕。因此，在新的文化環境中會有正面的成長（Jim & Suen ,1990）。

　　在台灣，黃薇靜（民89）研究發現身處都市的原住民青少年，其個人生涯志願與一般漢人並沒有太多不同，打破過往認為原住民低自我期待的刻板印象。但原住民社群長久以來的弱勢處境，外在環境中階級、教育體制、與勞動市場所形塑的生涯機會結構，使原住民青少年面對比非原住民貧窮青少年更多重的壓力與結構性限制，其生涯發展是鑲嵌在家庭發展之下，青少年承擔了階級與族群雙重的弱勢處境。雖是如此，但他們仍不斷地運用各種生涯策略，主動創造可能的空間，建構其生涯。

　　由此可見，家庭教育工作者必須對遷徙家庭生活週期的了解，及增進工作上的技巧，才有更好的品質去幫助家庭渡過這些衝擊。

雙重文化的兩難

　　當遷徙者置身於新的文化環境，他們逐漸的經驗到其傳統文化與新環境文化的對比。這些經驗必須與家庭的本質文化相對照。包括：人際關係、價值、信念、文化禁忌、婚姻儀式、紀律模式、權利與特權、政治等（Jim & Suen,1990）。

　　在台灣，邱怡薇（民86）的研究發現都市原住民學生有漂流都市之生活感受:來到都市的負向感受多於家鄉，且對於原住民文化逐漸消失感到憂心，希望多些認識原住民文化的機會，再者，在都市也面對被漢人的歧視，感到被排斥的心理。原住民學生認為仍須加強努力，父母師長適時的關心仍是重要。另外他們也會主動建立社會支持來源。

　　了解所有這些文化特徵的對照，是家庭教育者在多元文化社會中嘗試去幫助家庭時的挑戰。

世代衝突

　　一旦處在一個新的文化環境中，遷徙者漸漸建立他們自己的家庭。並且牽扯以不同的方式教養子女的有關議題（Jim & Suen,1990）。這種兩種不同文化的衝突，起因於父母與子女抱持不同價值觀與信念。尤其子女處於青春期階段，在家庭關係、社會化經驗、教育及職業上產生代間的衝突。

家庭關係的衝突

　　代間的衝突與家庭教育有關的議題有：愛的表達、家庭

成員的角色、傳統與文化的價值觀、教養方式、順從溝通、和問題解決等。如：一些華裔加拿大人的父母，缺乏口語和身體接觸情感表達（Jim & Suen ,1990），使得生活在加拿大文化經驗中，華裔青少年可能因為缺乏自己父母的同理心而感到困擾。在一些日裔美國人家庭中，媽媽被視為有愛心的妻子、柔順的、及有教養的，而他們的青少年女兒也許會傾向於突破刻板印象，以追求她們自己的生涯。（Jim & Suen ,1990；M.K.Kifano,1983）一些夏威夷、美國本土的墨裔美國人的父母，可能強調家庭聯結、合作、相互依賴，而它們青少年的兒女卻想在大社會中擁有獨立、個別自由的經驗（Gallimore et.al,1974；Gulick,1960；M.K.Kitano,1983；Ramirez & Casfaneda,1974；Saracho &Hancock,1983）。除此之外，日裔美國人的小孩被要求表現順從和尊敬父母，為了面子問題，被告誡把問題留在家裡（家醜不可外揚），但青少年往往測試父母的極限、怨恨服從命令、尋求朋友或諮商師協助處理家庭問題（Kifano,1973；M.K.Kifano, 1983）。協助家庭處理這些世代的家庭衝突也是家庭教育的範圍。

關於社會化的衝突

父母與未成年子女可能在以下的主題有衝突的經驗，如：認同、約會及同儕、社會技巧、食物、恐懼等（Jim & Suen ,1990）。非裔父母也許會希望他們的小孩在角色模式中仿效他們的文化價值和文化傳統，然而，這些文化價值和模式展示在主流社會中是有其限制性的（Hale,1983）。

加拿大的華裔父母相信，讓未成年子女去約會是不適當的。但是來自同儕的壓力，會讓孩子們去反抗父母的約束（Jim & Suen,1990）。日裔美人的父母，希望它們的小孩發展社會技巧，使它們能與同文化團體中的成員維持良好的關係

，而青少年發現在社會中發展跨文化的技能才能成功（M.K. Kitano,1983）。韓國父母比較喜歡吃與他們文化相近的食物，但它們的青少年較喜歡速食，因為在那裡可以得到與同儕的交流、和有趣的事情（Jim & Suen,1990）。最後，華裔父母較擔心異族聯姻，而它們的孩子因為置身於大文化背景中，覺得這種擔心是過時的（Jim & Suen,1990）。在以上的議題中協助家庭也是家庭教育者的領域。

關於教育的衝突

有關教育的議題，包括，父母和青少年間的期待，未來目標的衝突，學校與家庭間的關係，教育的過程，實施和變化的方案（Jim & Suen,1990）。墨裔美人及夏威夷人的父母，認為家庭聯繫與家長會是很重要的（Gallimore et.al , 1974；M.K.Kitano,1983；Ramirez & Casfaneda,1974；Sar -acho & Hancock,1983）學校教育對家庭福利是有相當貢獻的，而社會性的教育比學業上的更重要。當他們的小孩進入小學，他們面臨多元目標的價值系統，導致挫折的感覺，在學校中缺乏信心及成就感。

另方面，在加拿大、美國的華裔父母，對他們孩子的學業成就期望很高（Jim & Suen,1990；M.K.Kitano,1983）。這些期望加在青少年身上，有些是不切實際的。如果這些期望未被達成，可能被嘲笑，導致低自尊、怨恨、而拒絕這種文化價值。更進一步，有些在加拿大的華裔父母，覺察他們孩子的教育是目標導向的，亦即在經過幾年的持續學習，結果在經濟上能得到無後顧之憂的成功（Jim & Suen,1990）。但是，他們的青少年卻受到社會上的立即滿足及同儕壓力的影響而隨波逐流。

非裔美國人的父母說喜歡提升他們孩子在接近、承諾及

關心的社會網絡當中（Ebsen ,1973；Gitter , Black & Mostofsky ,1972；Hale ,1983；Newmeyer ,1970；Young , 1970）早期的社會化經驗，對他們的孩子的衝擊，使他們趨向群眾導向，情感及對於非語言溝通，增進非裔青少年早熟及高能力水準。人們可以了解，學校強調語言溝通、演繹、歸納和低活動是提昇非裔兒童的優勢。（Boykin,1977；Gut-tewtag,1972；Guttewtag & Ross,1972；Hale,1983；Morg-an,1976）

關於職業的衝突

有些關於職業的衝突，包括父母和子女之間對於工作倫理、薪資、技能、消遣、期望和失業的衝突（Jim & Suen, 1990 ）。在傳統的日裔美國人父母，認為應該長期的受僱之後才能變換工作（M.K.Kitano,1983）。而且，必須由基層幹起，更進一步，主僱間語言的承諾被視為契約。但是，今天的青少年卻期望能有好工作、有好的所得、進入工作有各種不同層次的職前訓練、簽訂工作契約。失業曾被視為失敗、丟臉、恥辱的；但是，現在卻被視為爭取社會救濟權力，或是得到工作訓練發展新生涯的機會（Jim & Suen,1990）。

過去，不同文化團體的家庭中，很多事業是家族所擁有的，人是因為家庭的聯結或結合而進入這個系統的。今天的青少年，所面對的是法人組織結構，工作的晉升是依據技能、年資和表現。在一些種族團體中，如：禁止非裔美國人的公民權利（Dinnerstein & Reimers,1988）。父母期望這種限制僅限於他們這一代進入美國主流經濟生活，今天，許多平等的機會和行動方案被肯定，經由再認知機會平等及公民權力，他們的孩子得以有機會進入職場（Jim & Suen,1990）。其他的種族團體，像夏威夷及美國本土人，他們的文化價

值以家庭相互依賴，合作和分享爲主，在進入工作世界中，個人成就在競爭中佔主導地位，已經不容易（Gallimore et al,1974；John,1988；H.H.L.Kitano,1991；M.K.Kitano,1983 ）。爲了參與主流經濟生活，許多這些青少年，不用放棄他們固有文化的情況下，努力的使用各種方法去發展他們的技能、態度和期望。

在台灣，張雯（民87）的研究發現在繁華的都市叢林中，原住民父母必須有意識地突破外在環境的干擾，用心地傳承祖先珍貴的遺產給下一代，將族群文化中最重要的價值與意義等觀念在日常生活中逐漸內化到原住民孩子的生命當中。雖然時空不斷變遷，但是原住民各族文化中所呈現的特質仍然存在，必須眞正瞭解原住民文化存在的意義，才不致於在一代一代的傳承中失去了本眞。透過都市原住民成人的文化認同，使得原住民子裔經由家庭教養的管道，學習族語，在放假時與父母一起回到部落參與部落活動，透過整個生活教育的薰陶，升起對部落文化的認同感與尊重感，這樣都市原住民才有可能一代一代回到祖先生長的部落找尋自己文化的根，否則久居於都市的原住民在經歷兩代之後，可能面臨文化失根的危機。

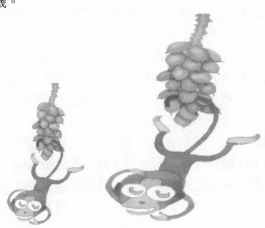

台灣地區族群融合議題

台灣地區族群融合史

　　台灣400年的歷史，歷經早期原住民時期、16世紀歐洲殖民勢力的介入、明鄭時期、大清納入版圖(1717年)、日人據台(1895年-1945年)、國民黨政府遷台（1949年），其過程可謂飽經世界文化衝擊，然而，台灣的子民—原住民由原來的優勢族群，(1624年台灣人口分布爲平埔30萬、山胞20萬、福佬數千。(沈建德，民87)到目前36萬人(教育部，民84)的弱勢族群。外來族群方面：福佬語系的泉州、漳州人在明鄭時期遷入最多；客家語系的客家人在清康熙(1721年)朱一貴事件之後才有較多的移民(劉還月，民82)；福佬、客家二族群在台灣業已經歷三百餘年的接觸交流。由於台灣福佬族群在各方面的強勢地位，致使二族群在互動的過程中，呈現出一種不平衡的發展，亦即客家人受福佬人影響，改操閩南語者眾多，反之則否。（吳中杰，民88）以上二者被統稱爲台灣人（或本省人）；內陸其他省籍通稱「外省人」則於1949年隨國民黨政府遷台。外省族群的形成，其一乃由本省人對外省人的認定來觀察，發現經過戰後歷史的影響，本省人對外省人存有不良印象，以致於將外省人分別出來。另一

方面則觀察外省人本身的認同，結果發現外省人的我群意識極高。由是這些來自中國各地的人，在臺灣形成了一個族群（柴雅珍，民85）。形成台灣時下的四大族群，其中客家人350萬佔17%、外省人260萬佔13%、原住民36萬佔1.8%其他為福佬人約佔70%（梁榮茂，民82）。另外在1990年之後台灣開放外籍勞工進口，來自東協四國包括泰國、馬來西亞、印尼、菲律賓等外籍勞工進口，亦帶來外籍新娘定居於各地，形成新近的少數族群。（朱玉玲，民89）

　　雖然台灣地區擁有許多族群，因為福佬、客家及外省人居住於平地族群互動頻繁而有族群融合的共識。因此，有關家庭教育方案的實施，以教育部社會教育司推動的學習型家庭教育方案為例，除了原住民家庭有特別專案規劃外，其他係以家庭型態來區分為：單親家庭、雙薪家庭、身心障礙家庭、隔代教養家庭、一般家庭等。（教育部，民88）。另方面，跨國聯姻的外籍新娘部分，其適應狀況及對當地社區的影響；台商赴大陸投資造成派赴大陸幹部家庭的適應問題，均是值得探討的相關議題，有待家庭教育工作者更進一步的研發方案。

當前台灣地區原住民狀況

　　針對原住民而言分為兩種狀況：目前尚居住於部落者其受到多數族群的文化衝擊較緩和；另一些目前遷居住在都市的原住民則有相當多的議題值得討論。臺灣山地地區由於先天地理條件上較為不良，使得居民所得偏低，僅為平均國民所得的三分之一左右，由於居於山地地區的居民意識到此種差距，並視到都市謀生為縮短此種差距的捷徑，加上民國50

－60年以後臺灣經濟體系劇變，平地需要大量的勞力投入生產部門，於是大量的山地勞力在此種推拉兩力的相乘作用下紛紛被吸引到都市。大量的原住民到都市謀生，對山地地區造成的影響，包括所得增加與生活的改善，以及所得結構轉變成為都以非農收入為主，此種情形更使原居山地的原住民趨之若鶩。但考慮整體經濟成長與顧及環境資源的經理保育等因素下，山地實無法也不宜發展工業，因此原住民移入都市為一不可避免的現象。

浦忠成(民85)於「原住民社區文化與原住民教育改革關係研究」一書中曾指出原住民現存家庭教育的問題為：原住民家庭經濟狀況普遍不佳，多從事勞力與長時間的工作，收入較低，造成子女生活與學習的散漫，對於生涯沒有規劃，容易產生偏差行為與學習障礙；而原住民隔代撫養，單親或破碎家庭，酗酒等問題也造成原住民學生在學習生活及價值觀念上的負面影響。都市原住民大都從事勞力付出的工作，其子女是否隨同前往都會區，對於所受的教育均有影響，如：留在原社區的子女缺乏適當教養照料或隔代教養，而前往都市就學之原住民學生可能遭遇學業、人際交往上的挫折，其與族群文化缺乏接觸，失去認識學習族群文化的機會。

譚光鼎(民87)在「原住民教育研究」一書中亦提及：由於原住民家庭的教育價值觀、教養態度與方式、親子關係、物質環境等因素，多與一般家庭有別或存有不利的因素，對於子女的學習，常形成負面影響。加以近年青壯父母紛紛出外工作，偏遠地區失親或隔代教養情形者多，對於原住民兒童與青少年更為不利。

這些進入都市地區的原住民面對環境的改變，產生適應都市生活問題，吳豪哲（民77）透過集居地區的實地調查與問卷訪問，檢視這些移入者得適應情形，發現：

就業方面：

職業單一化，多從事花費體力大、低技術的工作、不但危險性高且流動性大，換工作次數在5次以上者履見不鮮，原因以增加收入爲主，而這種追求收入增加而非技術累積的心態使其選擇職業只有在某些行業中作「橫的流動」。

居住地方面：

集居分佈均在大都會外圍，新興工業區與中級都市，普遍集居地的環境不佳，即使情形較好的社區，每戶居地面積亦僅20坪左右，某些地區甚至十分破落且面臨拆遷，但居民仍感到滿意多不願搬離，其原因與房屋所有權、居民內聚力及外界對其看法、都市高地租等有關。

社會關係方面：

集居地內鄰里往來頻繁且相處良好，與原居地維繫也甚強，對社區居民的同質性看法傾向由同族人組成或由平地人與山地人混合組成，顯示其一方面希望維持族人間關係與生活方式，一方面也渴望獲優勢民族認同。在其社會接觸方面亦僅侷限於某一特定群體與階層。

跨國聯姻家庭

因爲婚姻市場中「男多女少」性比例不均衡的因素、及女性選擇不婚的比例增加，許多社經地位處於劣勢的男性由於受到「婚姻排擠」及「婚姻坡度」的影響而必須向外通婚，因此有外籍新娘的持續引進。台灣地區外籍新娘現象的歷

史發展背景大約是在1970年代中期開始，由於東南亞各國開放觀光及投資的時期不同，進入台灣地區的外籍新娘依序是泰國、印尼、越南新娘。

外籍新娘在台灣的分佈地主要集中於中南部及台東縣、澎湖縣，而這些地區向為台灣都市工業發展過程中，相對之下屬於較為邊陲的地區。若再從小範圍的外籍新娘分佈區域來觀察，外籍新娘多集中於此區域內的相對邊陲區。

外籍新娘在台灣地區的人際網絡系以在夫家中的人際關係為基礎而逐漸延伸至社區。（蕭昭娟，民88；鄭雅雯，民89；蔡雅玉，民90）

(1) 在夫家的人際：

從外籍新娘與夫家成員的相處關係中，發現其原鄉文化會深刻影響到其適應台灣環境的速度，當不同的文化傳統接觸就會產生衝突並進而調適，如外籍新娘對婚姻的期許及其婚姻觀、原鄉夫妻相處模式皆會影響到她們與丈夫的關係。此外，其調適程度與其結婚年齡、教育程度及娘家家境有密切相關，結婚年齡較高者通常能代表其教育程度較高，其娘家家境也較為優渥，而其在處理與夫家成員的關係上亦呈現較佳的情況。

(2) 在社區中的人際：

外籍新娘在社區中的人際交往會受到其與夫家成員關係的影響，尤其是婆媳關係，婆媳相處的模式會影響到親友及鄉里對外籍新娘的觀感，進而表現於他們與外籍新娘的人際交往上。在同國外籍新娘間，會慢慢地聚集成為一個友誼性團體，彼此之間提供重要的情感支持。

(3) 與原籍國的聯繫：

　　在先生很少與女方家人來往的情況下，夫家這邊與原籍國的聯繫大多侷限於外籍新娘一人，而聯繫方式有經濟援助、情感依賴、引介人力、仲介外籍新娘、孩子的牽絆等。與原籍國的聯繫會隨著她們在台時間的增長而減弱，取而代之的是夫家或在台朋友，但若長期和娘家維持著緊密的聯繫，尤其是對娘家經常性的金錢援助，這樣的行為因較無法取得夫家與鄰里的認同，會使得她們在與鄰里的接觸上往往遭遇挫折。

　　整體而言，外籍新娘與台灣人（包括夫家、鄰里、同事等）的人際建構主要受其與原籍國的聯繫、生育、工作等因素的影響而有消長的情況。而外籍新娘對其移居地的影響也是以夫家生活為起點，而逐漸傳播至鄰里社區中。

(1) 對夫家的影響：

　　外籍新娘透過家務工作而將原鄉習慣文化逐漸流露出來，並進而影響到夫家成員的飲食生活、家庭內的空間擺飾、子女的語言教育、家人職業及心理上的改變等。

(2) 對社區的影響：

　　由於外籍新娘的大量進入是屬於1990年後的現象，早期進入台灣地區的外籍新娘人數相當少，且主要活動空間以家庭為主，因此她們對於社區的影響是較少的，目前可觀察出的社區變化僅包括男性婚姻空間的擴張、外籍新娘過度保護子女的態度而影響到學校教師與其子女的互動關係、外籍新娘可兼為補充非技術性的勞動力而有助於當地傳統產業的運作、及社區居民心理上的變化等。

　　由此可見，當東南亞女性透過婚姻遷移的方式進入台灣地區後，其活動空間主要在夫家家庭及鄰里社區中，經由與

夫家成員、社區居民的相處，一方面進行調適，另方面則將其原鄉文化逐漸流露並鑲嵌於當地。

大陸新娘

　　隨著台灣地區政治民主化、社會多元化，以及兩岸情勢的快速變遷，自民國七十六年開放大陸探親以來，兩岸人民互動頻繁，兩岸人民通婚數量亦逐年增加；由於兩岸分隔分治多年，生活習慣、處事理念多有隔閡，而男女心態、來台生活適應以及雙方相處等問題，如果處理不好極可能以離婚收場（程枚，民88；文迪，民89）。

　　台灣男性因為婚姻市場排擠的關係到大陸娶妻，有些台商認為若能娶大陸妻，將有助於在大陸的發展；而大陸女性對台灣有過高的憧憬，外嫁台灣可以滿足「虛榮」的心理。結果來台後，因為長久以來存在於兩岸人民間的隔閡與猜忌，形成婚姻生活中無形的鴻溝；加上在台配偶經濟條件差、家庭成員複雜、大陸新娘社交圈小、生活寂寞；如此，陌生的環境、複雜的人際關係、企圖不一的期望，使得基礎不穩固的婚姻關係，顯得更加搖搖欲墜。

　　兩岸婚姻雖然受到的制約因素較多，但其幸與不幸仍是兩個主體主導，如果，彼此不能虛心調適、溝通或接納彼此的價值觀，就難保婚姻一定幸福美滿，不能用心經營，婚姻品質就難提昇。因此，在兩岸聯姻日漸普遍的情況下，事先的疏導或輔導，將有助於減少社會問題，也能降低社會、家庭造成的衝擊。除了政府檢討法令規定、調整制度之外，相關社會團體或公益團體，也可以加強對兩岸婚姻的諮商與輔導，從積極、正面的角度，關懷這些家庭。

台商家庭議題

　　隨著赴大陸投資的台商企業的增多，投資金額、項目的大型化，常駐大陸各地的台商與外派幹部的人數也快速的增加。除了投資上的種種問題尚待克服之外，台商與外派幹部的生活等問題也影響到外派任務的成功與否。由於台商與外派幹部的年齡層通常已經達適婚年齡，故婚姻問題與子女教育問題為最令台商頭疼。不少台商為了顧及婚姻與家庭的團聚將子女接到大陸當地，然而成全了婚姻與家庭，但是子女卻因為當地沒有適當的學校而產生極大的困擾，令台商無所適從。

　　台商把孩子帶到大陸受教育，經過一段時間之後發現無論是思想、生活方面，常有一些問題，而子女回到台灣後也無法適應，這種問題困擾住在當地的台商家庭。因此，在前東莞台資企業協會會長葉宏燈先生的奔走之下，於民國89年9月在廣東東莞成立了「東莞台商子弟學校」。目前廣州、珠海、惠州、上海、昆明等地台商已紛紛安排子弟進入東莞台商子弟學校就讀。而繼東莞之後，上海的台商子弟學校也獲准成立，這對兩岸學制銜接會有相當正面的影響（祝政邦，民88；蘇菲，民89）。小三通之後，福建沿海地區的台商已獲准將子女送到金門就學，91學年度第一批台商子女到金門就學者有兩百多人，這是另一更有利的管道。

　　然而，家屬未隨同赴大陸的家庭，則形成兩岸通勤狀況，在家人聚少離多的狀況下，夫妻感情、親子溝通、婆媳問題....等等均是值得探討研議的議題，家庭教育工作者應該預期此類問題發生的可能性，提早研擬有效教育方案以協助此類家庭。

多元文化相關家庭教育方案

設計多元文化相關家庭教育方案的要素

在設計多元文化相關方案時，至少應包括下列四種範圍（Morries,1983；Ramsey, Vold & Williams,1989）

了解需求、期望及家庭能力

在設計相關合適的方案時，必須考慮到不同文化背景下的家庭，顯現不同的需求，期望及能力，若疏於考慮這些特徵，將導致方案的失去意義及無效。認識家庭的能力，對於設計適合的家庭教育方案是有幫助的，以家庭能力為基礎去落實與發展方案，可以激勵家庭負起解決自己問題的責任，和發現自己的需求。因此可以強化他們在社會中生活能力，使他們的家庭更具有意義和效率。另方面，文化差異的概念逐漸被重視，這個趨勢對於各種文化團體的優劣並沒有價值的判斷，且沒有介入文化團體的生活，對其進行矯正或提供模式，而是視所有文化團體的獨特性均為有價值的。因此改變方案去滿足個人及家庭的需求，結果各種文化的尊嚴、完整、多樣性，都得以保存。

家庭教育方案對各種文化團體間的需求、期望、能力必須是相當敏感的，設計具有足夠的彈性去適應各種家庭的方案，以促使每個人在多元文化社會中生活的更具有意義和效率，是家庭教育工作者應該注意的課題。

發展切合家庭需求、期望及能力的目標

　　方案的目標與目的，必須儘可能的與家庭的需求、期望和能力相吻合。若非如此，這個方案可能沒有意義和效益。許多教育學者，試圖對多元化教育方案的目標與目的做分類。（Grant & Sleeter,1989；Ramsey et. al,1989；J.Will-iams,1979）其中由Grant和Sleeter（1989）為主發展的分類表，其目標包括四個方案設計方向：1.文化差異教育的取向：其焦點放在方案步驟以幫助個人及家庭在文化差異下發展其需求修正；2.單一團體的取向：聚焦在來自單一文化團體的個人及家庭的特殊需求；3.人際關係取向：其焦點著重於個人和家庭透過自我了解和了解他人，以減少種族和文化的區別，發展團體間的互動關係；4.社會再造取向：其焦點著重於對不同文化團體的個人及家庭增能，去改變社會上人與人間不平等關係的深層結構。

　　關於上述範圍，並非互相獨立的，所有的這些目標，在不同文化背景的家庭教育工作中，都可能出現。例如：一個文化團體的孩子在學校中可能有適應的問題，針對這些孩子，「文化差異的教導」可能較合適；有些家庭可能遭遇和鄰居相處的問題，其目標則以「人際關係取向」較有適切。同樣的，一些家庭努力的在社會上無法取得的狀況下想獲得服務的需求，所以「社會再造取向」是適當的。由Grant和Sleeter（1989）所做的各種取向的調查建議，逐漸的由特殊文化團體的個別取向轉移成多種文化團體一起來共同參與

。

　　家庭教育者必須注意不只是設計方案時其目標和目的能
夠與需求、期望和能力相吻合，而更廣泛的層次是：這些目
標能夠反映出最適切的多元文化教育。

設計與執行適合的方案。

　　Morris（1983）認為，設計並有效執行多元文化之家庭
教育方案必須包含三個要素：

（1）家庭教育者對文化多樣性的認識與敏感

　　家庭教育者，在文化多樣性的社會中設計及執行方案，
扮演一個關鍵性的角色。

　　這些方案的成功與否，靠家庭教育者對文化多樣性的認
識與敏感程度。此外，獲得關於文化團體的正確資訊，對於
家庭教育者也是相當關鍵的。對不同文化團體以過時老套的
家庭教育方案，最後將是失敗的。必須獲取各種文化團體的
正確資訊，小心選擇資訊的材料，陳述各種觀點，以確定品
質（Morris,1983）。

（2）活動過程和資料

　　Gonzales-Meua（1992）對解決面對雙重文化衝突的家
庭，提出幾個建議：(a)經由了解及磋商解決，如：兩個團
體看對方的觀點及妥協；(b)經由教育者教育解決，如：教
育者去了解家庭觀點及教育者互換；(c)經由家庭教育解決
，如：家庭去了解教育者的觀點做改變；(d)沒有解決的衝
突管理，如：每個團體去看其他團體的觀點，但因為各有不
同的信念及價值觀所以不做改變。

　　另方面，在每一個家庭教育方案中，教材是非常重要的

，目前，在多元文化家庭教育方案中，尚未發展明確具體的教材資料。家庭教育者應覺察，所有這些狀況都可能在幫助家庭處理雙重文化衝突的過程中出現。我們希望，無論如何對所有民族團體的信念和價值必須被保護，不在衝突、對峙，而能互相包容。

（3）人力資源

在多元文化方案中，在社區中使用的人力資源，包括：學校、專家、父母、醫學、社會服務、政府、企業、慈善機構等相關人員。可以給家庭教育方案帶來特殊的文化知識及經驗。所有牽連的這些人力必須合作，這些合作發展的結果，具有敏感性、知識、計劃、組織、分享、關心及承諾（Morr-is,1983）。

總之，多元族群家庭教育課程，若不可能隨著世界上移民產生的速度同步發展是非常不利的。因此，家庭教育者必須持續注意各族群在教育、經濟、社會的需求，以便於提供方案設計時一個新的方向。

評估

家庭教育者在評估多元文化方案的有效性時，有兩種程序：1.形成性評估：形成性評估是在方案執行中所獲得的回饋；2.總結評估：總結評估是紀錄全部多元文化家庭教育方案中佔決定性的影響。

值得注意的是，這樣的評估結果，必須有效的導致家庭教育參考多元文化的趨勢（Williams,1989）。

目前台灣地區多元文化家庭教育方案實施狀況

　　台灣原住民都市移民的第二代已形成，其遭遇的問題更不容忽視，在漢人優勢的環境中，原住民不但人數極少，家庭經濟條件懸殊，時常受到漢人的取笑，往往產生更多的自卑感，加上家庭經濟壓力，解決家庭經濟困境成為其首要工作。很難透過現行的教育機會，獲取未來遠景的改善。

　　目前在都市原住民方面，集居現象為都市地區原住民移入者為適應都市生活所採取的策略，他們希望得到原來居民的認同，但不希望被同化，隨著都市逐漸傾向多元化，應以「調和」的觀念代替以往的「同化」。亦即都市原居民可接受與其殊異外來族群的不同生活方式，視其為都市次文化，族群各自維持其特色而仍然能緊密依存，一旦有此共識後，都市規劃者及政策設計者應去解決集居地內的問題，改善其居民生活與環境，使其居民與都市環境維持一互惠而穩定的關係，達成其遷移適應。

　　城鄉遷移不只是人口和地理空間的移動，也是文化的流動，地理空間的隔閡，往往是無法將移民在原住地身受的文化傳承完全分離，移民在新環境中重新追求文化的再生與創造，也嘗試奠基在母文化的滋養上。換言之，都市的適應並非是捨棄族群的特徵與文化的認同，原住民在幾個都市和邊緣地區，已形成許多聚居區，正顯示其族群的凝聚力，如何在都市地區加強落實原住民家庭教育，使都市中的原住民能在保有其傳統家庭文化上得到適切的社會資源，是值得探討的問題。（黃美英，民83）

　　在台灣地區有關多元文化族群家庭教育方案的實施，各相關單位亦積極辦理與推廣。88年11月嘉義大學家庭教育中

心在「原住民家庭教育推展策略規劃方案報告」中，將都會區原住民納入家庭教育推展對象。

其主要內容為：

1. 都會區原住民居住區散佈情形。
2. 都會區原住民就業與生活情形以及遭遇之困難。
3. 都會區原住民居住子女就學情形及遭遇之困難。
4. 都會區原住民家庭教育情形及遭遇之困難。
5. 都會區原住民期望之幫助。

具體做法：

1. 針對都會區原住民的特殊需要實施親職教育。
2. 協助都會區原住民建立「學習型家庭」的概念。
3. 學校配合實施原住民母語教學。
4. 學校為原住民父母實施親職教育。

指標是：

質：1. 提升原住民親職教育的知能。
　　2. 父母重視子女的成長與教育。

量：1. 「學習型家庭」的廣度與深度。
　　2. 親職教育的改善。

由以上資料顯現原住民之家庭教育雖已逐漸受到重視，而各有關單位亦能致力於原住民家庭教育活動之辦理與推廣。然檢討原住民家庭教育實施的情形，卻仍有下列的問題，急待克服與改進：

1. 原住民家庭教育之推展，欠缺完整之長期計畫作為實施的依據。
2. 目前所辦理之家庭教育推廣活動能否符合其需求，值得詳加評估考量。
3. 目前有關原住民家庭教育的法令，其層級較低，往往以行政命令的形式頒布，內涵欠周延，致推動原住民家庭教育仍有困難。

4. 目前編列之家庭教育經費仍不足，難以全面性的對原住民家庭展開推廣工作。

5. 委託學校辦理家庭教育，固然有其優點，但是教師身兼教職，難有餘力全心投入家庭教育工作，影響家庭教育之績效。

6. 家庭教育中心之人力有限，家庭教育工作之辦理與推展均賴兩名專任人員及志工負責，欠缺能長期於原住民社區進行推展與輔導工作之人員，因而各次活動往往僅能收一時之效。

7. 原住民家庭教育之宣導仍有待加強，原住民對於家庭教育活動之參與並不積極。

　　而在協助外籍新娘的方案方面，澎湖縣家庭教育中心規劃外籍新娘三年服務方案，陸續辦理「越洋新娘成長團體」「外籍新娘夫妻成長團體」「外籍新娘生活適應輔導班」等活動。接著更進一步規劃五年服務方案，以期達到外籍新娘運用各種資源幫助自己適應（自助），並幫助相同的人（助人）為目標，過程中採進階方式達到總目標，其目標包括三階段：

第一階段（1-3年）：近程目標為外籍新娘之個人學習

　　1. 協助外籍新娘在生活上的適應，了解地方民俗風情差異，入境隨俗。

　　2. 協助外籍新娘適應異國婚姻，增進夫妻良好關係，妯娌和諧相處，以促進婚姻的美滿。

　　3. 透過參加本中心的活動，了解本機構的各項服務項目與社會資源。

第二階段（1年）：中程目標為辦理外籍新娘支持團體與夫妻共學

　　1.透過團體動力讓每位外籍新娘互動分享，了解現實生活的差異，進而能彼此相互支持打氣。

　　2.辦理夫妻成長團體，共同學習，共同成長，以增進夫妻溝通，婚姻和諧。

　　3.能了解縣內各機構服務項目，並運用縣內社會資源。

第三階段（1年）：遠程目標為建立學習型家庭

　　1.延續辦理夫妻成長團體，共同成長學習，以增進夫妻關係，婚姻和諧。

　　2.引導異國婚姻家庭成員共學，以增進管教子女方法，妯娌和諧相處之道，減少異國婚姻的家庭問題。

　　3.結合縣內社會資源，共同關注與協助異國婚姻家庭的問題。（朱玉玲，民89）

　　這個方案仍在進行中，其成效如何仍待評估，部分縣市家庭教育中心以此為基礎，發展適合該縣市外籍新娘的家庭教育方案，對家庭教育工作者而言，這是值得肯定的一個重要方向。

結　語

　　家庭教育的根本目標，是在支持和增加個人和家庭生活更有意義和效率，這影響他們參與社會的積極性，具尊嚴、尊重、接受。即所有個人及家庭在被禮遇情況下，彼此承認都具有顯著貢獻並互蒙其利，以增強其個人和家庭的幸福。因為社會中的個人及家庭來自不同的文化背景，家庭教育方案不可忽略這種文化差異。文化差異結合的失敗會牽涉到這個領域目標的成就。

　　本章探索一些家庭教育者在設計具文化差異社會的個人及家庭相關的議題。這些議題包括移民的期望、衝突、傳統、雙重文化衝突，和兩代間文化衝突。另外，族群間互動的各種模式的理論、同化、合併、多元文化、種族學等。這些都是被用在探索關鍵議題中的一般策略。一個關鍵性的調查指出：種族學，它強調的是一般文化特徵，獨特的過去文化，和文化特徵的表現，提供給家庭教育發展最好的理論架構。最後被討論的是在設計家庭教育方案時重要的方向。包括在設計方案時，先了解家庭的需求、期望和能力，以便發展符合家庭需求、期望和能力的目標的方案。同時考量教育者的敏感度，了解文化差異，課程活動的選擇，教學過程，及人類資源以及評估方案的有效性。

雖然，本文並沒有完全敘述家庭教育者在文化差異社會中設計方案時所有的議題，但仍希望家庭教育者在設計文化差異社會中，幫助個人及家庭的方案設計上，能夠達到以下的理想：所有文化團體在主流社會中能得到平等，互相珍視和尊重彼此獨特的文化遺產，實現他們最大的潛能，以對社會有所貢獻。

參考書目

中文部份

文　迪（民89）兩岸婚姻問題。交流，54， 57-60。台北：
　　　財團法人海峽交流基金會。

朱玉玲（民89）澎湖縣家庭教育中心協助外籍新娘生活適應
　　　方案推展情況。輯於第三屆海峽兩岸家庭教育研討
　　　會論文選。中國：上海市教育科學研究院。

吳中杰（民88）台灣福佬客分佈及其語言研究。國立台灣師
　　　範大學華語文教學研究所未發表之碩士論文。

吳豪哲（民77）阿美族山胞城鄉遷移與生活調適之研究——以
　　　原住地東部富田社區及移住地台北近郊山光社區爲
　　　例。國立台灣師範大學地理研究所未發表之碩士論
　　　文。

李　瑛（民88）從全球「終身教育」理念的發展探討台灣原
　　　住民學習型家庭之推廣。學習型家庭理論與實務研
　　　討會會議手冊， 135-150。台北：教育部。

沈建德（民87）台灣常識。屏東：東益出版社。

柴雅珍（民85）戰後台灣外省人的塑造與變遷。東海大學歷
　　　史學系未發表之碩士論文。

浦忠成（民85）原住民社區文化與原住民教育改革關係研究
　　　。台北：行政院教育改革審議委員會。

張　雯（民90）都市原住民文化傳承的教育人類學探討——看
　　　一位卑南族婦女的生命。國立台灣師範大學社會教
　　　育研究所未發表之碩士論文。

教育部（民88）原住民家庭教育推展策略規劃方案報告。台

北：教育部。

教育部（民88）學習型家庭教育方案彙編。台北：教育部。

梁榮茂（民82）客家文化的危機與轉機—從客族內質反省客家未來。輯於台灣客家人新論。台北：台原出版社。

莊啓文（民90）都市原住民家長教育價值觀與其對子女教育期望之研究—以四個都市排灣族家庭為例。屏東師範學院國民教育研究所未發表之碩士論文。

陳貴龍（民74）。高山族學生接納自我及他人之研究。輔導學報，8，79–99。

程　枚（民88）兩岸婚姻面面觀。輯於交流，47，52-53。台北：財團法人海峽交流基金會。

黃美英（民83）貧窮與歧視間的掙扎—台灣原住民婦女的都市經驗。輯於原住民文化會議論文集，201-217。

劉還月（民82）自傲的血統，自卑的民族—台灣客家族群與信仰的弱小情結。輯於台灣客家人新論。台北：台原出版社。

蔡俊傑（民88）父母參與及教師參與對學生生活適應影響之研究—以台灣地區南部國二學生為例。國立政治大學未出版之博士論文。

蔡雅玉（民90）台越跨國婚姻現象之初探。國立成功大學政治經濟研究所未發表之碩士論文。

鄭雅雯（民89）南洋過台灣：東南亞外籍新娘在台婚姻與生活探究—以台南市為例。國立東華大學族群關係與文化研究所未發表之碩士論文。

蕭昭娟（民88）國際遷移之調適研究：以彰化縣社頭鄉外籍新娘為例。國立臺灣師範大學地理研究所未發表之博士論文。

譚光鼎（民87）原住民教育研究。台北：五南。

關復勇（民76）。山地泰雅族國中學生自我概念、成就動機、學業成敗歸因與其學業成就之關係。國立政治大學心理學研究所未出版之碩士論文。

西文部分

Appleton,N.(1983).Culture pluralism in education :Th
　　　－eoretical foundations. New York: Longman.

Banks,J.A. (1974). Evaluating and selecting ethnic
　　　studies materials. Educational Leadership ,
　　　31,593-596.

Banks,J.A.（1979）.Teaching strategies for ethnic st
　　　－udies（4th ed.）.Boston：Allyn & Bacon.

Banks,J.A.(1988). Multiethnic education：Theory and
　　　practice（2nd ed.）. Boston：Allyn & Bacon.

Boykin, A. W.(1977). Experimental psychology from a
　　　black perspective：Issues and examples. In
　　　W.Cross.（Ed.）,Final report from the Third
　　　Conference on Empirical Research in Bank Psy
　　　－chology. Washington, DC：National Institute
　　　on Education.

Chan,K. A.,Takanishi, R.,&Kitano, M. K.(1975).An inq
　　　－uiry into Asian American preschool children
　　　and families in Los Angeles. Los Angeles：Un
　　　－iversity of California.（ERIC Document Rep-

roduction Service No. ED 117 251）

Dinnerstein, L., & Reimers, D. B.(1988). Ethnic Amer
　　　-ican (3rd ed.). New York：Harper & Row.

Dunfee, M.(1976). Curriculum materials for celebrati
　　　-ng the bicentennial. Educational Leadership
　　　,33,267-272.

Ebsen,A.(1973).The care syndrome：A recourse for cou
　　　-nseling in Africa. Journal of Negro
　　　Education,42,205-211.

Feagin,J.R.(1984). Racial and ethnic relation (2nd
　　　ed.). Englewood Cliffs,NJ：Prentice-Hall.

Gallimore, R., Boggs, J. W., & Jordan,C.(1974). Cult
　　　-ure behavior and education： A study of Haw
　　　-aiian Americans. Beverly Hills, C A：Sage.

Gitter,A.G.H., & Mostofsky,D.I.(1972). Race and sex
　　　in perception of emotion. Journal Social Iss
　　　-ues, 28, 63-78.

Gonzales-Mena,J.(1992).Taking a culturally sensitive
　　　approach in infant-toddler programs.Young Ch
　　　-ildren, 47, 4-9.

Grant, C. A., & Sleeter, C. E.(1989). Turning on le-
　　　arning：Five approaches for multicultural te
　　　-aching. Columbus, OH：Charles E. Merrill.

Greeley,M.(1974). Human natural, class and ethnicity
　　　. New York: John Wiley.

Gulick, J.(1960). Cherokee at the crossroads. Chapel
　　　Hill: University of North Carolina,Institute
　　　of Research on Social Science.

Guttentag,M., & Ross, S.(1972). Movement response in

simple concept learning. American Journal of Orthopsychiatry,42,657–665.

Hale, J.(1983).Black children: Their roots, culture, and learning styles. In O. N. Saracho & B. Spodek（Eds.）, Understanding the multicultu －ral experience in early childhood education . Washington, DC：NAEYC.

Henderson, G.（1979）. Understanding of counseling ethic minorities. Springfield, IL: Charles C Thomas.

Herberg, W.（1960）. Protestant–Catholic–Jew. Garden City, NY: Doubleday.

Jim, E., & Suen, P.（1990）.Chinese parents and teen －agers in Canada: Transitions and conflicts. Vancouver, B. C.: Canadian Mental Health Ass －ociation.

John, R.（1988）. The Native American family. In C. H.Mindel, R. W. Habenstein, & R. W.Wright, Jr.（Eds.）, Ethnic families in American（3rd ed.）. New York：Elsevier.

Kallen, H.（1915, February）. Democracy vs. the melt －ing pot. The Nation, pp.190–194, 217–220.

Kitano, H. H. L.（1973）. Japanese American mental illness. In S. Sue & N. Wagner（Eds.）,Asian Americans: Psychological perspectives. Ben Lomond, CA: Science and Behavior Books.

Kitano, H. H. L.（1983）. Early education for Asian American children. In O. N. Saracho & B.Spod －ek（Eds.）, Understanding the multicultural

experience of early childhood education. Was
-hington, DC:NAEYC.

Laosa, L. M.（1977）. Socialization, education and
continuity:The implications of the socualcu
-ltural context. Young Children,32,21-27.

McLemore, S. D.（1983）. Racial and ethnic relations
in America（2nd ed.）. Boston:Allyn & Bacon.

Morgan, H.（1976）. Neonatal precocity and the black
experience. Negro Educational Review,27,129-
134.

Morris, J. B.（1983）. Classroom methods and materia
-ls. In O. N. Saracho & B. Spodek（Eds.）,
Understanding the multicultural experience
of early childhood education. Washington, DC:
NAEYC.

Newmeyer, J. A.（1970）. Creativity and nonverbal co
-mmunication in adolescent white and black
children. Cambridge, MA: Harvard University
Press.

Parillo, V. N.（1990）. Strangers to these shores（3rd
e d.）. Cambridge, MA: Harvard University Pr
-ess.

Ramirez, M., H, & Castaneda, A.（1974）. Cultural de
-mocracy, bio cognitive development, and edu
-cation. New York: Academic Press.

Ramsey, P. C., Vold, E. B., & Williams, L. R.（1989）.
Multicultural education : A source book. New
York: Garland.

Saracho, O. N., & Hancock, F. M.（1983）. Mexican Am

-erican culture. In O. N. Saracho & B. Spode
-k（Eds.）, Understanding the multicultural
experience of early childhood education.Wash
-ington, DC:NAEYC.

Saracho, O. N., & Spodek （1983）. Understanding the
multicultural experience of early childhood
education. Washington, DC:NAEYC.

Sedlacek, W. E. (1983). Teaching minority students.
In J. H. Cones, J. Nonnan, & D. Janha（Eds.）
, Teaching minority students（pp.39-50）.San
Francisco: Jossey-Bass.

Williams, J. (1979). Perspectives on the multicultu
-ral curriculum. Social Science Teacher, 8,
245-256.

Williams, L. R. (1989).Multicultural education: New
York: Garland.

Young, V. H. (1970). Family and childhood in a sout
-hern Georgia community. American Anthropolo
-gist, 72,269-288.

chapter 8

家庭教育中的宗教議題

◆前言
◆理論基礎論述
◆相關議題分述
◆台灣現況
◆台灣各區家庭教育中心
　專業工作人員實務經驗
　分享
◆結語
◆參考書目
◆附件

鄭淑芬

家庭教育學

前言

楔子——兩者並行

> 宗教可以對家庭教育有所提醒，家庭教育可以對宗教有所貢獻。如果能夠重視兩者整合性和合作關係的重要性，以確認宗教和家庭教育的終極目標是互補長短而不是相互抵觸的話，那麼，個人和家庭的需求便可以同時得到更有效的服務。

　　回顧二十世紀末的關鍵年代（1999年），台灣社會面臨一場「口水大戰」，不管是在學術界或是政治界，不乏看到各式各樣紛擾的事件，尤以選舉大戰，彼此抹黑，互相攻擊最為嚴重。孰知不久之日，「混戰局面」竟然也延燒到人類至信的「清靜之地」——宗教界。記得當時各宗教界醜聞不斷，如：『中台禪寺事件』引發集體出家青年人家長的抗議、發光顯神蹟的宋七力、販賣蓮座斂財的妙天法師、刹時使道場消失四散的清海無上師、桃園某教會牧師教導未婚女性會友自慰而牽涉性騷擾事件、釋智皓法師涉入「小沙彌」性侵害事件、尼姑和尚互控對方吃葷食、近日更有傳聞出家尼姑為了取精補陰的需要，對男信眾進行性侵害的控訴事件等宗教問題不勝枚舉。

　　諸多宗教界事件，迫使人們開始懷疑宗教信仰除了帶來人類心靈的慰藉、精神的寄託、人生觀的改變及逆境中的支持等正面的影響之餘，是否也可能因為信徒過度熱心投入、缺乏分辨的能力，以及過度迷戀權威人士的光環等因素，因而造成個人宗教狂熱或偏執，進而影響自己與家人，還有和他人及社會群體脫離，以致產生自我隔離。如此一來，宗教信仰非但無法帶給人們正面的幫助，反倒是造成個人社會適

應及人際關係經營，甚至是自我價值的負面影響。就像「水能載舟，也能覆舟」的比喻一般，宗教信仰可以幫助人們仿若方舟在遼闊的海洋上，找到自己的方向以及航向平安的波岸，然而若過度投入，缺乏理性的思考及開放的溝通經驗，則可能造成「翻船」的命運，而且還會波及周遭的人事物，反倒對個人、家庭及社會皆帶來不良的影響。

另一方面，台灣社會經歷了九二一大地震、墜機、颱風、天災人禍等慘痛教訓之後，許多宗教團體也開始進駐災區及事發現場，給予受難同胞及時的協助，其他社會服務機構也紛紛投入大量人力、物力及財力，盡力協助身心受創的個人及家庭進行心靈的復健與家園的重整。當社會各界共同努力參與社會次序重建工作的時候，宗教界紛爭對立的事端漸漸平息，此刻便可再次發現宗教信仰在個人面對「不可知的意外」、家庭遭逢「無情的變故」及整個社會面臨「動盪不安」的危機時刻，所發揮無比的「治療」、「支持」、「安定」及「重整」的功用。

這兩年來，台灣社會面對新政府治理國事之際，由於舊制系統尚未完全改變、新社會次序又未明確的奠定，因此，許多家庭面臨經濟不景氣的危機及生活基本需要缺乏的沈重壓力，頻頻傳出一些家庭的悲劇，如：「家人集體自殺」或「家庭暴力」，甚至還有家庭以「自殺」即是向所信之神還願之舉，有些父母或大人以「共同脫離人生苦海」為理由，讓年幼兒女或弟妹陪同他們共赴「黃泉之路」。諸多社會事件及家庭悲劇頻頻發生，令人不禁唏噓之餘，也深覺探究家庭教育有關宗教議題的重要性。雖然宗教信仰的議題在台灣社會並不若教育、政治及經濟等議題常常受到關注及討論，然而，就像價值觀對個人及群體具有潛在及深入的影響力一般

，事實上，宗教信仰也可能成為個人生命、家庭維繫及社會安定的主導及支持的力量。

　　本章首先從社會變遷與家庭功能、宗教的本質與功能，以及家庭教育對宗教議題的定位等主題討論有關家庭教育與宗教兩者之關係等基礎理論，繼而探討家庭教育與宗教彼此重疊目標及共同概念、宗教對家庭教育的貢獻與阻礙之影響層面，以及宗教界推動有關家庭教育的活動等相關研究。接著，筆者將就目前台灣地區各宗教信仰的面面觀，以及宗教界在電腦網頁上所提供的資料，討論目前台灣宗教界推動家庭教育課程或方案及提供社會資源的實況。再者，列點分述針對目前台灣各區家庭教育中心專業工作人員所設計有關他們處理宗教信仰議題的實務經驗分享之問卷調查結果。最後，筆者將綜合上述各節的研究結果，提出具體的建議，以及未來可以繼續研究的方向，期勉對有意從事此議題相關研究之參考，以及從事家庭教育相關工作者進行實務工作之應用等皆有所助益。

🎔 理論基礎論述

　　家庭教育和宗教的關係在人類早期的社會是息息相關的
，例如:希臘字oikos常被翻譯成「家」，這個字不只包括家
裡的成員而已，應該還有家所在的這片土地(這是很重要的
聯結象徵)、工作(生產力)、祭壇(代表宗教的儀式與價值觀
)等。Coles(1990)在研究美國印第安小孩有關他們宗教的信
仰和及實踐情況的時候，發現這些印第安的美國小孩認爲他
們的靈性生活是完全跟家庭生活緊密連結的私人事情，如果
沒有將家庭和宗教連結一起的觀念，是無法和他們討論有關
信仰的議題。還有中國人受到儒家思想的影響，特別強調家
族的傳承及祭祀祖先的孝道觀念，因此，「慎終追源、祖先
崇拜」向來是中國人家庭教育的基礎。綜上可見家庭教育與
宗教之間的交互關係，是有系統的架構而不是直線、單一或
隨意的組合，兩者之間會相互影響，而且還可以彼此合作，
以提供服務。以下茲就社會變遷與家庭功能、宗教的本質與
功能、家庭教育對宗教議題的定位等三方面討論家庭教育與
宗教之間的關係。

社會變遷與家庭功能

　　人類社會向來十分重視家庭的維護及經營，無非在於家庭可以提供每個成員一些基本需求的滿足及各種功能，如：經濟、保護、繁殖、教育、政治、情感、娛樂及宗教等(黃迺毓，民80；謝秀芬，民86)。然而，隨著社會的變遷，家庭的各種功能也從傳統農業時代由家庭全部負責，漸漸轉爲家庭以外的社區工作，現在進入工業時代的社會，則需要與其他相關的社會機構共同合作，以建立許多不同的制度，如：政治、經濟、醫療、法律、教育、宗教團體、娛樂文化等，以更緊密的社會支持網絡來維護目前只有具備情感、生殖及養育等功能的家庭制度(謝秀芬，民86，頁90)。此外，也因爲社會的快速變遷，使得家庭的結構由過去可以自給自足的擴大家庭，轉變爲折衷家庭或是目前的核心家庭，這使得家庭內的支持系統更加脆弱。如果社會其他相關系統及機構無法在家庭有所需要的時候，適時提供充分的協助，家庭問題便因應而生，甚至造成最後的瓦解。因此，家庭教育工作人員需要深入探究針對不同家庭教育主題所提出的宗教觀點及討論，才能檢視宗教對家庭教育的影響性。舉例來說，猶太教的經文和傳統非常重視在家中遵守宗教的規條，如：每個禮拜安息日特別的餐會，點臘燭，聚集家庭成員一起參加住棚節的儀式，慶祝安那卡節（猶太教節日），觀察猶太教戒律的廚房，還有以家庭爲中心對神所表達的信仰，以及和其他更大的家庭和猶太族人共同聚集等。依據Lamm（1980）的說法，家庭被視爲人類得到祝福的主要來源，因爲在家中孩子可以學習信任、憐憫、無條件的愛、道德、教育，還有如何慶祝及表達歡樂，如何與兩三代的家人同住及彼此建立關係。此外，Williams(1987)也提到「家庭祭壇跟家庭儀式

在印度文化中是十分重要的部份，印度人可以在家中全心參與自己的宗教儀式，不過，卻很少到廟裡或其他的聚集場所」，這種具有「家庭式印度主義」色彩的宗教儀式，就是美國印度移民傳承宗教信仰儀式中最重要的部份。Thornton（1985）強調「宗教機構和價值觀對過去社會的家庭生活有很大的影響力，也是現今家庭結構和關係中很重要的因素」。D'Antonio(1985)則留意到「美國羅馬天主教已感受到社會現代化及理性化過程所帶來的壓力，對個人自主的訴求已影響家庭的行為，並且挑戰教會的聲明及權威。」因此，他建議教會的領導階層必須以更開放的方式來回應這些改變。

Cornwall(1990)檢閱一九八〇年代所出版有關家庭研究、宗教、社會學、心理學、治療等相關期刊之後，提出以下的結論：「雖然這些期刊已經逐漸留意到有關宗教與家庭的研究，但是，焦點大部分還都集中在宗教信念、實行與家庭生活的關係等層面，卻很少直接留意到家庭生活對宗教所產生的影響。」Garrett(1989)也指出「宗教跟家庭如果過度留意對強化及維持基本的社會價值觀所扮演的正面角色，就無法有建設性地適應現代家庭的挑戰。例如：低下階層家庭的問題持續增加；還有貧困兒童比例提高；年輕人的同儕文化與父母文化所認定常態行為模式之間不斷的衝突；雙薪家庭所產生的壓力，造成婚姻生活很難維繫親密關係；現代在美國的性氾濫問題；重組家庭調適問題；美國社會無法接受無性別主義的社會秩序等其他相關議題。」

事實上，目前台灣的社會，由於社會的高度商業化，人人忙於「拼經濟」的努力工作行列，雙薪家庭的比例逐年增加，加上在國際的政治及經濟情勢，仍處於不穩定的狀態，這使得離婚率逐年上升，單親家庭增加，孩童無法得到適時的照顧及陪伴，轉而從同儕朋友中得到情感的支持，因而青少年夜留網咖不歸、參加搖頭派對、集體飆車及鬥毆的事件

層出不窮等。這些令人觸目驚心的社會問題，不只反應目前
台灣社會各種制度的問題，同時也呈現家庭目前所面臨的危
機，如果不能適時提出合宜的解決辦法，想必會讓家庭問題
更加惡化、社會更加紊亂。細究這些與家庭問題有關的社會
現象，無非與家庭所經歷的變遷有很大的關係，其中與宗教
議題有所關係的改變，則包括：傳統家庭倫理的式微、祖先
崇拜不若過去之受重視、年輕一代從事宗教活動愈見減少，
有則接受西方宗教等(蔡文輝，民87，頁318-319)。當現今
家庭從過去以父母及祖先爲主的家族概念，轉而以兒女爲中
心，看重小家庭中兒女的成就及經濟收入等現況，而不再重
視家庭的傳統倫理及對下一代人格的養成等工作，這使得家
庭問題更加嚴重。家庭教育人員面對這些家庭問題挑戰的時
候，勢必要從家庭價值及倫理的基礎著手，才能找出眞正問
題所在，確實對家庭帶來眞正的幫助，如此，對於有關家庭
教育的宗教議題便不容忽視才是。

宗教的本質與功能

　　宗教是社會文化因素之一，其基本角色可被認爲是領人
皈依信仰，或者提供個人和精神發展的支持。然而，家庭是
社會機構，其基本角色若被視爲繁殖生產和提供孩童社會化
的學習，或對所有家庭成員的撫育，以促進個人的發展，那
麼，兩者的關係便十分不同。美國有三派學者對於家庭與宗
教之間的關係有不同的看法。其一：學者Browning(1991)提
出「家庭是服務教會使命才存在的觀點，因此，他認爲家庭
的主要任務是爲上帝國度扶育孩童」；其二，學者Hauerwas
(1985)則認爲「宗教機構的基本教育角色是性格的養成。忠

誠是性格的根本，而性格又是堅定的婚姻和家庭關係所需要
的愛與誠信之堅固基礎」；其三，學者Bender（1982）則提
出教會和家庭之間第三種關係的看法，他認爲兩者實質上有
同樣的任務，因此家庭的層面必須涵蓋在所有牧會任務中。
另外，Thompson（1989）也提出一個類似是相互影響的模式，
他強調「家庭是提供繁複的靈性養成的機構」而「不同的靈
性活動實際上可以支持家庭在較大的社區生活中健康發展和
成長。」從這個觀點來看，家庭教育和宗教教育至少應該被
界定爲互相補強，有時是各自平行發展或相互整合，在某些
情況下，或許也很難區分。

　　針對宗教信仰本質的主題，林月琴曾於「從宗教與教育
的關係論宗教的教育價值」一文中，整理西方與我國學者的
看法(林月琴，民83，頁96-7)，其中大多以陳迺臣所著「宗
教的教育價值」(民77)一書之內容中所引述的學者定義爲主
，再加上其他國內學者之引述，如：楊紹南(民58)、金子馬
治(民62)、吳康(民56)、歐陽教(民81)及郭維夏(民81)等人
的看法。綜合上述學者之見地，宗教信仰的本質可分爲以下
三派：

主情派(sentimentalist)

　　學者施列爾瑪哈認爲「宗教是一種無條件依附的情感」
；費爾巴哈(Bach) 認爲宗教是「一種利己的求福心」；彌
爾(Mill, J.)認爲是「某種理想的願望」；威廉.詹姆士（
James, Williams)則認爲是「一種熱誠的結果」；愛因斯坦
(Einstein, A.)則認爲「宗教先是一種恐懼，後爲一種善愛
，將來乃是一種世界性的聯合」；金子馬治則強調「宗教歸
依的情感乃建基在對於絕對者一種存在的深切歸依。」 此
派學者強調宗教信仰對人類情感依附上的心理需求之本質意
義。

道德派(morality)

康德(Kant, I)提出「宗教與道德乃是二而一之事」,他並且強調「真正的宗教應該與道德完全符合,既不多,也不少」;柏格森(Bergson, H.)則提出「道德與宗教二源說,以『生之衝動』作為瞭解道德、宗教及歷史」,他認為若以歷史觀看道德與宗教的關係,則發現兩者常是混合的、錯綜複雜的,其中有實用的因素,也有理想化的成份。上述兩位學者皆提出宗教信仰在「道德」方面的本質意義。

知識派(cognition)

學者馬里丹提出「人類知識的最高層次乃為『神秘的智慧』,其作用與人類高級的宗教情懷相通」;齊克果(Kierke-garrd, S.)則描述宗教生活為「偉大的吊詭」之知識層面;桑塔那那(Santayana, G.)則在「宗教理性」一書中,批「宗教乃為超乎理性思維所擲的絕望賭注。」雖然他的論述並未贊同宗教之理性本質,但也說明宗教在知識層面的運作歷程。另外,叔本華(Schopenhauer, A.)則認為「宗教為『通俗化的形上學』,常藉寓言與神話表達出來。」

綜合上述三派的觀點,宗教信仰的本質包括知、情、意三個層面,亦即上述三派(知識派、主情派、道德派)之本質定義,也反應人類在宗教信仰上所得到智慧的啟示及解放、精神的支持及鼓舞、還有心靈的提昇及改革等實際意義。張春申等(民81)提到宗教對於家庭可以產生「認知、整合及生存的功能」亦即使家庭成員可以宗教終極的關懷眼光看待家庭的意義;同時透過宗教儀式及禮俗,可以增加家庭成員彼此交流及更加團結,如此一來,家庭的生存可以得到保護,同時,也能提昇家庭生活的品質。

陳玉賢(民87)曾引述俞倩華(民75)的看法,提出宗教依個人之狀況,其意義不同,「對大多數人而言,宗教是以神

為中心的信仰和崇拜儀式；對某些人而言，宗教可以涉及許多神明；有些人則完全依照個人的方式，讓自己的宗教信仰獨立於任何宗教組織之外。」還有學者鍾福山（民84）則提出宗教兩種定義：「狹義的宗教必須有『超自然』或『神』的存在之信仰才是宗教；廣義的宗教則是一個社會裡針對終極關懷，如對人生、社群、道德、宇宙等存在諸方面終極意義的追尋，所衍生的思想信仰都算是宗教。」學者鄭石岩（民80）以教育的觀點，提出「宗教是人類生活和心理需求的反應。其中蘊涵解答精神生活的智慧，並且使人找到人類心智成長的答案。」

若以社會的觀點來看，宗教信仰對社會具有維護及加強社會的團結和整合的功能。其次，還有其他的功能，如建立信徒社區、社會道德的控制、對未知事物之詮釋、減輕人類面對世上各種痛苦的經歷、提供人類精神的寄託及心靈的支持，以及標示人們在人生各階段成長過程中的改變及意義。社會學家墨頓(Merton，1968)曾提出宗教具有以下數項正向的功能，如：提供生活的目的和意義、對人類命運及自然等問題給予解答、加強社會價值與規範、減少意外、提供額外的力量、確定規範和維持力量、維繫社會活動的規律、減輕人類痛苦與悲傷、給予懺悔的機會、建立個人和社會的實體、進而維持團體的合作與團結等。

若依據阮昌銳所著「中華民國宗教之研究」指出宗教具有提供解決問題的方法、滿足個人心理需要、維持民間社會價值及社會秩序等功能。

上述針對宗教信仰的功能大多強調其正面的功能，只是不可忽視宗教信仰亦有其負面的功能。如歐陽教（民81，34）曾提出宗教具有撫慰與統整、互補與創造的功能，然而也難免具有消極避世與分裂排他的負面作用。張春申等（民81）則提出宗教在社會中可發揮以下的功能，如:加強道德秩序

、提供精神支持和慰藉、增加社會控制、產生認同及預言、提供宇宙觀，以及和平、愛、正義，還有更豐富的生命等。茲以林忠本(民86)綜合各學者專家的研究，提出宗教信仰正面及負面的功能，列點分述如下：

宗教的正面功能：

1. 滿足個人需求，提供人類情感的依託與慰藉
2. 確立社會價值規範，維持社會秩序
3. 形成凝聚力，促進並維持團結的功能
4. 提昇人類文化生活層次
5. 減輕人們對現世生活的不滿情緒，建立積極的人生觀及世界觀

宗教的負面功能

1. 造成過度迷信，導致失去理性判斷
2. 宗教慶典儀式常造成錢財的浪費
3. 阻礙社會的進步發展，如部份宗教期待神蹟而忽略科學和醫學的功能及發展。
4. 引發衝突，發動宗教戰爭。

綜上所述，宗教信仰的正向功能，是人類進步及提昇生活水準，以及促進「世界和平」的重要基礎，但是，人們卻常常以本位主義，壓抑或否定「異己」的言論及觀點，因此，宗教信仰也可能爲部份具有「權力慾」人士用來牢籠人心、迷惑眾生的工具，造成負向的傷害功能，因此，家庭教育工作人員面對有關宗教的議題，不能只是一味看到其對個人、家庭及社會的正面功能，而忽略宗教可能對產生的負面影響力，才不至於對一些特定宗教的信徒或是一般社會人士造成傷害才是。蔡百詮譯(民89)認爲宗教可以提供人們對家庭

有一種「根」的感覺、想法及信念；同時提供人們精神飛翔的「翅膀」，帶領家庭成員可以深刻體會「個人及家庭的神聖時刻」(頁7，頁364)。如此美好的家庭氣氛及生活品質正是宗教在家庭教育中可以扮演積極的角色，以充分發揮正面功能的最佳寫照。

家庭教育對宗教議題的定位

　　首先就家庭教育的定義，可從實施的場所、對象及內容要點等三方面來討論。其一、家庭教育乃是在家庭內實施的教育；其二、家庭教育是父母對兒女實施的教育；其三、家庭教育乃由家庭中的人際關係，延伸至家庭與社會的關係；因此也需要顧及終身學習的觀點，與其他社會機構的關係（林淑玲，民89，頁 9-10）。家庭教育隨著社會的變遷及家庭結構的改變，所著重的內容也有所不同，如：Thomas和Cornwall(1990)提到「宗教的議題在1960年到1979年之間並未被婚姻與家庭期刊列入為18個重要的議題之一」。因此，美國對於家庭與宗教的相關研究也是等到了1980年代之來，將宗教列入婚姻與家庭手冊的章節，又進行有關宗教與家庭的研討會之後，才漸漸受到重視。1984年美國家庭關係全國會議(The National Council on Family Relations)訂出家庭生活教育十項次領域：社會中的家庭、家庭互動、人類成長與發展、人類性需求、人際關係、家庭資源管理、親職教育與輔導、家庭法律與公共政策、家庭倫理以及家庭生活教育等。其中提到有關宗教議題的研究則納入社會中的家庭有關社會文化的各種因素，同時還包括社會階層及兩個因素。另外，針就不同年齡者（兒童、青少年及成年），其列在家庭

與社會的宗教議題，依不同時期所著重的內涵也不同，如：兒童時期重視對「家庭間不同的宗教信仰和行為」的認識及了解；及至青少年與成年時期則只是提到「宗教對家庭的影響」；還有成年期又增加對「支持網絡，包括家庭、朋友及宗教機構」的了解。綜上所述，美國家庭教育機構雖然在教育的次領域已提及宗教對家庭的影響及其在社會網絡上對家庭產生支持性的功能，但是，有關其對家庭那些方面產生影響，則並未詳加說明，這或許也說明美國重視個人主義，將宗教議題列入「個人化」私領域範圍的緣故。

事實上，Thomas和Cornwall（1990）於研究論文中，則提到一些學者研究有關宗教對於家庭相關議題的影響，如：Schumm，Bollman以及Jurich（1982）提到「參與宗教活動者的婚姻滿意度比未參加者來得高」；Filsinger和Wilson（1984）則發現「宗教虔誠比社經地位或家庭發展特性更可以預測婚姻的適應情況」；Heaton(1984)則提到「同一個信仰的婚姻滿意度愈高」；Hoge及其同事於1982年研究宗教對父母傳遞價值觀給青少年有很大的幫助，同時可以改善親職的緊張關係。Cornwall (1988)則提到「家庭的宗教儀式對成人的影響力比兒童還要大」；Thomas(1988)則提出「57%成人受到宗教及家庭的影響很深，其生活滿意度比較高，而且沒有沮喪感；」更重要的是父母的信仰情況會直接影響子女的宗教信仰選擇或堅持、婚姻的滿意度、還有親職關係的品質。因此，家庭教育工作人員對於宗教的議題應當給予適當的重視才是。

至於我國的家庭教育對於宗教議題的處理，則比較不明確，也沒有列入教育部「家庭教育工作綱要」的五大工作內容，如：家庭世代生活倫理教育、夫妻婚姻關係、親職教育、現代化家庭生活教育，以及家庭和社區關係教育等。另外，對於教育部送至立法院的家庭教育法草案中第三條所列出

家庭教育的內涵中，包括兩性教育、婚姻教育、親職教育、子職教育及世代倫理教育等，兩者皆未明列有關宗教的議題。因此，筆者以為可將宗教議題納入家庭世代倫理教育以及家庭和社區關係教育，前者強調我國受到儒教「崇拜祖先」的影響，以及對於「孝道文化」所傳承的家族主義；後者則可以針對宗教機構可以提供的社會網絡，以幫助家庭強化功能及提供相當的支持。是故，家庭教育的工作目標無非在幫助家庭面對社會的變遷及家庭本身的生命週期過程中，可以得到充份的預備及訓練，還有支持及協助，因而可以有更豐富的生活內涵及更高的品質。宗教可以提供家庭成員在認知、情感及意志上學習經營家庭的概念、信心及方法，以維繫家庭成員的關係、增進良好的溝通，幫助家庭可以積極面對社會各種挑戰，使宗教可以「家庭化」，進一步透過社會控制來幫助改善社會的風氣，或是成為時代的「明燈」，提供處於混亂社會中的各個家庭可以努力的方向。

相關議題分述

本節將進一步就家庭教育與宗教的重疊目標和共同概念，宗教對家庭教育的貢獻及阻礙，宗教界的家庭教育內容與活動等三方面相關議題，探討家庭教育與宗教之間的相互影響性。

重疊目標和共同概念

　　Cunningham（1989)提到「家庭教育與宗教所提倡的共同目標乃在於幫助人類全人發展，及強調對他人的尊重與關心，自我了解和自尊的重要性，家庭成員之間良好的溝通技巧，及對個人的行爲負責等概念。」他們同時也就以下幾點，分述家庭教育與宗教彼此之間共同持守的信念及目標：

人類發展

　　他們認爲人類發展的過程，需要注意到信心的發展、宗教教育、道德發展、宗教狂熱等問題。還有個人認同的發展也要考量宗教、家庭和社區等相關層面的影響性。研究者可以嘗試用發展式的觀點來檢視宗教在個人及家庭生活所扮演的角色，例如：二次世界大戰後，在美國出生的「嬰兒潮」世代，因爲其父母曾經經驗過戰爭對家庭及社會的影響，因此他們在邁入爲人父母階段之後，對於經其對正式的宗教活動參與度也漸漸增加。另外，中國大陸經歷六十年代文化大革命的知識份子，經歷「批孔揚秦」的社會約制，以及「毛語錄」的集體教導，當他們有機會到美國留學、接觸教會所提供的支持及幫助的時候，很容易受到感動，而改變原來無神論的思想，成爲熱心的教會成員，以影響其他人的信仰。王順民(民90)提到在台灣社會中，由於慈濟功德會「家庭化」的特性，使很多人願意參與社會的志工服務行列，透過捐款及參與義務工作，幫助自己及他人；另外，基督教會則參與山地的建設及關懷工作，使得台灣東岸的開發及少數族群的關懷工作，可以得到重視。這些實例皆可說明人類發展過程中，如：馬斯諾（Maslow）所提出的心理需求階層理論所述，需先得到生理及安全的滿足，繼而得到愛與歸屬的肯定，

最後，才能達到自我實現的境界，因此，家庭教育可以透過宗教情操的培養幫助個人及家庭得以充分的發展。

倫理、價值觀、道德發展

宗教與家庭教育的關係在倫理和價值觀層面尤為顯著。Thornton（1989)觀察家庭規範的趨勢和宗教價值和信念的趨勢是否有類似的途徑，結果他發現「這兩種趨勢皆顯示現今愈來愈強調個人的自由而比較不注重對過去建立的權威及行為標準的嚴格一致性要求。」家庭教育則可用以下三種方式來傳遞價值觀：一、直接將價值觀納入家庭教育課程中，成為一項研究的主題；二、教育人員在選擇教導的方法和內容時，考量價值觀所扮演的角色；三、在教育的環境中，其關係的本質可能反應某些特定的價值觀。

Browning(1991)從宗教的價值核心，提出「基督徒愛的基本倫理，應該是平等的看待，可以應用在家庭教育的一種觀念，也可以成為一個設定的標準，以詮釋家庭成員之間的關係，而且也用來支持不同生活方式的選擇和家庭的類型。」

Kohlberg(1981)一直在主導道德發展的實證工作與理論的研究，他將自己所建構的模式建立在皮亞傑(Piaget)的認知--結構發展理論上，他主張「道德與宗教無關」，然而，Hanson(1991)則指出「道德推理的發展研究不可忽略與宗教之間十分重要、不過或許是比較複雜不明確的相互關係。」

中國人在儒佛道為主的宗教信仰影響下，普遍接受「因果報應」的輪迴觀念，因此，對於「行善」、「施與」的道德觀念十分看重，加上在東方社會中大多以「群體」的利益為考量，如：家族、民族及國家的福祉應當高過於個人的安危，透過三綱五倫的教導，以「君臣、父子、夫婦」的人際脈絡所建立的家庭教育，更是強調對「禮義廉恥」倫理的持守、「百善孝為先」的價值觀傳遞，以及「修身、齊家、治

國、平天下」的道德發展。

信心發展

在西方社會中，Kohlberg乃主導道德發展的研究，而信心發展的研究則是由Fowler所主導。由於西方的主要信仰的內涵，乃是以基督教的「救贖論」為基礎，強調（造物者）神的愛，人類的墮落及犯罪、神派獨生愛子耶穌在十字架上代人受死，流下己身的寶血，人們只要憑著信心接受神的救恩，就可以再回到神的懷抱，享受神愛的恩典及豐盛的生命。本仁約翰所著「天路歷程」一書清楚描繪成為憑信心接受神恩典的信徒，在奔走天路的過程中所可能面臨的考驗。這個信心模式一開始是由認知發展及結構主義的觀點所延伸出來的概念，因此，使得宗教的內涵也被納入一般人類發展及家庭關係的研究。

至於東方的社會中，對於宗教信仰的基本態度，乃以「修行」為基礎，強調信仰的追尋及實踐的過程中，個人所下的功夫比較重要，所謂「師父引進門，修行在個人」就是這個道理。是故，東方的宗教比較強調「修行」的靈性發展，更勝於信心的發展，也就是重視「得道」靈性生活的體驗及實踐。

靈性生活

靈性生活的本質主要在描述人類與那位至高能量來源者之間的關係，也就是說在探討個人如何發展自己與別人及宇宙之間的關係。靈性生活的層面，與宗教狂熱生活有所不同，宗教狂熱的生活是特別提到一種實行的狀態，或只是對某些特定信仰的宗教或教派的一種共同實行模式。以東方與西方靈性生活的模式來比較，可以解釋許多有關家庭生活教育的不同議題。例如：Bolen(1979)曾經特別檢視自己與他人之

間的關係，其內容也特別提到靈性的來源，如果從不同的宗教傳統來看，就會有不一樣的概念呈現，如道教、上帝的國、道德等一般觀念。Boyer（1984）則是從靈性生活與家庭生活研究中，做一些整合的概念，並且提出兩個存在於世界的生活方式（一個是在邊緣的生活方式，一個則是在核心的生活方式）。這兩種生活方式可以成爲相互彌補而非彼此排斥的概念，而且它們有許多共通點，譬如：基督教徒留意上帝的愛及關心鄰舍兩者皆是主要的靈性課題。

至於東方社會中，大多以儒、佛、道教三個宗教信仰爲主，對於家庭靈性生活的體驗十分看重。鄭志明（民88）提到台灣的民間宗教可分爲兩種宗教，其一爲士林宗教，乃是所謂讀書人(知識份子)所持守的大傳統，以儒、道、佛爲主，崇尚祖先的崇拜及對四書、五經、老莊等經典的研究及個人的修行；其二爲社會宗教，乃爲一般平民百姓所相信的小傳統，也就是民間不分儒釋道的「拜拜文化」。不過，自從人民團體法開放之後，台灣社會出現許多新興的教派，如：觀音法門、眞佛子、法輪功及元極舞等，這些教派大多強調透過身心的保健及個人與團體的修練，以達成「人神一體」的靈性境界。還有聖嚴法師（民83）提到佛教強調「淨化家庭」以爲淨化社會的根本，而佛化家庭的成員透過共同遵守佛家的「孝敬父母」、「夫妻共修」及「栽培兒女」等原則的靈性生活過程，可以達成「淨化人間」的最後理想。李豐楙（民83）於現代社會中家庭的平衡與發展的研討會中，提到道教認爲家庭乃爲修道及行道的淨地，信奉道教的家庭則稱爲「奉道之家」，乃以遵行「忠、孝、和、順、仁、信」的教義爲主，特別重視孝道及和諧關係的經營，以爲靈性生活的主要內涵。

信仰生活

信仰生活乃是指宗教的信仰和實踐，這是一個非常特別的概念，其在理論與應用的層面上非常重要，而且在很多實證文獻中與信仰生活特別有關的因素，包括健康、性議題以及社會化關係等，這也是研究家庭教育與宗教之關係，應當特別留意的部份。例如：Dudley 和Kosinski(1990)認爲信仰生活可作爲預測婚姻滿意度的方式，他們發現在安息日會聚會的夫婦，其婚姻滿意度最高，這與他們家庭對宗教崇拜及夫婦在信仰生活和教會出席率有關。另外，Bahr和Chadwick(1985)在長期對美國中西部做一些研究之後，發現宗教與家庭之間有很強的關聯性。以中西部美國人爲例，「愈有信仰生活的人，就愈有可能結婚，婚姻可以維持得更好；他們對婚姻的滿意度也比較高且生育更多的小孩」。信仰生活也跟家庭的其他因素有關。信仰生活在以色列猶太已婚的婦人中發現與他們的家庭生活傾向十分有關，包括孩子的總數、期待家庭結構的大小、結婚的年齡等。在摩門教徒當中，也發現對宗教投入的程度與生育能力十分有關。還有，Johnson和Mullins(1989)認爲信仰生活和社交關係之間的關聯性，他們發現那些比較能夠獨立生活的老人，愈能參與宗教的社會層面活動，好讓自己覺得比較不孤單。

吳寧遠(民88)提到在台灣社會中，接受西方宗教者，其自主性比較高，因此其個人的家庭類型與自己的父母不同；而東方宗教信徒，受到父母信仰的影響比較深，所以，他們的家庭類型和自己的父母相同。他同時引述Ross(1979)研究臺灣2,646位女大學生的宗教信仰，發現「在台灣，家庭影響個人的宗教信仰。尤其傳統佛教與民間信仰者受家庭的影響比基督教還強。」(頁389) 吳寧遠(民82)提到「台灣民間的主要信仰動機是『求家庭平安』，而且母親影響其兒女的民間宗教行爲。」黃俊傑(民70)則提到「在台灣的無宗教信

仰者、基督教徒及天主教徒的生育子女實際及理想的人數比佛教徒及道教徒還少」，因此，前者的家庭型態多為核心家庭；後者則為主幹家庭。林本炫（民88）提到改變個人宗教信仰的主要因素以「受到家庭成員、親友同事及配偶」為主的家庭關係影響最大，佔46%左右的比例，家庭的宗教氣氛可以增強個人接觸宗教的意願。另外，當宗教活動成為家庭活動的一部份，家庭其他成員也很容易在自然的情況下，成為該信仰的社會網絡，以影響其他人接觸該宗教信仰。

綜上所述，宗教信仰在人類發展、倫理、價值觀與道德發展、信心發展、靈性生活及信仰生活等五方面和家庭教育有共同的概念及重疊的目標，以期幫助個人可以安頓好自己的心靈，與他人建立良好的關係，以及成為社會發展及參與的重要主力，共同為謀求人類的福祉而努力。下小節，將繼續討論宗教對家庭教育的貢獻及阻礙的影響層面。

宗教對家庭教育的影響

正面的影響（貢獻）

宗教信仰生活對一些家庭的現象具有很大的影響力，如：個人幸福感、婚姻滿意度、家庭情感的聯結、孩童的訓練、家庭認同及承諾、家庭溝通、家庭危機和壓力管理等。因此有一些學者就宗教對家庭生活的影響，進行一系列的研究。例如：學者Abbott(1990)等人曾提出五項宗教可以促進家庭幸福的方式：1.提升家庭的社會支持網路；2.提倡家庭活動及休閒；3.灌輸家庭成員支持性的家庭教導及價值觀；4.提供家庭在社會及福利方面的服務；5.鼓勵家庭尋求靈性的

支持以解決個人及家庭的問題。另外，學者Curran（1983）提出宗教是15項的健康家庭指標的特徵之一。其他項目也反映很多家庭的宗教信仰和實踐，如家庭的儀式和傳統、對別人的服務、道德教育、尊重他人、共同分擔責任、信任感、互相支持。這些特徵和很多宗教團體教導的內容十分相符，其中包括溝通和傾聽、用餐時間互動交流、趣味性和幽默感、成員間平衡的互動關係，共享休閒時光、尊重彼此的隱私、願意面對問題和尋求他人的協助。還有學者Bogot（1988）建議可以直接引用猶太人家庭的例子中八個價值的字眼，來作為家庭的檢核表，以為家庭生活品質管制的工具，如：同理心、幫助他人發揮潛能、持續性的照料、互相協助、在公義和憐憫之間做抉擇、自尊、禮節及辯論。這個表格所列的品質和Curran所提出的觀點一樣可以符合家庭教育的一般目標，以增進與豐富個人和家庭的福祉。

許多研究也發現靈性或宗教上的信心與有效處理家庭壓力源有關。例如，Ratcliff(1990)提到個人的信心幫助家庭處理有智障孩子的壓力；Fewell(1986)也認為宗教扮演緩衝者的角色，以幫助那些需養育智能不足孩子的家庭，並不完全從教會團體而來，倒是由於下面這三個重要的要素：信心、對上帝的相信及禱告。其他的研究者也發現個人的信心和支持性的宗教團體之間的聯繫，可以說是有智障子女的父母處理問題時的重要資源之一。

Williams(1997)提到哈佛大學的學者Richard Freeman對市區黑人青少年有關信仰生活的研究，發現以下的結果：固定上教會的青少年50%不可能犯罪；54%沒有濫用藥物；47%沒有輟學，而且2/3的男女青少年沒有從事性活動。

李季樺和陸洛所翻譯的宗教社會學一書中，曾提到宗教對個人生活的調適，其中包括身體健康及心理的健康均有幫助。父母親的宗教信仰對孩童了解家庭的宗教觀有很大的影

響性，這也是個人在身心健康調適的基礎。書中同時引述學者斯塔克(1971)提到「教會成員在精神方面的功能損傷比一般人明顯的少」(頁161)。還有學者切瑟(1956)發現「夫妻雙方信仰一致，則婚姻的完整性愈高」(頁197)。劉昭仁(民82)則引述「英國功能學派的人類學家馬凌諾斯基，曾讚美中國的家庭組織，尤其是宗教方面，是社會和文化強而有力的泉源」(頁17)。他同時提到夫妻宗教信仰相同者其婚姻滿意度比較高，離婚率比一般人少一倍。彭懷眞(民87)提到宗教信仰是否一致是影響婚姻成敗的主要婚前因素之一。

宋光宇(民84)提到台灣民間宗教信仰幫助一群從農業社會轉向工商社會的「都市外來人口」可以適應社會競爭的壓力，還有在無法融入當地的宗教活動的時候，依然可以找到與自己家鄉類似的宗教信念，以「明心見性，達本還源」，以減除個人心理的壓力及維持家庭生活的功能。(頁259－260)。孫效智(民88)提到一項民國83年的統計調查，發現「80%左右的人認爲宗教信仰在精神生活上扮演重要的角色；80%以上的人肯定宗教信仰對人的道德認知與實踐有所助益」(頁58)。羅光(民78)提到中國社會注重孝道的表現，以祭祖或家神爲主，他鼓勵三代同堂的家庭是解決目前許多從家庭所衍生的社會問題之根本。

負面的影響(阻礙)

雖然宗教對於家庭教育的推展有相當的貢獻及幫助，不過也不能忽略其負面的影響或阻礙。美國仍然有一些反對家庭生活教育的力量是來自於宗教的權勢，例如:學者Scanzoni(1985)曾指出這派人士的信仰心態的特性乃在要求以嚴謹和合法的態度來看待世界。因此，他們企圖透過三方面掌控的機制:(1)壓抑差異性;(2)建造分立的次級文化;(3)努力迫使社會迎合他們的觀點，以保護自己所建構出來的事實。還

有學者Lawrence(1989)指出所有宗教信仰的基要眞理派人士，不管是那一個教派，都想超越個人宗教的動機，而企圖共同參與理想的組織團體，以達成提升宗教信仰復興的異象。還有一些宗教團體的成員想試圖增加對各個區域公立學校的影響力，以確認公立學校在兒童社會化過程所扮演重要的角色。有些人則把他們的孩子從公立學校轉到以信仰爲基礎的學校就讀；還有一些人則選擇自己在家裡教孩子讀書。基督教所倡導的「在家教育運動」，近年來在教育、宗教、家庭和政治機構中產生很大的爭議。參與在家教育運動者的基本理念是他們相信家庭教育的影響性勝於其他一切教育。他們的理論基礎包括家庭是孩童社會化的主要(特別)場所、期望將宗教信念溶入教育過程中、試圖避免同儕負面的影響和對特別價值觀的信念及執著。這些比較極端的宗教信仰實例，對家庭教育的推展多少會產生一些阻礙及負面的影響。除此之外，有些宗教的教義若是解釋或應用的不當，反而會造成對家庭教育不良的影響。例如：學者Heise和Steitz(1991)建議諮商專業人員在使用聖經的觀點教導小孩跟成人有關道德的方式應該提供更正向的信仰形象和解讀方式，以幫助那些陷入我毀滅、人際關係不佳等人可以改變自我形像的錯誤認知。另外，學者Heggen和Long(1991)也發現很多基督徒婦女的沮喪問題，是和傳統性別角色及在保守的基督徒圈內強調生氣是負面情緒的看法有關。學者Balswick和Balswick(1990)也指出有研究資料顯示教會在性別角色的議題的回應比一般社會大眾的民調反應還要傳統和保守。

在台灣社會中，一般民眾受到民間信仰的「因果輪迴」觀念的影響，因此，當家庭發生一些問題的時候，如：家中有身心障礙的孩子或是精神疾患、感情困擾、夫妻失和或離異、家庭暴力和經濟危機等，他們常不知道或是不習慣求助社會救助或是專業機構的協助，結果造成後來不可收拾的悲劇

，如：燒炭自殺、暴怒殺人、酒醉傷人或殺人的事件等，如果探究其原因，無非是因為普遍「宿命」的信仰觀念，使得一般家庭成員對家庭問題的解釋傾向以「前世今生、互相欠債」的信念所造成。此外，中國人向來強調「孝道」的觀念，對於「個人」的存在，也以延續「家庭」或「家族」的名聲為要，因此，有些父母對於兒童的管教方式失當，甚至造成兒童身心的重創，而且觸犯兒童保護法或家暴法，但是，這些父母或監護人仍然不覺得自己有錯，還覺得社工人員或執法單位過度干涉，侵犯他們的權益。此外，現今青少年受到媒體及同儕的影響，與父母的觀念有所差異的時候，有些家長無法接受兒女的「直言不諱」溝通方式及態度，又無法控制自己的憤怒情緒，因而產生親子衝突，有些青少年甚至在被嚴厲管教之後，選擇晚歸或是離家出走，結果成為搖頭派對族、飆車玩命族或是援交玩性遊戲者。當社會正在推動「性別平等」教育的議題的時候，許多家庭仍然受到傳統信仰的影響，很多職業女性在家庭中仍然扮演保守和傳統的角色，而且又得兼顧「職場」上工作角色的要求，結果是「蠟燭兩頭燒」，造成身心疲憊不堪。上述的幾個實例，都是宗教對家庭教育所造成的不良影響，也是家庭教育工作人員應當留意之處。

宗教界的家庭教育內容與活動

宗教界也提供一些家庭教育的課程或活動，有些是用模糊和隱喻的方式，經由宗教界的崇拜儀式和教義來提供給一般信徒；有些是用明確的方式，透過正式的研習或課程來教導有關家庭教育的一些相關議題。依據Anderson(1984)的看

法，在家庭型式方面，不可避免的多元性，以面對新社會的環境不斷改變的趨勢，因此，他認為並沒有特定是屬於家庭或宗教傳統的理論。所有的家庭理論都必需透過自主和歸屬經驗的過程，以獲得人們的認同。以下茲就生命週期儀式、宗教界的正式家庭教育課程、宗教界的社會關懷行動等三部份討論宗教界所提供的家庭教育內容與活動。

生命週期儀式

宗教界乃是透過生命週期的儀式來確認家庭的重要性，而這些人們「婚喪喜慶」的儀式，都與個人及家庭生活的層面十分有關，最後，並不定是由正式宗教的介入，反倒成為一般的社會習俗。例如，學者Friedman(1985)提出美國現在的社會似乎一直在製造三個其他的重要人生週期的關鍵期，如:離婚、退休、舉家搬遷等，它們帶給一般家庭很多的衝擊，因此，需要以家庭可以理解的方式來處理比較恰當。另外，學者Anderson(1984)也提到每個家庭生命週期的主要階段，都有一些宗教儀式，來呼應這些家庭在不同時期所當完成的主要任務。首先第一時期是家庭形成階段，Summer和Cunn-ingham(1989)稱為是家庭與教會連繫的關鍵，宗教機構不僅可以協助提供預備結婚的場所及婚前諮商協談。第二個時期是家庭擴大階段，宗教機構透過受洗、嬰兒禮、割禮、給孩子取名等方式，提供家庭預備迎接孩子的來臨及生活的適應。第三時期是擴展家庭階段，則是透過宗教的儀式，以促進個人獨立的過程，如:初信交通分享、堅信禮、聚會及領聖餐等。第四時期是家庭延伸階段，宗教組織再一次透過為孩子預備婚禮，以及孩子離開家庭的時候，提供父母支持及調適的方法。最後的時期則是家庭重建的階段，教會團體提供子女處理父母死亡之後的喪禮預備和悲傷的諮商，還有提供在婚姻後期的夫婦建立新的親密關係。不過，他們認為生

命週期的儀式還未做到融入社區及幫助個人化過程的任務，這也是宗教界仍需努力的部份。

　　董芳苑(民85)提到台灣民間信仰中針對人一生中所必須經歷的「誕生」、「成年」、「婚姻」、「祝壽」以及「喪葬」過程也有一些過關的「生命禮俗」。此乃累積祖先們數千年的生命經驗，以洞察人生由出生到死亡的過程中，一定會經歷的幾個「危機期」或「變化期」，民間俗稱為「關口」。如：「生育」對嬰兒、母親及整個家庭是一個「關口」，受到中國崇拜祖先的傳統觀念影響，以及「不孝有三，無後為大」傳宗接代觀念的影響，強調重男輕女的觀念。因此，如果不能生男的婦女，就要請法師來「換斗」；不能生女者，就請法師「栽花」。婦女需坐月子一個月，以得到充分的休息；嬰兒出生三天後要到正廳祭拜家神及祖先，滿月要請鄰舍好友吃油飯和燒酒雞等。「成年」時期是男女生人生的重要關口，過去的時代得為他們進行「成年禮」，男生稱為「冠禮」；女生稱為「莽禮」。婚姻對個人及家庭都是大事，不可輕忽，其過程需經過幾個步驟，古時稱為六禮，即問名、訂盟、納采、納幣、請期、迎娶；現在則只有四禮，即議婚、送定、完聘、迎娶。「祝壽」則是中國人看重的福氣之一。結婚後的男女，他們三十歲的生日則由女方的母親來祝賀。而「祝賀禮」主要對象是五十歲以上的人，然後，每十年再做一次「大生日」，五十歲稱「做壽」、六十歲稱「下壽」、七十歲稱「中壽」、八十歲稱「上壽」、九十歲稱「耆壽」、百歲則稱為「期頤」。最後的關口是喪葬，這是整個家族的關口，同時又加上對「鬼魂」的信仰，使「喪葬禮俗」充滿一些恐怖及神祕的色彩，如：閻羅王的十八地獄的來世審判，以及「超度」亡靈的法術，因此，一般民間信仰的家庭會請道士或是和尚來主持超度。佛教徒則會請人來頌經，以協助亡靈及家屬可以「過關」。

若就西方基督教會及台灣的傳統信仰對於生命週期儀式的處理過程加以比較，則可以發現西方的社會比較重視個人在家庭的生命週期過程中的角色；然而台灣的生命禮俗則特別注意家族(庭)所有成員受到的影響，比較重視不同生命階段對整個家族(庭)所可能產生的危機。此外，西方社會的教會可以全程介入整個家庭的生命週期儀式；台灣的各宗教界大多只有在最後的「喪葬」時期，才會完整的介入家庭的生命禮俗。黃迺毓(民80)曾提到「一般中國家庭的宗教功能不明顯，對子女的人生觀有很大的影響」「如果父母過度迷信，也會造成子女人生缺乏自信，凡是只靠運氣，不靠努力」(頁15)。筆者以為宗教界無法全程參與家庭的生命週期儀式，是造成這種情況的主要原因之一。

宗教界的正式家庭教育課程

　　美國的基督教會或機構提出很多針對家庭教育主題所設計的課程，其中包括一般性或非一般的家庭情境。有些課程有標準化的課程規劃，有些教材還是教會的出版社出書。如：豐富婚姻內涵運動於1960年代開始發起成為一個草根性的運動，其領導者和參與者都是已婚夫婦，他們有一個共同的目標就是「要讓婚姻從我們開始變得更好」。此外，Otto(1976)則提到早期的很多課程，諸如：世界性婚姻會心團體主要是由天主教所提出來的課程；國家庭婚姻會心團體則是提供給信奉基督教及猶太教夫婦的課程。教會有時也會提出一般標準的親職教育課程，如:效能父母系列或親職效能訓練，或使用聖經(經文)教導如何為人父母。Lee (1991)提出在教會中親職教育的基礎，著重在行為訓練的議題。他同時建議目標應該是幫助父母了解在親子關係上更廣的聖經觀點，以超越立即訓練的情境。他提出親職教育課程應該建立在為人父母是一種親職訓練的概念上。Eggebroten(1987)也提

出「訓練並非意昧著處罰,而是在養育的環境中提供孩子一個明智的親情教導和教學。」

此外,對於一些特殊的家庭情況,很多教會也開始設計一些課程,例如:Morgan(1985)提出教會可針對離婚的夫婦(和關心他們的人)用基督徒的離婚神學觀討論。分居和離婚的儀式,離婚支持團體和提供會員教育性的研討會,以協助和支持經歷離婚的人。Jacobs(1989)提出以不同的靈性方式來治療亂倫、強暴和被毆打的經驗。他同時研究以「婦人中心的儀式」在婦人靈性團體如何從古代女神的特徵中,學到女性力量的形象。

宗教界的社會關懷行動

宗教界常透過使用一些家庭的比喻來描述人們之間的相互關係,例如教會是所有「家庭中的家庭」;基督長老教會也試圖讓不同的教派可以「持續成為彼此家庭的一部份」。Glock、Ringer和Babbi(1967)在古典的教會社會學研究中,都提出了教會可成為單身、無子女已婚夫婦的「替代家庭」的概念。「可教育的機會」常出現在危機的關鍵時刻,因為很少參與正式宗教活動的家庭,在面臨家庭危機時,也都有機會與宗教代表有所接觸(如:醫院的院牧、教會牧師、參與監獄佈道的平信徒等),對危機經驗處理的信心團體家庭,也提供這個團體的其他成員教育的機會。這種教育方式是以內容為導向,如一個家庭發現家中成員有人濫用藥物的掙扎經驗,可以提供整個聚會的成員以學習有關藥物上癮的相關課程。另外,了解有關家庭成員測試HIV呈現陽性的例子,也可以提供教會團體對愛滋病或傳染作更好的宣導教育。或許還可以發展對愛滋病患者的關懷福音工作。

很多宗教團體也開始著手一些社會關懷的行動,例如:監獄的福音工作、以社區為主的出獄後安置工作(如:中途之

家)。還有佛教、基督教和天主教與社區服務機構共同合作，以符合各式各樣人們的需求，如：老人、無家可歸的人，心理疾病患者等。除了針對不同對象提供直接的課程以外，宗教團體也可能爲了家庭的利益而參與政治行動，例如：了解離婚家庭的需求之後，教會可能提供日間照料、稅收賒帳的制度，以便讓父母可以留在家中照顧小孩。另外，親生父親被認爲必須爲自己的後嗣擔負經濟的責任，還有立法同意離婚夫婦協調共同監護權，以提供兒童足夠的支持，和同工同酬等制度的建立。

下一節將繼續台灣各宗教界推動家庭教育課程以及社會關懷行動等議題的實況。

台灣現況

台灣地區各宗教信仰面面觀

依據內政部(民90)有關宗教統計資料，台灣地區目前登記立案的宗教團體共有十二個，而每一個宗教信仰團體亦有其不同的支派或分會，若以內政部於民國八十九年十一月所

編印的「宗教簡介」內容爲參閱資料，其中則介紹十九個宗教團體，除了提到上述十二個立案的宗教團體以外，還附加下列七個宗教:藏傳佛教、耶穌基督末世聖徒教會(摩門教)、眞光教團、世界基督教統一神靈協會、亥子道宗教、儒教、大易教等。此外，依據內政部統計處於民國八十二年所進行「台灣地區宗教團體普查報告」(民84)，其所得到的調查結果，亦可了解各宗教界之不同派別的比例及相關資料，筆者將綜上所搜集之資料，分述台灣地區各宗教面面觀(有關各宗教的介紹篇，要附在後面附錄一)

綜合台灣各宗教之簡介，筆者以爲可將台灣目前登記在案的十九個宗教，依據其創立所在地，大致分爲以下兩大類:

本土自創的宗教

如:道教、理教、軒轅教、天帝教、一貫道、天德教、亥子道宗教、儒教、大易教等。

外來融入的宗教

如:佛教、藏傳佛教、基督教、天主教、回教、天理教、巴哈伊教、耶穌基督末世聖徒教會(摩門教)、眞光教團、世界基督教統一神靈協會(統一教)。其中摩門教及統一教則因同出於對耶穌基督的信仰，因此，有人把它們歸爲基督教之類別，甚至被一般基督教會視爲異端。還有天理教及眞光教團皆來自日本的外來宗教，由此得見日本文化對台灣社會的影響程度。

不可否認的是各宗教在台灣地區發展的時間不一、信徒人數有所差異、以及國人接受程度有別，因此，各宗教團體對台灣社會所帶來的影響及發揮的功能，亦有所不同。接下來，筆者將繼續針對台灣各宗教團體參與家庭教育課程或方案的推動及提供社會資源之情況，詳加討論。

台灣各宗教團體推展家庭教育課程方案
及提供社會資源之實況

　　首先，筆者將以民國八十二年內政部針對台灣地區宗教團體調查報告表(如附錄二)為例，台灣地區廟宇或教堂數目最多者為佛教，其次是一貫道，再者為道教、基督教、天主教‥等。其他宗教團體則為少數。　至於神職或專職人員則以道教居多，其次為佛教、基督教、一貫道、天主教等。信徒人數則以佛、道教為主，其次是一貫道、基督教、天主教等。外籍宣教人士以基督教人數最多，其次為天主教、巴哈伊教及佛教，由此得知外來宗教融入本土情形之不同。若就其設立專屬的神(佛)學院數目來看，則以基督教及佛教為主，得見兩者對專職人員培育工作之重視。至於各宗教團體對台灣社會所提供的資源，則可以下面幾項作比較，各自有不同的貢獻：

創立大專院校：

　　其中以基督教為最，佛教也不相上下，再者為天主教，得見此三大宗教團體對高級知識份子所產生深遠性的影響。

廣設中小學私立學校：

　　以天主教為首，再者為基督教及佛教。端見此三大宗教團體對青少年教育及輔導工作，尤以天主教在這方面的貢獻為著。

對幼兒教育的看重：

以天主教爲首，其次是基督教及佛教，另外，道教及一
貫道也漸漸重視幼稚園教育的重要性。從下表中可看出天主
教在兒童教育所投注的心力及貢獻。

設置協助弱勢團體機構：

　　「照顧患難中的孤兒寡婦」一直是信仰耶穌基督者表現
虔誠的方式，因此，在設立育幼院、老人之家、智障或殘障
福利團體，天主教及基督教皆比其他宗教團體投注更多人力
、物力及財力，實在值得讚許。

設立醫療診所或醫院：

　　從表中得見仍以基督教及天主教爲首，然而，事實上，
近年來，佛教團體也在各偏遠地區設立醫院或醫療機構，以
慈濟醫院便爲最佳實例。

建立弘法機構：

　　其中以佛教團體居多，天帝教次之，繼而道教及一貫道
。端見上述宗教在教化人民心智之志業的看重。

社會教育的功能：

　　以設置圖書館及出版社和出刊物爲例，各宗教團體投入
程度不同。設置圖書館以佛教爲最，一貫道及道教次之；成
立出版社則以基督教最多，續爲佛教及一貫道；至於出刊物
則以道教爲首，其次爲基督教、佛教及一貫道，端見各宗教
團體對社會教育功能可發揮不同的影響。
　　然而，由於上述結論乃以八十二年內政部對台灣地區宗
教團體調查報告爲參考依據，恐有資料過時之虞，加上筆者
曾與內政部民政司宗教輔導科長電話聯繫，得知內政部原擬
定於九十年度進行台灣地區宗教團體普查，但因送交立法院

審查未通過議案，故擬於明年再試試，以補充近年來因社會快速變遷，所可能產生的宗教團體異動資料，因此，筆者以電腦上網方式，探討各宗教團體目前在的台灣社會所提供有關家庭教育的課程或方案，以及社會資源為何。發現以下幾點現象，茲分述如下，以供從事家庭教育相關人士了解宗教信仰議題之參考：

(1) 幾乎所有（十九個）宗教團體皆已設置網站，唯以軒轅教及理教所出現的網站，與其宗教團體不符

如前者出現的是兩個電玩網站，後者雖出現數十個網站，但皆與物理或理化教育相關的網站為主，因此，亦無法找到與理教相符的網站。

(2) 部份宗教團體所出現的網站極為稀少，或有些只觸及該宗教相關的資料

如成立時間、歷史沿革、基本教義、發展情形、各地區所在地等。如：大易教、儒教、亥子道宗教、天帝教、天理教、巴哈伊教，藏傳佛教等宗教團體所出現的網站皆在五個之內，其中只有巴哈伊教網站提到兩性平等及普及教育的理念及強調環保工作的重要性；大易教網站則提供一些關於兒童輕鬆學群育的文章。藏傳佛教雖有44個相關網站，但其內容大多介紹教義或法師為主而已。

(3) 幾個宗教團體網站上出現有關家庭（教育）相關議題，但所佔的比例不高

如：統一教相關網站提到統一教已更名為「世界和平統一家庭聯合會」，提供婚友介紹、團體結婚儀式介紹、配婚資料等內容。真光教團相關網站則提到人為何生病、真正的

幸福、及祖先正確的供養辦法等內容。摩門教相關網站則有關於1999全國單身成人活動，以及1995年所提出世界文告內容，其中談到家庭、夫妻及親子與家庭教育相關的要點。回教相關網站則提供婦女地位、家庭–婦女–兒童、婚姻制度等專題文章，也有一些健康講座的文章，以及義工探訪住院老人的相關網站。

(4) 有三個宗教團體相關網站都提到養生健康之道，但也都有提供社會資源的網站

如：一貫道共68個相關網站，有提到美國普士頓大學一貫道研究所、彌勒家園、青少年文藝營、兒童園地、玉珍善書局、居家老人福利協會等內容。天德教共有70個相關網站，其中提到精神療養、醫療救苦等議題，也有所謂為「中國精神療養研究會」之運作組織，及倡導20字實踐營之生活性宗教，還有，由凌霄寶殿所辦的中途之家，以協助中輟生的教育工作。道教則共有129個相關網站，除了有許多關於廟宇建築介紹、養生之道傳授以外，也對家庭護理、安老院、家庭醫療(如：中醫)等提供資訊。

(5) 包羅萬象的天主教共有241個相關網站，可說是所有宗教團體網站中，提供最多有關家庭（教育）及社會資源的宗教團體。例如：

關於家庭（教育）議題的活動或課程：

齊家運動，以強化家庭、夫妻與子女關係；婚姻關懷團體，以倡導兩性平等；伉儷同行協進會，強調夫妻及婚姻關係；懷仁全人發展中心，提供婚姻諮商、家庭及個人協談、成長團體及機構培訓等。

對弱勢團體的關懷工作：

善牧基金會協助受虐婦幼及不幸少女安置；天主教福利會針對未婚母子、行為偏差兒童及青少年、棄嬰..等的照顧；靈恩會作有關山地醫療的工作；德蘭兒童中心照顧受虐兒、孤兒、棄嬰、父母生病、家庭遭受變故的家庭；新竹社服中心從事有關老人的照顧；光鹽愛盲服務中心對視障同胞的關懷工作；殘障教養院，對身心障礙人士的照料；聖嘉民啟智中心，對身心障礙者提供早期療育的服務。

回應社會現況的相關服務：

無聲之聲，921大地震週年，提倡七分鐘靜默、華光智能發展中心附設望德園，以研究癌症病人生機飲食；三商旅行社提供大陸新娘聯誼；愛滋服務機構及失智老人社會福利基金會等皆是。

學校及醫院相關網站

如：輔仁大學、聖瑪爾定醫院等。

(6) 以弘法為主的佛教共有563個相關網站，其中有許多網站是與佛教經典、藝品、書籍相關，還有一些針對大陸佛教旅遊據點的網站。

有關於臨終關懷的網站，如蓮花臨終關懷基金會及如法佛教禮儀公司；針對特別需要團體，如：服務身心障礙者的慈濟醫院東區輔具中心；修成林佛教寺院洗腎中心提供貧困人家洗腎治療；還有台中觀音線心輔導中心及台北市觀音線協會則提供家庭、婚姻及人際關係諮商等。另外，香光資訊網及網路結緣書則提供一些善書；其他則有一些幼稚園、學校及醫院的網站。

事實上，佛教除了有大量的網站以外，也是擁有最多電視頻道及電台的宗教團體，如大愛、法界、佛光、白雲電台等，但播放節目大多以弘法解經爲主，其中則附帶一些與家庭教育有關的內容，如孝順父母、友愛兄弟姐妹等家人相處之道。

(7) 全台灣宗教團體中相關網站最多者是基督教，共有655個，其中光是美國各州基督教會的網站便佔很多比例

　　加上台灣、香港等各地教會網站也不少，因此，眞正與家庭教育與社會資源有關的網站，和天主教不相上下。其中有關家庭教育方面，則有高雄市基督教家庭協談中心，提供婚姻、家庭問題及宗教問題的協談，和義工及輔導知能的培訓；另外，家庭服務中心則提供家庭、幼兒及老人健康服務；台北市勵友中心則設有青少年輔導機構、青年會則提供聊天室與時下年輕人互動；新竹女青年會則協助受虐婦女及社區發展的工作。還有晨曦會特別協助吸毒者透過福音信仰戒毒；屏東勝利之家則服務小兒麻痺和腦性痲痺的孩子受治療及教育；埔里基督教醫師及恆春醫院特別關照老人養護，及提供貧戶就醫免費的福利。兒童教育推展中心提供選閱兒童讀物的服務...等。

　　同樣地，基督教也透過電視頻道-好消息(Good News TV)及廣播電台---佳音廣電台，服務大眾，其中涉及家庭方面的節目有電視台每週一至週五晚上9:30──10:00所播出的「天堂在我家」，討論時下家庭所遇到的一些問題。另外，佳音電台則於週一至週六下午四點播放「家有佳音」，討論有關夫妻、親子關係等問題及兒童保健。

　　綜上所評述，筆者發現台灣地區各宗教團體提供家庭教育與社會資源的支持程度不同。若以機構四大功能來分類，

則大部份宗教團體都已達到提供資訊的功能、有些則已達到尊重及情感支持的功能，真正能加上實質的支持功能者，以致四種功能完備的宗教團體，則以天主教、基督教及佛教為主，筆者以為這主要原因在於這三個宗教團體雖為外來宗教信仰，不過已在台灣發展許久，所以，必然對社會各層面產生相當的影響。然而，如此的成果也提供本土自創的宗教團體及外來融入團體，在發展各自宗教信仰幅員的時候，亦當考量如何參與社會支持網絡，發揮機構本身足以提供資訊、情感、尊重及實質支持四大功能，如此，也才能對整個社會帶動全方位的影響及改變。

　　當然，若要達到這樣的目標，其中不能忽略專業人員對宗教信仰議題的看法，才能在機構之間彼此互相認識及尊重合作的前提下，使社會網絡更加流通開暢。因此，下一節筆者將針對目前台灣各區家庭教育中心專業工作人員處理有關宗教信仰議題的實務經驗分享，繼續加以研究及討論。

台灣各區家庭教育中心專業相關理論工作人員實務經驗分享

　　筆者於民國九十年三月份曾針對台灣地區家庭教育有關宗教信仰議題作一份調查問卷（如：附錄三），以了解台灣地區各縣市（共23個）家庭教育中心人員對此議題的看法及個人

實際經驗分享。依照家庭教育中心人員的編制，各中心有兩位專任的工作人員，各自負責不同業務：一位負責活動推廣、另一位則負責輔導諮商，但是，若兩人彼此協調合宜，業務上便不會區分的很清楚；另外，中心還會有一位工讀生或助理，協助處理一般行政庶務工作。本調查問卷原先擬定對所有家庭教育中心人員進行訪談填寫之用，然而，因各地區中心分佈零散，加之，所能投入研究的時間及資源有限，因此，最後採行問卷填寫法。還有，雖然筆者已分別與各地區負責人電話聯繫，取得同意，才傳真或電子郵寄問卷，但是，由於部份家庭教育中心人員工作業務繁忙，或有些單位人員異動太大，所以無法如期寄回問卷或婉拒參與本研究。最後，共收回28份問卷，其中有三個縣市未接到回收調查問卷，分別是宜蘭、花蓮及南投；而收回問卷中，有2份是行政助理所填寫，其餘26份皆為專業工作人員所回答。，茲依照問卷內容三部分分述如下：

家庭教育中心專業人員基本資料

筆者綜合調查問卷中家庭教育中心專業人員基本資料，得知以下幾項事實：

1. 台灣家庭教育中心專業人員大都為女性(例如：28人中，只有一位是男士)；年齡以30-40歲居多(28人中有18人)，其次是40歲以上(6人)，30歲以下工作人員較少(4人)。

2. 台灣家庭教育中心專業人員在此工作的時間大多在十年以下(五年以下者有10人，5-10年15人，10年以上者只有3人)。而綜合各家庭教育人員加入此工作的原因，許多人提到是機緣加興趣；有些人提到這是一個工作機會；少數人

提到是一種使命感、可以學以致用、回饋過去在中心所得到的幫助，以及是因為職務調動等。

3. 台灣家庭教育中心專業人員學習專長大多與社工、社會學或社會科學有關(共12人)；有部份人員則是主修幼兒教育、兒童福利、(應用)心理學、家政、教育資料..等(共8人)；另外，有少數人員主修經濟學、商學及都市計畫等(共4人)；少數人高中(商)畢業(共2人)；另外，有2人未作答。

4. 台灣家庭教育中心專業人員目前有15人在嘉義大學家庭教育研究所進修，有2人在空中大學進修，11人並未再進修。

5. 台灣家庭教育中心專業人員宗教信仰背景，許多人沒有特定的宗教信仰(約20人)，3人相信佛教、2人相信基督、1人為道教、2人則提到是民間信仰。

家庭教育中心專業人員對宗教信仰的概念分享

綜合調查問卷中有關家庭教育中心對宗教信仰的概念分享，可整理出以下幾個重點：

1. 大多數家庭教育中心工作人員認為宗教信仰與家庭教育彼此會互相影響及可以彼此服務。其中有人提到因個人而異，彼此相互影響程度不同；也有人提到教義對家庭教育有一些影響，如教養觀及生活價值觀；更有人嘗試定義宗教信仰是「另一種家庭聚會，宗教強調心靈無形的層面，而家庭則是具體可實現的部份。」

2. 針對宗教信仰與家庭教育是否有共同目標，大部份

家庭教育中心人員都同意這個看法。有人提到宗教信仰及家庭教育兩者的終極目標相同，但是一般性的目標還是有些不同；也有人認為兩者目標相同，只是服務的對象不同，宗教信仰主要是服務信徒，而家庭教育則包括家庭、學校及一般民眾，但兩者都希望讓人過得更好、引導人向善。對於兩者所共有的目標，有些人提到兩者幾個共通部份，如：倫理、價值、道德發展；還有人類發展、個人發展及信心發展。

3. 有關宗教信仰對家庭教育的貢獻，有些家庭教育人員認為會給人帶來感恩的心及愛所有人的正面影響，也有人員則指出如基督教信仰強調家庭倫理及夫妻規範對家庭教育有很好的影響。然而，也有人員提到若過於迷信及缺乏彈性、或教義有所偏差、太虔誠要別人也信、很強的排他性等都會照成家庭教育不良的影響，甚至造成家庭關係的破裂。

4. 提到家庭教育與宗教信仰是否有相關的問題，家庭教育中心人員則指出以下幾點：親職教育、婚姻教育、注重家庭倫理、家庭聚集、家庭互動、慎終追遠、孝順、價值觀、惜福、夫妻權力分配及勞務分工、家庭與社會的關係等議題。

5. 家庭教育中心人員針對是否遇過宗教教義與家庭教育有所衝突的情況、個人是否與自己家人在信仰方面有所衝突，以及個人是否覺得自己的宗教信仰對推動家庭教育相關活動有所助益等三個問題，多數人員皆回答：「沒有」、「不確定」或「沒有注意」，也因為大多數人沒有特定的宗教信仰，因此，也很少與家人有這方面的衝突，只有2人提到有些衝突：一者提到家人無法接受他的信仰，因此，她只能學習以愛包容；另一者提到雖然家人信仰相同，但所信的程度不同，彼此便會產生摩擦。最後，多數人員覺得很少將宗教信仰議題納入個人從事家庭教育的活動上，只有一人提到是用「修功德、惜福份」的心來從事工作，另有一人說明自己加入家庭教育的工作就是秉持一股「愛的付出及對家庭教育

的執著」。

家庭教育中心專業人員實務工作經驗分享

　　有關家庭教育中心專業人員在實務工作經驗上，是否遇到與宗教信仰相關的問題，茲分析如下：

（1）家庭教育中心人員提到很少將宗教信仰議題納入推動家庭教育的方案中，甚至有些人員提到幾乎是「沒有」，只是會以其他議題切入，但很少直接當主題討論，有些人則提到是原住民的教育方案與教會有關或有一些課程與佛教有關，但大致上比例十分小，幾乎沒有。

（2）家庭教育中心專業人員都大多沒有特定的信仰，所以，很少將個人宗教信仰理念帶入家庭教育課程及活動中，至於工讀生也是，不過志工群或講師當中，難免有些人對個人信仰較為熱衷，但是在志工倫理中有明文規定不可將個人宗教信仰帶入活動或課程中，因此，這樣的問題比較不會發生才是。

（3）許多家庭教育中心專業人員都提到與其他宗教團體合作的經驗，端見兩者機構互動及合作的情形

仍爲頻繁。分區簡述如下：

1. 北區：基隆市家庭教育中心曾與聖光堂、教會、極樂寺合作；台北縣家庭教育中心則提到靈鷲山文教基金會辦園遊會；桃園縣家庭教育中心則指出志工常常邀請，成效不錯。苗栗縣家庭教育中心則提到與基督教會共同推動原住民家庭教育的工作。

2. 中區：台中縣家庭教育中心提到曾向建德教會樂成堂、萬和堂、萬佛寺等單位借場地，辦講座及研習的活動及豐富浸信會舉辦夫妻成長團體，成效頗佳；彰化縣家庭教育中心提到與天主工教會、堅心教會、彰山教會、彰化基督教醫院、基督教青年會、原住民教會及佛教慈濟功德會等皆有合作關係；嘉義縣家庭教育中心則以其與香光寺合作推動家庭教育方案爲著。

3. 南區：台南縣家庭教育中心推動活動以結合各宗教團體；台南市家庭教育中心則曾向德光教會借場地辦團體活動及演講、還有於和順教會辦一系列活動及演講；高雄縣家庭教育中心提到寺廟中淨化營的活動；高雄市家庭教育中心則曾與五旬節教會合辦未婚青年成長營；楠梓煉油廠教會巡迴講座及與高雄市基督教協談中心合作的經驗；屏東縣家庭教育中心提到八十七年在廣修寺舉辦60人參加的一個上午講座，還有八十九年長老教會向家庭教育中心申請學習型家庭方案及舉辦爲期八週的15人讀書會，以及與教會推動原住民家庭教育工作等，成果斐然。

4. 東區及外島：台東縣家庭教育中心提到基督教長老會推動學習型家庭；澎湖縣家庭教育中心則列出基督教女青年會舉辦讀書會及婦女成長團體等，成效值得嘉許。

(4) 多位家庭教育中心人員對各宗教界推動家庭教育相關課程或方案，了解較少、參與不多，但是，

多數人員對於基督教團契及天主教會推動家庭教育相關的活動，印象較為深刻。

(5) 針對台灣近年來由於自殺事件頻傳不斷，甚至有對夫婦以為「自殺」是向神明還願的舉動，台灣家庭教育中心人員的看法不一，有人覺得這是特殊案例，不當列入公部門處理的工作；有人覺得家庭教育中心若過度處理宗教信仰的議題，爭議性會太大；有人則認為需加強生命教育的課題，或在設計課程的時候，亦當對宗教教義多作澄清，以融入課程中，或辦活動討論傳遞信仰的重要性，並且給予個案更多支持，以避免類似事件一再發生。

(6) 有關各宗教團體及家庭教育中心可運用哪些管道來傳遞有關家庭教育的課程、方案及活動，許多家庭教育中心提到設立網站、設計網頁、線上諮詢、製作電視節目，如：台南縣有設計溫馨天地的電視節目、或製作廣播電台教育節目定期播放、或製作海報、發新聞稿、刊物、文宣等。也有些家庭教育中心專業人員認為應該要用心辦活動，建立口碑，口耳相傳，就是最好的宣導方式。

⚘ 結語

　　綜合上述有關台灣各宗教團體推動家庭教育課程（或方案）及所提供的社會資源之研究，還有針對台灣地區各家庭教育中心專業人員，所進行有關宗教信仰議題的調查問卷之結果，筆者以為本研究可以提供台灣地區各家庭教育中心專業人員及其他公私部門的社會機構之參考，以了解各宗教團體的基本教義、發展情況、提供哪些可運用的社會資源，以尋求為台灣人民的福祉及社會的利益，共同努力合作的契機。如此，各宗教團體之間，才可以共同補強，截長補短，資源共享，以建立流通無礙的社會資源網絡，以提供不同族群、社經地位、社區、性別、年齡等不同人們的需要。

　　另外，家庭教育中心專業人員有關宗教信仰議題的問卷調查研究，筆者認為由於所回收問卷仍不夠完整，加上問卷內容乃採用開放的回答方式，唯恐遺漏一些重要的資料，因此需要再作更進一步的訪談及確認等工作，方可使所得資料更完整，免於以偏蓋全的缺失。然而，以上述關於各宗教團體所推動家庭教育課程，若與家庭教育中心專業人員針對有關宗教信仰議題的實務經驗分享部份兩相對照，筆者發現家庭教育中心所掌握有關各宗教團體的資源，確實與該宗教團體所能提供的社會資源及支持功能有很大的關係，如：大部份家庭教育中心與基督教會合作，或參與廟宇寺院的活動。不過，仍有許多宗教團體尚需開發其所提供的家庭教育及社

會資源的內涵。反之，家庭教育中心人員也嘗試與更多不同宗教信仰團體合作，以共同推動符合社會趨勢及時代潮流的家庭教育課程、方案或活動。

對於各宗教團體提供有關家庭教育及社會資源的部份，筆者建議可以從以下幾個方向著手：

(1) 各宗教團體可以結合情感和靈性的支持，以直接或間接的方式參與家庭生命週期各階段的儀式，使家庭在日常生活或是面臨家庭危機的情況，都可以發揮應有的家庭功能。

(2) 各宗教團體面對現代社會中所各種不同的家庭型態，應該提供接納和尊重差異的課程指導，以提供愛及或慈悲的示範給所有的成員和家庭團體。

(3) 各宗教團體所提供的課程，可以幫助教育工作人員增加對環境的敏感度，以及提昇他們對各種不同家庭型態的小孩和大人需求的了解。

(4) 各宗教團體應當參與一些社會關懷行動，以宣導家庭的需求，同時也要盡可能教導信徒多留意這項服務活動。

(5) 以各宗教團體所成立的支持團體，可以提供資訊和方向，以強化家庭的功能，以正確的態度處理家庭暴力或藥物濫用、還是教會成員或社區目前所

面臨的種種問題。

　　至於教育工作人員也可以透過與各宗教團體的共同合作過程，以推展家庭教育課程，筆者建議可以運用以下幾種方式：

(1)　家庭教育工作人員可以從不同的宗教團體中，尋找能夠參與家庭教育目標的人力資源，以運用他們來整合宗教傳統和家庭教育課程之間的差異，以建立兩者溝通的橋樑。

(2)　家庭教育工作人員可以留意各宗教團體的關懷工作和努力情形，同時邀請各宗教團體的領導人物，成為協助家庭教育課程推展及執行過程的重要支持者。

(3)　家庭教育工作人員可以留意參與家庭教育課程者的靈性發展、宗教信念和實踐情況，以便在設計課程或活動的時候，可以更加了解他們想要達到的目標，以及可能遇到的困難或問題。

(4)　家庭教育工作人員要嘗試去了解那些參與家庭教育課程者，深怕自己會對個人價值信念的妥協或失去宗教信仰的敏感度，教育人員應當表現尊重參與課程者個人宗教信仰的看法。

(5)　家庭教育工作人員應當仔細考量適時將一些與

宗教有關的議題，溶入家庭教育的課程，例如：宗教價值觀如何影響個人作決策、人際關係的經營，解決衝突、性議題、婚姻關係和親職教育等實例。

　　最後，筆者認為為本研究可再作更多相關研究，如：其他國家有關此議題的研究、各宗教團體是否針對不同對象，以提供一系列的活動或研習。畢竟本研究僅做到「鉅觀」式的資料收集及問卷調查，如果可以加上「微觀」式的研究步驟，相信必能使研究結果更完整及深入，這也是此議題未來可以繼續研究的方向。

參考書目

中文部份

中華民國幸福家庭促進協會(民84) 幸福家庭手冊(婚姻與家庭選輯)。台中市：天恩出版社。

內政部(民83) 宗教論述專輯第一輯-社會服務篇。 台北市：永新印刷有限公司。

內政部(民84) 宗教論述專輯第二輯-社會教化篇。 台北市：明河印刷有限公司。

內政部(民89) 宗教簡介。台北市：台霖印刷股份有限公司。

內政部統計處(民81)中華民國八十年台灣地區宗教團體調查報告。台北市：光恆有限公司。

內政部統計處(民84)中華民國八十二年台灣地區宗教團體普查報告。台北市：至強印刷有限公司。

王武聰(民84) 給台灣百姓的福音。台北市：校園書房出版社。

王順民(民90) 宗教關懷與社區服務的比較性論述：傳統鄉村型與現代都市型的對照。社區發展季刊。期93。頁42—58。

王順民(民90) 當代臺灣地區宗教類非營利組織的轉型與發展。台北市：洪葉文化。

吳寧遠(民85) 臺灣宗教世俗化之研究。高雄市：高雄復文。

吳寧遠(民88) 宗教與家庭。當代宗教與社會文化(第一屆當代宗教學學術研討會論文集)。頁375-428。

呂理政(民81) 傳統信仰與現代社會。台北縣：稻鄉出版社。

宋光宇(民84) 宗教與社會。台北市：東大發行。

李季樺、陸洛譯(民85) 宗教社會心理學。台北市：巨流。

林月琴(民83) 從宗教與教育的關係論宗教的教育價值。國立空中大學社會科學系社會科學學報。二期。頁1—14。

林本炫(民88) 社會網絡在個人宗教信仰變遷中的作用。思與言。期2卷37。頁173-208。

林治平(民83) 基督教入華百七十年紀念集。台北市：宇宙光出版社。

林治平(民86) 全人輔導研討會–信仰與行為矯治論文集。台北市：財團法人基督教宇宙光傳播中心出版社。

林淑玲(民89) 家庭與家庭教育。家庭教育學。台北市：師大書苑。頁1-34。

施承宏(民86) 從心做起——談小學實施宗教教育的途徑。師友。 頁23—24。

胡慧嫈譯(民86) 整合社會福利政策與社會工作實務。台北市：揚智文化。

孫效智(民88) 當宗教與道德相遇。台北市：台灣書局。

張全鋒等(民89) 家庭與宗教研討會論文集。台北市：言鼎文化。

張奉箴(民86) 宗教教育意義簡介。臺灣教育。頁12—13。

張春申等(民81) 宗教與人生。台北縣：國立空中大學。

張珣、江燦騰(民90) 當代臺灣本土宗教研究導論。台北市：南天。

教育部(民87) 台灣地區家庭教育資源手冊。台北市：台灣地區家庭教育中心。

陳玉賢(民85) 宗教教育的省思。 師友。 頁127—131。

陳忠本(民86) 談宗教的功能與學校宗教教育的實施。教師之友。38 卷4期。頁4-7。

陳迺臣(民86) 宗教的教育價值。台北市：大地。

彭懷真(民87) 婚姻與家庭。台北市：巨流。

陽琪、陽琬譯(民84) 婚姻與家庭。台北市：桂冠。

黃泓清(民86) 宗教教育與成人教育的合流–談佛教團體的成

人教育活動。 台灣教育。 頁14—15。

黃迺毓(民80) 家庭教育。台北市：五南。

黃慶生(民89) 寺廟經營與管理。台北市：永然文化出版(股)有限公司。

楊玉輝(民82) 從有限到無限－宗教與人類生活。哲學與文化。期6卷20。頁598-602。

楊宜音譯(民89) 宗教心理學。台北市： 桂冠。

聖嚴法師等(民83) 宗教對家庭的看法。社區發展季刊。期68。頁10—16。

董芳苑(民85) 基督徒的社會責任。台中市：光鹽出版社有限公司。

董芳苑(民85) 探討台灣民間信仰。台北市：常民文化。

劉昭仁(民82) 應用家庭倫理學。台北市：文史哲。

歐陽教(民81) 宗教與教育的關係。教育研究所集刊。期34。頁1—10。

蔡文輝(民87) 婚姻與家庭：家庭社會學。台北市：五南。

蔡百詮譯(民89) 比較宗教。台北市：編譯館。

鄭志明(民86) 台灣「宗教教育」的問題商議。宗教哲學。期2卷3。頁163——173。

鄭志明(民87) 臺灣民間宗教結社。嘉義市：南華管理學院。

鄭志明(民88) 台灣新興宗教現象：傳統信仰篇。嘉義縣：南華管理學院。

謝　凡(民86) 展望「富教育性的宗教」推行「富宗教性的教育」。台灣教育。頁22—28。

謝秀芬(民86) 家庭與家庭服務：家庭整體爲中心的福利服務之研究。台北市：五南。

羅　光(民78) 宗教與生活。台北市： 光啓。

龔蕙瑛(民86) 近代的宗教實況與宗教教育。台灣教育。頁47—55。

西文部份

Abbott, D.A., Berry, M.,& Meredith,W.H.(1990). Relig
　　　　—ious belief and practice: A potential asset in
　　　　helping families. Family Relations,39, 443-448.

Anderson, H.(1984). The family and pastoral care.
　　　　Philadelphia: Fortress.

Bahr, H.M., & Chadwick, B.A.(1985). Religion and fam
　　　　—ily in Middletown, U.S.A. Journal of Marria
　　　　—ge and the Family, 47, 407-414.

Balswick, J., & Balswick, J.(1990). Adam and Eve in
　　　　America. Christianity Today, pp.15-18.

Bender, R.T.(1982). Christians in families.

Bogot, H.I.(1988). Making God accessible: A Parenting
　　　　program. Religious Education, 83, 510-517.

Bolen, J.S.(1979). The Tao of psychology: Synchronic
　　　　—ity and the self. San Francisco: Harper &
　　　　Row.

Boyer, E., Jr.(1994). A way in the world: Family life
　　　　as a spiritual discipline. San Francisco:
　　　　Harper & Row.

Browning, D., & Browning, C.(1991). The church and
　　　　family crisis: A new love ethic. The Christian
　　　　Century. pp. 746-749.

Coles, R.(1990). The spiritual life of children. Bos
　　　　—ton: Houghton Mifflin.

Cornwall, M.(1988). The influence of three agents of
　　　　religious socialization: Family, church, peers.
In D.L. Thomas (Ed.), The religion and family connec

-tion: Social science perspectives. Provo,
UT: Religious studies center, Brigham Young
University, 207-231.

Cunningham, J.L., & Scanzoni, L.D.(1992). Religious
and theological issues in family life educat
-ion. In M.E. Arcus, J.D. Schvaneveldt, & J.J.
Moss(Eds.). Handbook of Family Life Education
(Vol.1), pp. 189-228.

Cunningham, J.L., McClurg, T. Robinson, L., & Summers,
R.(1989). The hidden curriculum of the church:
Family concepts in hymns. Paper presented at
the meeting of the National Council on Family
Relations, New Orleans.

Curran, D.(1983). Traits of a healthy family. New
York: Ballantine.

D' Antonio, W.V.(1985). The American Catholic family
:Signs of cohesion and polarization. Journal
of Marriage and the Family, 47, 395-405.

Dudley, M.G., & Kosinski, F.A., Jr.(1990). Religiosi
-ty and marital satisfaction: A research note.
Review of Religious Research, 32, 78-86.

Eggebroten, A.(1987). Sparing the rod: Biblical disc
-ipline and parental discipleship. The Other
Side, pp.26-33, 42.

Fewell, R.(1986). Supports from religious organizati
-ons and personal beliefs. In R. Fewell &
P.Vadasy(Eds.), Families of handicapped chil
-dren(pp.3-34). Austin: Pro-ed.

Filsinger, E.E., & Margaret,R.W.(1984). Religiosity,

socioeconomic rewards, and family development: Predictors of marital adjustment. Journal of Marriage and the Family, 46, 663–670.

Fowler, J.W.(1981). Stages of faith. New York:Harper & Row.

Fowler, J.W.(1987). The family as ecology of selfhood and faith. Paper presented at the meeting of the National Council on Family Relations, At -lanta.

Friedman, E.H.(1985). Generation to generation:Family process in church and synagogue. New York : Guilford.

Glock, C.Y., Babbie, E.R.(1967). To comfort and to challenge: A dilemma of the contemporary chu -rch. Berkeley: University of California Press.

Hanson, R.A.(1991). The development of moral reasoning: Some observations about Christian fundamenta -lism. Journal of Psychology and Theology,19 ,249–256.

Hauerwas, S.(1985). The family as a school for chara -cter. Religious Education, 80, 272–285.

Heggen, C.H., & Long, V.O.(1991). Counseling the dep -ressed Christian female client. Counseling and Values, 35,128–135.

Heise, R.G., & Steitz, J.A.(1991). Religious perfect -ionism versus spiritual growth. Counseling and Values, 36, 11–18.

Hoge, D.R., Petrillo, G.H., & Smith, E.I.(1982). Tra -nsmission of religious and social values from

parents to teenage children. Journal of Marr
-iage and the Family, 44, 569–580.

Jacobs, J.L.(1989). The effects of ritual healing on
female victims of abuse: A study of empowerm
-ent and transformation. Sociological Analys
-is, 50, 265–279.

Johnson, D.P., & Mullins, L.C.(1989). Subjective and
social dimensions of religiosity and loneliness
among the well elderly. Review of Religious
Research, 31, 3–15.

Kohlberg, L.(1981). The philosophy of moral developm
-ent (Vol.1). New York: Harper & Row.

Lamm, M.(1980). The Jewish way in love and marriage.
San Francisco: Harper & Row.

Lawrence, B.B.91989). Defender of God. San Francisco
: Harper & Row.

Lee, C.(1991). Parenting as discipleship: A contextual
motif for Christian parent education. Journal
of Psychology and Theology, 19, 268–277.

Morgan, R.L.(1985). Is there life after divorce in
the church? Atlanta: John Knox.

Otto, H.(1976). Marriage and family enrichment : New
perspectives and programs. Nashville: Abingdon.

Ratcliff, D.E.(1990). Counseling parents of the ment
-ally retarded: A Christian perspective. Jou
-rnal of Psychology and Theology, 18, 318–325.

Scanzoni, L.D.(1985). Understanding the reactionary
religious mind. SIECUS Report, pp.5–6.

Schumm,W. R., Bollman, S.R.,& Jurich, A.P.(1982). The

家庭教育學

marital conventionalization argument:Implica
-tion for the study of religiosity and marital
satisfaction. Journal of Psychology and Theo
-logy, 10, 236-241.

Summers, J.R., & Cunningham, J.L.(1989). Premarital
counseling by clergy: A key link between chu
-rch and family. Family Studies Review, 2 ,
327-336.

Thomas, D.L.(1988a). Future prospects for religion and
family studies: The Mormon case. In D.L.Thomas
(Ed.), The religion and family connection :
Social science perspectives. Provo, UT:Relig
-ious studies center, Brigham Young University
, 207-231.

Thomas, D.L., & Cornwall, M.(1990) Religion and family
in the 1980s: Discovery and Development. Jou
-rnal of Marriage and the Family, 52, 983-992.

Thompson, M.J.(1989). Family: The forming center.
Nashville: Upper Room Books.

Thornton, A.(1985). Reciprocal influences of family
and religion in a changing world. Journal of
Marriage and the Family, 47, 381-394.

Thornton, A.(1989). Changing attitudes toward family
issues in the United States. Journal of Marr
-iage and the Family, 51,873-893.

Williams, R.B.(1987). Hinduism in America. The Chris
-tian Century, pp.247-249.

Williams, W.E.(1997). Religion helps underclass over
-come many problems. Human Events, 53, 4-9.

[附錄一]

台灣宗教簡介

道教 (Taoism)

　　道教奉黃帝為始祖，老子繼黃帝思想著道德經而為道家之祖，東漢張陵創天師道繼承中原固有宗教行教化民是道教教會化之始，合稱道教三祖。道教主張崇德報本崇尚自然，在信仰上相信萬物有靈，是多神教。教義上歸納起來則以遵天法祖利物濟世為綱要，希望透過道教化育，使每個人能夠存天理、去物性，知道去妄存真，返璞歸真，永遠保持禮神明、敬祖宗、愛國家、保民族之高貴情操。由於道教流佈既久且廣，宗支至多。早期以樓觀派及經傳為主，後以宮觀遍佈天下，同時諸山叢興，流派更多，但以積善派、經典派、占驗派、符籙派及丹鼎派等五大道派為主流。臺灣地區以主祀道教神之宮廟發展八千多座，家庭之中敬設神位同時立祖宗牌位者，仍屬絕大多數。道教會則設有道教學院及教義研習班，用資培訓正統傳教人才。道教會在大陸時期未及成立，政府播遷來臺後，首先成立臺灣省道教會，對外並代表全國教會。民國五十七年七月卅一日於內政部立案。

　　依據內政部統計處於民國八十二年所進行「台灣地區宗教團體普查報告」(民84)，其所得到的調查結果，截至民國八十一年底止，台灣地區寺廟神壇及教堂教會總計17,366所，其中道教占71.46%，約12,409所道廟及神壇，其中能歸出自家所屬五大派別中那一支派者，僅999所(佔8.05%)，另有

11,409所(佔91.95%)不知道或自認為無派別者。而999所可區分的道派中，積善派計390所(佔39.04%)，占驗派計218所(佔21.82%)，經典道派計200所(佔20.02%)，而符籙道派(佔11.61%)及丹鼎道派(佔7.51%)為數較少。

佛教 (Buddhism)

創教主釋迦牟尼佛，誕生於北印度迦毘羅衛國淨飯王宮，幼名悉達多，公元前一千五百四十年間，捨棄皇宮榮華富貴生活，出家修行，終在菩提樹下，了悟「緣起性空」與「心佛眾生三無差別」的真理，而成為偉大的佛陀。由釋迦牟尼實修親證所發揚的教義，含有宇宙人生奧妙的哲理與科學理論；其教義「歷諸三世而不易，放諸十方而皆準」。信仰佛、法、僧三寶，其宗旨是從體會「緣起性空」的道理之中，得到自我解脫，並從體會「心佛眾生，三無差別」的真理之中，關懷眾生、救度眾生，是自他兩利的宗教。在前漢哀帝元壽元年間，開始傳入我國，到了後漢明帝時，為佛法傳入我國之始。從漢到西晉，是佛經的傳譯時期，東晉南北朝是教義的研究時期，隋唐是各宗派的成立時期，前後相繼成立了十宗─小乘：俱舍宗、成實宗。大乘理門派：天台宗、華嚴宗、唯識宗、三論宗。大乘行門派：禪宗、淨土宗、律宗、密宗。到了宋朝，各宗派教義漸漸趨向於融合。佛教傳入我國後，經過歷代祖師的積極弘傳，發揚廣大，普及於民間，成為民眾不可缺少的精神資糧。中國佛教會於民國卅六年四月八日在南京成立，民國三十八年部分會員隨政府來台，發起成立「中國佛教會台灣辦事處」，民國三十九年二月十四日依法登記，奉准復會。民國七十年二月十一日於內政部立案。

依據內政部統計處於民國八十二年所進行「台灣地區宗教團體普查報告」(民84)，其所得到的調查結果，截至民國

八十一年底止，台灣地區寺廟神壇及教堂教會總計17,366所，其中佛教占12.9%，約2,238所，其中知道所屬派別者計442所（約19.75%），不知道或無派別者佔80.25%。就442所有派別者，屬淨土宗者計181所（佔40.95%），屬臨濟宗者計110所（佔24.89%），屬曹洞宗者計73所（佔16.52%），屬華嚴宗者計34所（佔7.69%），其他各宗派約計44所（佔9.95%）。

基督教（Protestantism）

創教主耶穌基督，以新舊約全書爲經典，起於猶太，其初屢遭羅馬帝國迫害，公元三一三年以後，羅馬始奉爲正教，其勢力漸被於世界，至十一世紀分爲羅馬教會、希臘教會；十六世紀德人喇馬丁路德倡宗教改革，更由羅馬教會分爲新、舊二派，英國、瑞士、荷蘭等奉新教（耶穌教），法、義等國崇舊教（天主教）。信仰三位一體真神，教義爲人道、天道暨贖罪得救之道。傳入我國遠在唐初，稱爲景教，其後中絕。至明神宗時，義大利人利馬竇、德人湯若望等相繼來，從事宣傳；清初更任耶穌教士以欽天監職，使司曆法並於各省設立教堂，基督教乃漸盛行中國。中華民國基督教會協會於民國四十三年四月三日依法組織並於內政部立案。

依據內政部統計處於民國八十二年所進行「台灣地區宗教團體普查報告」（民84），其所得到的調查結果，截至民國八十一年底止，台灣地區寺廟神壇及教堂教會總計17,366所，其中基督教佔10.96%，約1,903所，其中有派別者計1,514所（約79.56%），不知道或無派別者佔20.44%。就1,514所有派別者，以台灣基督長老教會計680所計680所（佔44.91%），其餘分散在各個教派，如中華基督教浸信會聯會有43所佔2.84%；教會聚會所有41所佔2.71%；台灣聖教會及中華循理會各39所佔2.58%；台灣信義會有25所佔1.65%等等，比率較小。

天主教 (Catholicism)

天主教西文原義為「大公會教」，故其全名稱為「天主公教會」，簡稱「公教」。創教主耶穌基督，創始於公元三十年，蓋耶穌誕生之年被國際公認為公元元年。他三十歲時公開宣講福音，召收門徒，信從者甚多，招致惡黨謀害，被釘十字架而死，但三天後死而復活。他在升天前吩咐門徒們要到各處去傳福音，使萬民成為門徒。信仰及教義包括在其「信經」中，即三位一體的天主，造世、贖世、聖化世界、教會及永生。其宗教儀式有彌撒、七件聖事等；倫理規範有十誡及其他源自聖經的教導。天主教遍及世界各地，其傳入中國始於唐朝（第七世紀），稱景教。後於元朝時再度傳入，但為時甚短，明末萬曆年間，由利瑪竇等耶穌會士第三度傳入，始逐漸在中國生根。於一六二六年西班牙傳教士也由菲律賓把天主教傳入臺灣地區，今臺灣約有三十萬信衆。日據時代即已在政府登記成立「臺灣天主公教會」，民國三十八年劃分為臺北和高雄兩個監牧區，民國四十一年再分為臺北、臺中、嘉義、高雄、花蓮五個教區，分別在省政府登記立案；民國五十年再增加新竹和臺南兩個教區。

回教或伊斯蘭教 (Islamism)

回教亦稱回回教，或稱清真教，是真主為全人類所選定的宗教，亦是一種生活方式與規範，原稱伊斯蘭教，意為順服、和平之意。伊斯蘭一詞出於古蘭天經（自西元六一○年至六三二年啓示穆罕默德聖人），並不表示伊斯蘭教為穆聖所創始，因為人祖啓母聖人已信仰真主，故伊斯蘭教又稱開天古教。回教是出世、入世兼顧的宗教，其教義涵蓋真主與人的主僕順從關係、人與人之間的道德正義、人與自己的責任、人與萬物之善良運用。凡穆斯林必須絕對相信真主獨一，

真主創造萬物，並明示只有信仰真主與真主所造化的天仙，啓示的經典，警示的使者，祈後世復活、審判及償罰。回教傳入中國大陸，迄今已歷一千三百餘年，繁衍於唐宋，鼎盛於元明，式微於清末，摧殘於中共文革，而今尚待復甦中。目前回教在臺灣，其中多半是軍、公、教人員，四十餘年來，集各界精力及財力支援，購地建寺，得有聚禮之所。民國二十七年中國回教協會成立於重慶，民國五十八年在臺灣於內政部立案。

理教 (Liism)

創教主羊來如，明末崇禎十六年(西元一六四三年)，時正值百姓既遭兵燹，又罹荒歉，舉國滔滔，人心陷溺，道德式微，羊來如乃發願渡世救人。信仰觀世音菩薩，融合儒釋道三家之精華，擷天人合一之哲理；重忠孝與五倫，實踐八德，以淫盜妄煙酒爲戒律，純係一種入世修行的宗教，由本教公所領正大法師點傳聖理。民國十七年呈國民政府核准在案，於三十九年三月四日在台灣復教。

天理教 (Tenrikyo)

敬奉中山美伎爲教祖，信仰父母神天理王諾彌格多，爲邁向「父母神創造人類，欲觀康樂生活」的神意，以「聖舞和神授」作爲掃除心塵的基合，以神樂歌、御筆先、御指圖三原典爲指導，力行早起、勤勞、正直的生活信條。西元一九〇八年日本政府正式許可天理教設立教會傳教後，開始在日本國內及世界各地傳播教義。民國六十年十二月獲准設立全國性法人總會，做爲傳教的中心。

軒轅教 (Hsuan Yuan Chiao)

軒轅教奉軒轅黃帝為宗主。信仰昊天上帝，綜儒、墨、道三家思想，上宗黃帝，尊天法祖，踐禮修道，淨化現實人生，提高精神價值，促進世界大同為使命。傳播之初，設總部分組。各地成立宗社，分別建設黃帝神宮，申請設立宗教財團法人。全部財產奉獻，依法人制度實踐尊天法祖，黃帝子孫歸宗，歸宗十餘萬人，宗友擔任聖功數千人，擔任神職數百人，皆義務而負責。民國六十三年六月十九日內政部許可成立，七月十日在臺灣臺北地方法院登記處登記，永久成立。

巴哈伊教(Baha I Faith)

於一八四四年由巴哈伊教先驅巴孛所創，是人類宗教歷史上第一個由兩位先知—巴孛和巴哈歐拉相繼宣示而成。巴哈伊教倡導造物主的唯一；各宗教之本質同源；人類一家。沒有終身職傳教士的設置，傳教是每一位巴哈伊信徒的責任。民國五十九年十一月得到台北市政府設立許可(使用名稱為財團法人大同教台灣總靈體會)。後於民國八十年經內政部同意，更名為「巴哈伊教」。

天德教 (Tien Te Chiao)

天德教崇信無形道祖，繼黃帝之「德教」，由蕭昌明創始於民前十三年，成立於民國南京建都之時。奉行「忠、恕、廉、明、德、正、義、信、忍、公、博、孝、仁、慈、覺、節、儉、真、禮、和」廿字為教義，以此為入德之門，正己化人，重整道德，促進大同極樂之世。民國十五年於全國各省，呈准政府設立「宗教哲學研究社」五十餘處，宣揚教義。民國廿六年世局危亂，教務中心遷至安徽省黃山芙蓉嶺，民國三十八年避赤禍教務中心南遷香港青山，申請天德聖教立

案行世。民國四十二年在台開山祖師王笛卿於高雄開壇宏化，民國五十五年奉准成立中國精神療養研究會，以此在台宣教揚道，民國六十四年獲准自由傳播教義，乃即成立天德聖教總會。民國七十八年八月十八日奉內政部核准以「中華民國天德教總會」名稱設立。

天帝教 (Tien Ti Chiao)

民國六十九年，由名報人李玉階在台創立，奉行天帝真道，化延核子戰毀滅浩劫，早日實現三民主義統一中國，為人類帶來永久和平。以世人共同信賴之宇宙主宰－上帝為最高信奉對象，其教義「新境界」是經由天人交通，天人親和所得，以「心物一元二用論」為哲學基礎，以「聖凡平等、天人大同」為最終目標。自民國六十八年夏始，以「中國正宗靜坐」廣度緣人，皈依天帝教，另以「靜心靜坐」等為輔，傳播「忠、恕、廉、明、德、正、義、信、忍、公、博、孝、仁、慈、覺、節、儉、真、禮、和」廿字真言。於民國七十五年七月經內政部許可設立「財團法人天帝教」。

一貫道 (Ikuan Tao)

創教主路中一，號通理子，山東濟寧人。光緒二十二年拜師劉化普為師，於先緒三十一年即創教為「一貫道」，取自論語孔子對曾子所說：「參乎！吾道一以貫之」。信奉主神是明明上帝（萬能造物者），此外凡已成道之仙佛聖賢，皆為尊敬之對象，尤其是濟公活佛。教義為敬天地、禮神明、孝父母、重師道、守信義、和鄉鄰。對道親教以儒教忠恕、道家感應、佛家慈悲，提倡萬教同源，呼籲宗教共同攜手，為生民福祉而努力。民國七十七年四月經內政部許可，設立宗教性社團。

藏傳佛教 (Mahayana Buddhist Association)

依據，財團法人達賴喇嘛西藏宗教基金會所述："西藏在佛教傳入之前，曾盛行苯教，但還不是一個有力的宗教，後來深受佛教思想和法門的影響。公元第八世紀左右，棄宗弄贊王將佛教引進西藏。此後，佛教穩定的廣傳開來。其間，許多印度學者到西藏，翻譯經典、密續法本和論述。直到公元第十世紀朗達磨王在位期間，大肆毀佛，但不久佛教即告復興，在藏東和藏西宏傳，漸漸西藏本地佛教學者增多，於是到了後期，西藏佛教就脫離印度佛教後期宗派而獨立發展。雖然仍保留佛法的基礎。就其核心思想而言，西藏佛教從未在西藏喇嘛手下被更改或修增。為了權威起見，他們都會引用佛陀的主要教法或印度學者的著作，並且加以明顯標記。所以，事實上，若認為西藏佛教與原始印度佛教有所分別，或以為西藏佛教即是喇嘛教..等說法皆不正確。

耶穌基督末世聖徒教會(摩門教)
(The Church of Jesus Christ of Latter-Day Saints)

依據東台北支聯會教長遲鴻文先生所述，耶穌基督末世聖徒教會(摩門教)建立於西元1830年四月六日，係先知斯密約瑟依照啟示，復興的宗教，基本組織與耶穌基督在世時建立之原始教會相同，建立至今，雖僅一百六十年，但教友人數以由最初之六人發展為七百三十餘萬人，遍布全球128個國家和地區。現以五十餘萬人之率增加，其組織、信仰、教義、儀規等，全球一致，為一國際性教會，總會設於美國猶他州鹽湖城。

本教會曾於1853年派傳教士到中國大陸地區佈道，當時正值太平天國之亂，無功而返。民國十年一月九日晨，使徒麥基奧大衛偕賈農許長老於北平頤和園奉獻中國大陸為傳區；民國三十八年七月十四日高立馬太和亞基亨利長老，訪問香港後成立傳道部，因逢中國大陸淪落及翌年韓戰爆發，暫停傳教。民國四十四年於香港成立南遠東傳道部，自民國四十五年六月首度派四位傳教士來台灣地區傳教，以後逐年增加，四十八年使徒波得生馬可來台奉獻台灣地區為傳道區；四十九年完成摩門教中文譯稿，五年後出版，六十年成立台灣傳道部；六十二年成立教會教育機構；六十四年八月十三、四日先知甘賓塞會長偕總會當局人員蒞台訪問，於國父紀念館舉行地區大會；次年四月二十二日成立台北支聯會，七月台灣傳道部改為台北傳道部；六十八年成立台中傳道部；七十年十一月六日成立高雄支聯會；七十一年三月十四日台北支聯會劃分為東、西台北支聯會，四月總會教友大會宣佈興建台北聖殿，八月二十六日破土，七十三年十一月十七、八日奉獻，同年設台灣地區代表並設教會辦事處。迄至民國八十七年底，有紀錄之教友人數共有二萬四仟六百餘人，遍佈各個地區。

真光教團 (Sekai Mahikari Bunmei Kyodan)

　　依據世界真光文明教團恢弘部廣報室所撰述，袁忠琳先生譯著，真光教團於昭和34年(西元1959年)二月27日午前五時，岡田良一師受到創造宇宙天地的神降諭有關成立教團的啟示：「天之時到矣。站立。號真玉。伸手施光。將成立嚴厲之世」，照此神示，師號稱光玉，遵循神的引導，為人類救濟而奮起。所謂"主神"乃指五色人類統合稱名，為成就幾億萬年的神經綸(神的計劃)，將已注的宗教所不許的神業「真光之業」(伸手施光)，以及天界秘事的「神理正法教義」

降示下來，透過師恢弘於萬人。

真光教團於1988年八月三十日獲得美國宗教法人許可；於1996年(民國85年)四月18日於台灣地區設立宗教財團法人，並於五月23日在台北來來大飯店成立慶祝大會；1998年(民國87年)內政部視察團造訪主座，並獲得巴西宗教法人許可，及於同年八月2日設置非洲地區指導部；1999年八月1日舉辦立教40周年大祭。

世界基督教統一神靈協會
(The Holy Spirit Association for the Unification of World Christianity)

世界基督教統一神靈協會，簡稱「統一教會」，一般也稱作「統一教」，自民國86年(1997年)起，創始人文鮮明牧師將此教團組織改名為具有社會團體意義的「世界和平統一家庭聯合會」，強調透過建立以神為中心的理想家庭，來實現和平的理想世界，即大同世界或地上天國。

此宗教成立過程，乃始於1936年韓國文鮮明牧師於十六歲那年四月十七日(復活節)的早晨，在山丘禱告的時候，聲稱耶穌基督突然向他顯現，要他繼承自己未完成的使命，肩負起在地球上建立天國的使命。經過多年努力及迫害，他終於1954年在漢城創立「世界基督教統一神靈協會」，召集了原本對聖經解釋有疑問和不滿足信仰生活的基督徒及知識份子，確立了教會初期的基合。1967年(民國56年)，文鮮明牧師差派第一位來華開拓宣教的統一教會宣教師鄭仁淑女士(即韓籍日僑福田信子女士)來華宣教，並於1971年六月在台北市正式設立登記為「財團法人世界基督教統一神靈協會」。

子道宗教 (Hai Tze Tao Relgion)

天真亥子道宗教，簡稱「亥子道宗教」乃秉皇天之明命，荷擔新天道收圓重任，始於民國73年，由創道之始祖「天真師祖－玄智明師」，「天真師母－玄慧師母」，及創教之教主「天真總掌－無上執法」正式創立於中華民國台灣之台北市，是真正發跡於本土之新興宗教。自民國82年（1993年）起慶祝亥子道宗教周年紀念大會到民國85年（1996年）起的國際和平大會，一場比一場盛大。，累積數年國際宗教和平之旅的經驗，尊貴的世界法王－無上執法，再於民國88年（1999年）六月22日，假圓山飯店十樓國際會議廳，由十二個國家代表發起創立「世界和平宗教聯合會」，一同促成世界大同、人間天堂的實現，是亥子道宗教誠懇的呼籲與衷心的期盼。

儒教 (The Confucian Religion)

　　依據儒教會秘書長李吉田先生所撰述，中國儒教會的成立，乃近五十年來，儒宗神教門生們，所熱切渴望期盼的問題。孕育儒教的存在，乃融劇聚凝合於孔子之一身，而孔子學說又是中國思想史之核心與主流。只要懂得孔子，自會懂得儒教，也會懂得中國的歷史文化。因此，多位儒教門生試圖設立杏壇以儒為教，同尊孔子為教主，其中以澎湖為最先（民前八十六時）。溯其始今，傳自福建泉州公善堂。當時地方之文人學士為禱天消除災患與匡正人心，乃於同治三年（民前五十八年）六月三日在馬公先開「普勸社」，以儒為教。至光緒丁亥年（民前三十三年）正月十三日，賜號為「一新社」。「樂善堂」堂主吳克文，於光緒十七年辛卯（民前二十一年）著作「覺悟選新」一書，分列八卷，亦為全省最早著作之善書。當時，自「一新社」成立之後，從此澎湖各鄉社皆紛紛響應，繼設杏堂十處之多，同時台灣北部如淡水鎮屯山古聖廟（仙公廟）行忠堂、宜蘭碧霞宮、頭城喚醒堂相繼開設杏堂

闡教著書，行忠堂「忠孝集」、碧霞宮著「洽世金針」、喚醒堂著「度世慈航」，距今已逾百餘年。繼之中、南、東部普遍設立儒教或著書、或宣化、或救世、救民，其宗旨原同一本也。然而經歷中日甲午戰爭，台澎割讓給日本，日本政府推動皇民歸化運動，因此，儒教一度受到禁止，因而轉入民間深居私宅或山洞中，暗中進行。及至台灣光復，宗教信仰恢復自由，杏堂如雨後春筍，紛相成立，至今台灣杏堂約有五百餘堂，著作經典三、四百種，均免費印贈各界，同時熱心興辦社會公益事業，如建設、施醫、救貧...等善舉，不遺餘力。

大易教 (The Current Religious Confucianism)

依據大易教創辦人易陶天先生所撰述，大易教是反本復始，歸宗大易，而把「人更四聖，事歷三古」的大易現代化之儒教，所以又叫今儒教。因此，它既不是一般泛稱的儒教，也不全然是宋明以來只立書院、只上講壇的新儒家，更不是近代名為尊孔、實為虛無主義之今文學家的孔子教，而是教主、教義、教會這宗教三大要素都完備而信誓：「為天地立心，為生民立命，為往聖繼絕學，為萬世開太平」，這「溫故而知新，可以為師矣」的真實宗教。

目前已在美國籌設了「大易教首屆西方國家弘化總院」，亦在台灣創立「中華大易教會」，將正在設立類似基督教神學院式之大易教宗教大師，訓練鐸師，正式展開傳教工作。並預定於伏羲易曆六十六世紀開元，即六千五百，民國九十一年，耶穌曆（西元）2002年舉行大易教國際易通學術討論會，討論宗教與文化，與兩性、家庭、社會、政治、世界和平等問題。大會在伏羲陵開幕，經北京聖廟、台北聖廟、伏羲廟、日本聖廟、至紐約聯合國廣場致祭天地君師親，祈求世界太和太平，發表宣言散會。

[附錄二]:

民國八十二年內政部針對台灣地區宗教團體調查報告

宗教別	88年	佛教	道教	天主教	基督教	回教	軒轅教	理教	天理教	巴哈伊教	天帝教	一貫道	天德教	眞光教團
寺廟教堂數/所	48,899	50,774	8,604	793	3,875	6	18	131	150	6	47	31,245	5	9
神/佛職人員數	50,774	9,304	33,850	1,834	2,554	34	109	638	–	2	127	2,281	31	10
信徒人數(千人)	10,790	3,673	4,546	304	593	53	136	187	23	16	213	845	200	1
外籍傳教士人數	1,914	51	–	652	1,109			–	–	32	62	1	–	7
神佛學院(所)	84	35	6	1	29	–	1	5	–	1	2	4	–	–

大學	15	5	–	3	6	–	–	–	–	–	1	–	–	–
專科學校	5	3	1	–	1	–	–	–	–	–	–	–	–	–
中學	48	4	–	36	8	–	–	–	–	–	–	–	–	–
小學	11	–	–	10	1	–	–	–	–	–	–	–	–	–
幼稚園	387	46	59	199	46	–	–	3	–	–	34	–	–	–
托兒所	37	32	–	–	4	–	–	–	–	–	1	–	–	–
育幼院	14	6	–	–	7	–	–	–	–	–	1	–	–	–
安老院/仁愛之家	26	5	3	10	3	–	1	–	–	–	4	–	–	–
療養院	6	–	–	3	3	–	–	–	–	–	–	–	–	–
啟智中心	26	1	–	21	4	–	–	–	–	–	–	–	–	–
殘障福利機構	10	–	–	4	6	–	–	–	–	–	–	–	–	–
弘法佈道機構	180	64	24	1	1	–	8	15	–	–	44	–	23	–

醫院	52	3	2	12	14	–	–	–	–	–	21	–	–
診所	69	3	19	15	15	–	3	6	–	–	8	–	–
圖書館	166	118	16	–	4	5	–	–	–	1	20	2	–
出版社	159	35	9	–	78	1	1	1	–	1	2	30	1	–
出版品	295	25	172	–	52	10	–	–	–	–	32	4	–

〔資料來源： 內政部〕

[附錄三]

敬啓者：

　　爲廣泛收集各區家庭教育相關專業人員個人的背景資料及實務工作豐富的經驗，以探討台灣地區家庭教育專任人員對於推動有關宗教信仰議題的家庭教育課程、活動或方案計劃之意見，特編製本問卷，請您撥空填寫以下內容，另外，爲便於統一完成問卷調查搜集之後，繼續進行綜合整理及撰述的工作，麻煩於三月八日（本週四）中午前傳眞至(07)6968054鄭淑芬收或E-mail至sf1257@ms48.hinet.net。由於製表時間匆促，又加上需儘早完成本研究的壓力，恐已造成您填寫本表的不便之處，敬請見諒。再次謝謝您的協助！本研究結果日後會再寄發與您分享。　順　頌

平　安　如　意

國立嘉義大學家庭教育研究所碩士班研究生
鄭淑芬　敬上
2001／3／2

台灣地區家庭教育有關宗教信仰議題調查問卷

一、個人基本資料

　　1.性別:□男 □女；2.年齡:＿＿＿足歲；3.個人宗教信仰:＿＿＿＿（ ＿＿＿年）

　　4.工作區域：＿＿＿＿（請註明縣市）[＿＿＿年]主要負責工作:＿＿＿＿＿＿＿＿

　　5.最高學歷及科系:＿＿＿＿＿＿＿＿＿＿＿＿＿

　　6.目前是否在進修＿＿＿＿（若是，請問是在＿＿＿＿進修）

　　7.您爲何會加入家庭教育工作行列？（請簡述）

二、概念分享篇

1. 您認為宗教信仰與家庭教育的關係如何?(是否相互
    影響?可否彼此服務?)

   _____

2. 您認為家庭教育和宗教信仰是否有共同的目標?(如:
    人類發展;倫理、價值[觀]和道德發展、信心發展、
    靈修生活、修道生活...等等)

   _____

3. 您認為宗教信仰對家庭教育是否有所貢獻? 或有不良
    的影響?(請舉例)

   _____

4. 您認為家庭教育是否有與宗教信仰相關的問題?(請舉
    例)

   _____

5. 您在辦理家庭教育活動時,是否遇過宗教教義與家庭
    教育有所衝突的情形嗎? 請略述問題及您處理的過程

   _____

6. 您個人的宗教信仰與自己家庭其他成員一樣或不同?
    您與家人間是否因為宗教信仰不同而有所衝突?或因
    信仰不同而彼此關係更加和諧緊密?

   _____

7. 您認為自己的宗教信仰對您推動家庭教育活動有那方
    面的影響或助益?

   _____

三、實務經驗篇

1. 請問宗教信仰議題在您所推動的家庭教育方案中,所佔的比例爲何? 是否獨立爲一個單元、或是溶入其他議題、還是和其他議題同時呈現?

　　＿＿＿＿＿＿＿＿＿＿＿＿＿＿＿＿＿＿＿＿

2. 請您略述參與貴中心(單位)的專任人員、志工、工讀生及講師等人其個人宗教信仰爲何? 他們是否會將個人宗教信仰理念帶入貴中心(單位)? 若是的話,您如何處理?

　(專任人員):＿＿＿＿＿＿＿＿＿＿＿＿＿＿＿

　(工讀生):＿＿＿＿＿＿＿＿＿＿＿＿＿＿＿＿

　(志工):＿＿＿＿＿＿＿＿＿＿＿＿＿＿＿＿＿

　(講師):＿＿＿＿＿＿＿＿＿＿＿＿＿＿＿＿＿

3. 您是否有與其他宗教團體共同合作推動家庭教育方案的經驗,請簡述合作的宗教機構單位、時間、地點、內容、期限、參與人員情況及活動成效,並請分享合作的經驗? (若您有活動相關的資料,請附上,謝謝)

　　＿＿＿＿＿＿＿＿＿＿＿＿＿＿＿＿＿＿＿＿

　　＿＿＿＿＿＿＿＿＿＿＿＿＿＿＿＿＿＿＿＿

　　＿＿＿＿＿＿＿＿＿＿＿＿＿＿＿＿＿＿＿＿

4. 您認爲台灣目前各宗教界推動家庭教育的情況如何? 您是否曾主動或因合作的關係參與其中的一些課程與活動,請分享您個人的看法或(及)參與的經驗。

　　＿＿＿＿＿＿＿＿＿＿＿＿＿＿＿＿＿＿＿＿

　　＿＿＿＿＿＿＿＿＿＿＿＿＿＿＿＿＿＿＿＿

5. "九二一集集大地震"前,台灣各宗教界紛擾事件不已,近日由於經濟不景氣,自殺潮崛起,許多家庭父

親帶著兒女集體自殺，甚至有對夫婦以"自殺"為向所信神明還願之舉。您覺得宗教信仰當如何溶入貴中心(單位)家庭教育方案中，以避免家庭悲劇繼續發生。

6.e世紀來臨，網際網路、電視、廣播等媒體成為台灣人民接觸(受)家庭教育及宗教信仰的主要媒介，您覺得貴單位及宗教團體當如何透過媒體傳播有關家庭教育的課程?亦或目前您已執行相關計劃，請分享。

7.其他（若您想到其他資料訊息或建議，請分享）

chapter 9

家庭教育中溝通與問題解決之議題

陳怡吟

家庭教育學

前言

　　人們之所以寂寞，是因為他們不去修橋，反而築牆把自己圍堵起來。

——愛默生

　　許多學者都指出，全人類的互動是以溝通為基礎，不溝通是不可能的。對家庭這種親密的團體而言更是如此。Raush，Greif和Nugent等學者談到溝通的重要時指出，當每一個家庭要發展它的命運時，其所面對的任務不只是發展家庭自己的規範，同時也要界定規範是如何制訂且由誰來定，及改變的情形如何，而這些都是溝通的責任（引自Adams，1995）。這些家庭中所慣用的運作法則，會對家庭及成員塑造出彼此共同接受的價值信念、互動模式、情緒氣氛及情感關係結構，以做為家庭如何面對與處理衝突的基礎（葉光輝，民81）。所以一個家庭幸福與否，完全端看家中的成員平日溝通的情形如何。藉由溝通，家庭成員能夠發展親密的關係，能增進彼此互相了解、信任，傳達情感；並且能協調行為、解決問題與衝突。家庭生活並非靜止不變的，它會隨著家庭的生命週期不斷的產生改變，改變會帶來一些正面或負面的影響及家庭問題的產生。因此，問題解決的過程更是家庭必經的歷程，可幫助家庭解決問題，發揮其適應的功能。溝通和問題解決皆是家庭中基本的生活技巧，兩者可說是殊途同歸，沒有溝通，也就無法有效的解決問題。而溝通和問題解決不僅是一個過程，其相關介入策略與模式更是家庭生活教育的中心，目的是期望增進家庭成員發展且提昇這個過程。

溝通和問題解決的意義

在對於此議題進行理論及方案的探討前，應該先了解其隨著時代的變遷內在意涵為何、及影響溝通的因素、造成溝通障礙的因素有哪些？對這些問題有進一步的瞭解，爾後才論及相關的理論，以下便一一論述。

溝通與問題解決的基本意義

隨著社會多元化，科技文明的快速發展，高度競爭的壓力，社會結構的變遷，使得家庭倫理及結構功能遭到強烈的震憾。不再是傳統農業社會的家庭型態，「男主外，女主內」、「女子無才便是德」等保守觀念，塑造傳統女性「敢怒而不敢言」的順從卑微的地位，又在「父子孝」、「兄友弟恭」的家訓規範下，父之命，子不敢不從，家庭中並非所謂的溝通互動，而是一種由上對下命令式的單向訊息傳遞。然而，反觀今日的家庭，工作不再只是男性的權力與責任，雙薪家庭已為現代家庭的主流，女性逐漸地在各方面走向平權，兩性試圖立於一平等地位進行對話，而子女和父母間的對話，也被強調為是雙向互動的過程，家庭系統逐漸走向開放

型態，家庭成為一個成長的團體，夫妻雙方都是完整獨立的個體，需充分地相互配合協調，允許夫妻及子女都能自由且公平地爭論家規，並且透過有效的溝通而成長（陳麗欣等，民89）。除了夫妻溝通外，家庭中的溝通還包括親子溝通、兄弟姊妹溝通等，其中又以親子溝通問題為最，然而在時代的意義背景下，中國傳統孝道有其更多元的意義，親子間的如何進行溝通才能在代與代間取得平衡與和諧，更是現代台灣親子互動良好的關鍵。

　　然而，究竟何謂溝通呢？溝通是「一種傳達意思給別人，且為別人覺知到的行為。這種行為可以是語言或非語言的，只要是傳達意思，就算是溝通」（鄭慧玲譯，民83）。並非有效的溝通就是好的溝通，因為溝通可以是積極的、建設性的；也可以是消極的、破壞性的。溝通主要是以自我坦露、親密關係、同理心為基礎，強調的是能有意義並且達成家人各種需求，有效的解決問題。另外針對有效問題解決能力的潛在價值，Durlak(1983)指出，其內涵包含：增加社會的適應力、處理壓力的能力、和創造合適的方法，以實現理想的追求及自我滿足度的需求。足見有效問題解決之功能與價值，實乃為現代人生活所需之能力。

影響溝通的因素

幸福美滿的婚姻是建立在有效及相互滿足的溝通基礎上的。溝通不良會造成家庭和婚姻許多問題，在有問題的家庭中，進行溝通是十分困難的。因此家庭溝通和婚姻溝通是相互一致的，沒有良好的溝通，家庭問題的更無法獲得解決。以下將就影響夫妻、親子溝通的因素，及造成溝通障礙的原因探討之。

妨礙溝通的因素

夫妻關係是人際關係中最親密的一環，夫妻溝通的過程是強調雙向的過程，藉由此雙向的溝通可修正雙方的認知，使訊息的傳遞更爲正確。在溝通的過程中，夫妻雙方互爲表達者和接受者，在互動中溝通協調達成共識。然而，許多夫妻卻不知如何溝通，致使夫妻之間的距離越來越遠，主要是因爲溝通的過程常伴隨一些干擾因素，導致障礙的產生。對於這些可能的不利影響因素，我們不能加以忽視。

夫妻溝通的障礙根據廖榮利（民66）指出主要有兩方面：心理因素及物理因素。心裡干擾因素包括個人的認知架構(Frame of Reference)、心裡防衛(Defence Mechanism)、社會距離(Social Distance)、價值觀念(Value Concept)、自我意像(Self Image)。個人的認知架構：是指夫妻溝通時，將對方所傳達的訊息依自己原有的認知架構，產生心裡過濾的作用，而斷章取義，或誇大其詞，甚至曲解原意（魏美芬，民74）。心理防衛：是指配偶一方向另一方發洩負面情緒時，許多配偶會馬上防衛自己，因而導致溝通的中斷，彼此的隔膜更深，無法有深入的瞭解。社會距離：是指不同的社會地位如長官及部屬，或教師與學生，均可能使兩者間的溝通有所影響（廖榮利，民66），尤其在夫妻間的社會距離很容易干擾夫妻的溝通。價值觀念：是指夫妻對事情的看法及觀念的不同，會影響彼此的溝通。自我意像：指的是個人對自己的看法會影響到溝通，如錯估配偶的自我意向，溝通就會發生障礙。此外，物理干擾因素包括一個人的生理狀態、空間因素、及時間因素。生理狀態：是指夫妻之間若一人身體狀況不佳，飢餓、口渴或疲倦等狀況，不可能有良好的溝通。空間因素：是指夫妻之間在太大、太小、或吵雜的場所談話，或在第三者面前責備對方，使其下不了台...等，這些都是不適合的溝通場所，也容易造成不良的溝通。時間因

素：是指夫妻溝通時，如果一方正在忙碌或趕著要上班時，另一方卻要長篇大論，談一些不重要的事情，這會導致一方很不願意與對方溝通。除了這兩個主要因素之外，謝銀沙（民81）指出夫妻溝通的障礙其他因素尚包括：文化差異、性別角色之期待、間接式的溝通、對字句有不同的解釋、錯誤之設想與過份之類化等因素，對於夫妻溝通都可能會造成不良的影響。

由於以上這些因素都可能會使家庭中的溝通無法順暢進行，甚至造成婚姻危機與衝突，家庭中的問題便容易如滾雪球般，越滾越大，導致無法收拾。因而我們需瞭解什麼是影響溝通的因素，才能洞察溝通，找出溝通困難原因所在。

溝通與問題解決方案在家庭生活教育中隨著時代的變遷越顯重要，以下將論述其主要的原因及相關理論基礎及研究。

家庭溝通與問題解決的理論基礎

溝通與問題解決的重要性

溝通與問題解決方案在家庭生活教育中是十分重要，主要是因為：

家庭生活和社會期望的轉變

　　二十一世紀的今日社會，人們對家庭的期望著重在情感功能的需求，家庭成為一個情感的避風港。由於社會期望的改變，家庭中的成員情感及精神的層面需求，成為家庭生活教育方案中的重點。家庭成員期望藉由溝通和其他的成員相互交換訊息，並且能分享彼此的想法與感受，甚至能分擔憂愁，共同解決問題。

家庭功能日趨複雜

　　由於家庭對情感的需求，形成家人之間人際關係的交流更為密切，因此也改變了家人互動的本質和內容。而家庭的功能及職務也和以往不同，由於其他社會機構的介入，如學校、教會、或社會行政機構團體扮演角色的改變，所以家庭功能也跟著產生變化。這些社會團體取代了許多以前應是家庭負擔的責任，如孩子的社會化、對年長者的照顧等。加上除了原生父母外，其他看護者（如祖父母、保母等）取代了生父母的一些責任，夫妻和他們年長的父母間，溝通和問題解決的型式和頻率也隨之改變；但並非看顧者的介入產生的衝擊都是負面的。事實上，在溝通和問題解決的過程中，看顧者剛好能成為替代性的選擇或情緒性反應的緩衝，也許問題真的因此改善。如同將子女放在托兒所的家長，發現孩子在字彙能力，對溝通與問題解決原則的瞭解，還有處理衝突的經驗也可能增強。

對有效家庭生活有顯著的影響

　　預防學家和精神治療師都確信溝通和問題解決技巧對有效家庭生活功能上，有重要的影響。近來的研究結果確實發現，改善夫妻的溝通，有助於夫妻關係的和諧、婚姻的調適及婚姻的滿意度，且事實上所有家庭健康的指標的研究都與

溝通有非常大的關係。強調彈性、做決定、危機的處理和共同的時間的營造，及有效問題解決的能力。此外，有關家庭適應力和兒童成就的研究，也強調問題的解決能力是一種防禦性的技巧，能幫助孩子處理他們生活中的困境。有效問題解決能力的發展，可以增加家庭成員社會的適應力、壓力調適、和發展最適切方法，達到個人的目標和滿意度的需求。

家庭問題層出不窮

家庭和婚姻的功能障礙上，很多文獻提供證據指出，家庭皆有溝通也解決問題，但並非所有的家庭都做得很好或令人滿意。在社會變遷下，家庭的型態越趨多元，如雙薪家庭、單親家庭、重組家庭等不同型態，也使得家庭的狀況有顯著的特殊性，家庭問題更是層出不窮。因此家庭成員顯然需要溝通和問題解決過程之知識與技巧的發展。

終身學習的思潮

人類終其一生都有潛力去學習或修正人際互動的技巧。在初生之始，小孩子開始去溝通和設法解決問題以達成自己的需求。個人獨特的發展及生活經驗，創造出新的或較能適應各種環境、情況的溝通及問題解決技巧的需求。因此，在社會終身學習的風潮影響下，學習型的家庭也因應而生，強調家庭發展不斷學習的潛力，學習溝通來共同成長，增強家庭內在的能量，足以使其面對快速變遷的社會。

家庭溝通理論

自西元1960年左右，各領域不同的學者，以各種不同的觀點來研究「溝通」。直至近幾年，溝通已成為目前社會的顯學，不斷的被提出來討論，如政黨溝通、家庭溝通、親子

溝通、夫妻溝通等，形成了一種「溝通流行熱」。然而，爲什麼要溝通？對家庭、親子、夫妻間的影響又是如何？從其理論發展到今日的溝通課題，及其相關的研究都將是未來家庭教育研究的基礎。

家庭系統理論

首先，從家庭系統理論來看溝通問題，溝通強調的是過程，但不再侷限於個人，而是強調家庭系統本身才是真正造成過程轉變的原因。系統是一種「投入－產出」的過程，夫妻溝通不良會影響親子間的溝通，及手足間的溝通行爲，更會影響整個家庭系統的連結。家庭內最主要的三個次系統分別是親子次系統、夫妻次系統和手足次系統，任何次系統間皆會互相影響，且夫妻衝突常透露家庭整個的問題。家庭整體是一個趨衡系統，以開放系統思維的角度分析，系統的運作會受到家庭中有形與無形的獨特規則支配，反映在家人特有的溝通方式、信念系統及權力與情感關係結構上，如家庭中未直接涉入衝突事件的其他成員，也都可看成是「隱形的」共犯結構；家庭中的衝突甚至會一再地重演，形成一個循環式的衝突，而其成因與家庭的內外系統都有關係，家庭內成員的態度與家庭外部文化系統的價值信念，都會直接或間接的影響到衝突是否一再地發生（葉光輝，民88）。溝通的目的是將家人的情感凝聚在一起，使家庭內部系統產生力量，化解內外在的困難與衝突。

在其他相關的研究中亦証明此一觀點，如謝秀芬（民88）便企圖透過家庭系統觀點進一步探討親子衝突的經驗與因應，及親子衝突時家庭系統動力，其研究發現，親子衝突的確是家庭中不可避免的現象，父母和孩子看待事件的角度不同，家庭或個人規則的僵化，都是引爆衝突的重要關鍵。這些家庭獨特的支配規則，反應在孩子和父母的不平等關係，父母常採責備或打罵的因應方式，雖可暫獲和諧，但也導致孩子多採退避型因應，父母卻多爲競爭型因應，更加劇親子

之間的衝突。然而親子因應衝突的模式，又爲人際衝突的縮影。張虹雯（民88）以家庭系統理論學者Bowen所提之「三角關係」概念爲理論依據，研究發現「代罪羔羊」與兒童行爲問題呈顯著正相關，也就是說，子女處於父母衝突環境中成長，成了父母爭吵時的代罪羔羊，成爲父母有意無意轉移生氣和挫折感的目標，且會增加孩子直接感染衝突時那種充滿敵意、負面的情緒交換。因此，代罪羔羊的程度愈高，發生行爲問題的程度也愈高。家庭是影響孩子生、心理發展的重要單位，不論是家庭中任一系統失衡，是「牽一髮動全身」家庭內的系統互相影響，使家庭系統出現問題。因此家庭溝通的進行是全面性的，關係家中每個成員的，使家中的子系統的溝通進行皆能順暢。由此可知，家庭系統理論對家庭溝通議題研究之貢獻，可見一斑。

家庭發展理論

　　談到家庭發展理論的家庭溝通議題，每個家庭的發展都有其特色與任務，而溝通的概念已經成爲現代家庭發展的重要任務之一。因爲隨著家庭發展生命週期的轉換（如表1），不同階段有不同的發展任務，這些轉變都需要家庭去適應，勢必面臨許多的壓力，再加上人生中的一些偶發不可預期的壓力事件，不同階段間也會相互影響，當家庭在面對這些壓力時，便需要家庭成員溝通協調，解決問題。

表一 不同的家庭發展生命週期的發展任務及其婚姻壓力源

階段	家庭生命週期之階段	發展任務	壓力源
一	未有小孩的已婚夫婦階段	1.配偶兩人每天日常生活（事業上與休閒時間）之互相適應。 2.建立新的認同感——成人配偶。 3.對新的親戚關係之適應。 4.可能開始期待第一個孩子之來臨，對懷孕之適應。	1.如何獲得配偶的接納。 2.如何獲得配偶家人的接納。 3.如何安排與生長家庭間的關係。 4.昔日朋友的干擾。
二	養育幼兒階段（第一個孩子未滿30個月	1.對新的父母角色之適應。 2.學習為人父母之各種技能。 3.夫妻與父母角色之協商。 4.對事業、前途等工作上之各種適應。	1.該如何接納家中新成員。 2.女性退出職場的衝擊。 3.女性失去工作伙伴友誼的影響。
三	有學齡前兒童之階段（第一個孩子年齡在2至5歲之間）	1.教導輔育兒童新的技能。 2.對因孩子們之生長而失去隱私之適應。 3.對事業與生涯之適應。 4.對可能有第二個小孩降臨之準備。	1.該如何教養兒童。 2.面對家庭、職業生涯適應的雙重壓力。
四	有學齡兒童的階段（第一個孩子年齡在6～12歲之間）	1.鼓勵每位子女身心之生長。 2.對學校需求之適應。 3.妻子或丈夫可能重返學校或工作崗位。 4.逐漸增加參與和子女有關之社區活動。	1.面對孩子由學校進入學校的壓力。 2.如何被孩子的老師、朋友、同學接納。

五	有青少年子女在家之階段。	1.對子女日增自主權之適應。 2.計畫夫妻各種活動並作子女離家之準備。 3.事業可能在此階段達高峰。 4.家庭經濟在此階段多達最高峰。	1.面對青春風暴期的壓力。 2.子女學業、感情、事業問題對父母的影響。 3.如何接納子女的異性朋友。
六	步入突飛之階段（自第一個孩子離家到幼兒離家）	1.促使成年子女之獨立機會（上大學、工作、結婚等）。 2.繼續給予子女支持與協助但注意不過份控制他們。 3.鞏固父母之婚姻生活。 4.對可能面對父母過世之適應。	1.如何面對孩子離家的的改變。 2.孩子離家，父母該如何調適，重新尋找生活重心。 3.子女成家、創業的壓力。 4.面對父母過世的痛苦。
七	中年父母階段（空巢階段）	1.享受老伴之恩情。 2.對健康狀況之適應。 3.對祖父母角色之適應（若有孫子時）。 4.可能增加社區活動或其它休閒活動。 5.保持親戚關係。	1.面對健康狀況不如從前的壓力。 2.新的成員加入之適應。 3.如何處理新的家庭與關係。（如婆媳關係）。
八	老年階段或鰥寡階段（自退休到死亡）	1.對邁入老年及健康衰退之適應。 2.接受「老人」之認同。對退休及失去社會地位之適應。 3.在健康情況許可之範圍內參與有意義之活動。 4.對可能失去配偶而需獨居之適應。	1.面對配偶、疾病過世的痛苦。 2.面對失落、哀傷等自我心態的調適。 3.面對老年生活的安排。 4.面對死亡的準備。
九	離婚、單親或重組家庭	並非每一個家庭都會經歷此階段，還有來自社會壓力、監護權、家庭和諧、及家庭系統的重新組合等問題的適應	1.如何被新配偶接納。 2.如何被新配偶的家人接納。 3.安排與原有家人親友的關係。

（改自：藍采風，民85，婚姻與家庭，頁33-36；彭懷真，民87，婚姻與家庭，頁159）

一個健康的家庭是能夠隨著時間的轉變，在不同的發展階段中，能彼此調節家人之間的關係。在家庭的生命週期上，每個階段都有其階段性的任務，家庭中角色的轉變，如何扮演、如何與家中的成員相互協調，如何調節情緒上產生的變化，夫妻關係、親子關係。家庭適應與價值觀等的改變，對家庭成員而言，每個人都有其個人角色任務及角色期待，如何透過溝通來建立現階段的共同遠願，相互承諾，相互學習，共同成長，完成其階段性的任務，才能順利發展到下一個階段，此意涵和目前台灣地區正在推動的學習型家庭概念相同。家庭的本質是動態的，學習型家庭即藉由終生學習的行動貫穿個人及家庭的生命週期，持續不斷學習的歷程，建立一個兼具尊重與成長的家庭氣氛，共同解決家庭所產生的問題，才能達成永續經營的理想。

　　例如家庭中有青少年孩子，在家庭生命週期中，由於青少年正值個體身心發展的最大階段，生理上：身高、體重、內分泌、性癥等快速發育；心理上：認知、情意、自我觀念、同儕關係等方面有了新的成長與轉變，因而需要父母更多的關懷與瞭解，藉由親子間的溝通，來磋商出新的互動規則與良好的親子關係，以因應紛然的變化、順利渡到下一個階段（朱崑中，民85）。家庭溝通良好與否對其影響更是顯著。林青瑩（民87）探討青少年偏差行為的家庭因素，其中親子溝通管道不良、家庭氣氛低靡等，都是形成青少年偏差行為的因素。楊金滿（民85）探討家庭互動關係與青少年們自我統合之關係發展研究中發現，家庭中親子溝通方式，如果父母親是以開放式溝通，青少年在政治、宗教自我統合上，定向型的可能性越大，反之封閉型可能性越大。另外魏美芬（民74）就親子溝通與青少年生活適應之關聯性做一探討，親

子溝通愈好，子女生活適應愈好，親子間可無所不談，子女可對父母訴說心中的困擾，容易使子女心情愉快，情緒穩定，有安全感、歸屬感，與人和諧相處，因此子女心理康，生活適應良好。

由此可見親子溝通的品質是很重要的。王鍾和（民88）即從親子溝通品質與青少年生活適應、偏差行為，作了一個綜概性的相關研究。其結果發現，親子溝通品質愈高，青少年的行為困擾愈少，偏差行為也愈少，身心健康便相對的愈好。家庭溝通對青少年影響的研究實在是不勝枚舉，綜觀而論，我們發現在家庭互動過程中親子溝通的品質對青少年子女的自我、人格、行為各方面生活適應有著重要的影響。因此家庭發展理論也同樣的突顯家庭溝通的重要。

除了上述單一取向的觀點外，Robin 和 Foster於1989年曾整合社會學習理論與系統理論觀點，針對青少年與父母間發生衝突並持續延伸的原因，提出了一個完整的解釋模型。研究證明由於缺乏適當的問題解決能力及溝通技巧，常常造成意見不合未能立即解決並產生不愉快的口角。認為青少年的發展因素，包括青春期生理的改變及獨立要求等，造成親子關係的混亂不安，而家庭在回應這個失控關係現象時，展現在能力因素（包括解決問題及溝通能力）、認知因素（包括對未來行動的預期、對過去行動的歸因及伴隨衝突的非理性想法等）及家庭關係結構因素（像聯盟、三角關係及家庭凝聚力）等方面的表現與改變，實實在在影響著家庭衝突的本質及強度（轉引自葉光輝，民88），如下圖1。

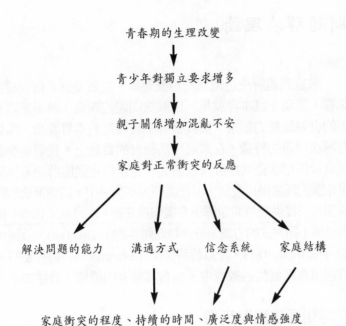

圖1 父母與青少年的衝突模型(Foster & Robin, 1988；轉引自葉光輝，民88)

　　此種理論觀點並非單一共識的，它包含著不同的理論分支，說明家庭衝突問題的產生並非只是單一理論建構所能解釋，強調的是一種開放式、活的系統，正如此模型研究也證明了當青少年的衝突行為提供了父母間不正常的平衡功能時，婚姻衝突常與親子衝突有關（葉光輝，民88）。更加證明家庭溝通方式及解決問題的能力關係著家庭衝突的程度、持續的時間、廣泛度與情感強度。

問題解決理論

　　家庭問題解決這領域的相關理論，主要受到系統理論的影響，認為家庭本身就是一個解決問題的團體，藉由家庭歷史的發展脈絡的觀察，與其整個系統發展的本質看來，都具有解決問題的特徵。在家庭生活教育的實施上，我們很少發現直接使用家庭問題解決理論的，也無特定問題解決方案使得相關的理論得以發展。但在處理人際關係中，問題解決的理論卻可以提供社會問題解決方案作為基礎。Durlak（1983）提出三種不同方式的方案，分別是認知性的(cognitive)、發展性的(developmental)，及以特殊任務(task-special)為首要的。若運用在家庭生活教育中，也有其參考的價值，分述如下。

從認知理論觀點來看

　　從認知理論觀點來看問題解決，學者認為是一連串的認知過程，可以類化到許多其他不同的情境當中。特別是在問題解決的構成要素及教育介入的客觀性兩部分。認知理論學派認為認知到問題解決的過程是十分重要的，可以使家庭成員的生活適應力是更加良好，對家庭生活教育而言，不僅可以透過教育來改善家庭問題解決的過程，並且可以使家人的行為能做更好的調整。

從發展理論觀點來看

　　從發展理論的觀點來看，個體會因為成長形成認知及情感等方面的發展與改變，會造成家庭中問題的發生與衝突的來源，而其中小孩或大人的社會取代能力被認為是是否與人發生衝突或解決衝突的關鍵要素，因為良好的社會取代能力意味著個人較能夠由他人或周延的角度來思考問題與解決問

題（葉光輝，民88）。發展觀點與認知理論相同的是，兩者皆強調問題解決的能力與適應力關係密切，所不同的是，發展理論較認知技巧，更著重於發展社會覺察、社會敏感度，及角色扮演等技巧，因其可以幫助人們正確的去評估問題的情況為何，並做出最合適的決定。基於此理論的方案，是希望協助個體去發展一些能力，如角色的扮演、覺察能力等，致使其人際關係得以發展。此種理論若運用於家庭生活教育中，有助於家庭成員親密關係的發展，不論是夫妻、親子、手足間關係，可協助家庭中的人際問題得以解決。

從特殊任務為中心的觀點來看

此問題解決的理論是強調以達成特殊的任務為中心，認為不同的問題任務需要不同的問題解決技巧。教育方案是屬於目標導向的，經由對情境中問題的分析，教導其相關的解決技巧，或就某一特殊研究深入探討，比較個體是否具備此技巧的差異。重點並非在某一共同問題解決的技巧上，而在特殊情境中的問題解決技巧。對家庭生活教育而言，可以解決特殊情境中的問題，教導其成員較具目標的學習問題解決的技巧。

溝通和問題解決的相關議題

雖然人們都知道家庭中溝通與問題解決的重要性，但此議題中有幾個相關的重要概念為大家所疏忽，家庭教育者在

387

推行相關方案時需有所瞭解，才能有效的幫助人們發展正向
幸福的婚姻。

溝通和問題解決的迷思與澄清

有關家庭溝通與問題解決的議題上，一般人仍存在著許
多的迷思，以下便就此部分做一深入探討，並做一澄清：

愛的表現方式是「全方位的介入」嗎？

如果是，那不是意謂，一天二十四小時裡，家人時時刻
刻都是你的生活重心了嗎？這對家庭成員而言，是不健康的
，也會筋疲力竭的。如父母對子女，會說出：「我這麼辛苦
的工作賺錢都是爲了你，你怎麼可以不努力讀書？」；夫妻
間的對話會出現：「我的一生都給了你，你怎麼可以不爲我
著想呢？」衝突往往都產生在誰認爲誰付出的比較多上，因
失衡而生問題。事實上
，每個人都是獨立的個體，彼此之間的關係應有適當的界域
，否則如此的方式，只會犧牲自己，使得溝通將無法立足在
平等的基礎上。

溝通有輸贏之分嗎？

今日最常見的溝通模式，便是以結果輸贏論之。做父母
的常以權威的高姿態，指揮、控制孩子，把自己認爲對的事
，強迫子女接受，就稱之爲「溝通」，自然兩代之間的鴻溝
，也愈演愈烈了。更有許多夫妻衝突發生在溝通的過程中，
兩方疆持不下，沒有人願意當輸家，爭的面紅耳赤，非爭出

個高下不可，卻也因此破壞了彼此間的親密關係。爭贏了就是真正的贏家嗎？事實上，也可能因此輸了彼此的感情，值得嗎？有效的家庭溝通方式是要締造「雙贏模式」，讓溝通建立在更平等互惠，尊重的基礎，沒有誰是輸，雙方才是真正的贏家。

讀心術的神話

談到讀心術的神話，很多太太會說：「如果他真的愛我，他會知道我需要什麼？想什麼？感覺什麼？」先生也類似的認為：心照不宣，是太太愛的表現。結果，他們終日生活在失望、傷心中。因為對方「通」的次數，比「不通」時，實在少得太多了。另一些人則相反。他們往往認定自己是讀心術的高手。結果，反而全然扭曲了對方的原意（吳就君，民88）。因此，心靈相通的關係需要真正的溝通，彼此必須是眼對眼、耳對耳、心對心的交談。學會如何表達自己的感受，真誠的溝通，親密的關係才能暢通無阻。

非語言溝通方式的迷思

我們常藉著身體語言來表達我們的想法，我們想要的結果乃我們的行動。一個手勢就勝過了千言萬語。而非口語訊息卻佔了面對面溝通的65%，人們經常由非口語的行為推測彼此的關係(Olson & DeFrain,2000)，但不幸的是，大部分非語言的溝通都是負面的。姜思娜（民87）指出大致可分四種類型：控訴者的體態、犧牲者的體態、戲劇之王的體態、理智型的體態，而這四種類型都無法正確的傳遞及詮釋非語言的訊息，反而造成了溝通困難的原因。

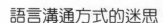

語言溝通方式的迷思

我們可以從兩方面來看：一是用字遣辭方面；二為是屬於自我信念影響語言訊息的傳達（姜思娜譯，民87）。首先，在用字遣辭方面：用詞的不適當，也常會言不達意造成許多誤解。如使用「應該」的敘述句，通常在語句中用到「應該」時，是暗示你哪裡出了差錯，你已經把事情搞砸，無法挽救，內含糾正、指責的意味。譬如說：「你應該怎麼做才對」。其次，在自我信念方面：身為家庭教育者，我們要檢查自己使用的語言，是積極的意義多？或是消極的意義多？很多人從小到大，從父母那兒所接收到的大多是消極的訊息，如「我看你現在這樣，將來也成不了什麼大器」孩子收到這樣的訊息，實在很難有其正面的意義。而身為家庭教育工作者更要檢視自己所使用的語言，假若存在「歹竹出不了好筍」的想法，總認為小孩子是很難跳脫父母的影子，無形中必定會傳達出否定的訊息，對孩子或父母而言都會造成很大的傷害。這種屬於消極的語言暴力，剝奪了孩子的權利，也扼殺了他們成長的空間。所以，不論是父母或教育者，都應隨時檢視自己的敘述是積極的，還是消極的，逐漸改善自己的語言溝通模式，避免「標籤作用」與語言暴力所造成的傷害。

只有問題的家庭，才需要問題解決技巧的學習？

「問題」這個字眼，常被許多方案的參與者認為是不好的、消極的，特別是關係到自己的家庭時，家庭成員都不希望去承認問題，深怕被貼上家庭功能不佳、問題家庭標籤，正也是家庭教育工作者遭遇到的挑戰。事實上，家庭問題解決是正面且積極的日常活動，一個越健康的家庭，其家庭本身的彈性是十分足夠的，也越能夠去溝通解決問題的。

人際溝通型態

　　不同的個體會有不同的溝通模式，Alberti 和 Emmons
(1990) 定義人際溝通的反應模式包括：攻擊型的溝通、消
極型的溝通、及肯定型的溝通三種，每一種反應的模式皆會
影響反應者及說話者（引自Olson & DeFrain, 2000）。肯定
型溝通包括個人思想、感情及慾望的表達。肯定是自尊、自
信的且會表達自我的意見及感受的，而肯定的溝通是自我坦
露的，常常會使用我訊息來表達。且會提高其到達個人目標
的可能性。因爲自信是鼓勵表達而非防禦，並且有助於關係
的親密。消極型溝通的特徵則是不願意去說自己的想法、感
覺或慾望。消極的行爲是對其他人的看法感到焦慮且過度擔
心他人的感覺(如我不想傷害的別人)，因而害怕說話或作一
些可能會遭受他人批判的事(如我怕說錯話)。消極的反應會
增加自卑感覺，限制其表達，留下傷害及焦慮的感覺，因而
不容易達到個人目標。而也會使接收到此訊息的人感到生氣
與不被尊重。消極的行爲者很少致力於自己或他人的感覺，
因而造就了彼此的距離感而非親密感。攻擊型溝通其目的在
傷害或壓制他人並且去保護自己的自尊。攻擊型的說話特徵
是藉由責罵及控告的方式進行(如「你總是．．．．」，「你絕
不要．．．．」)。攻擊型的行爲是與強烈的、憤怒的感覺與報
復的思想有關。攻擊是一種表達的行爲，但太過自我增強而
使他人受損。自己的目標也許可以到達但卻是藉著傷害或羞
辱他人而來。相同的，他人也常會報復回來，因爲攻擊行爲
的焦點放在人性負面的部分，而非負面的情境。一般上是增
強了負向的循環，使得雙方都覺得受傷及挫折且造就了有距
離的關係。在這三種不同的溝通型態中，肯定型的人被發現
是最正確的、表達性的、自我提昇的，且易達到目的。

正負向的溝通循環

　　01son(1997)對一萬五千多對結婚夫妻的研究顯示，正向的溝通循環特徵包括肯定性及自信心，而負向的溝通循環特徵則爲逃避(Avoidance)及對夥伴的支配性（partner dominance）（引自01son & DeFrain, 2000）。01son以正負向溝通循環（圖2），用以說明何種特徵會有正向的溝通影響。

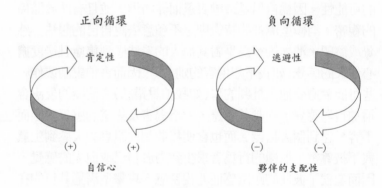

正向循環　　　　　　　　　　負向循環

肯定性　　　　　　　　　　　逃避性

　（+）　　（+）　　　　　　（−）　　（−）

自信心　　　　　　　　　夥伴的支配性

圖2 正負向溝通循環（引自01son & DeFrain, 2000）

　　01son的正負向溝通循環分別說明了，在正向的溝通循環中，肯定性常使人覺得自信，容易達成其目的而且也願意肯定彼此，增進個人的自信同時。逃避性行爲及覺察意識到他人的支配的情形會較低。因此，「肯定」對個人及夫妻關係有正面的影響。相對地，在負向溝通循環中，當一個人顯得逃避、退縮，他人的支配性便會增強，而當伙伴的更具支

配性時，則其將變的更爲退縮，形成了一個惡性的循環。一個夫妻技巧的方案稱PREP(Prevention and Relationship Enhancement Program)由Howard Markman 及 Scott Stanley (1994)發展出的，顧問們發現逃避性對夫妻而言是有問題的。在他們的著作中Fighting for Your Marriage(1996)將逃避性定義爲對於有問題的議題不願意去討論，如當夫妻習慣去避免談到具冒險性的議題，此即逃避性一般的型態，如此將導致問題越拖越久。而且，逃避性的夫妻會妨礙議題的進行，打斷他人或不作回應。研究也已經發現，夫妻兩個是肯定的及自信的，會傾向有非常幸福的婚姻。相反的，夫妻中若一個是支配性的，另一個便會是逃避性的，而傾向不幸福的婚姻（引自Olson & DeFrain, 2000）。這兩種循環模式，更說明了溝通的進行是互動的、相互影響的，何種溝通技巧可以幫助人們去發展彼此更正向的感覺，影響溝通的結果甚至是婚姻的幸福。

表2 高肯定性與高逃避性人特質

高 肯 定 性 的 人	高 逃 避 性 的 人
● 低逃避性	● 低肯定性
● 低夥伴支配性	● 高伙伴的支配性
● 喜歡夥伴的個性	● 不喜歡夥伴的個性
● 和夥伴有良好的溝通感覺	● 不喜歡與夥伴溝通
● 和夥伴有良好的衝突解決感覺	● 不喜歡與夥伴解決衝突

（整理自Olson & DeFrain, 2000）

　　若擴大此種循環模式來解釋家庭衝突，葉光輝（民88）研究說明在家庭脈絡中經常可見到家庭衝突事件的背後機制或模式是重複不已的，這類衝突並不能只歸咎於某一成員的性格、信念或行爲，而是被家庭系統全體成員所認可的價值信念（若非共同認可也至少是具有支配力量的）、互動模式

及權力及情感關係結構層層互相影響下，形成穩固的共犯結構，共同促成的結果。一旦衝突事件被引發後，該系統深層支配力量會在有形及無形中影響家庭成員如何來解決衝突，而這些受影響的解決衝突方式，會再反餽回來再次強化這個穩固的共犯結構，形成一個循環不已的迴圈（圖3）。因此，若當此種支配力量是正向時結果將會是較為正向的，而當支配系統的力量為負向時，則家庭中的衝突又將會受到強化，而若未能找出系統深層這一支配力量加以改善，僅就一些表徵的因素處理，則此一循環性的衝突現象亦不易得到消彌。而溝通的方式正是系統深層的因素，溝通的進行是互動的、動態的，會與其家庭本身結構、價值信念相互影響，形成家庭對衝突問題解決的模式，影響家庭系統的平衡，使家庭在此循環中無法跳脫出來。

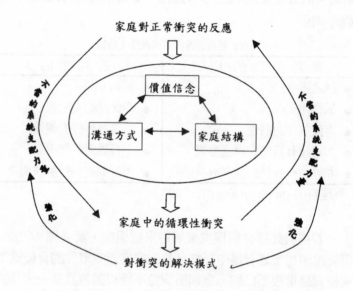

圖3 家庭中循環性衝突的成因及運作歷程（轉引自葉光輝，民88）

現今台灣親子溝通互動的困境

在就台灣目前親子溝通的困境特別提出探究主要是由於，與西方國家所不同的是，中國家庭的親子關係互動中傳統「孝道觀念」的影響力，因此僅就「孝道的觀念」深究。西方學者在探討親子互動困境時，多半就父母的教養方式、子女的自主權及雙方的溝通技巧與模式來談，然而，社會文化的不同在其親子溝通互動時亦會帶來影響。在傳統中國社會中「百善孝為先」「父母言，子不敢不從」的親親原則，傳統中國家庭互動較少談親子溝通，親子溝通常是一種由上對下命令式的傳達，非所謂對等的互動是溝通。然而，在價值取向趨向多元化的現代社會中，子女經常要面對的問題是，當滿足父母需求孝道價值時，常伴隨著對自我成就與理想目標的追求，如何在兩者之間取得平衡呢？當親子間關係不平衡時又如何溝通協調解決衝突的發生呢？就學者葉光輝（民85）的研究便針對子女常用以解決親子互動困境與衝突情境方式，提出五種因應方式的分析架構，分別是：自我犧牲型、功利主義型、兼容並蓄型、規避逃離型、折衷妥協型。以現代台灣大學生為例，多數人較慣用的因應方式是功利主義型，其次是折衷妥協型，只有極少數人會使用到兼容並蓄型或傳統自我犧牲，研究結果反映現今大學生在困境或衝突情境下，主要是以滿足或達成自己的目標與需求為優先，對傳統孝道要求的重視度及父母的需求，並不特別重視。對於傳統孝道觀念的式微，蘊含著親子間認知、價值觀念的差異，此亦常常成為親子衝突的源頭，影響雙方溝通互動的過程及結果。

在現今台灣社會中，因孝道觀念差異所衍生的親子互動困境或衝突問題的消解關鍵，不在於傳統與現代新舊觀念內容的差異調適，主要在於父母與子女雙方對孝道的認知差異

而發生衝突,當親子間所持的孝道價值與其他價值觀念不同時,亦造成親子間的衝突;又當親子同時面對孝道價值與其他價值衝突時,也可能由彼此的孝道價值重要性層級的認定不同,而容易產生衝突,同樣地,親子間溝通互動的開放度也會有所差異影響溝通的結果。

家庭溝通與問題解決之方案與建議

　　良好的溝通一直是幸福家庭的重要指標,在社會的變遷中,家庭所面對的危機越來越多,問題也越來越複雜,因此為了解決問題更形惡化,良好的溝通便越顯得重要。在家庭教育方案中,以溝通與問題解決的方案也就因應而生。以下就相關的方案及台灣推行的現況作討論,爾後再提出相關的建議。

家庭溝通與問題解決教育方案

　　根據Kieren指出許多家庭溝通與問題解決的教育方案依方案著重重點的不同,大致可分為三類:一是強調整個過程的方案;其二方案的重點在於過程中的步驟及技巧(如目標的設立、接收和解釋訊息等);三則是方案的重點在於能運用於特殊的狀況與問題解決上(如孩子的教養、婚姻關係、婚姻與家庭的美滿、親子衝突、做決策的訓練)(引自Adams

，1995）。以下就此三類詳加說明之：

強調整個過程的方案

這類型的方案大多是學校教育方案，常是以認知爲基礎，因爲涉及到許多不同類型的情況，所以鼓勵參與者去學習整個過程。學校以外方案的欠缺，也說明了在這類型方案成人教育的重要與缺乏。做決定、問題解決及溝通過程的研究，常是小學或中學許多科目中的重要單元（如社會學、健康、數學及家庭教育）。在家庭教育課程中，不論是處理親屬關係、性別、職業規劃等單元，常都以介紹或檢視溝通與問題解決的過程，做爲解決問題工具。

目前台灣這類型的方案推行，以往我們較普遍在大學通識課程中實施家庭教育相關課程，如婚姻與家庭、兩性溝通、人際溝通、家政學等等，將溝通與問題解決的過程納爲課程內容中重要的一環。隨著民國九十年家庭教育法草案的頒佈及九年一貫課程的實施，便有了革命性的發展，前者定義了家庭教育之範圍，其中第十條更指出：「高級中等以下學校每年應在正式課程外實施四小時以上家庭教育課程及活動，並應會同家長會辦理親職教育。」更規定各級主管機關應積極鼓勵師資培育機構將家庭教育相關課程立爲必修科目或通識課程，以培育教師之家庭教育素養及知能；後者中小學九年一貫課程中「家庭主題」，以活動方式融入健康、體育、社會、綜合活動等課程中。足見這類以認知爲基礎，強調整個過程的方案，經由學校教育由小學至大學課程的推廣已被重視，但這類認知的方案在成人教育方面有待進一步重視。

強調過程中某一面或多方面的方案

許多方案是將目標侷限在過程中某少數面或相關的技巧

上。例如一些方案在強調教導問題解決溝通的步驟與技巧，包括對於解決特殊爭議、消極溝通方式的補救、不當態度上認知的再建構、適當溝通談判的練習等。這些原本是運用在治療上的，但在教育上也常會運用。Blechman提出的一個家庭問題解決訓練的介入方式，是當家庭遭遇問題時，提倡營造一個合理、民主的家庭氣氛，強調為解決問題建立契約，一個家庭契約策略，在訓練的過程中是需不斷地訂立新的契約且對於舊的契約再做調整。這類型的方案，溝通的過程通常被分成幾個部分，分別強調以下的幾項技巧，包括：情感的聆聽、自我的覺察、情緒的溝通管理及彈性的溝通技巧。溝通的技巧也分為很多種類，通常方案的設計會將重點放在一、兩個技巧的訓練上。這類型的方案發展的較為成功的有：明尼蘇達夫妻溝通方案、關係強化方案、父母效能訓練等（引自Adams, 1995）。

　　這類型的方案目前台灣也十分普遍，不論是家庭教育中心、張老師、各基金會等都有此種溝通方案發展，如父母效能訓練團體，常是教導父母親能有效的與子女進行溝通，其技巧包括：有效的傾聽技巧、我訊息的使用、積極的溝通技巧等，目的在使親子間能有效的溝通與解決問題。但是這類型的方案仍有其限制，在相關溝通與問題解決的方案中，對於性別、文化差異的議題都未受到重視，且家庭問題的實際參與及問題能否有效解決兩者是否能相輔相成，也未受到重視；另外家庭中「會議」的重要在溝通過程中亦常被忽略，在會議中，衝突和爭論是被允許的行為，因為真誠的表達和衝突爭論的行為，能增進溝通和問題解決的可能性。另外，此類方案側重技巧訓練，對於家庭情感層面的發展又顯著不足。因此Burr針對此限制也提出建議，藉擴展溝通的概念，能含括到家庭溝通關係的需求層面，他提出「我們說明」（we statements）的概念，作為溝通的概念或技巧，去反映

家庭系統中情感的部分（引自Adams，1995）。

為特殊需求而設計的方案

　　許多溝通與問題解決的方案，是為特殊議題或解決問題而形成的。這類型的方案可由兩方面來看，一是以問題解決為基礎；二是以參與者層面來看（引自Adams，1995）。

（1）問題解決為基礎的方案

　　有幸福婚姻與家庭方案（Marriage and family enrichment programs）兩種，且皆同樣有其重要性。婚姻溝通方案主要如同美滿婚姻方案(marriage enrichment programs)，主要用在幸福家庭的成長、美滿婚姻研習，在親密關係上增強其力量，藉助教育性的經驗使婚姻更美滿。這類方案中，三個最有名的方案是－夫妻懇談（Marriage Encounter）、明尼蘇達洲夫妻溝通方案（Minnesota Couples Communication Program）、美滿婚姻關係方案（Conjugal relationship Enhancement Program）。雖然各種方案的內容並不相同，但主要在教導技巧，包括同理心、傾聽、情感認知、溝通技巧等。重點常在於溝通的技巧及特殊行為的練習（如自我認知、情感表達與反應等），皆是學習有效溝通的技巧。這些方案評估的結果發現，有積極正面效果者不多，在技巧發展上的影響比認知層面提升得較多，在特殊溝通技巧的學習上比情感上的滿足有效，由此可見，在強調有效溝通技巧的學習外，仍須加強自我覺察的意識層面，及夫妻情感的凝聚力，才能使婚姻真正成長。

　　幸福家庭方案（Family enrichment programs）比美滿婚姻方案(marriage enrichment program)較少有技巧取向，較著重於自己的家庭，使其有機會經驗家庭的整體性。設計在不同層面的家庭生活中，觀察來自他們自己家庭的不同現實面，和創造可分享的教育經驗。如Sawim(1979)的家庭

錦團模式(The Family Cluster Model)，便是集合了四、五個家庭，以一段時間分享教育經驗與家庭生活；另外尚有Carnes (1981)設計的「瞭解我們」方案(Understanding Us)；和Vogelsong 與 Guerney(1980)的幸福家庭關係方案(The Family Relationship Enrichment Program)都是著名的溝通與問題解決的例子。這些方案的評估研究並不多，其結果與美滿婚姻方案類似，正面積極性的影響不大，主要的影響還是在特殊溝通技巧上，對變遷中的家庭及其滿足度並無太大的成效。

（2）以參與者層面來看

若基於參與者層面來看，家庭生活方案中所有家庭取向的溝通訓練方案有最大影響的是父母教育方案。T.Gordon的父母效能訓練（Parent Effectiveness Training）以及Dinkmeyer 與 Mckay的 效能父母的系統訓練（Systematic Training for Effective Parent）是最為廣泛的方案。Guerney 與其助手(Grando & Ginsberg,1976)共同設計父母與青少年子女關係發展方案(Parent-Adolescent Relationship Development Program)。這些方案特別強調傾聽技巧，幫助父母了解與孩子之間的權力結構運作，解決親子衝突的議題。

其他溝通訓練方法，除了小組技巧訓練的方案外，還包括婚姻與家庭的溝通訓練。以行為為導向的方案，除了嘗試溝通技巧外，還加上其他不同的方法，包括：溝通態度、動機與精神；提供參與者整體計畫的藍圖，協助了解不同的溝通情境，目的在教導模式與結構；找出對婚姻和家庭中重要的主題，著重在討論內容與主題；利用當時的環境，透過大型活動，由領導者直接教導家庭溝通的原則與應用等。

台灣溝通相關方案推行現況

　　家庭溝通及問題解決相關方案的推行，最早是以夫妻溝通學習方案爲主軸。在1984年時，由東海大學理學院院長歐保羅教授夫婦於台中及新竹分別舉辦夫妻溝通研習會，介紹並推廣此婚姻關係研習課程。次年，張資寧、曾惠花夫婦開始北部地區夫婦溝通研習訓練課程，在竹東、台北及台中陸續舉辦小型的示範研習。之後，台灣世界展望會也在台東地區爲山地教會與社區領導者夫婦安排夫妻溝通研習，其成效證明了夫婦溝通訓練之價值及必要。爲全面推展國內美滿婚姻運動，1986年，在台中東海大學草創美滿婚姻協會，有三十餘對夫婦與會且肯定此協會成立之意義及必要，期望幸福家庭運動能促成社會夫妻婚姻關係更美滿。1980年，在東海大學成立幸福家庭研究推廣中心，全力從事婚姻與家庭教育工作（張資寧，民87）。夫妻溝通研習一婚姻教育於焉正式展開。另外，夫妻溝涌及懇談活動，早在1962年西班牙天主教神父Gabriel Calvo 開始了夫妻懇談會(Marriage Encounter)。同年在美國，婚姻與家庭諮商先鋒者David 和 Vera Mace夫婦亦開始了美滿夫妻溝通研習(Marriage Enrichment)。其目的皆爲增進溝通與學習，建立更美好的婚姻關係。前者在全球天主教會、天主教家遍推廣。在台灣也26年的歷史，台北，新竹、台中、高雄、屏東及花蓮都有夫妻懇談與情侶懇談會在進行。後者由Mace夫婦在美國北卡州成立全國性美滿婚姻協會(The Association of Couples for Marriage Enrichment-簡稱ACME)且訓練有五百餘對領導夫婦，在全美及世界三十餘國家推廣此一婚姻教育課程。

　　台灣早期推行相關婚姻、家庭的主題，由於社會傳統文化及生活環境背景的影響，皆視其為家務事忌諱公開討論，夫妻之間的關係更被視為是個人的隱私，外人無須介入干預。加上早期生活較為困苦，夫妻工作繁忙，子女的照顧亦不習慣托人看顧，要求夫妻共同參與學習課程，放下工作及子女不管去正視婚姻關係，學習溝通實非易事。因此這類活動在早期推行時，常因參與人數不足而取消。隨著社會的進步，生活品質的提昇，近年來我國家庭教育推廣發展快速，加上家庭溝通更是家庭教育工作的中心。由民國九十一年頒佈的家庭教育法草案中，在婚前教育內涵、高中職以下課程、大學通識課程皆將家庭溝通列入為重要內涵之一，在各縣市家庭教育中心、文教基金會、張老師、教會、醫院、文化中心、學校輔導中心、大學通識課程、專業課程（如輔仁大學、實踐大學等）、社團輔導課程（多以兩性、人際關係溝通為主）、國中、小九年一貫綜合活動領域課程等，不論市政府機關、民間組織、甚至學校，都實施家庭溝通相關議題的活動，對象從兒童、青少年、大學生、婚前男女、夫妻、親子等，含括了家庭中所有年齡層的成員，甚至醫院更有針對發展遲緩的兒童家長、銀髮族的夫妻，舉辦的家庭溝通成長方案，提供特殊的方案需求。進行的方式主要以演講（講座式）、戲劇、團體討論分享為主，其中更以結構性的討論團體為多，主要是因為可以讓夫妻或家庭成員能共同檢討觀念、溝通意見及交換資訊，進而達成共識。其目標隨著對象、年齡及舉辦的單位會有所不同，但主要仍以以下三點為主要目標：覺察自我的溝通模式、探索家庭成員的溝通互動方式、及學習適當的溝通技巧為主。

家庭教育中相關議題的建議

溝通和問題解決就像是在所有家庭成員中的一般性技巧和歷程，無疑地，未來仍是家庭教育生活教育的核心部分。現在並非缺少家庭溝通和解決教育的方案、技巧、理論或課程。家庭教育人員面臨到相關議題太廣的可能性，且太受限制的指標難以達到成效。雖然，教育成果已有增加，也有多種綜合溝通問題解決方案的途徑，但是努力成果的持續才是未來家庭教育工作者面臨的挑戰之一。而問題解決的挑戰任務，則是應使用相關技巧去讓該領域邁進，並且增加家庭的效能。

這項教育的有效性顯然將依教育工作者推行相關議題的能力而定，也就是說，家庭教育人員如何以所有家庭的觀點來看待這些歷程？對不同家庭環境下歷程是否了解？家庭教育工作者如何採取超乎傳統的方法、對象和批判觀點，來看待介入的成效。以下提供幾項建議做為家庭教育工作者的參考：

採開放的系統思維，發展完全解決模式

強調以開放、動態性的系統，說明任何家庭都需要與外界不斷的進行質能與訊息的交換，才能維持家庭在社會中生存，雖然在訊息與質量交換的過程中，能提供給家庭成員成長與發展的機會，以因應外在系統的需求，但同時也會增加家庭內部系統的動盪不安，不過家庭內部自會在系統優勢力量的支配下，自發的發展出解決的運作法則面對衝突。在面對家庭循環性衝突時，如何兼顧到所有衝突成員的需求與目標，運用系統的思維發展出一套完全的解決模式，對家庭進

行重塑及提升家庭的正面能量，將是實務工作者未來需努力的方向。

以參與者為中心，鼓勵全體家庭成員參與

深入了解參與者的需求，設計課程需以家庭個殊性為考量，課程規劃應了解參與家庭的現況與需求，同時培養其自我覺察的能力，使其自我成長。在資料的蒐集上，可透過不同的管道取得，且將對象範圍更廣泛些，例如：可以為家庭成員設計問卷以調查需求；訪談家庭成員代表以聽取其內在聲音與期望；或進行不同年齡家庭成員的焦點團體訪談，如兒童、青（少）年、成人與老年團體，以討論其對家庭的不同需求。同時，如何吸引全體家庭成員共同參與，並且確實落實方案目標，是方案成敗的關鍵。因為家庭是一完整性、連續性的系統，系統中任何一部份失去功能或產生問題，對家庭系統都有很大的影響，因此，改變是需要全體成員參與，共同成長，才能有長期的效果。

鼓勵家庭從日常生活事件中學習，排出共同時間的交集

「溝通」是日常生活上非常重要的事，並非只有某一特定的時間或情境才進行溝通，鼓勵夫妻間從平日相處，應學習珍惜彼此感情資源，互相尊重、情極傾聽，建立彼此溝通的默契；親子間，訓練子女從小就學習溝通，就像和子女一起遊戲，一起做家事，一起讀書也行，都可以作為和小孩溝通的手段，如此父母親不僅增加生活的樂趣，另一方面對於養育小孩又有莫大的意義。在工商業繁忙的今日，如同雙薪家庭所面臨的挑戰，家人共同相處的時間縮短的，加上生活

上若沒有任何交集的話，家庭中溝通就會發生許多的障礙，所以找到共同生活的交集是必須的，也許排出共同的時間，並且引出一個家庭的交集點，藉由這樣的時間、場域，眞誠的表達，沒有無情的謾罵，進行心靈的對話、反省。

建構健康的婚姻觀為目標

　　最近幾年，歐美國家體認到社會變遷中，家庭危機愈來愈大，家庭功能愈來愈萎縮，婚姻的狀況也經常在風雨飄搖中，爲了避免家庭破裂，他們逐漸體會出要在夫妻溝通中好好的學習，而且也必須聯絡志同道合的朋友們一起努力，美滿婚姻運動因此興起。如夫妻懇談會（marriage encounter）、夫妻關係增進訓練、夫妻溝通方案、美滿婚姻協會等。透過參與者的經驗分享、互相教導、抵礪，建立美滿健康的婚姻（簡春安，民85）。

　　國內學者亦大力鼓吹此概念，如在東海大學成立幸福家庭研究推廣中心，極力地堆廣有關幸福家庭與美滿婚姻活動。希望未來對國人的婚姻有更大的幫助。而所謂建構即修正與建立。修正不正確或不健康的婚姻觀；「建立」指觀念的建構，去學習、體驗，及洞察婚姻中的意義與眞締（簡春安，民85）。因爲從家庭系統背景脈絡來看家庭系統是健康的，其中個人也就較不會有心理困擾。Barnhill歸納出一個健康家庭系統，其中有些概念是增進家庭溝通與問題解決時重要向度：如家庭對於改變能有彈性的調整而非僵化，一成不變的；互相有情感連結非孤立的；家人間的溝通是清楚而非扭曲的；代與代之間的界限是清楚而非混淆或模糊的（引自王大維，民89）。幸福美滿運動，是以溝通技巧的增進爲其中心思想，同樣地，溝通議題也應以健康婚姻觀的建構爲目標。

以多元觀點，滿足不同家庭生命週期人們的需求

在相關議題研究中，性別、文化和其他原則，與溝通和問題解決有影響的議題，卻不受重視，因此都值得進一步研究。另外，對於兒童與手足間以及生命週期晚年期、退休後的家庭溝通和問題解決也很少人探討，如果未來家庭生活教育方案強調服務所有家庭成員，那麼兒童和老人這個未知的部分，將是未來教育方案的重點。

家庭教育工作者扮演一個協調者、輔導者的角色

家庭教育工作者在面對此議題時，需要秉持著價值中立的立場介入，以一個輔導者、協調者的身份，客觀的協助家庭中的成員覺察，覺察他們自己的家庭溝通型態與問題所在，並找出改進之道，持之以恒的實踐。家庭教育工作者並非扮演教導者、傳授者的角色，要每一個家庭全然地接受相同的訊息，因為並沒有一套完美的技巧能適用於每一個家庭，所以應避免「你訊息」的傳達，如「你不該作什麼做」、「如果你不停止這麼做，那麼」、「你這樣是不對的。」不應把自己的價值觀強加在參與者的身上，因為家庭溝通的問題是動態的，並非一成不變的，真正能夠了解問題所在的只有家庭成員自己，所以焦點應放在參與家庭的需求上，針對個別家庭的不同需求，訓練其溝通及自我覺察的能力，增強家庭系統本身的適應力及彈性，使其面對各種問題，都能迎刃而解，達成共同遠景的實現。

✎ 結語

　　溝通是婚姻的基礎，也是維繫家庭是否能健康發展的重要基石，更是影響孩子人格行為塑造的關鍵因素。現階段我國國人已從傳統消極的從婚姻中的衝突，家庭中問題的產生，到透過溝通的方式，解決已發生的問題，被動的等待問題的發生才解決；然而，近代的學者焦點多放在問題尚未發生，從婚前兩性交往中把脈，希望在兩性的交往的世界裡，建立正確的觀念，化解性別的差異，藉此增強雙方的適應力與面對問題的彈性，進而建構家庭平等的對話。家是家人共享的實體，彼此互為生命共同體，有如一部機器中的齒輪，缺一不可，而「溝通」正如潤滑劑一般，當機械停止不動了，齒輪生鏽了，有了它的滋潤，家—這部機器又能繼續運轉了。有人說：「沒有不良的婚姻，只有不良的溝通。」；「代溝」也不是一個自然的定則，其實是由上一代和孩子共同挖掘出來的。所以無論是夫妻溝通、親子溝通都必須從日常生活中做起，養成溝通的習慣，使家庭「溝通」因「通」而關係更為和諧。期望每個家庭都能灌溉一座屬於自己家庭的「溝通苗圃」，藉此彼此的情感得以相互交流，消弭不必要的衝突與誤會，共同面對問題、解決問題，建立一個幸福美滿的健康家庭。

參考書目

中文部份

王大維（民89）。健康的家庭系統之探討。學生輔導雙月刊，
　　　40，90-101。

朱昆中（民85）。親子溝通的形態及其實施原則。諮商與輔導
　　　，132，8-13。

吳就君（民88）。人在家庭。台北：張老師。

車煒堅、張資寧譯（民77）。走向幸福。台中：中華民國幸福
　　　家庭促進協會出版。

林玉慈（民87）。親子溝通品質與青少年生活適應、偏差行為
　　　之相關研究。政治大學教育研究所碩士論文。

林青瑩（民86）。青少年偏差行為的家庭因素之分析研究。
　　　師範大學公民訓育研究所碩士論文。

邱秀貞（民76）。夫妻溝通與婚姻滿足之研究─以台中市黎明
　　　社區與台中縣國宅社區為例。私立東海大學社會工
　　　作研究所碩士論文。

姜恩那譯，Alison Mulvaney著（民87）。親子溝通智典。台北
　　　：天衛文化。

胡興梅（民89）。談情說愛─論兩性相處應有的態度與溝通技
　　　巧。學生輔導雙月刊，第40，36-45。

張虹雯（民87）。父母爭吵時的三角關係運作與兒童行為問題
　　　之相關研究。彰化師範大學輔導研究所碩士論文。

陳麗欣等（民89）。家庭溝通與問題解決。台北：教育部社會
　　　教育司。

葉光輝（民85）。親子互動的困境與衝突及其因應方式孝道觀
　　　　點的探討。中央研究院民族學研究所集刊，82，65
　　　　-114。

葉光輝（民88）。家庭中的循環性衝突。應用心理研究，2，
　　　　41-82。

葉光輝（民89）。家庭共親職互動文化類型之探討。中華心理
　　　　衛生學刊，4，33-76。

楊金滿（民85）。家庭互動關係與青少年自我統合發展之研究
　　　　。文化大學兒童福利研究所碩士論文。

楊家明（民89）。搭一座心橋—談親子溝通與親師溝通。學生
　　　　輔導雙月刊，40，32-35。

廖榮利（民66年）。溝通原理與會談動力。張老師簡訊，71，
　　　　3-4。

鄭慧玲譯，Wahlroos, S.著（民83）。家庭溝通：促進家庭和
　　　　諧的10個秘訣和20個方法。台北：遠流。

謝秀芬（民87）。國小高年級學童親子衝突經驗與因應之研究
　　　　—以家庭系統理論分析。東吳大學社會工作研究所
　　　　碩士論文。

謝銀沙（民81）。已婚婦女個人特質、婚姻溝通與婚姻調適相
　　　　關之研究。國立台灣師範大學家政教育研究所碩士
　　　　論文。

簡春安（民85）。婚姻與家庭。台北：空大。

藍采風（民75）。婚姻關係與適應。台北：張老師出版社。

藍采風（民85）。婚姻與家庭。台北：幼獅。

魏美芬（民73）。親子溝通與青少年生活適應之研究-以台中
　　　　雙十國中為例。東海大學社會工作研究所碩士論文
　　　　。

英文部份

Adams, B. (1995). The family: A sociological interpretation
         (5th ed.). New York:Harcourt Brace & Company.

Arcus, M., Schvaneveldt, J., & Moss, J. (Eds.).(1993a).
         Handbool of Family Life Education: Foundations
         of family life education. Vol. I. Newberry Park,
         CA:Sage.

Carnes, P. (1981). Understanding us: Instructor's manual.
         MN: Interpersonal Communication Program.

Durlak, J. (1983). Social problem solving as a primary
         prevention strategy. In R. Felner, L, Jason,
         J. Moritsugu, & S. Faber (Eds.), Preventive
         psychology: Theory, research and practice(pp.
         31-47). New York: Pergamon.

Grando, R., & Ginsberg, B. (1976). Communication in the
         father-son relationship: The parent adolescent
         relationship development program. The Family
         Coordinator, 24(4), 465-473.

Sawin, M. (1979). Family enrichment with family clusters.
         Valley Forge, PA:Judson.

Olson, D. & DeFrain, J. (3rd.)(2000). Marriage and the
         family: Diversity and strengths. CA, Mountain
         View: Mayfield.

chapter 10

家庭教育方案規劃

彭柑綾

家庭教育學

前言

　　家庭教育法的通過，除宣誓政府公權力的介入之外；接踵而來所牽動的運作機制，傳遞國家對家庭教育的落實與效果深切的期許；而從內容中針對各種家庭教育課程的規劃（如親職教育、子職教育、兩性教育、婚姻教育、倫理教育、家庭資源與管理教育，以及其他家庭教育事項等），透露出家庭教育的工作重點應涵蓋發展、預防及治療層面多管齊下，方能真正落實。我們雖不敢妄稱家庭教育是現今社會亂象的萬靈丹，但相信大家都會認同它是個人、家庭、社會，乃至於國家穩定的基石。而基石要能穩固，在於每一個家庭功能的健全與彰顯。然而每個家庭隨時都有來自家庭內外各種衝擊，並且因應家庭生命週期發展而面臨各種改變和挑戰，家庭如果不注前進，不能因應時間遞移而調整轉變，就可能因衝擊震盪而失去原有功能，而家庭中的個人也可能因此而受傷。因此如何透過優質的家庭教育政策與方案，將立法的美意顯像於國人的生活之中，創造個人與家庭最大的幸福，正是家庭教育工作者刻不容緩的使命與任務，也同時考驗家庭教育工作的專業化。

　　本章先以方案規劃之內涵與功能來談方案規劃之必要性，再就方案規劃一般歷程：分析、設計、發展、實施、評鑑逐步介紹，以期對家庭教育實務工作者能提供些許助益。

方案規劃的內涵與功能

方案與政策的關係

方案（program）是一套結構性的學習活動，經由系統設計以達成特定領域既定的學習目標。方案規劃（program planning）則是一個綜合性的歷程，在此歷程中，方案規劃者實踐其專業責任，規劃符合目標的策略及相關的活動內容，同時計畫相關必要的行政層面（包含協調、行銷、執行、評鑑等）。而政策（policy）則是組織為求存續所擬定的方向或目標，對於行動具指引作用，同時宣告組織對特定事務的立場。依據Mayer(1985)的論點，政策與方案若是同步且同調，那麼目標的達成應是理想可預期的。政策應是理性抉擇的最佳結果，同樣的，方案的規劃與推展也應配合政策理性決定過程而施行；亦即在將政策轉化為方案的過程中，方案應盡可能傳遞政策之精神、達成政策所要求的結果。如是觀之，家庭教育法強化家庭教育政策的法源依據，研擬中的施行細則也應能同時提供家庭教育方案規劃具體的依歸，那麼未來國內各單位在規劃各類型家庭教育方案時，如何與政策達成同步性？如何實現政策目標？是需要有專業的方案評估。

Heather和Francine（1988）即呼籲家庭教育的方案規劃者、評估者與政策決定者應一起對話工作，才能釐清對孩子和家庭的正面影響因素，強化他們的生活知能，最後達成創造家庭個人福祉、乃至國家社會安定與繁榮的終極目標。

方案的內涵與本章架構

有關方案規劃的內容，學者提出相當多模式，但大多圍繞在計畫、執行、考核三個基本元素，而Orem和Brue（1991）亦指出成功的方案規劃具有三大指標：一是正確評估需求，二是活動品質，三是恰當的時間。以下介紹幾位學者對方案規劃的見解並說明本章之架構。

Whittaker等人整合生態學、發展學、本位能力、永續經營的長程規劃四觀點，提出以家庭為核心的服務系統整合架構（如圖10-1）。Knox和Associates（1980）將方案規劃視為整體的管理功能，內涵包括產生活動構想、擬定活動目標、執行、評鑑等。Morrison（1984）則強調組織與環境的動態和循環關係，認為任何規劃應涵蓋內在觀點（長程規劃）和外在觀點（環境檢驗），內容則包括六個不斷循環的過程：目標設定、預測、執行、監控、檢驗、評估。圖10-2的JLEPP模式（The Lifelo-ng Education Program Planning Model，Rothwell和 Cookson,1998），則以專業化責任、安排相關工作、設計方案或活動、行政管理層面四大面向來涵蓋方案規劃所必要之內涵。美國藝術推廣服務中心（Arts Extension Service, AES，桂雅文譯，民89）則提出規劃應包含組織、構想、評估、設定目標、擬計畫和預算、核准和承諾、實施完成、評鑑和調整。Jouvenel

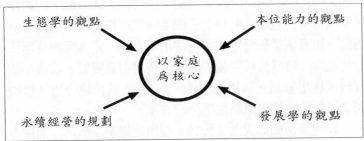

圖10-1 以家庭為核心的實務系統整合架構。

資料來源:改編自張盈堃、方岷譯(民87),159頁。

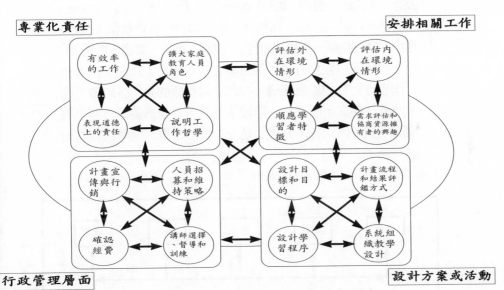

圖10-2 LEPP模式。Rothwell& Cookson(1998)。

資料來源:改編自http://www.fau.edu/divdept/found/EDG6255/lepp_model.htm.

（2000）從未來的自由度（Freedom）、權力（Power）的運作
、及執行者的意願（Will）三個面向來解釋前瞻精神的分析
觀點，以五個步驟分別說明可採用的方法：定義問題及選擇
分析範圍、建構分析對象的系統並找出重要變數、收集相關
資料並提出假設、採用模型法（Model）或情境分析法模擬
未來可能性、挑出策略性選擇的方案。

　　國內部份如邱天助（民79）提出之規劃步驟為：組織方
案設計委員會、完成需求評估、選擇方案、促銷與廣告、方
案實施、評鑑、評鑑結果七步驟。魏惠娟（民88）應用系統
概念提出情境分析、市場區隔、需求評估、學習活動設計
行銷、評鑑六要素。本章則參考Carnevale, Gainer, and
Villet（1990）的ADDIE模式（圖10-3），即分析（Analysis）、
設計（Design）、發展（Development）、執行（Implementation）
、評估（Evaluation）為架構，結合國內學者黃政傑（民84）
提出的課程規劃一般模式(計畫、設計、發展、實施、評鑑)，
分段敘述家庭教育方案規劃應有之基本概念，試圖提供實務
工作者更完整的思維架構。在此必須提醒的是：各階段之間
並非截然獨立，而且每一階段本身就可以視為運作一個小規
模的規劃，因此各部分之間是一個彼此影響、隨時回饋的動
態系統。

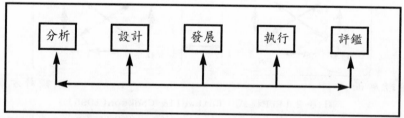

圖10-3 ADDIE模式。資源來源：Carnevale, Gainer, and Villet.(1990):195頁

方案規劃的功能

　　方案規劃並不能保證執行上必定成功，但至少提高了成功的可能性，同時也在規劃者評估成敗時提供較可靠的依據。對於實務工作者言，有一份完善的藍圖自始至終來協助其方案的呈現是重要的。除此之外，方案規劃能使資源有效被運用、讓工作更容易上手、為團隊凝聚共識等功能，Sork＆Caffarella（1989）就指出方案規劃的功能在於提供清楚的指引，提升資源運用效能，明訂團隊職責與形成向心力，助於流程掌握與評估以及提高方案的品質。因此在面對國內對家庭教育專業越來越高的需求時，家庭教育方案規劃的能力就顯得相當重要了。

家庭教育方案的特質

　　林淑玲（民92）即指出：人的生命與家庭相互伴隨，家庭教育為人一生所必須，因此所有民眾都是家庭教育方案服務的對象。一般而言，家庭教育一詞的範疇包含：人類發展和性、人際關係、家庭的互動、家庭資源的管理、親職教育、倫理、家庭和社會等次概念，本章前言亦指出家庭教育法有其指定之諸多內涵，因此其目標是多元的；加上家庭教育方案推展需視家庭類型及家庭生命週期而定，因此其目標是不斷變動的。此外，家庭教育方案所提供的大多是無形的產品，具有無法立即見到效益的特點，例如學習的習慣、尊重的態度等。由於這些無形的產品具有無形、不可分割、多變與可消滅不能儲存的特性，因而提高家庭教育工作的挑戰，

方案實施的成效也不易被社會所肯定。最後，執行家庭教育工作的單位大多屬於提供公共服務的非營利機構，此類機構通常是受到公眾的監督，以及必須承受社會輿論的壓力，更增添實務工作的負擔。

家庭教育方案規劃之分析階段

將方案視為一個開放性動態的系統與歷程，則對於家庭教育方案規劃之分析應包含方案服務對象之需求分析，與組織內外在的情境分析。所謂『知己知彼，百戰百勝』，走入群眾的市場導向已成為各領域成功的不二法門，因此方案規劃審慎的分析可說是方案成敗的第一個關鍵。

需求分析

家庭教育方案以全民為對象，應具備市場導向的思維，亦即應瞭解對象的需求與能力之所在(Powell, & Cassidy, 2001.)。但各種型態的家庭不斷因社會迅速變遷而衍生，確實為家庭教育工作增添複雜與困難，因此經由需求分析提供一個適當的切入點，能讓實務工作者有明確的目標；且從較小的群體著手，容易累積成功經驗，發生持續性的影響，並可作為推廣的有利基礎。

需求的內涵

(1)就個別狀態的角度而言

　　需求是針對不足的部分產生一種想要的動機和渴望，是一種必須採取行動的情境（Bramley，1991）。以Boyle（1981）提出的需求分析架構（圖10-4），需求乃因偏好狀況（What should be）與現實狀況（What is）間的落差（gap）而產生，因此規劃者對於學習者的需求分析越真實具體，越能幫助方案規劃的內容切重目標；就方案服務的對象而言，當然更能幫助學習者拉近個人心理的落差，減低個人因落差而產生的失衡感，進而增進其對自我之肯定與生活之幸福。

圖10-4需求分析架構。資料來源：Boyle(1981)，156頁。

(2)就專業介入的角度而言

　　教育的目的正是使人在知識、情意、行為三部分都更趨向良善，因此筆者以為需求分析不應只就個人單一面向來定義，因為並不是所有的人都能清楚自己的需求所在（例如一位隔代教養的祖母，就是不瞭解以前對兒子那套為什麼對孫子不管用了），也不是每一種需求都應該或者都能夠被滿足（例如家庭內施暴者認為家人是可以隨自己的意拳腳對待的）。因此家庭教育工作者面對需求分析時應有多面向、多層次的

思考。我們所服務的對象,不但包括自發性需求,也應包括不知自己有所需求的潛在對象,或是就家庭教育專業判斷而言,應開發或強制執行之需求,因此家庭教育方案規劃應含括諮詢、教育、輔導、諮商、治療等不同層次。

　　Stuffebeam(1985)即從差距、民主、分析、診斷四個觀點來解釋需求。其中就分析觀點而言,需求指的是提供資訊以促進欲想發生的一種未來導向;而診斷的觀點則是指一種有害的缺乏或不足。我們若以家庭教育專業介入的不同層次來瞭解這樣的定義,就可以很清楚家庭教育工作者的責任所在與專業倫理的重要性。

家庭背景因素分析

(1)家庭意願與能力

　　以家庭背景因素中的意願與能力為分析向度(表10-1),可將家庭教育方案的服務對象分成:(1)有意願有能力之標準家庭;(2)有意願無能力之需求家庭;(3)無意願有能力之邊陲家庭;(4)無意願無能力之隱藏家庭。

表10-1 家庭教育方案實施對象特性分析
資料來源:教育部(民88)。

家庭意願 家庭能力	有意願	有意願
有能力	標準家庭	邊陲家庭
無能力	需求家庭	隱藏家庭

有意願的家庭對方案的了解與認同度較高，因此參與度也較高，很容易看到方案實施成效。但其中有意願無能力的家庭，則可能由於個別因素（如經濟壓力），限制其原有學習意願付諸行動的可能性，因此在進入方案設計階段，更需謹慎於內容與時間的安排，以提高其參與度。沒有意願的家庭，大多基於對方案的認識程度不足或是對於方案效果的認同度低，因此在方案行銷方面需著力較多，先求改善其對方案之了解，才有進一步吸引其參與方案的可能。其中無意願又無能力的隱藏家庭，明顯為社會中較弱勢的家庭，除方案本身，更須有其他社會福利政策等配套措施的協助。

(2) 家庭功能

　　婚姻與家庭系統環繞模式（Olson，1993，1994；Gorall &Olson，1995）以家庭的凝聚力、彈性、和溝通三個向度作為評估家庭功能的向度，將家庭區分為十六種類型（圖10-5），落在最內圈者為平衡型家庭，功能最佳；落在內圈與外圈之間的為中距型，功能尚佳，落在外圈之外的家庭為極端型，功能極弱。環繞模式除了提供家庭教育方案在進行服務對象的需求分析時清晰的視野之外，更引入動態的觀點，亦即家庭功能並非永遠固定不變，是會隨內外在環境及成員的改變而牽動變化。因此除了評估不同家庭功能狀態所隱含的需求外，更能協助瞭解家庭處於不同生命週期階段或家庭面臨重大變動時需求的變化，有助於規劃者針對不同家庭功能狀態和需求而提供更適切的方案設計。

(3) 家庭風險

家庭的生存與發展是否順利常因家庭成員的社經水準、教育程度、心理成熟度等因素有所影響,更因家庭面臨不同的發展階段而有新的挑戰。隨著社會變遷、家庭型態的改變,許多非典型家庭如同居、單親、外籍聯姻、未成年父母、受刑人家庭等,因爲重大事件的發生而使家庭面臨挑戰與衝激,成爲家庭教育方案規劃重要而特殊的服務對象。

風險的觀念可以是一種事前預防的態度,對於可能面臨的困難採取事先準備學習的因應措施。也有學者稱之爲危機或壓力,也就是面臨沒有辦法用習慣的資源或問題解決方式來因應的情況(Caplan,引自張盈堃、方岷譯,民87)。Carter & M. McGoldrick(1989) 的家庭壓力圖指出,隨著家庭家庭生命週期的改變,每個家庭隨時都有來自家庭內外垂直的壓力與水平的壓力垂直壓力包含個人、家庭乃至社會等大環境壓力;水平壓力則以生命週期發展爲主軸所可能面對的各種人世變遷。

家庭依風險(或壓力)程度高低對於家庭教育的需求亦不同,風險度低的家庭通常成員成熟度較佳原有家庭功能亦較健全,提供一般性教育方案即可發揮效果;但風險度高的家庭,如風雨中的危樓,需要專門針對其需求而設計的支持性方案,方可奏效。例如針對一般父母的親職教育方案與針對施暴父母經法律裁定必須接受強制親職教育的方案設計必定迥然不同。針對一般適婚年齡交往中的青年男女所實施的婚姻教育與未成年父母或外籍婚姻所提供的婚姻教育當然更是大異其趣。

凝聚力＼彈性	低←凝聚力→高				順應程度
	疏離	連結	凝聚	糾結	
混亂	混亂疏離	混亂連結	混亂凝聚	混亂糾結	混亂：缺乏領導 角色不清 紀律鬆散 漫無規則 經常改變 邊際的協商改變
彈性	彈性疏離	彈性連結	彈性凝聚	彈性糾結	彈性：擔當領導 角色分享 民主式討論 規則視需要改變
結構	結構疏離	結構連結	結構凝聚	結構糾結	結構：有時領導 角色穩定 部分民主協商 結構改變規則較少
僵化	僵化疏離	僵化連結	僵化凝聚	僵化連結	僵化：領導者討論 角色固定 集中國民極有限 極少的改變

（左側軸：高↑順應性↓低）

凝聚的程度	疏離	連結	凝聚	糾結
分離—相聚	高度分離	凝少離多	聚多離少	高度相聚
個人—群體	以人口為考量	個人大於群體	群體大於個人	以群體為考量
親密	些微親密	低度到中度	中度到高度	高度親密
忠誠	部分忠誠	條件性忠誠	缺乏忠誠	高度忠誠
活動	個別活動為主	個別活動較多	共同活動較多	共同活動為主
獨立—依賴	高度獨立	獨立多於依賴	依賴多餘獨立	高度依賴

圖10-5 婚姻與家庭系統環繞模式。資料來源：01son(1981)，586-591頁

情境分析

　　家庭教育方案規劃多透過政府或民間組織實行，因此對組織內外在環境各項資源的掌握必須清楚具體而確實。組織內的有形資源如成員數量、資本、設備材料等。組織內無形資源如組織宗旨、名聲與社會印象、成員的理念與專業知能、以往辦理的成效與累積的經驗等。而組織的外在資源如法律或政府政策、經費補助、社會上其他資源等。又以成本因素爲考量，則需清楚方案所需之時間、金錢和人力等。

　　常被企業界用以分析組織所處生存與競爭現狀的SWOT分析（Griffin，1993），以優勢（Strengths）、劣勢（Weaknesses）、機會（Opportunities）與威脅（Threats）四個構面提供清晰的組織現狀與可能的發展空間，協助組織掌握內部優勢和劣勢以及外部環境之機會與威脅，以完成決策、規劃，並進而評估方案的可能性。新近的趨勢認爲情境分析應具有多重層次，以期能在多變的社會中開擴組織的視野。Argyle（張君玫譯，民85）等人提出了一種結合心理學與自然生活社會情境的嶄新觀點，以目標、規則、角色、環境、背景、語言和概念等──來剖析情境，並重視情境分析在實際生活上的應用，對豐富家庭教育工作者的視野極有助益。Masini & Vasquez（2000）則強調情境分析及應用必須要有彈性，以因應過程中的變化與調適；更需要顧及人性，才不會本末倒置，反讓方案服務的對象來遷就組織的資源。這對於以人爲服務對象的家庭教育都是重要的提醒。

資訊的來源

　　進行需求或情境分析之資訊來源很多，主要可分為四類：意見調查、任務分析、社會指標、測驗或研究資料，分述如下：

意見調查：

　　意見來源包含專業人士、方案委託人、監督者、實務工作者等，而蒐集意見的方法可經由問卷調查、電話訪問、聽證會、討論會等。意見調查的重點在於透過意見蒐集的過程，瞭解真正的需求，並傳達對受調者意見的重視。

任務分析：

　　通常方案存在既定之目標(如組織或上級既定之政策方向)，因此上述意見調查所蒐集之主觀意見，需要經由其他方法加以檢視，透過方案目標的對照與分析，方能利於方案之設計。

社會指標

　　在需求分析中具有參考價值之實證資料，以官方或具公信力之單位提供之各項統計資料為主，其作用亦可平衡意見調查的主觀性。

測驗或研究資料

　　測驗或研究資料可補足社會指標之外，從服務對象獲得更直接的實證資料。

　　資訊的蒐集視情況需要，評估組織能力而爲之，有時善用政府、民間團體公告的統計資料，或是每一次活動實施中順帶完成意見調查，既可做爲實施的檢討依據，又可作爲未來規劃的參考；同時也可能與受調者形成情感的聯繫，而得到意想不到的收穫。

家庭教育方案規劃之設計階段

　　有經驗的規劃者都會發現沒有一種設計模式能夠完全概括他們實際所做的事，這隱含著一種動態的系統觀點，也就是規劃或設計是活的、互動的、可能改變的。因此我們可以說：規劃者（包含人、單位或組織）應是一個開放的系統，能意識到內外在因素的存在與影響力，才有隨時因應變化而調整的彈性。在設計階段，最重要的是結合方案目標、組織資源與對象需求，將之轉化成具體可行的實施內容。

Boyle的三種方案規劃的模式

Boyle（1981）歸納出三種方案類型可以幫助方案設計時，描繪出清楚具體的方案目標，幫助方案設計明確的定位，有助於設計合宜、具吸引力的內容。

表10-2 Boyle的三種方案類型

方案	方案類型		
	發展方案	教導方案	資訊提供方案
基本目標	界定和解決個人、團體或社區的問題	個人基本能力、技巧、和知識的成長與改進	交換資訊
目標來源	基本上目標的訂定和顧客的需求或問題無關	根據知識領域或教育者的觀點	根據研究發現、新的法律或新的規則所認定新資訊的可用性
使用的知識	知識或上課的內容是用以解決問題的	知識或上課內容的掌握是方案的重點，因此方案的目的在於如何達成此一目標	上課的內容傳遞給參與方案的成員要能立即應用
學習者的參與	參與決定問題或需求是什麼、問題或需求的性質與範圍	學習經驗的實踐	知識的接受者
方案規劃者角色	促進整個教學活動歷程的有效執行，包括透過評鑑歷程確認需求、方案成果的宣導、據以立法和溝通	透過教導歷程傳遞知識	提供資訊的答案
效能的指標	效能決定於對個人、團體和社區所發展出來的問題解決技巧的品質和程度	效能取決於顧客能否有效地掌握方案所訂定的內容與能力	效能取決於到場或接受的人數，以及有多少資訊傳遞出去

資料來源：整理自Boyle(1981)。

方案設計的內涵

　　方案規劃的歷程越接近執行階段，越應遵守可行性與彈性原則，事前的設計可以視爲虛擬的執行，虛擬的過程與內容越詳細精確、越貼近眞實，方案實施越容易，成功率越高（Kettner，Moroney，& Martin，高迪理譯，民88）。可行性旨在規劃時要多了解實際狀況，考慮各種可能的困難，預先設想克服困難的因應對策，或避免因爲過於理想化而無法實行。彈性則指規劃時應考慮變通性，否則將因僵化固著，反而讓活動無法推行。

主題的確定

　　上述分析階段所得的有關資料經過規劃者（個人或團隊）的過濾，將形成其對方案的假設，進而形成具體的方案目標與範圍。

　　主題的決定包含確定對象的區隔，具體的目標，適宜的名稱，採用的方式等以完成方案的定位。例如社會局爲服務市民，以本市三十五歲以下未婚男女爲對象，爲提供交友聯誼的互動機會，以『眞情相約、鵲橋有喜』爲名，採用郊遊、團康等形式來確定一個未婚聯誼的方案主題；以Boyle的方案類型而言，可以設計成發展性方案：以協助解決部分適婚男女交友困難的問題。當然也可設計成教導方案或資訊提供方案，那麼在內容和方式的設計就有所轉移，例如以團體形式增進其與異性互動之技巧，或安排兩性講座以增進對異性之瞭解。又如某民間輔導機構分析目前網路行爲乃青少年犯罪的搖籃，故針對國中小教師及一般父母爲對象，透過講座、參觀及團體等方式以提升教師與父母相關知能，而將方

案主題訂爲『夜深了，誰家的孩子還沒睡？』。

方式的選擇

　　此階段必須清楚界定方案詳細的時間、地點、方式、需要之器材及設備，講師的人選等，將每個部分都做仔細的安排；就時間而言：應考慮每次活動歷時多久，時段安排是單次還是多次，是密集還是定期等等。就地點而言：是自有場地或租借場地，是室內還是戶外，場地如何配置。就方式而言：是講座、座談、團體或是讀書會等活動，是個別學習、分組學習、群體、社區的現場學習(Knowles,1980，如表10-3)，或是隔空如郵件、視訊媒體等的教學。器材及設備是否需要購買，需要收費，是自有或有捐贈的來源。講師是義務或是有償，內聘或外聘。通常所列之各種方式，在實務上大多是綜合運用而非截然獨立的，並且選擇時別忘了顧及方案參與對象的背景與經驗。

表10-3 學習類型

學習類型	可選擇執行方式
個別化形式	師徒、教練、函授、個別輔導、臨床見習、自我導向學習、在家自學、電腦輔助學習、網路學習、電子郵件…
小團體形式	上課、座談、研討會、團體輔導、俱樂部、工作坊、旅遊…
大團體形式	演講、研討會、研習、展覽、園遊會、聯誼、旅遊…
隔空學習	函授、音訊視迅、有限無線電視、衛星轉播、網路學習、電子郵件…
社區學習	社區資源中心(如教堂、圖書室、才藝教室、跳蚤市場等)、社區發展團體(如民間基金會)…

資料來源：Knowles,1980。

預算的編制

　　資源是方案的後盾，而預算則是將方案內容以現有幣值形式加以呈現，作為資源的分配依據，其重點不外乎收與支的概念，也就是成本與效益的評估。就非營利單位而言（如各級學校執行教育部的相關經費），預算的基本要求在於合法的基礎上收支平衡即可。但以營利為目標的方案預算則在收與支之間還必須加上預期利潤的估算。

　　預算應包含直接成本（如講師鐘點費、場地租金、材料等）與間接成本（如組織成員的薪資、自有場地的水電等）；或以固定成本（無論參與方案人數有多少都必需支付的，如人事費、宣傳費等）與變動成本（會隨參與人數增減的支出，如材料費、午餐費等）區分。

　　但實務上許多單位都沒有實際進行成本效益的評估，原因是時間、專業知能或經驗不足，特別是像基層政府單位，通常是執行上級撥付的經費，預算對他們而言只是如何把錢花完，這對於方案執行的態度與效益是有相當影響力的。

進度的安排

　　通常方案規劃者喜歡使用圖表的方式來呈現其對於進度的掌握，而最常使用的工具則是甘特圖，目前也有套裝的電腦軟體可以協助設計者完成進度的排定與後續的追蹤管理。事先做進度安排的目的除了使時間與工作內容的搭配一目了然，它的功能在於更清楚掌握每一個環節的關連性，而最終的目標當然不外乎讓方案順利完成。

　　圖表的形式通常以時間發展作為主要架構，圖10-6以某方案進度甘特圖作為說明，各工作項目在縱向與橫向上各有其要點：橫向部分注重活動的銜接，例如各項工作或方案的活動與活動在時間上能夠前呼後應，在層次上又能循序漸進

逐步發展。同時也要求方案的一貫性，例如以初階、進階加深加廣。縱向部分的關鍵在於活動的完整性，可以看出方案中各項工作或各個活動的定位，是否具有相輔相成的支持效果，既可避免內容重複或資源浪費，亦可排除場地或人力等衝突發生。當然有時方案規模較小，或是其重要性及影響性極大，橫軸的時間亦可改以日或週為單位，以便更精確詳細的掌握進度。

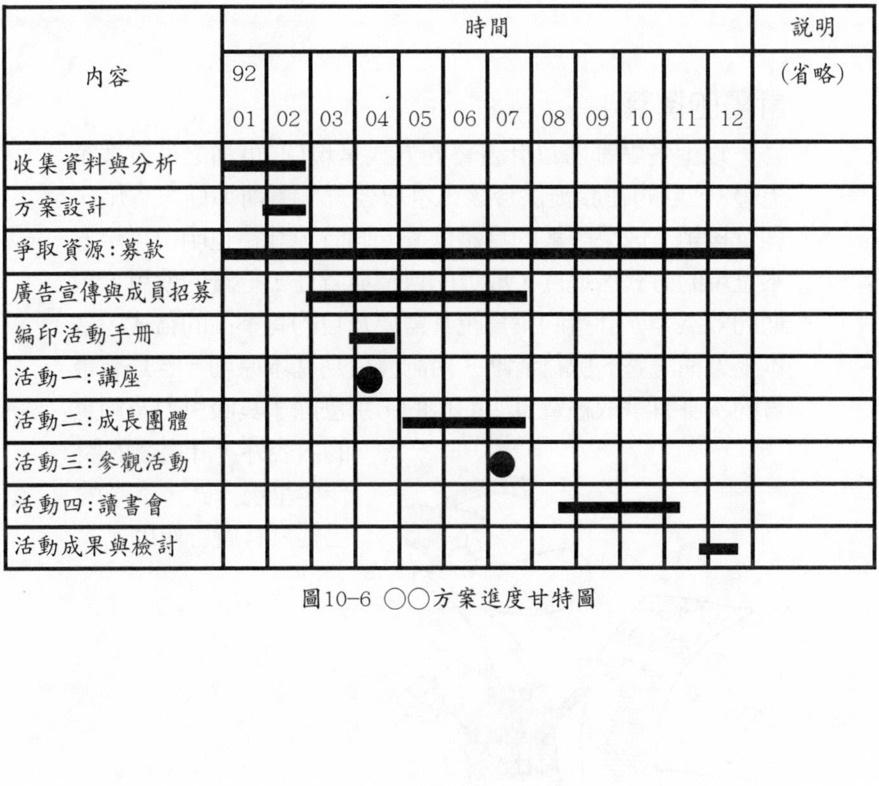

內容	時間												說明
	92 01	02	03	04	05	06	07	08	09	10	11	12	(省略)
收集資料與分析	▬												
方案設計		▬											
爭取資源：募款	▬	▬	▬	▬	▬	▬	▬	▬	▬	▬	▬	▬	
廣告宣傳與成員招募			▬	▬	▬	▬	▬	▬					
編印活動手冊				▬									
活動一：講座				●									
活動二：成長團體					▬	▬	▬						
活動三：參觀活動							●						
活動四：讀書會									▬	▬			
活動成果與檢討												▬	

圖10-6 ○○方案進度甘特圖

人力的配置

人力的掌握是團體運作時最重要也最困難的部分，組織內的人力即足夠或有志願人力可資協助，每個成員如何分配工作，分擔的工作之間又如何銜接，是否有替代人力等，都在考慮之列。當然工作的職掌首要是以成員的專業知識與執行能力為考量，包括該成員手邊的的工作負荷情況，是否與其他工作重疊或衝突等。如果就人性管理的角度而言，成員的身心狀態，彼此間的情感聯繫與支持系統等，雖無法在設計上呈現　，但卻是規劃者必須思考的面向。

計畫的撰寫

以上各點都將以計畫書的方式呈現（亦可稱之為方案企畫書），目的在於提供審核、爭取經費、事前準備、實施、經費核銷、成果評鑑的具體依據。同時，計畫也明白揭示方案呈現的方式、進度，成員的目標與責任，經費的使用，預期的效益等。計畫的撰寫視其需要及目的有不同的格式，基本上架構完整、脈絡清晰、用詞淺白為基本原則。若是計畫書的本身有爭取經費資源的目的，那麼除了具吸引力及創意的內容外，計畫書的製作與呈現方式，本身就已經具有廣告作用。

家庭教育方案規劃之發展與執行

方案的行銷

　　行銷的成功可以決定市場優勢，是相當具有實用性導向的，其意指為在一動態環境中所有便利、加速交易行為之活動，或為引導商品和服務由生產者流向消費者的一切活動。行銷研究者認為行銷本身就是一個完整的方案規劃，通常針對不同的目標市場（稱為市場區隔），需擬定不同的行銷組合策略，專家們大多以McCarthy的４Ｐ加以分析其行銷組合，其內涵為：「產品」(Product)、「價格」(Prices)、「通路」(Place)和「推廣」(Promotion)。但家庭教育不同於一般商品之銷售，嚴格說來是一種心靈的服務業，故除保留了原先４Ｐ的概念外，再加入新增的３Ｐ：「人員」(person or people)、程序（Process）、實體設施（Physical Prese-ntation）。因此延續對組織使命的審思，訂定目標市場，針對方案設計進行有效的廣告宣傳，以利於方案的推動與執行；換句話說，吸引方案所預期該來的人都能來就是行銷的主要目的。

　　家庭教育方案既是針對廣大民眾的服務性工作，因此方案行銷最重要即在吸引方案所區隔的市場目標中的民眾成為方案的參與者，下列四個策略可用以促進參與者的招募（林淑玲，民92）：

(1)透過有效的公共關係，讓相關機關團體對於方案價值有較深刻與確實的瞭解。

(2)發展誘人的行銷策略，包括為可能的參與對象學習需求、意向、信念、態度等的瞭解，並為他們規劃一系列的宣傳活動。

(3)透過所有可能的管道，向可能的參與對象促銷方案的價值和方案對於參與者的效益。

(4)在參與者尚未實際參與活動前，透過行前說明會、座談會或報名作業程序中向參與者說明參與者的個人目標和方案目標的一致性。

前置作業

　　前置的準備工作與方案進度息息相關，除上述方案的行銷工作外，尚包括支援人力的招募與培訓，講師聯繫、招待等安排；場地勘查、布置，設備和器材的確定；參與者招募，確定；教材編製與採購；部分活動沙盤推演、彩排等。

預算控制：

　　家庭教育工作多不以營利為目的，所提供的服務更可能與其財務收入沒有任何關連性，因此通常欠缺成本控制的觀

念。此時設計階段所做的預算編制就成爲重要的控制依據，以期能將組織的資源發揮效用在最關鍵之處。預算控制通常需要專人處理，特別是和用錢的人分層負責，但實務上甚爲困難，大多由方案執行者自行作初步控制，此時執行者本身對數字的概念就更形重要。

預算控制除消極的執行既定的計畫外，對某些組織而言，還必須隨時掌握經費來源，例如募款數目是否以達方案需求，不足時該如何因應？又或者超過原先預計的數額時又需要如何調整？都是可能面對的情況。

替代性設計

替代性方案設計主要有事前備用及邊做邊修兩種型態，其替代的範圍大至整個方案，或單一活動，小至單一的場地、人力或材料等。有些規劃者在設計時即同時規劃產出多個可行的方案設計，經過組織決議來排定優先順序，其餘作爲變動時的備案（大如戶外場地的雨天備案，小如原聘講師不克前來的替代人選）；或是必須通過經費撥付單位的比案和審核，篩選決定出最後要執行的，也會設計多個不同屬性的方案以提高雀屏中選得到經費的機會。另一些規模較小的單位未必有足夠人力、時間及經驗，或是方案發展超乎原先評估的狀況（例如外在環境重大變動，像九二一地震或是SARS疫情擴展等，又如活動前發現報名情況不如預期），都可能無法在事先即做好替代性設計，因此需要在發展階段甚至執行階段作設計上的調整。另外有一種正向的情況是由於方案推出後反應極佳盛況空前；或是原本設計規模極小，但得到預期之外的資源，都有可能擴張原有方案規模（例如增加場次或提高參與數量）。

方案執行

　　前述談到設計是虛擬的執行，因此執行的最佳狀態就是將計畫書上的細節活生生的演出，好像之前所有的準備就為上台展現的一剎那；也可以說之前輸入的一切原料在此階段將看到產出。通常有經驗的規劃者在執行過程中有如坐鎮於指揮中心的指揮官一般，隨時接收各方回報的資訊並做出適當的處理。此階段也是規劃者壓力最大的時刻，因為計畫是靜態的而執行是動態的，隨時都有可能出現預期之外的狀況，這也考驗著方案設計的周延性與規劃者的專業經驗。

　　一般而言方案開始執行時至少包含下列工作：

（a）　辦理參與者登記：例如報到手續。

（b）　提供參與者資料。

（c）　核對參與者資料並建立檔案。

（d）　隨時注意活動進行細節和參與者反應。

（e）　正式或非正式調查參與者之感受及意見。

（f）　記錄事件處理過程及引發之心得。

（g）　醞釀未來方案之構想。

家庭教育方案規劃之評鑑

　　雖然評鑑幾乎都被列在最後步驟，但事實上評鑑的概念是貫穿在整個方案規劃的過程，成為方案規劃的重要內涵（Powell, & Cassidy, 2001.）。方案的優缺或成敗，除影響組織的聲譽，更嚴重者影響參與者對方案目標的認知、信心及未來參與的意願。一般來說，評鑑是為了確保方案的選擇、目標的達成、資源的運用等有其一定品質，並做為未來實施的參考依據。而評鑑的發展也從結果的評鑑逐漸轉向自我評鑑、過程評鑑等，更有後設評鑑（Scriven,1969,1974；Stufflebeam,1974；Cook&Gruder,1978；Straw&Cook, 1990）的概念提出，針對評鑑的效用性、實務性、倫理性及適切性進行研究，讓評鑑更趨向專業化發展。

評鑑的意義與模式

Tyler(1950)：目標獲得模式(Goal Attainment Model)

　　目標管理乃Tyler的理論核心，當然就成為方案設計最重要的工作，因為它引導整個課程設計的過程；評鑑則需依

照目標，加以設計資料蒐集的方式，已確定教學目標是否達成。若目標能達成，整個教學方案便是成功的，若目標無法達成，教學將視爲失敗的。目標獲得模式的評鑑，便是要確定『教學成功的程度』。因此評鑑被定義爲一種測定目標在課程及教學方案中被達成多少的過程，包含下列程序：

(a) 建立廣泛的教學目的及目標

(b) 將目標加以分類

(c) 使用行爲術語界定目標

(d) 尋找能顯示『目標達成程度』的情境

(e) 發展或選擇評鑑技術

(f) 蒐集評鑑資料

(g) 將評鑑資料與教學的行爲目標加以比較

Metfessel & Michael(1967)：目標導向模式

Metfessel & Michael的評鑑模雖然內容較Tylor豐富，但仍以目標爲核心概念。其主張的評鑑程序應包含8項工作：讓社區成員參與、建立一般目標與特殊目標、將特殊目標轉化爲便於溝通及有助學習的形式、發展評鑑工具、實施定期評鑑、分析評鑑資料、解釋分析結果、提出教學方案改進的建議或加以修正目標。

Provus(1969)：差距模式(Discrepancy Model)

差距模式旨在比較方案界定的『標準』(Standards)和方案發展到執行的『表現』(Performance)，分析二者之間的差距，並使用此一差距資料，用以改變表現、方案標準或方案內容的過程。差距模式的五個評鑑階段簡述如下：

(1) 設計階段(界定方案標準)：

　　根據目標以設計評鑑標準。

(2) 實施教學方案階段：

　　蒐集方案資料，了解所介入的教學方案和原先計劃的符合程度。

(3) 過程評鑑：

　　在於了解導向最終目的(或結果)的中間目標是否被達成，藉此了解影響因素和學習結果的關係，從而調整這些因素。

(4) 產出評鑑：

　　將方案的促成因素實際造成的結果尋找出來，和教學方案的最終目標加以比較。

(5) 成本效益分析階段：

　　亦可稱為教學方案之比較階段，此階段必須比較目前完成的方案與其他相當的方案的優劣。

Stufflebeam（1971,1994，Stufflebeam & Shinkfield, 1985）：CIPP評鑑

　　傳統的評鑑觀念，只將評鑑視為測驗、目標表現的判斷，且忽略評鑑的決策過程。Stufflebeam則認為評鑑是提供有用資料以作決定性的歷程，以「背景評鑑」(context eva-luation)來幫助目標的選定；以「輸入評鑑」(input eval

-uation)來幫助研究設計的修正;以「過程評鑑」(process evaluation)來引導方案的實施;以「成果評鑑」(product evaluation)來提供考核性決定的參考(如圖10-7)。將評鑑定義為是一種決定、獲取、及提供敘述性與判斷性資訊的歷程。那些資訊涉及研究對象之目標、設計、實施、及影響的價值與優點,以便指導如何做決定,符合績效的需求,並增進對研究現象的瞭解。

Owen(1973)與Wolf(1975):抗詰導向模式

此類模式知覺到偏見是無可避免的,因此力求偏見的平衡,與許多評鑑模式試圖減少個人偏見的情形不同的。抗詰導向模式係以計畫性的方式,呈現贊成與反對雙方評鑑者的觀點;由正反雙方評鑑者蒐集相關資料,於公聽會中交叉辯論。在這類模式中,處理抗詰程序的規則十分具有彈性,最後的評鑑結果則由仲裁者加以評斷(引自潘慧玲譯,1989)。

評鑑人員的決定

擔任評鑑的人員不論如何產生,基本上應具有家庭教育之專業背景,以免造成外行領導內行或是製造新問題的窘境發生,特別是單純以行政單位之上級或以組織內之志願工作者作為評鑑人員應盡量避免。除此之外評鑑者尚應具備評鑑理論與方法的知識、蒐集及分析資料的能力、溝通和解決問題的能力、撰寫與解釋報告的能力等(Rossi等人,1999;Scriven,1996)。

　　那麼人員的決定究竟應為內部評鑑者（內部成立評鑑小組或執行者自我評鑑），外部評鑑者（聘請相關專家學者），或由內外部人員組合編制，一直是討論的焦點（曾淑惠，民91；潘慧玲譯，民78）。由於內部評鑑者熟知評鑑環境，故可省卻摸索時間較易上手，且內部評鑑者在方案執行過程中就算沒有全程參與，也還是比較瞭解方案狀況，因此更能掌握許多細節；但評鑑目的若為瞭解方案之績效，內部評鑑者之客觀、公正性便將受到質疑。反之，外部評鑑者扮演一獨立、客觀之角色，較易受到信賴，但卻因對評鑑場域的陌生，需要一段熟悉適應時間，而且外部評鑑者更容易造成受評鑑者的壓力甚至抗拒，而提高了蒐集資料的困難。

　　評鑑人員的角色與評鑑的目的息息相關，所要求的專業背景也不盡相同，一般而言，內部評鑑者既然對過程較為瞭解，因此較適於進行形成性評鑑，謀求方案之調整或改進，而外部評鑑者則較適於總結性評鑑，以瞭解方案的整體成效。

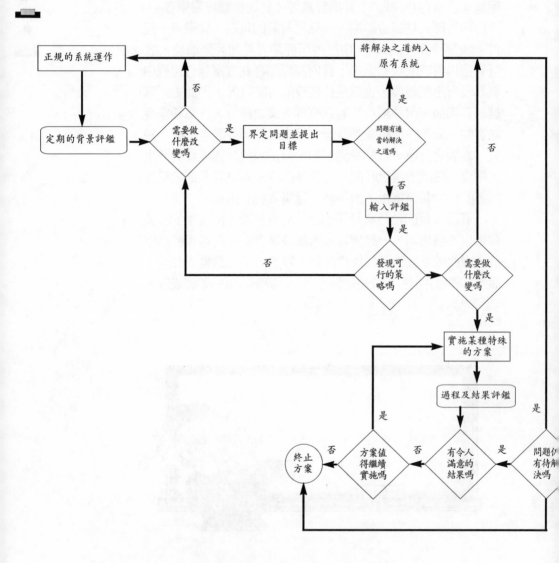

圖10-7 CIPP模式。資料來源：Stufflebeam(1994)。

蒐集評鑑資料

有關資料蒐集的應圍繞在6W，誰（Who）來收集，又該向誰（Whom）收集，何時（When）收集，如何（How）收集，收集什麼（What），在何處（Where）收集等問題，確定蒐集到正確有用的資料。收集完成要進行資料的分析，最後完成評鑑報告，以達成評鑑最基本的目標。

整體而言，評鑑資料的來源可以分成三大類，一是已經存在的資訊（例如計畫、報導、紀錄等），二是相關的人（如方案的決策者、參與者、或與參與者相關的人），三是直接觀察（觀察學員參與情形，並記錄學員展現的知識技能及（或）價值觀/態度）。其蒐集方式就質性資料而言包含文獻檔案、及私人資料檢視、觀察、訪談、焦點團體、個案研究等；就量化資料而言可採用問卷調查、測驗、成本效益分析等。

評鑑結果報告與運用

撰寫評鑑報告

評鑑報告究竟應如何呈現其報告內容及呈現時機需視評鑑目的方能決定，其最主要的目的在於將評鑑者所得的有效資訊傳遞給方案相關人員，期望能呈現方案績效、展示調查成果、促進瞭解、獲得支持、以及提出相關資訊或具體意見。Worthen和Sanders（1987）指出評鑑報告內容基本上應包含下列成份：

(1) 評鑑執行摘要：
　　對評鑑報告內容與執行結果做摘要性描述。

(2) 前言：
　　包含評鑑目的、評鑑報告的讀者、評鑑限制、以及報告概覽。

(3) 評鑑焦點：
　　評鑑對象的描述、評鑑問題或目標、評鑑所需資料等。

(4) 評鑑計畫與程序：
　　評鑑計畫、評鑑工具、資料分析與解釋等。

(5) 評鑑結果：
　　評鑑發現與解釋。

(6) 結論與建議等。

(7) 附錄：
　　含所有使用之表格、文件。

　　Morris、Taylor和Freman等人（1987）也提出一般性規範原則，認為評鑑之內容應包含：
　　1.執行結論。
　　2.方案與計畫背景。
　　3.目的、意圖、及評鑑研究設計。
　　4.結果。
　　5.討論。

6.成本及效益。

7.結論、建議及觀點。

除此之外，方案發展到不同的階段也適用不同之評鑑類型，一般而言形成性評鑑主要目的在於及時修正或提出應變的替代性措施，所以評鑑報告著重在一段期間內針對活動提出主要發現，或預見未來發展，及早提供改進的具體意見；反之總結性評鑑較為關注方案執行整體價值與未來方案發展方向提出建議（Passow ,1990）。

評鑑結果的運用

評鑑結果的價值不外乎其對方案發揮回饋作用，因此應符合真實價值與實用價值兩個規準方可採用。其結果之運用有下列三種方式：

1. 作為方案延續或終止的決策工具。

2. 僅作為決策者參考，但不直接影響決策。

3. 作為說服他人支持某特定立場。

評鑑若是委由外部人員實施，其報告所有權可能牽涉到著作財產權的問題，通常會在評鑑契約時雙方作詳細約定。但仍有學者對此深表質疑，認為如此一來研究者便失去評鑑結果的控制權，而且較可能降低評鑑的品質；同時若是出資者為個別利益拒絕公開評鑑資料，更影響研究資料共享的機制，嚴重者甚至造成對社會不良之影響與民眾利益之損害，不可不慎。因此唯有在評鑑者與委託者之間，遵循適當的倫理規範來訂定合理的評鑑契約方為可行。

結語

　　Weiss, & Jacobsyly早在1988家庭方案評估一書中即提醒所有家庭教育工作者：已經有許多證據顯示，僅以計畫者主導的方案可能潛藏對參與者傷害。目前台灣地區家庭教育方案發展情況，就家庭教育涵蓋的廣大範疇而言，較完整且初具成效者，僅在親職教育方案與學習型家庭方案，然其中明顯存在參與者及方案類型過度集中的現象，例如早期多為單向演講方式，近期則集中在親子活動和讀書會，其餘主題則屬於零星發展。而且就普遍的現象觀之，或只注重行為技巧性學習而忽略人格心理層面的成熟，或只針對原本極有意願的民眾而未開發隱藏的需求。王秋絨、張德永和王美文（民87）針對國內青少年親職教育方案的研究中即指出：活動規劃人才不足、活動無法吸引目標團體、合作對象理念不同、缺乏與企業界合作經驗、義工與專職人員的摩擦，為現階段親職教育方案發展的限制與困境。此外，在針對父職參與的研究中也顯示出一般所提供的方案忽視父親的壓力與需求，故常無法吸引父親參與（郭佳華；李正傑，民89）。魏慧娟（民90）的研究中則指出方案規劃者的專業能力與所規劃的內容品質關係密切。

　　整理上述各研究得知，家庭教育方案的推展對民眾實際需求掌握仍不足，而其首要關鍵在於規劃者的專業知能，應為工作者建立增能賦權的機制，不可停留在工作者已儲備足

夠之專業與能量的靜態性思維模式。以正確且具長遠眼光的政策，給予家庭教育工作者必要的在職訓練與進修機會，以及更好的激勵與誘因，也才可能運用各種方式及管道瞭解不同對象的需求，真正規劃出叫好又叫座的方案。目前家庭教育法將各縣市家庭教育中心之經費負擔及人事權回歸地方縣市管轄，造成家庭教育工作者定位模糊，經費漏編、人力被挪用或以現有人力兼辦其他業務的情況已然出現，實為推動家庭教育工作一大隱憂。

因此，筆者除呼籲政府對於權利下放地方的同時，能相對提供監督的配套機制，使地方政府權責相當，正視家庭教育工作的重要。更期待全體國人：「家」是每一個人幸福之所在。快樂的根源，需要每個人為自己積極經營，您的投入參與，就能牽動家庭改變的能量，這也將是所有家庭教育工作者最深切的期望。

參考資料

中文部分

王秋絨，張德永，王美文（民87）青少年父母親職教育方案設計的現況與問題研究。台灣地區家庭教育中心委託研究專案。

伍振鷟（民82）。教育評鑑。台北：南宏。

林淑玲（民92）。家庭教育方案規劃與評鑑。未出版手稿。

邱天助（民79）。社會教育活動方案設計。台北：心理

洪敏琬譯（民87）。成人學習規劃。臺北：五南。

桂雅文譯（民89）。「社區藝術管理—社區藝術管理人手冊」。台北：五觀藝術。

曾淑惠（民91）。教育方案評鑑。台北：師苑。

郭進隆譯（民83）第五項修練：學習型組織的藝術與實務。台北：天下文化。

黃政傑（民84）。成人教育課程設計。台北；師大書苑。

張君玫譯（民85）。社會情境。台北：巨流。

張盈堃，方岷譯（1998）。積極性家庭維繫服務—家庭政策及福利服務之應用服務。台北：揚智。

郭佳華（民89）。有效父職教育方案之研究。論文發表於：跨世紀展望未來—家庭教育課程規劃與方案推展國際研討會，會議論文集。國立嘉義大學家庭教育研究所暨中華民國家庭教育學會。民89年9月，台灣：嘉義。

李正傑（民89）。已婚男性的父職與父職教育方案需求經驗—以三代同堂的雙新家庭為例。論文發表於：跨世紀展望未來—家庭教育課程規劃與方案推展國際研討

會，會議論文集。國立嘉義大學家庭教育研究所暨
　　　　中華民國家庭教育學會。民89年9月，台灣：嘉義。

教育部（民88）。學習型家庭教育推展策略規劃方案報告。國
　　　　立嘉義師範學院家庭教育中心規劃編印。民88年11
　　　　月。

潘慧玲譯（民78）。Owens與Wolf的抗詰式的評鑑途徑。載自
　　　　黃光雄（主編），教育評鑑的模式（頁301-322）。
　　　　台北：師大書苑。

簡楚瑛（民90）。方案教學之理論與實務。台北：文景。

魏惠娟（民88）。學習型家庭方案—從理論到實踐。台北：
　　　　五南。

魏惠娟（民90）。成人教育方案發展—理論與實踐。台北：
　　　　五南。

英文部分

Boone, E.J. (1985) . Developing Pograms in Adult Edu
　　　　-cation. Englewood Cliffs, N.J.:Prentice-Hall.

Boyle. P. G. (1981) .Planning better programs. New York
　　　　: McGraw-Hill, Inc.

Bramley,P. (1991) .Evaluating training effectiveness:
　　　　Translating theory into practive, London:
　　　　McGraw-Hill Book Co.

Carter,E.A. & McGoldrick, M. (1989). Overview:the ch
　　　　-anging family life cycle—a framework for
　　　　family therap. In B. Carter & M.McGoldrick,

家庭教育學

(Eds.), the changing family life cycle : a framework for family therap.M. (2 nd edition). New York:Harper& Row.

Griffin, R.W.（1993）。Management, 4th edition,Boston: Houghton—Mifflin Company。

Jouvenel, H.D.（2000）：A Brief Methodological Guide to Scenario Building. —Technology Forecasting and Social Change. 65(1), Sep. 2000, p.37—48.

Knowles, M.S. (1980). The modern practice of adult education: From pedagogy to andragogy. (Rev. ed.) .Chicago:Follett.

Knox, A. B.& Associates（1980）. Developing, admini -stering, and evaluating adult education. San Francisco: Jossey—Bass.

Mayer, R.R. (1985) .Policy and program planning: a developmental perspective. New Jersey: Prentice —Hall, Inc.

Morris, L. L., Taylor, F. C. & Freman, M. E.（1987） .Now to communication evaluation findings. Nesbury Park, CA: Sage.

Morrison, J. L., Renfro, W. O. & Boucher, W. I.（ 1984）. Feature research and the strategic planning process：Implications for higher ed —ucation. ASHE—ERIC Higher Education Report no.9. Washington, D. C.：Association for the study of Higher Education.

Masini, E.B.& Vasquez J.M.（2000）Scenarios as Seen from a Human and Social Perspective. —Technology Forecasting and Social Change。65(1), Sep.

2000, p.49–66。

Passow, A. H.（1990）. Reporting the results of eval
　　　–uation studies. In H. J. Walberg&G. D. Hae
　　　–rtal. The international encyclopedia of edu
　　　–cational evaluation, 745–750. Robert Maxwell:
　　　Pergamon Press.

Powell, L. H. & Cassidy, D.（2001.）Family Life
　　　Education–an introduction. Mountain View:
　　　Mayfield.

Rossi, R. H., Freeman, H. E. & Lipsey, M. W.（1999）
　　　. Evaluation: A systematic approach.（6thed.）
　　　.Lodon:Sage.

Rothwell, W. J. & Cookson, P. S.（1997）.Beyond inst
　　　–ruction：comprehensive program planning for
　　　business and education.Ca.：Jossey–Bass Publ
　　　–ishers.

Senge, p.（1990）The Fifth Discipline: The Art and
　　　Practice of the Learning Organization. New
　　　York: Currency Doubleday Publishers.

Scriven, M. (1969). Evaluation skills. Washinton, D.C.:
　　　American Educational Research Association.

Scriven, M. (1974). Evaluation perspectives and proc
　　　–edure. In W. J. Popham,（Ed.）. Evaluation in
　　　education: Current applications, 3–33. Berke
　　　–ley, CA: McCutchen.

Scriven, M. (1996).Types of evaluation and types of
　　　evaluator. Evaluation Practice,17（2）,151–161.

Straw, R. B. & Cook T. D. (1990). Meta–evaluation. In
　　　H. J. Walberg & G. D. Haertel（Eds.）, Intern

-ational encyclopedia of educational evaluat
-ion, 58-60. NY:Pergmon Press.

Stufflebeam,D. L. et al. (1985).Conducting educational
needs assessment. U.S.A.:Kluwer-Nijhoff.

Stufflebeam, D. and Webster, W. J. (1988). Evaluation
as an administrative function . In Norman J.
Boyan (ed.). Handbook of Research on Educat
-ional Administration . New York: Longman,
PP. 569-602.

Stufflebeam,D. L. (1994). Introduction：Recommendations
for improving evaluations in U.S. public schools.
Studies in Educational Evaluation, 20, 3-21.

Rothwell, W., & Cookson, P.(1998)。The Lifelong Education
Program Planning Model。取於2003年4月26日。自
http://www.fau.edu/divdept/found/EDG6255/lepp
_model.htm。

Weiss, H. B. & Jacobs F. H. (1988) . Evaluating Family
Programs. New York：ALDINE DE GRUYTER。

Worthen, B. R. & Sanders, J. R. (1987) . Educational
evaluation：Alternation approaches and prac
-tical guidelines. White plains, NK:Longman.

chapter 11

家庭性教育

◆前言
◆家庭性教育的意義、目的
　及功能
◆家庭性教育相關理論
◆不同生命週期的性發展及
　性教育需求
◆家庭性教育中的父母角色
◆國外現有的性教育方案
◆討論議題
◆結語
◆參考書目
◆附錄

陳錫欽

前言

　　「性」在傳統的中國社會是避而不談的，但隨著時代的變遷及社會風氣日漸開放，近年來，性已成為大眾關切的話題。「性」是人生必定遭遇的課題，它不僅影響個人生理與心理的健康，更與社會秩序與安寧息息相關。從國小學生利用午休時間在保健室偷嚐禁果，國中女學生在學校廁所產子，到大專院校學生的情殺毀屍事件，六月棄嬰潮，九月墮胎潮，援助交際，網路援交、檳榔西施、色情書刊及光碟到處充斥、色情行業盛行掃不勝掃，在在說明了社會大眾各階層，對性存有高度的好奇心，對性有極大的需求，而當性活動逐漸開放之時，卻呈現出性知識缺乏，性態度模糊，性觀念錯誤，對性活動不負責任的現象，以致產生了種種的社會亂象。

　　性概念的源頭在家庭，成形於學校，定型在社會。所以性教育必須由家庭做起，只有家庭性教育做得好，方能建立基礎的性概念，確立性發展的正確方向，最後才能形成正確的性價值觀。

　　在性治療的臨床工作中發現，包括性溝通障礙、性功能失調、雛妓問題、戀童症、強暴、性虐待與各種性偏差等，都是當事者缺乏正確的性知識、不健全的親子關係、不成熟的人格發展、沒有足夠的社交技巧及循序漸進地培養親密關係的能力，這些偏差行為及不足的能力，顯示兼顧深度與廣度的整體性教育的重要性與迫切需求（周勵志，民85），而這一切必須由家庭性教育做起。

家庭教育學

家庭性教育的意義、目的及功能

家庭性教育的意義

性教育是攸關人一生幸福的全人教育,是提昇人性、發揚人性的教育(莊淑寶,民87)。家庭是一個人最初生活的環境,父母是每一個人的第一個老師,家庭成員是生命中最親密的伙伴。在不同的生命週期,個體的性發展及性需求均不相同,如果在某一階段,無法滿足個體性發展的需求時,將造成個體日後行為的偏差及人格上的缺陷。這些都需要父母、家庭成員及專業的性教育工作者耐心地給予滿足和教育。所以,家庭性教育是一種建設性、前置性、階段性及預防性的教育。家庭性教育乃在於儲備各種性知識,以迎接不同生命週期中的性發展,建立正確的性觀念,以正向的態度看待各式各樣的性問題。

家庭性教育的目的

家庭性教育的目的乃在於透過教育的方式，提供正確的性知識、培養兩性相互尊重的平等觀念、建立負責任的性態度。讓大眾了解個體在不同生命週期的生理及心理的發展，透過良性的人際關係互動，讓不同生命週期、不同性認同的群體相互了解，相互尊重，能有效解決個人性問題，避免讓自己和別人受到傷害，最終，家庭性教育追求的是「全人的生命教育」，讓人與人的關係更加和諧，社會更加祥和。

家庭性教育的功能

家庭是最親密的親人相處的地方，也是人賴以生長的環境。家庭有最值得信賴的家人，讓人感到最安全、最自然的環境。在家庭，可由最親密的親人，在最自然的情境下，提供最正確的性知識、性觀念及性價值觀。不但讓家庭成員有最大的安全感，而且最具隱密性。最重要的，在家庭，隨著家庭成員的性發展階段，可以提供即時性的協助和解惑，讓家庭成員順利地度過每一個性發展階段。

家庭性教育的功能，最主要能在原有的家庭成員親密的關係下，可以藉由觀察，了解家庭成員的性發展階段；藉由互動，了解家庭成員對性的觀感；藉由溝通，了解家庭成員對性的需求和疑惑；藉由指導，讓家庭成員知道每一個性發展階段的過程以及因應之道，進而了解如何愛護自己的身體、滿足自己的需求；藉由公開討論，培養孩子正確的性價值觀，能正確地批判思考現今社會的性價值觀及性道德論。在

與家庭成員的接觸中，可以更了解家庭成員的需求，提供最適當的協助，讓個體性發展更順暢，家庭成員關係更親密，家庭更和諧。

家庭性教育相關理論

Freud的心理分析論

Freud以性為基礎把人格發展劃分為五個時期，零到一歲半為口腔期（oral stage），以口腔的有關活動獲得滿足；一歲半到三歲為肛門期（anal stage），以便溺排洩解除內急壓力得到快感；三到七歲為性器期（phallic stage），孩子的興趣轉到性器官；七到十二歲為潛伏期（latenvy stage），對異性興趣減低，對同性遊伴興趣增強；十二歲以上為兩性期（genital stage），青春期開始後，對異性的興趣再增強（引自張春興、林清山，民76，頁43）。這五個階段，各有不同的性生理及性心理的需求，必須得到充分的滿足，性生理及性心理才能正常發展。如果某一個階段有所欠缺或不滿足，在其人格發展上，就會種下不良的禍因。

Freud認為，性的發展是人必經的過程，而其發展階段有其順序性。口腔期的嬰兒吸吮奶水的動作是與生俱來的能力，透過吸吮的動作，一方面填飽了肚子，一方面滿足了口腔

吸吮的快感。兩歲的小孩處於肛門期，這個時期的兒童，學會了自己上廁所，並從其中得到了成就感。

三到七歲處於性器期的小孩，想像力非常豐富，好奇心也很強，模仿能力更是超人一等。此時期的兒童，常有窺視的行為，想一探男女性別的差異。此時的孩童，對於性的問題特別多，非得打破沙鍋問到底不可。到了十歲左右的兒童進入了潛伏期，男女生遊戲的方式逐漸分流，同性朋友是他們認同的對象，他們對異性充滿好奇但故作姿態，認為異性都是死對頭，所以他們選擇同性的玩伴。他們以陶侃、嬉鬧的方式對待異性，他們對異性存有極高的好奇心，只是表達的方式比較奇特，因為他們怕被同性同儕嘲笑。

隨著年齡的增長，青少年及成人期進入了兩性期，第二性徵逐漸出現，男女在體格上，產生了較大的差異。青少年及成人開始對異性產生了濃厚的興趣，渴望了解異性的生理及心理，盼望和異性有更多的接觸。從成群結隊出遊，到單獨約會，性行為的發生，最後走向地毯的另一端，在在顯示出此時期兩性對性的殷殷需求。而成熟的人格，正是男女維持兩性正常關係的重要基礎。

Erikson的發展危機論

Erikson認為人的一生共分為八個時期，每一時期對於某些行為的發展特別重要，所以八個時期相當於八個關鍵。在每一個時期，個人在行為表現上如能符合社會文化要求，此一時期的關鍵即可順利地通過，而進入另一時期。反之，如某一時期個人所表現的行為不能符合社會的要求，他將遭遇困難，在心理上就會出現心理危機或心理衝突，如危機不

能解除，不但不能順利通過該時期，也會阻礙往後各期的發展（林淑梨、王若蘭及黃慧真譯，民81）。

　　性的發展正是如此。當一個人在性發展的過程中，如果順利並且得到充分的滿足，則下一個階段就會順利的展開，而其人格發展，較能完整而成熟。如果一個人在性發展的過程中遭遇阻礙，無法得到充分的滿足，其人格的發展，就會「固著」在某一個點上，人格的發展就會朝向負面發展，造成無可挽回的遺憾。所以，性發展的每一個階段，都是關鍵的階段。滿足每一個階段的性需求，是建構成熟人格的重要基礎。

Bandura的社會學習論

　　社會學習理論導源於學習理論中的聯結論，其三個基本概念如下：

（1）抗拒誘惑

　　指在具有誘惑力的情境之下，人能夠在社會的規範下，對自己的慾望及衝動，有所控制，不做出違反社會規範的事。

（2）賞罰控制

　　利用獎賞來刺激行為的發生，利用懲罰來抑制行為的發生，就是賞罰控制。

（3）楷模學習

又稱觀察學習（observational learning），是藉由觀察他人的行爲而學習。學習的內容可能是行爲，也可能是一種態度或價值（張春興、林清山，民76）。

個體的性觀念、性態度及性價值觀會經由模仿或觀察學習的方式內化爲個體所有，並趨向社會一致性。社會文化、社會意識及社會價值觀都會影響個體的性觀念、性態度及性價值觀，而同儕團體的影響力尤其最大。

Dailey的性組成要素模式

Dailey以Gochros,Gochros & Fischer所提出的性的構成要素爲基礎，將人類性發展的所有要素組合發展成一個模式（如圖1），Dailey將性的組成要素分成兩個背景：社會文化背景、家庭關係背景，五個領域：性別領域、情慾領域、生殖領域、親密行爲領域及性別認同領域，五個領域有其各自的組成的要素（引自Powell & Cassidy, 2001, p147）。Dailey認爲在社會文化及家庭關係兩個背景之下，人在不同的年齡層，性發展的焦點也不同，隨著年齡的增長，對性發展較能適應，也比較有確定感。家庭的背景對個體性健康發展有很大的影響力，從性態度的養成到性別角色的認同，家庭和社會提供了形成個體正面或負面態度的基礎環境。

Maddock的家庭性互動系統

Maddock（1989）提出家庭性互動系統(如圖2)，其認爲

在家庭的組成中有兩個性要素是相當重要的，他們的概念是相當清楚，但兩者無法全然的分開，因為他們相互關聯著對方。第一個要素是性別，即對於男性和女性在性別表現的觀點。第二個要素是性愛，男女雙方都在尋找能和自己愉悅地身心合一的另一半。由這兩個主要的要素引申出家庭性經驗本質的五個命題：

　　1‧性在家庭中是普遍的，是家庭系統的功能。

　　2‧在家庭系統組織中，性別是一個主要界域的變因。

　　3‧性給家庭成員具體化，並給予家庭組織意義化。

　　4‧家庭生命週期的順序受家庭成員個人性心理發展的重要事件嚴重影響。

　　5‧在家庭的環境中，多樣化的互動產生對性的定義並伴隨出現性行為的形態。

　　家庭系統中有兩個向度相互交叉影響，一個是具體的，男女不同生理的結合，一個是抽象的，個體的態度到隱私權。如果這兩個向度無法保持平衡，則家庭系統的健康便會受到威脅，甚至危及家庭成員有效功能的發揮。在歷史和文化的背景下，幾個性相關的觀點特別重要：

（1）女性／男性的影響

　　性別不同，價值觀念可能不同，察覺方式、思考方式、溝通方式以及行為方式支配著家庭生活。對待兩性的態度以及社會刻板印象，都會對女性或男性有不同的解讀。

（2）改善性冷淡

　　在家庭中，兩性身體上的相互愉悅是非常自然的事，如果有一方有堅強的界域，太過強調隱私權，缺乏兩性的親密關係，甚至拒絕生理上的接觸，可能帶來家庭中兩性的緊張關係，使家庭功能產生危機。

（3）權力／控制的適應

在家庭動力中，常出現權力與控制兩種互動模式。權力對抗可能造成衝突甚至傷害，而極端的控制，則可能剝奪成員的發展，甚至使家庭成員自暴自棄。

（4）性表現模式的適應程度

有些家庭有著嚴密的規矩，性的表現必須循規蹈矩，沒有自我的表現空間。有些家庭則是個人主義的模式，有廣大的表現空間，卻缺乏一些價值的標準，無法掌握家庭成員的責任感。而生活在如此不同家庭的兩性，對家庭中性愛的觀點便大不相同，所以是有其評價的必要性。

（5）性的溝通模式

有些家庭缺乏對性相關問題溝通的成員，有些將問題視而不見，因而使家庭系統的平衡受到危害。良好的性溝通模式，可以在兩性雙方都能接受的範圍下維持親密關係，改變經驗中對性的觀點，讓家庭系統維持平衡狀態。

（6）性意義系統的一致性

在家庭中，成員創造彼此分享的網絡，成員透過互動的過程，創造了新的意義系統，並彼此分享。性對每一個家庭成員而言，其意義並不完全相同，透過某些形式的家庭互動，是有助於創造成員間分享性意義系統。

許多性態度和性價值觀的問題來自於原生家庭，而且無法獲得適當的解決，並因此影響其他的家庭成員，太過強烈掌控的性態度及性價值觀，往往造成人際關係衝突。透過家庭互動過程，建立新的性意義系統，彼此分享，家庭才是一個永續而平衡的系統。

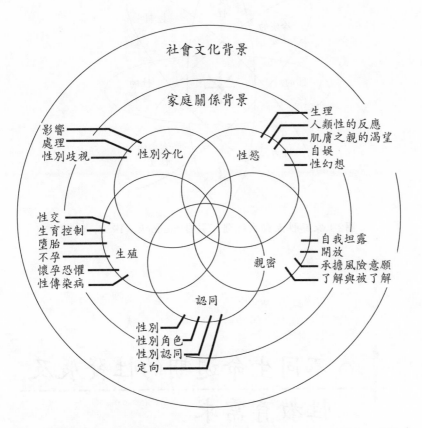

社會文化背景

家庭關係背景

影響
處理
性別歧視
性別分化 性慾
生理
人類性的反應
肌膚之親的渴望
自娛
性幻想

性交
生育控制
墮胎
不孕
懷孕恐懼
性傳染病
生殖
親密
自我坦露
開放
承擔風險意願
了解與被了解

認同
性別
性別角色
性別認同
定向

圖1. 性教育組成要素脈絡圖（引自Powell & Cassidy, 2001, p147.）

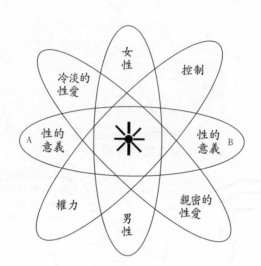

圖2：家庭性互動系統圖（引自Maddock，1989，p133）

🎵 不同生命週期的性發展及性教育需求

　　人的一生可概分為兒童時期、青少年時期、成人時期及中老年時期，不同的時期，其性發展有不同的特色，而其性教育也因此有不同的需求。參照Powell和Cassidy（2001）的觀點，各階段的性發展特色及性教育需求分述如下：

兒童時期

性發展

　　兒童時期是人一生當中生理成長倍率最大的一個階段，由於生理上快速的發育，兒童對於認識性器官有很大的興趣，對於男女性器官的不同、其與成年人性器官的差異也充滿了好奇心，但此時期的兒童對於身體的概念仍是一片模糊，對於性別認同剛在萌芽階段，性趨向則不明朗。兒童對於身體的隱私權較不具概念，也無法分辨什麼是善意的照顧什麼是惡意的侵害。

　　此時期的兒童對於性別的認同有強烈的需求，透過模仿的歷程，兒童逐漸形成社會化之下的性別角色。八到十二歲的兒童，同性的同儕團體，是其認同的對象，也是影響其性發展最大的來源。

性教育需求

　　兒童時期是人類性教育的起萌，最好的指導者便是父母、兒童的照顧者或是學校的老師。此時期的兒童特質是純真、好奇、模仿力強、缺乏防衛心、易受他人的影響。針對兒童時期的特性，其性教育方向有下列幾項：

（1）生理的認識及保健

　　兒童時期對於性器官充滿好奇，父母應掌握時機，透過教導及模仿學習的方式，讓兒童了解性器官的名稱、功能、性器官的清潔保健工作及男女性器官的差異等等，以滿足其對性的好奇心。

（ 2 ）灌輸隱私權的概念並建立兒童危機意識預防
性侵害

儿童時期對於身體並沒有隱私權的概念，也因為兒童的
生活起居均由成人照顧，兒童並不了解什麼行為是愛什麼行
為是侵害，所以身體隱私權及自主權是性教育的重點。父母
必須教導兒童身體的那些部位不能顯露或讓人觸摸，遇到成
人不良的意圖時的處置方式等，建立兒童危機意識，防止性
侵害事件的發生。

（ 3 ）了解人的獨特性

兒童的模仿能力很強，自信心卻常常不足，常常受同儕
次文化的影響而失去了自我的價值感，父母應協助兒童建立
對自我的信心，了解每一個人都是世界上的唯一，建立其自
我價值感，做自己的主人。

（ 4 ）性別覺知及認同

兒童對性別是無意識的，經過成人在外表裝扮的區分，
性器官的分辨，以及各種行為的模仿，兒童逐漸覺知其性別
，並了解其與異性之差別。此時期的性教育，父母扮演重要
的角色，兒童藉由模仿同性父母的行為，建構其對性別的認
知及認同。這個歷程，影響人的外向行為，也影響人的性趨
向，應該加以重視。

青少年時期

性發展

　　青少年時期除了第二次生理上快速發育外，也是第二性徵快速發展的階段。此時期的青少年性生理逐漸成熟，並具備了生殖的能力，而其性心理擺脫了潛伏期而進入了兩性期，對於異性有濃厚的交往興趣，對於自己的性趨向，也逐漸的明朗化。青少年時期受種族文化及教育制度的影響，其性別行為逐漸定型，雖然性生理已達成熟階段，但其性心理仍未達成熟階段，性知識的缺乏加上承擔性行為後果的能力不足，一不小心便很可造成嚴重的性傷害。許多青少年產子事件，因為沒有能力照顧小嬰兒，以致造成傷害嬰兒或是棄置嬰兒的事件，可說是青少年性教育失敗的典型事件。

性教育的需求

（1）生理和第二性徵的發展

　　青少年時期是生理第二次快速發育的階段，第二性徵的出現代表了性器官進入成熟階段，而其外表和生理結構出現重大的改變。青少年對於生理變化的知識，有強烈的需求，也有滿肚子的疑問，父母及師長應透過合適的方式教導青少年正常的性知識，以解其困惑，避免青少年從其他管道吸收錯誤的訊息，導致性觀念及性態度的偏差。

（2）性侵害的預防

青少年處於青澀階段，雖然性生理成熟，外觀明顯與兒童時期有所差異，但其自我防衛能力仍然脆弱，對於社會人際互動關係不了解，加上對性的好奇，很容易受到同儕團體或成人的誘惑或強迫而受到性侵害。父母或師長應教育青少年在複雜的人際關係中如何保護自己，居家環境或與人交往的過程中，應注那些事項以避免受到傷害。

（3）性觀念的溝通

「溝通」是父母陪青少年一起成長最好的方式，而建立溝通的管道是成功溝通的第一步，培養父母及青少年溝通的能力，是建立良好溝通的基礎。青少年的性觀念常因接收不正確的訊息而有所偏差，透過家庭成員間溝通討論的方式，可以解除青少年心中的疑問，並藉此導正青少年偏差的性觀念，以建立正確的性態度及性價值觀。透過教育的方式，培養青少年溝通的能力和技巧，建立和家庭成員間暢通的溝通管道，對於家庭性教育的推展有極大的幫助。

（4）承擔性活動後果的責任

受到性驅力的影響，青少年熱衷於性活動，不可否認的，現代的青少年其性活動是頻繁且大膽的，但卻沒有承擔後果的能力。青少年在缺乏預知後果的能力之下從事性活動是相當危險的，最常見到的後果是非預期的懷孕，而懷孕後的青少年可能實施墮胎手術，其對青少年的身心造成極大的傷害，甚至造成終生不孕的後果。就算是雙方結婚，在缺乏經濟基礎下，加上未能完成學業，找工作變得困難，經濟日益惡化。青少年男女雙方在心理及人格尚未成熟的情況下，相處不易，惡性循環之下，離婚是唯一的選擇，造成下一代面臨單親家庭、生活條件不良的後果，終致形成社會的重大負

擔。沒有設防的性活動，可能改變青少年的一生。因此，教育青少年了解性活動可能帶來的後果和責任，是青少年性教育的重點。

（5）人類生殖及懷孕的歷程

　　許多青少年不了解懷孕及生殖的歷程，所以意外懷孕後常不自知，懷孕期間也不知道如何保健及產檢，生下嬰兒後也不知何處置，常常因此傷害了無辜的嬰兒。因此，教育青少年人類懷孕及生殖的歷程，是保護青少年的重要措施，如能因此避免青少年不必要的懷孕，或是確保懷孕期間的保健及嬰兒的健康，社會也能因此減少不必要的負擔。

（6）破除性及性別的刻板印象

　　目前在我們的社會裡仍存在著性及性別的刻板印象，父母總是依照不同的性別教育孩子，以致造成僵化的人格特質，當然也因此影響兩性的性態度。現代的社會強調的是雙性並存的人格特質，父母應平等對待「子」、「女」，讓男女兩性在和諧平等的環境下學習各種生活技能及人際關係。當然，在性別平等之下，兩性的性觀念及性態度也較能趨向一致。

（7）避孕的方式

　　禁慾的道德訴求方式，並不能完全阻隔青少年的性衝動，在無法阻止青少年性活動的情況之下，教育青少年避孕的方式，是減少不幸後果的最後手段。告訴青少年避孕的方法，並不是鼓勵青少年從事性活動，而是減輕性活動帶來的不良後果，減少社會付出的成本。父母及師長應本著坦然的態度，和青少年溝通，使其了解避孕的重要性，並了解避孕的正確方法，而且願意做避孕的措施，如此對青少年才是真正

的保護。

（8）學習人際關係的互動方式

青少年階段對異性充滿好奇，卻缺少互動的機會，與家庭成員的關係密切，卻急於獨立自主，無法體會父母的用心。青少年的人際互動範圍侷限於所屬的次級團體，與家庭成員及異性的互動關係陷入低潮，父母及師長如能在適當的時機下鼓勵青少年多與人交往，多參加校內外的團體活動，學習與他人的互動方式，不但對青少年擴展人際關係有幫助，對於為人處世之道必能有所體會。

成人時期

成人時期的生理及人格已趨於定型，無論在生活或是人際關係上都有個人獨特的模式。父母不再是最重要的影響者，取代父母地位的是配偶、孩子、工作伙伴和同儕團體。成人必須為自己的行為負完全的責任，當然包括性活動。成人時期已是個體完全獨立的階段，甚至是他人依附的對象，成人不但要為自己負責，更要為他人負責，責任之重有時並非個體所能承擔，社會福利措施是成人最重要的依靠，良好的支持系統更能減輕成人肩上的重擔。成人階段的性教育工作也由父母轉為政府單位或專業的社教機構，透過媒體或專業機構的社教活動，教育成人最正確的性觀念和性態度。成人時期可以說是生命週期中性發展及性教育需求最重要，也是最複雜的一個時期。

性發展

　　成人階段其性生理發育已進入成熟階段，性心理也趨向穩定狀態，此時期是人類組成家庭，繁衍下一代的最佳時期。而此時期的性活動也是所有生命週期中最頻繁的階段。從兩性交往、組成家庭、發生性行為到孩子的出生，一連串的身份改變（成為人之情人、夫或妻、婿或媳、父或母），人際關也因之複雜化。由於責任加重，生活及心理的壓力增加，生活的方式及心理必須做適當的調適，才能因應此一生命週期的重大變化。包括兩性的相處、夫妻婚姻生活的經營，性生活的調適、孩子的教養以及人際關係擴展後的處遇，這些議題，都是成人階段必需面對和適應的，而充足且適當的支持系統和社會資源，是成人階段最需要的。

性教育的需求

　　成人階段不但要面對自我的成長，更要承擔家中老年父母的需求以及孩子的教養問題。因此，成人階段的性教育的需求是全面性的，不但要滿足自己的發展需求，更要能了解家庭成員的需求。成人不但是性教育的需求者，也是性教育的供應者，所以，成人的性教育不但要滿足成人的發展需求，也要能滿足其了解其他家庭成員的需要，更要能轉化為教育其他家庭成員的素材。

（1）承擔性行為的責任

　　成人時期是責任的開始，是自我負責的時期。是否從事性活動，以及性活動的型態，是個體自我的決定，個體必須為此負完全的責任。政府單位或專業社教機構必須有效地向成人宣導性行為後可能出現的後果以及必須承擔的責任，讓成人在從事性活動時有完整的概念，以免造成傷害他人及傷害自我的後果。

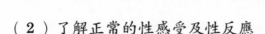

（2）了解正常的性感受及性反應

雖然成人是獨立的個體，但未必對性有完整的了解，大部份的成人對性知識仍是一知半解。不正確的性知識造成偏差的性觀念及性態度，以致於婚姻關係亮起紅燈。此時期最需要的性教育是對性正確的知識及觀念，而其最重要的教導者來自政府相關單位或專業的性教育工作者。政府應提供適當的性教育給予即將從事性行為的成人，透過專業的教育，建立成人正確的性知識及性觀念，以滿足其婚姻生活，減少婚姻衝突以及不當的性行為。

（3）性的溝通－價值觀、信念及分擔性決定

夫妻對性關係是否滿意是婚姻生活是否和諧的重要因素，而性觀念的溝通，是建立良好性關係的途徑，溝通的技巧，則影響溝通的品質。因此培養夫妻的溝通能力有助於對性觀念、性價值觀的一致性，並共同承擔性決定的後果，進而提升婚姻的品質。

（4）預防性傳染病

性病的預防是成人階段的一個重點工作，由於性觀念的開放，性活動頻繁，性病的流傳也相當快速。尤其是不正常的性行為，或是性氾濫，都可能感染到性病。此時期的成人最需要了解性病的預防方式，如何能兼顧愉悅的性生活，而其健康又不為性病所擾。如何透過醫療機構系統，適時適地教育民眾如何維持健康的性生活，應列入全健保的重點之一。

（5）避孕及不孕

組成家庭之後，生育兒女是生命階段中重大的任務之一

，然而孩子的出生常造成生活的重心轉移，婚姻品質降低等負面影響。因此，如何計劃生育，讓個人生命週期與家庭生命週期相契合，是個人和家庭發展重要的關鍵。因此，避孕的技巧對成人而言是非常重要的。但是，如果因為某些原因造成不孕，也帶給成人極大的困擾，而此時的成人常是求助無門。如能透過社教機構及醫療機構的合作，協助成人了解各種避孕的方法、不孕的可能原因以及求助的管道，相信對成人階段發展任務的完成有相當大的助益。

（6）防治性侵害

處於一個安全無慮的環境，是每一個婦女的期望，性侵害事件對每一個婦女而言，是一生難以抹滅的惡夢，遭受性侵害之後的任何彌補工作都無法彌平撕裂的傷口，所以預防工作絕對重於事後的治療。政府單位及專業機構除了對於施虐者施以懲罰之外，更應教導婦女如何避免受到傷害，其基本的知識及臨場的應變能力，是每一個婦女殷切的需求。

（7）接受多樣化的性觀念

多元社會下的性觀念是多樣化的，性觀念的不同並不代表一定要反目成仇。了解其他不同群體的性觀念，可以更明白該群體的特色，尊重每一個不同的群體，接受多樣的性觀念，是成人階段成熟的做法，如此，在和下一代溝通時，才能呈現最完整的性價值觀，性教育才能完整。

中老年時期

　　中老年時期要面對因生理器官的老化而造成性交困難，加上疾病纏身，以致於性活動減少。然而有許多中老年者是因為離婚、喪偶或是配偶因素而停止了性活動，但這些族群仍有其性需求，而當其尋求自我滿足時，常發現社會上幾乎沒有合法的供應管道，又必須忍受家庭成員及會社大眾的異樣眼光看待。政府單位及專業社教機構如何教育中老年者不因年齡及生理的限制，仍能享受性的愉悅，教育社會大眾如何以正確的眼光看待這些中老年者的性活動，政府如何提供合法的管道以滿足這些中老年者的性需求，是家庭性教育是否成功的重要指標。

性發展

　　中老年階段面臨離開職場，家中成員一一離家的空巢期階段，中老年者並非沒有性需求，但性活動卻常因為性器官功能退化、疾病、喪偶、離婚等因素，性活動不再活躍甚至完全終止。中老年者面臨的是性活動型式的轉化，以及如何在沒有配偶的情況下仍能保有健康的性活動。中老年者面對生理的限制，其性觀念必須有所調整，做法也必須改變，其性活動不重在生殖的功能，而重在享受性的愉悅，其性行為不在尋求時間的長短，而在追求品質的提升。然而有性需求卻無性伴侶的中老年者必須靠政府的協助，才能在合法的範疇裡滿足其性需求，而這個觀念是目前我們的社會必須突破的障礙。

性教育的需求

　　中老年時期的性教育,除了教導中老年者必要的性知識外,更重要的是教育家庭內的成員及社會大眾正確的看待中老年者的性需求,並喚起政府重視中老年者的性問題。尤其是喪偶、離婚或是沒有配偶者,其性需求無法獲得滿足,該如何協助這些中老年者獲得適當的滿足,是政府及專業人員需思考及重視的問題。

(1) 對性衰老和性反應的適應

　　中老年階段因性器官老化,其性反應比較緩慢,但並不代表沒有性的需求,只是性行為的方式需作調整,對自己及性伴侶性反應的要求也要適度調整,透過藥物的協助,中老年夫妻一樣能得到性滿足。

(2) 性價值觀、信念的溝通

　　生理健康狀況常影響心理素質。中老年者因為生理的退化,在性行為的表現不如自己的預期,常因此失去對自我整體的信心,害怕失去在性伴侶心中的地位。中老人者最需要的是和性伴侶做性價值觀的充分溝通,在互信互諒相互關懷下,中老年者仍能保有高品質的性生活,享受性帶來的愉悅。

(3) 身體隱私及防治性侵害

　　大部分的人通常會為認中老年者無所謂的身體隱私或性侵害問題,因為沒有人會對中老人的身體有興趣,這只是單方面的想法,對中老年人而言是莫大的傷害,尤其是臥病在床的中老年人而言,無法對自己的身體有自主權,甚至受到照顧者的性侵害,是心中最大的傷痛,比生理的疾病更無法忍受。因此教育大眾尊重中老人的隱私權,對病痛在身的中

老年人，照顧者更要尊重其心理的感受，而受照顧的中老人更要調適自我心理，以求心理上的平衡。

（4）性知識的再教育

隨著年齡的增長，大部分的中老年人並不了解自己身體上即將面臨的變化，當然更談不上因應之道了。大部分的中老人婦女因為停經之後身體的變化，通常會拒絕性伴侶的性要求，以致於造成性關係緊張。中老年者需要了解的是自己即將面臨的生理變化，以及如何滿足自己及伴侶的性需求，這些性知識如能透過適當的管道教育中老年者，對於其性發展是有正面意義的。

（5）性表現與親密行為

中老年者的性表現不同於青壯年階段，心靈的交會比生理的接觸更能滿足性的需求，親密行為表現在一投足一舉手之間，中老年人如能體會性表現方式的轉換之道，其與配偶之間的關係會更密切。

（6）在成人的世界裡覺察中老年人的性需求

一般人總認為中老年人年老力衰，不會有性需求，並且對於尋求性滿足的中老年人投以「老不修」的眼光。其實中老年人仍有其生理的需求，相關單位應教育社會大眾建立正確的觀念，了解中老年的性需求以及其可能碰到的問題，政府更應主動提供必要的協助，以滿足其需求。

家庭性教育中的父母角色

父母的再教育

　　父母是家庭性教育中最重要的角色，其在家庭性教育扮演的角色是教導者，也是學習者，是資源的提供者、是問題的發現者、是一個學習的楷模、是態度的模範者、是觀念的建立者、是價值的傳承者，也是話題的討論者。父母在家庭性教育位居的地位，是教導者的地位，父母具有主動引導和被動模範的功能。所以，父母的性知識、性觀念、性態度及性價值觀，必需是正確且開放的，子女才能得到最正確的性概念。

　　許多人都是當了父母之後，才學做父母的。面對家庭成員的性發展及性需求，恐怕許多為人父母者無法真正滿足每一個成員。究其原因，一是缺乏知識，一是缺乏勇氣。缺乏知識，便無法順暢地、正確地對家庭成員實施性教育。缺乏勇氣，則無法坦然地面對家庭成員的性問題，滿足其需求。缺乏知識的原因很多，但原生家庭性觀念的影響、學校缺乏父母效能的訓練，是兩個最重要的因素。筆者認為，知識和勇氣都是學習而來的，在無法改變原生家庭及學校教育方式和內容的情形下，父母的再教育是極其重要的。父母必須積

極主動尋求再學習的機會，充實爲人父母的本職學能，建立正確的性態度並調整自己的性價值觀，如此，才能讓每一個家庭成員健康的成長，快樂的學習，滿足其需求，完成其發展任務。

父母再教育的難題

各縣市政府於民國七十八年間，紛紛成立家庭教育中心，負責各縣市家庭教育的重責大任。中心編制兩位約僱的專任人員，並招募義工拓展其業務。家庭教育中心所負責的事務繁瑣，雖然不離家庭教育本行，但能用在現任父母身上的時間及資源極其有限。又現在對父母再教育的工作，乃處於被動的狀態。有心的父母一而再的接受教育，反而眞正需要再教育的父母卻不出席，不但無法達到再教育的普及目的，也徒然浪費許多資源及時間。家庭教育法中規定男女雙方在結婚前須接受婚前教育課程也並無強制性，雖然引起不少爭議，但其用心是值得鼓勵的，對於父母的本職學能，不無小補。

父母的自我覺察

父母的性概念，受原生家庭影響最大，學校教育以及社會價值觀也左右著父母的性概念。爲人父母者，要體認家庭性教育對家庭成員有很重要且深遠的影響。父母必須時常自

我覺察，時時檢視自我，覺察自己在實施家庭性教育所扮演的角色，覺察自己對實施家庭性教育所具備的知識是否足夠，個人的性態度是否正確，和家庭成員談性時，是否符合性教育的三然法（情境自然、態度坦然、程序井然）。當父母自我覺察到能力不足，性觀念模糊時，應該勇於求助，就像人生病了，求助於醫生一樣，只是病的不是身體，而是觀念。

目前，政府並沒有主動篩選不適任父母的機制，完全要靠父母自我的覺察和主動的求助。所以，父母自我覺察的能力，甚至比實施性教育的能力更重要。一個常常自我反省的父母，必定是一個稱職的父母。

對於實施家庭性教育，父母求助的管道其實並不多，書籍是最易取得，也是最直接的工具，國內在這方面的書籍雜誌還算不少可多加利用。至於專業的研究，目前剛開始，資料正在累積當中。當然，各縣市的家庭教育中心，是一個資源中心，中心的專員和義工們，都是具有豐富專業智能的專業人員，除了有良好的服務態度外，也有相當高的服務熱誠。為人父母者可以在這個中心以諮詢的方式或參加活動的方式，得到相當多的知識和正確的觀念，更可以藉由轉介，向專家求得更專業、更深入的資源。只要父母有心，相信必能勝任實施家庭性教育的工作，是家庭成員之福。

✐ 國外現有的性教育方案

　　性教育的推動，必須有良好的方案設計，才能達到預期的目標。在國外，有許多爲某一議題而設計的方案（Summerfi-eld & Steinhoff, 1991; Margaret & Lay, 1993; John, Marie, & Bergen, 1993），而其內容大致趨向於現今社會重大的性問題，其教育的對象是一般民眾或是性教育工作者及其他相關的人員或機構，其內容簡介如下：

防治性傳染病方案

　　AIDS、HIV及STDS等性傳染病目前仍無完全根治的方法，而其傳染方式以性接觸、輸血不當及垂直傳染爲主，尤其是性的接觸最爲廣泛，所以教導民眾從事安全性行爲的觀念是此方案的重點。而倡導固定性伴侶，並在性行爲時全程使用保險套更是防治性傳染病的不二法門。

　　參考方案：

　　Summerfield和 Steinhoff（1991）.Sexuality education program.

　　DeMayo, M.（1991）.The future of HIV/AIDS prevention programs:Learning from the experiences of gay men.

防治性侵害方案

任何生命週期都可能是性侵害的對象，而兒童及青少年因防衛能力低，是性侵害受害者的高危險群。其中熟人所爲的性侵害對兒童及青少年的影響更是長久且深遠，故預防兒童及青少年性侵害事件發生，尤其是熟人所爲的性侵害，是此類方案的重點。

參考方案：

Summerfield 和 Steinhoff（1991）.Sexuality education program.

Graham和 Harris（1989）.Child sexual abuse prevention programs.

Krivacska（1991）Child sexual abuse prevention programs

性溝通技巧訓練方案

溝通技巧是建立人際關係最重要的技能，許多的性知識必須透過溝通來傳達，許多性接觸必須透過溝通來表達立場。家庭成員間坦誠的性溝通可以讓家庭成員更了解彼此的需求，伴侶之間肯定的性溝通可以讓彼此了解性接觸的尺度何在。曖昧的性溝通只會造成彼此的誤解以及不幸的後果。因此，性溝通的技巧必須熟練，性溝通的能必須培養。

參考方案：

Summerfield和 Steinhoff（1991）Sexuality education program.

Green和 Sollie（1989）Long-term effects of a church-based sex education program on adolescent commynication.

預防未成年未婚懷孕方案

　　未成年未婚懷孕常帶來一連串嚴重的後果，在惡性循環下，不幸事件不斷重複上演，所以提倡禁慾的觀念、從價值觀及信念去改變青少年性行為的態度、延遲青少年發生性行為的時間、讓未成年的青少年了解懷孕帶來的不良後果、增加青少年控制生育的知識及技能，是預防未成年未婚懷孕的方法。

　　參考方案：

Summerfield和 Steinhoff（1991）.Sexuality education program.

Marvin和 Zellman（1990）.Sexuality and contraceptive education program.

Donahue（1987）.Promoting abstinence:Is it viable？ Paper presented at am Office of Adolescent Pregnancy Programs technical workshop, Washington, DC.

Zabin, Hirsch, Streett, Emerson, Smith, Hardy,& King,（1988）.The Baltimore pregnancy prevention program for urban teenagers

Barth, Middleton,& Wagman,（1989）.A skill building approach to preventing teenage pregnancy.

Vincent,& Cearie, & Schluchter,（1987）. Reducing adolescent pregnancy through school amd community based education,

Vincent,& Dod,（1989） Community and school based interventions in teen pregnancy prevention.

為自己的性行為負責任

性氾濫已成為現代社會的土石流，有股不可擋的力量，在拜金主義下，以身體換取金錢，或是以金錢換取短暫的快感，甚至以暴力脅迫的方式將自己的痛快建立在別人永久的傷痛之上，不但傷害自己，也傷害別人，更傷害了善良的社會風氣。所以，每一個人要為自己的性行為負責，尊重自己，也尊重他人，以維護社會優質文化為己任，不因個人偏差的性行為，傷害了整個民族的自尊心。

參考方案：

Kirby (1992). School-based programs to reduce sexua risk-taking behaviors.

Adamek& Thoms (1991) Responsible sexual values program:The first year.

Eisen, & Zellman (1987).Changes in incidence of sexual intercourse of unmarried teenagers following a community-based sex education program.

教師的再教育方案

教師是性教育第一線的工作人員，如果教師的觀念不正確，便會阻礙性教育的推展工作，所教師應不斷地進修以跟上性教育的潮流。透過再教育的方案，讓教師更新性教育的觀念，增強教師性教育的技能，以利全民性教育的落實。

參考方案：

Summerfield,& Steinhoff (1991).Sexuality education program.

媒體與性教育方案

　　媒體是最快速、最深入民眾生活的傳播工具，媒體擔負著教育民眾的責任，而性訊息也是媒體最常報導的內容之一，媒體工作者報導事件切入的角度、評論的價值依據，都深深的引導民眾的思考模式以及性價值觀的建構。所以媒體傳播性訊息時，必須秉持正向原則，避免價值批判，而此忠實的報導態度，必須經由適當的教育方能形成，所以，教育媒體工作者建立正確的性態度，有利於全民性教育的推展。

　　參考方案：

　　Summerfield, & Steinhoff（1991）.Sexuality education program.

性知識教育方案

　　豐富的性知識能讓個體在性發展過程中沒有恐懼感，並能避免形成錯誤的態度和錯誤的行為。性知識不但要足夠，而且要正確，更要能配合個體性發展的程度及程序給予適當的教育，才能發揮性知識最大的功能，所以性知識的教育是必要且必需的。

　　參考方案：

　　Summerfield& Steinhoff（1991）.Sexuality education program.

⌀ 討論議題

　　家庭性教育涵蓋的範圍非常廣，討論的議題相當多，在家庭性教育的範疇中，有幾個特殊議題是值得政府相關單位及專業的社教機構及教育人員注意並加以探討的：

單親及繼親家庭的性教育

　　離婚率愈來愈高的社會，單親及繼親家庭愈來愈多，家庭角色失去平衡,兒童在單親家庭中失去模仿的角色（Lively & Lively, 1991）父或母對異性子女實施性教育有實質的困難。繼親家庭中繼父母和繼子女的關係不若親生子女關係密切，在實施性教育時，同樣地會遭遇極大的挑戰，如何幫助這些單親及繼親家庭中的父母實施性教育，如何幫助這些單親及繼親家庭中的家庭成員接受正確的、及時的性教育，更重要的是如何協助單親及繼親家庭中的父母接受性教育的再學習，是值得探討的議題。

同性戀

同性戀者在世界上已朝向被接受的趨勢，而其權力也逐漸受到重視，甚至已有許多同性戀家庭產生。但目前台灣社會大眾仍以有色眼光看待同性戀者，如何教導民眾以正確的態度對待同性戀者？同性戀者在這個社會的定位又如何？同性戀者可以組成家庭嗎？可以領養小孩嗎？什麼才是對待同性戀者正確的態度？同性戀者本身在社會上又如何自處？其性價值觀是什麼？對社會性觀念的衝擊有多大？而同性戀者組成的家庭如果領養小孩，其如何對孩子實施性教育？這些都是值得深究的議題。

性騷擾、性侵害及性虐待

在台灣，性騷擾與性侵害的情形逐漸浮現檯面，不僅加害人年齡層往下降，受害人的年齡層也在下降。而更令人擔憂的是，家庭內熟人所為的性騷擾及性侵害案件愈來愈多，近親強姦、幼兒性虐待事件更是時有所聞，其中尤以親生父親所為之性侵害案件更令人髮指，也令人特別擔憂，因為這類案件案，是無法預防的，一時的傷害，常造成心理上永久的陰影。

家庭本是一家人和樂團聚相處，快樂生活的樂園，是兒童、青少年生長、成長的城堡，父母親本是保護兒童、青少年的偉大的巨人，如今家庭變成兒童、青少年受殘害的大本營，父親變成傷害孩子的大色狼，我們的兒童、青少年整天活在恐懼中，想離開受傷的地方，卻又無處可逃，只好忍受

長年累月的性騷擾、性侵害。長大後，性觀念的偏差，對性的踐踏，對人的不信任，對社會制度（父權）的憤怒，如此的社會成員，就像社會的不定時炸彈，隨時會爆炸，傷害別人，也毀滅自己。而這全源自一個不健全的家庭，這是值得我們深思反省的議題。

家庭暴力事件，讓女性飽受屈辱，卻無處可申冤。在法令不明確，證據不易蒐集的狀況下，所謂清官難斷家務事，家庭中的性侵害事件，常讓女性無法得到合理的保障。在此情形下，施虐的父親及受傷害的母親，對性的觀念已被扭曲，無法正常地實施性教育。如何預防這種種事件發生，加害者的心理特質又是如何？法律的懲罰是否足以嚇阻此類事件一再發生？如何協助受害者復健？協助的單位在那裡？足夠嗎？是否得到受害者的信賴？在法律的過程中，如何避免讓受害者受到二度傷害？面對不適任的父母親，政府是否應該積極介入家庭，取代父母實施家庭性教育的工作，這是我們邁向已開發國家行列之時，政府及人民必須重視的課題。

中老年人的性需求

威而剛上市之後，造成全球轟動，表面上是造福了老年夫妻，事實上卻把老年性問題搬上了檯面。到底我們應該充分滿足人們原始性的慾望，或是應該強調兩性的感情不應建立在性行為上面，人不該成為性的機器，而應重視精神層面的互動？威而剛到底是造福了老年人的「性」福，或是糟蹋了老年人的感情世界？這原始的問題有待大眾深入的探討。

喪偶或離婚的中老年人需要性嗎？如何解決？台北市政府撤銷了公娼的執照，斷了某些人性需求的合法管道，卻常

聞老人誘姦小女孩的事情。政府對於中老年人的性需求眞能視而不見嗎？男女生理的差異，常使得老夫老妻在性生活上無法配合，如何滿足這些銀髮族的性需求？老年人的性教育如何實施？這是值得我們深思的。

殘障者的性

殘障者也有性的權利，雖然身體的不便，造成對性活動的障礙，但透過部份肢體的活動，仍然可以達到性的滿足。所以，家庭性教育的對象，不可將他們摒除在外。然而除了部份的殘障者外，大部份的殘障者或是多重殘障者都無法透過結婚的程序過正常的婚姻生活，這些殘障者的性需求如何解決？殘障者的父母如何對其子女實施性教育？都是高難度的挑戰。在我國現行的法令規定及社會價值觀下，殘障者無法尋正常的管道得到性需求的滿足。在日本，有爲滿足殘障者性需求合法的性工作者，在我國，則需政府觀念的轉換及積極的介入。

媒體與性

大眾媒體是民眾得到資訊最快、最方便的管道，與性有關的報導，又是媒體的最愛。媒體在報導有關性的資訊時，難免煽情慫動，加油添醋，增加色彩，以引來觀眾的好奇心。父母如何利用媒體的報導作有效的機會教育，與子女做良

性的溝通，建立正確的性價值觀，導正孩子的性觀念，是父母必須下功夫研究的。媒體也必須時時反省，覺察在報導性資訊時切入的角度，善用大眾公器引導民眾建立正向的性觀念、性態度及性價值觀，以負起大眾媒體的社會責任。

青少年的性行為

　　青少年的性活動隨著社會的開放，有愈來愈頻繁的趨勢，加上笑貧不笑娼，在拜金主義的社會風氣下，青少年從事色情行業的情形愈來愈嚴重。如何建立青少年正確的、安全的、負責的性行為觀念是當務之急。在如此的社會風氣下，我們無法防堵青少年從事性活動，但青少年懷孕生子造成的負面的影響，卻是社會沉重的負擔。父母一味的防堵政策是沒有用的，引導青少年建立正確的身體自主權及性價值觀，才是正途，而此一觀念仍有待政府與社會大眾的努力。

愛滋病的防治

　　愛滋病在世界上大肆漫延開來，不但無辜的民眾受大眾對愛滋病的恐慌可想而知，但人們對愛滋病卻是一知半解。因為不了解，所以常在不知情的情況下得到愛滋病，在無知的情況下對愛

滋病患者多所排斥。政府如何建立民眾對愛滋病正確的認識，確保民眾避免罹患愛滋病，教育民眾如何面對愛滋患者，以及如何投入愛滋病的防治工作，這些都是政府及大眾刻不容緩重要課題。

不孕夫婦、借腹生子、代理孕母的性價值觀

不可否認的，婚姻使性行為合法化，婚姻中的性行為，其中一個功能便是傳宗接代，當此功能消失時，性的功能及地位便受到質疑。要性，一定要結婚嗎？結婚一定要生子嗎？生子一定要生男生嗎？這些議題正在現代社會裡產生衝擊，也讓性的功能重新定位。但無論如何，擁有親生子女，仍是大部份夫妻的願望，如果願望無法達成，人工生殖確實是一條可以幫助夫妻達成願望的路？但是，人工生殖所伴隨的倫理問題，如何解決？這些難題隨著社會的開放腳步，逐漸受到考驗。政府的法令在滿足人民的強烈需求以及大自然的生殖法則的兩造拉力下相當為難。到底什麼才是正確的生殖觀念，值得我們加以探討。

結語

　　性教育是人一生的教育，是一種人格的教育，是生活態度的教育，是尊重生命的教育。性教育中的「性」指的是愛（love）、照顧（care）和溝通（communication）（沈慶鴻，民89）。有效的家庭性教育能增加性知識、建立正確的性概念及性態度。家庭性教育可以幫助青少年澄清他們的價值觀，促進與父母、朋友及社會的正向溝通。家庭性教育是人不可或缺的最重要的教育。

　　人對性的好奇是與生俱來，但性知識的來源卻是令人擔心的。經由不正當管道所獲得的性知識常是不夠完整的、性態度是不確正的、是不負責任的、是扭曲的。但反過來問，父母在性教育中扮演了什麼角色？也就是因為父母的消極被動，造成了孩子的性問題無法解決。我們不能全然怪罪孩子，大部份的責任需要父母來扛。因為父母的缺席和漠視，才造成孩子對性不正確的認知。

　　兒童因性知識不足，而對性心生恐懼。青少年對性一知半解，總認性行為是取得伴侶信任的唯一方法。青年男女，對性了解不透徹，兩性交往時，往往無法取得相互的信任，無法順暢的溝通，往往不知道自己需要什麼樣的伴侶。因性教育不完整，夫妻相處，常因尋常小事爭吵不休，無法相互體諒，無法有效溝通，無法在夫妻相處之道上善用性的潤滑功能，也不知道兩性合組家庭的目的何在。於是離婚率節節

高升，單親家庭日漸增多，社會問題愈來愈複雜。

家庭性教育是一種發展性、準備性及預防性的教育，是性態度的養成，是性價值觀的建立。性態度、性價值觀都是無形的，是隨時在變的，而影響性態度及性價值觀的因素實在太多，無法一一過濾。因為教育倫理的限制，所以，家庭性教育最大的限制是無法具體操作，無法以實物或讓問題實際發生後教育學生，而且其教育成效是具有延遲性的，無法馬上看到教育的成果。所以，性教育都是處於模擬的或概念的教學，往往看不出其成效，因其成效乃在某些行為的「不發生」（如婚前性行為），或是正確性態度的養成（對性行為負責任），或是無法實際觀察成果的行為（如學會使用衛生棉或保險套）。因為無法具體了解實際成果，因此，家庭性教育的實施，有其相當大的限制。

其實人可以過得更好，只要心中的謎解開，只要生理和心理的需求得到適當的滿足，只要懂得規劃人生道路，只要兩性相處得更和諧。家庭性教育便是希望人生更完滿，所以父母應重視性教育的實施。透過適當的時機，充足完整的教材，生動多元的教育方法，以及孩子充份的參與，相信性教育可以讓我們的人生多姿多彩，幸福美滿。

📑 參考書目

中文部份

沈慶鴻（民89）。由大學生兩性交往的現況談大學性教育的必
　　　要性。學生輔導，69，28-35。

林淑梨、王若蘭及黃慧真譯（1992）/Phares, E. T.著。人
　　　格心理學。台北：心理出版社。

周勵志（民85）。由醫學觀點談學校性教育。杏陵天地，5(7)
　　　，14-16。

莊淑寶（民87）。性教育面面觀。杏陵天地，7（4），38-40。

張春興、林清山（民76）教育心理學。台北：東華。

西文部份

Adamek, R.J. & Thoms, A. I. (1991). Responsible sexual
　　　alues program: The first year. Family Perspective,
　　　25(1), 67-81.

Barth, R. P., Middleton, K., & Wagman, E.(1989). A skill
　　　building approach to preventing teenage pregnancy.
　　　Theory into Practic, 28(3), 183-190.

DeMayo, M. (1991). The future of HIV/AIDS prevention
　　　programs: Learning from the experiences of gay
　　　men. SIECUS Report, 20(1), 1-7.

Donahue, M. J. (1987). Promoting abstinence:Is it viable ? Paper presented at am Office of Adolescent Pregnancy Programs technical workshop,Washington , DC.

Eisen, M. & Zellman, G. L. (1987). Changes in incidence of sexual intercourse of unmarried teenagers following a community–based sex education program. Journal of Sex Tearch, 23, 527–533.

Engel, J. W., Saracino, M. & Bergen, M. B. (1993). Sexuali –ty education. In M. E. Arcus, J. D.

Schvaneveldt, & J. J. Moss, (Eds.), Handbook of Family Life Education: Foundations of family life educat –ion. Vol.II., 62–86. CA.: Sage. ublications.

Graham, L. & Harris–Hart, M. (1989). Child sexual abuse prevention programs. Ottawa, Ontario: National Clearinghouse on Family Violence, Health and Welfare, Canada.

Green, S. K. & Sollie, D. L. (1989). Long–term effects of a church–based sex education program on adolesc –ent commynication. Family Relations, 38(2), 152–156.

Kirby D. (1992). School–based programs to reduce sexua risk–taking behaviors. Journal School Health, 6, 280–287.

Krivacska, J. J. (1991). Child sexual abuse prevention programs: The need for childhood sexuality educat –ion. SIECUS Report, 19(6), 1–7.

Maddock, J. W. (1989) Healthy Family Sexualiyu: Positive Principles for Educators and Clinicians. Family relations, 38, p130–136.

Marvin, E. & Zellman, G. L. (1990). Sexuality and contr
　　－aceptive education program. Family planning
　　perspectives, 22(6), 261–272.

Powell, L. H. & Cassidy, D.(2001). Family life education:
　　An introduction. California: Mayfield.

Stephen, B. & Levine. M. D. (1998). Sexuality in mid-
　　life. New York: Plenums.

Summerfield, C. M. & Steinhoff, D. (1991). Sexuality
　　education program. Wellness Perspectives, 7(3)
　　, 101–115.

Summerfield, C. M. & Steinhoff, D. (1991). Sexuality
　　education program. Wellness Perspectives, 7(3)
　　, 101–115.

Vincent, M. L., & Cearie, A. F., & Schluchter, M. D.
　　(1987). Reducing adolescent pregnancy through
　　school amd community based education, Journal
　　of the American Medical Association, 257(24),
　　3382–3386.

Vincent, M., & Dod, P. S.(1989). Community and school
　　based interventions in teen pregnancy prevention.
　　Theory into Practice, 28(3), 191–197.

Lively, V. & Lively, E. (1991). Sexual development
　　of young children. NY: Delmar Publishers Inc.

Zabin, L.S., Hirsch, M. B., Streett, R., Emerson, M. R.,
　　Smith, M., Hardy, J. B., & King, T. M.(1988).
　　The Baltimore pregnancy prevention program for
　　urban teenagers: I. How did it work? Family
　　Planning Perspevtives, 20(4), 182–187.

附錄一、性教育優良網站

網路教學無遠弗屆,不但資料豐富,而且具隱密性,教學成效頗大。茲介紹幾個網站供作參考。

1.性花村(杏陵基金會所設):104.118.9.116
2.少年的性教育: HYPERLINK http://www.imo.com.tw www.imo.com.tw
3.青少年網站(衛生署家庭計劃研究所所設) HYPERLINK http://www.young.gov.tw www.young.gov.tw
4.勵馨社會福利事業基金會: HYPERLINK http://www.goh.org.tw www.goh.org.tw
5.中華民國性教育協會: HYPERLINK http://www.tase.org.tw www.tase.org.tw
6.台北市政府教育局兩性教育網站:www.shps.tp.edu.tw

附錄二、性教育相關法令

1.性侵犯罪防治法。
2.性侵害犯罪防治法施行細則。
3.兒童及少年性交易防制條例。
4.兒童及少年性交易防制條例施行細則。
5.兒童福利法。
6.兒童福利法施行細則。
7.少年福利法。
8.少年福利法施行細則。
9.家庭暴力防治法。
10.家庭暴力防治法施行細則。
11.刑法妨害風化章。

chapter 12

婚姻和親密關係教育

王秀枝

前言

　　婚姻關係是人類所有關係中，最為親密的關係。在西方的婚姻中，「情感」一直是非常重要的一部分；西方婚姻諮商的實務工作者大多認為增加夫妻間的親密感，是協助夫妻面對婚姻困難最有效的做法之一（利翠珊，民89）。

　　現代的新人類對婚姻中親密關係的品質要求愈來愈高，親密關係變成婚姻的一個必要條件，但在這樣一個〝只要我喜歡有什麼不可以〞，強調速成文化易變動的時代中，如此『眼高手低』的角度，要使婚姻關係維持一個良性的發展，履行夫妻白頭偕老天長地久的婚姻承諾，似乎是遙不可及。無論是在美國或在台灣，離婚率逐年攀升，對家庭與社會帶來莫大的影響與傷害。我們陷在龐大且複雜的婚姻現況與問題中，身為家庭生活教育者的一員，如何建構有效的教育課程與諮商輔導方案，發揮婚姻教育應有的功能，實是刻不容緩當務之急。

　　當今社會開放，在多重價值呈現下，同時也考驗人的情感發展與因應之道，婚前教育已成為現代婚姻的課題；『預防重於治療』，是解決任何社會問題的不二法門。『婚姻是需要經營的』，做好準備為現代單身男女所應有的認知。此外，婚姻之維持不再是個人能力所及，充滿了危機與變數；家庭生活教育者的工作範圍更為廣泛了，從預防問題的發生到面對衍生的問題提出因應的策略，從婚前諮商課程至婚後加強課程，另外針對已發生問題夫妻進行離婚後適應課程以及再婚教育課程等一一囊括。這樣一系列課程的主要目的在教育個人和夫妻對結婚或再婚等調適的準備。

相關的理論探討

　　婚姻的配偶通常來自於不同文化背景，原生家庭和婚後家庭的自然差距將會造成夫妻間的負擔，在現實生活中失卻了激賞與成長的空間。現今的離婚率節節上升，主要在於一般夫妻無法維繫婚姻穩定的情況或不願忍受沒有品質的婚姻，家庭生活教育學者當務之急在於做好個人與夫妻結婚和再婚的教育及準備。有關配偶的選擇，及婚前關係發展的理論和研究到教育上的實際應用，實有必要再回顧檢討。

親密的概念與發展過程

　　有關「親密」的定義，各學者專家都有不同，有狹義的也有廣義的，是發生在兩個個體互動歷程中內心深處的察覺和表達。人們從嬰兒時期開始就要不斷的與其主要照顧者和週遭的他人產生互動，進而建立各種不同的關係。

親密的概念

　　「親密」(intimacy)一詞，乃引申於拉丁字「intimus」之

意，其意義是「內在或內心最深處的」。在許多其他的國家中，例如，義大利文「intimo」是指人際關係中親近或內在感；法文的「intime」強調一種隱密的、來自深處的、熾烈的、與熱情的感受；西班牙文中，「intimo」是一種私人隱密的、親近的、與內心深處的感受。

在有關的文獻中，學者對親密關係的定義看法分歧，有學者把親密關係狹義地定義為一種近似「愛情」的關係，具有親近、溫暖與情感連結的特性，在親密關係中的兩人，會彼此分享、支持、珍惜對方。也有學者認為，親密關係是一種高度的互相依賴關係，表現於兩人之間強烈的互相影響、經常性的互動，並長期地涉入各種活動之中（利翠珊，民86）。

Whitbourne(1991)覺得「親密」一詞，是指個體建立人際友誼的一種能力特性，這能力藉由相互的情感、開放與誠實的溝通、以及持續性情感上的承諾為基石。Moss和Schwebe(1993)則從學術相關文獻中，列出七種對親密的詮釋：1.親密是發生在兩個個體之間的互動過程；2.親密是指深入的情感覺察和表達；3.親密是深入的認知覺察和表達；4.親密是對身體動作的覺察和表達；5.親密包含共有的承諾和一體感；6.親密包括溝通和自我表露；7.整體的親近感受。但Moss和 Schwebe認為溝通和自我表露只是促進親密關係的行為，至於整體的親近感應存在於認知、情感和身體的親密內涵中；最後，他們認為親密要包括五種成份：承諾、情感的親密、認知的親密、身體的親密、和相互性等。總之，「親密」是一種與他人內在親近的情緒感受（引自曾文志，民84）。

至於婚姻親密的意義，曾文志（民84）採用Schaefer和Olson於1981年對親密的分類，將其定義為夫妻之間那份親暱與相近的彼此吸引的感受，是夫妻間親密的整體概念，包括了情感親密、社會性親密、身體親密、精神親密、休閒親密

、性親密和認知親密等七種親密類型的總和。

總之，親密關係是「內在或內心深處」的一種親近情緒感受，存在於個體相互之間，係一個動態的過程，不是靜止的畫面，包含彼此的信任、開放、分享、接納與支持，其間要靠雙方不斷的努力修持，使互為主體且彼此契合。

親密的發展過程

人們從一出生，就和週遭的他人有了連結，換句話說，在嬰兒時已能覺知人類親密的感受，其和主要照顧者之互動，即為社會發展的開端，之後隨著個體不斷地發展成熟，進而擁有和他人建立親密的能力。因此，要探討親密的發展歷程，首先從嬰兒時期的依附關係談起，隨後檢視社會發展階段理論模式，最後則要對人際互動的發展歷程加以探討：

(1)依附與親密

依附是嬰兒靠近與接觸母親。J. Bowlby整合各不同的理論，不再視食的需要或性滿足的驅力為人與人親密的唯一動力，在他的研究中指出心理健康的要素是嬰幼兒必須經歷由母親或永久性的母親替代者提供的溫暖、親密及連續關係，而母子雙方在這種關係中得到滿足與歡愉。因為母親是小孩的安全堡壘，所以母親不在時，小孩會焦慮，不敢去探索外界；若一再經歷分離的經驗，會造成小孩生氣，易養成神經質的個性，除此之外，也會阻礙親密關係能力之發展而易造成無情或反社會人格（黃惠玲、吳英璋，民81）。

依附的發展包含母親和幼兒兩者行為模式的啟動，人類的母親和嬰兒天生賦予傾向以一些行為方式來相互回應，因而培養出依附關係的發展。Bowlby指出早年的依附經驗持續於整個生命歷程，尤其是在關鍵的時刻；在依附的發展過程

中，孩子內心開始釋譯他所經驗到的依附關係之認知和情緒的內涵，衍生為內化的運作模式，用以知覺和解釋人際的世界、指導人際的行為、預期行為、和構設行動的目的和計劃。柏克萊加大M. Main也設計一種稱之為Adult Attachment Interview新的程序以評量成人的依附，探究嬰兒期的依附類型繼續存在於成人期的可能性，和在成人的人際關係、愛情關係、婚姻關係和親子關係中所扮演的角色（引自王碧朗，民90）。

Hazan和Shaver（1987，引自曾文志，民84）將人們的浪漫愛視為一種依附過程的概念，意即愛人相互情感的連結就如同人們在早期嬰兒階段和雙親建立情感連結般；他們的研究發現不同的依附類型的確有不同的人際親密方式，可以從其中了解依附與親密間的相關性。

總之，早期的安全依附關係是重要的，不僅影響青少年階段的人際關係，也影響成年人的生活適應與親密關係；也就是說，在人際關係發展歷程上，「依附」之影響是持續而深遠的。

(2)Erikson的心理社會發展階段理論模式

在Erikson其人生發展八階段論中的第六階段（約略在青少年後期與成年早期）中，主要的發展任務是「親密vs.孤立」。所謂「親密」是指個體與另一個人願意建立起相互滿足的親近關係，乃源自於青少年階段渴望與他人擁有親密相互關係的「認同感」；親密尤其是指和異性達到一種永久性的相互承諾，以及擁有真正性愛關係的成熟，Erikson曾指出這個階段是「性心理」真正成熟的時期，同時他也認為「性愛的相互關係是真正親密之本能生命力的模式」。若親密感能成功地建立，將可以彌補前述五種發展階段中的衝突與失落，使人們繼續朝向下個目標前進；但若沒有一種創造友好相互關

係承諾的能力時，「親密」反而會成為問題，親密危機的發生，就產生了孤立感。當人們的孤立感大於親密感受、或對於人際的親密恐懼時，將容易讓人失去其自我；甚至極端自我中心的生活風格，或攻擊、排斥等敵意行為的產生。

(3)人際關係的發展歷程

　　親密關係奠基於人際關係的基礎，Sullivan的人際關係發展理論中，他提出了對於人際發展過程轉換的人際需求，因發展階段的不同，人際需求也跟著轉變；同儕關係是人際關係的一個重要學習歷程，也是人們建立親密關係的中介橋樑。Sullivan在其理論內，將「親密」和「性興趣」區別出來，他相信親密的發展是在青少年前就已開始，是與同性而非異性的人際關係，接著才會轉向尋求異性間性興趣和親密的友誼關係，當青少男開始和異性同儕有更多接觸時，也同時學習合乎性別角色的扮演，學習兩性的世界，而直到青少年後期，整個的親密發展才算完成。

婚姻與親密關係形成的理論基礎

　　在過去的四十年裡，對於伴侶選擇與關係發展的一些理論被要求致力於確認哪些是影響婚前和婚姻關係的變數。Cate和Lloyd（1988）將這些建立婚前關係的理論架構分成三種類型：相容協調模式、社會交換模式、和人際交往模式（引自Stahmann ＆ Salts，1993）。

相容協調模式（Compatibility Models）

相容協調模式強調相匹配的重要性，認為男女雙方在性格、價值觀、角色、教育、社經地位、年齡、種族及宗教等方面，要能充分的搭配。有三種不同的相容協調模式：

(1)互補模式

指從教育、社經地位、文化、宗教、種族，和年齡上等相似背景之「適當範圍」的人中，選擇一個在性格上與自己互補，能夠彌補自己心理需求的伴侶。例如：一個有高度支配慾的男人，選擇順從的女人。

(2)相似模式

個體在擇偶時基於相似性的考量勝過互補性。我們常發現情侶和夫妻間的一些特性，諸如身家、宗教、種族背景、智慧、個性、態度、價值觀，及身體上的吸引力等，有許多相似點。

(3)連續性篩選模式

這模式建議人們在求愛期的各種階段中，利用不同的標準去評估未來婚姻的合適性；過程猶如一個漏斗，經過一連串的篩選過濾。基本上，"過濾"伴侶的首要因素是基於社會地位相當，然後是價值觀相似，最後才是性格上的互補。假如過濾系統包含初次的刺激，例如身體方面的吸引力，獲得初步的印象；接下來是價值觀的比較、協調，雙方的溝通良好就能維繫這份關係；最後是角色的相容階段，測試彼此是否具備適應婚姻關係中新角色的能力。

社會交換模式（Social Exchange Models）

　　社會交換模式的關係發展猶如一個婚姻的拍賣市場，假設了伴侶間關係的發展像商品買賣的交易狀況，是基於彼此互相滿意交換的報酬，包含兩種不同的交換模式：即公平模式和投資模式。這個理論說明了不管是萌芽中的發展關係或維繫伴侶間的親密關係，主要決定於自己所付出與對方的回報是否取得平衡。因著另一方所提供的報酬，足以激發自己增強涉入的程度，刺激個人繼續關係的維持，更期望這些報酬在未來可以獲得持續穩定增加。

人際交往模式（Interpersonal Process Model）

　　近來，婚前關係的理論研究走向，已把焦點集中在以伴侶的選擇為基架的人際交往模式上，它的觀點還有待進一步的研究去考驗。這個基本架構是結合協調性及社會交換結構的重要因素。Cate and Lloyd（1988）他們將求愛時期與結婚進展期的不同歸因如下：（1）發生在伴侶間，人跟人交往的過程。（2）伴侶們和他們人際網絡的交互影響。（3）心靈溝通的要素。（4）偶發的或是環境的因素。

　　從以上Cate和Lloyd的理論架構來看，不管是相容協調模式、社會交換模式或人際交往模式，西方人在擇偶過程中所考慮的大多是自己的需要或彼此的情愛。由交往引發的相互親密、吸引，使關係得以持續保持。

婚姻關係的維持

　　親密關係包括親子、手足、夫妻....之間，其中父女、母子間是因血緣而存在的一種近乎本能的關係，但一對沒有血緣關係的夫妻，性別、教育、社會背景、性格、喜好等等都不同的兩人，如何在一個屋簷下朝夕與共、相互依存？個人因素、情境因素及人際間的交往，在維護婚姻的穩定及婚姻的品質上都佔有一席之地。夫妻間親密關係的好壞，直接影響個人對婚姻的滿意程度；美滿的婚姻擁有可依附的對象與愛的泉源。西方學者對婚姻滿意度的研究指出在新婚到第一個孩子出生之前達到最高點，之後由於育兒責任的角色壓力，對婚姻的滿意度會一路下滑，直到子女長大離家，婚姻滿意度才又重新上升，類似一種U型的發展。

　　Reedy, Birren和Schaie指出愛情關係的兩項事實，第一項事實是愛情關係隨著結婚時間的久遠朝向較有深度的親密層次發展。年輕時激烈熱情式的愛情逐漸轉變為平靜、細心體貼的愛情；第二項事實是隨著結婚年數的長久，婚姻中的愛情關係建由友誼型轉變為制度型，友誼型的愛情關係強調感情交流的重要性，制度型的愛情關係則強調忠誠和安全。而Sternberg的愛情三因論認為愛情的三元素為熱情、親密與承諾，三元素在穩定、滿意的婚姻關係中維持時間的久暫有所不同。熱情於婚姻初期達到顛峰後漸消褪，親密與承諾則隨結婚年數長久逐漸滋長（引自李良哲，民89）。

　　Weishaus和Field（1988）指出使結婚夫妻能夠維繫長久婚姻關係的動力有四種，第一種動力是期望維持摯友的關係，雙方彼此親近且提供愛的關懷；第二種動力是維持舒適、滿意的關係，雙方能愉快的一起相處並有共同感；第三種動力是習慣了、方便、為了孩子、經濟因素使然，雙方缺乏正

向的互動；第四種動力是宗教信仰或強烈的道德信念使然，婚姻關係雖在，但彼此並不關心對方。

張春興則以五個重要層面來瞭解婚姻的目的，這五個層面是以五個學科理念作爲基礎，並引用「家家有難唸的經」這句俗諺而將其名爲「婚姻五經論」，此五個層面也就是婚姻生活中五種重要的需求。茲分述如下（引自曾文志，民85）：

(1)從生物層面看

構成婚姻最原始的條件，包括兩性的相互吸引、性需求的彼此滿足，繁衍子孫、延續後代的目的。

(2)從經濟層面看

即一般人所謂的經濟基礎，包括經濟生產力、財產的多寡、收支的分配與應用、食衣住行的滿足、及妻子是否需要就業負擔家計等等。

(3)從社會層面看

過去社會中要求「門當戶對」，現今包括家庭背景的相似、共同的宗教信仰與活動、社經地位的適配等以維持家庭的社會地位、個人顏面和自尊。

(4)從心理層面看

即婚姻的感情基礎—彼此相愛，心理相互滿足。由於志趣相投、態度相悅、性格相近或條件相似，以及日久生情等諸多因素造成彼此相愛；獲得情緒上的支持、相互的關懷與尊重及彼此信任與依靠等需求。

(5)從哲學層面看

指在彼此相愛的基礎上，兩人之間存在一種共同的人生

觀、人生理想、價值觀及個人與婚姻生活的成長與實現程度
等。

　　從以上學術和理論的觀點來看婚姻關係，可以推測到人
際互動過程的發展將成為幸福婚姻和親密關係的教育焦點。
親密和人際互動過程是相類似的，親密是夫妻間一種體驗、
表達情感，語言和非語言的溝通交流，討論和學習正向的情
緒交換，承諾在每天的活動中撥出時間共處，達到身心上的
水乳交融等歷程。因摩擦而生的高度負面情緒易造成情感的
冷卻，諸如溝通、性行為、及另一半的性格特質，都是夫妻
婚姻中的高衝突地帶，對夫妻產生交互的影響。因此，維繫
婚姻親密關係的重要關鍵，有賴於配偶雙方彼此的調適與妥
協，而多變化的溝通是愉悅婚姻的最佳預言者。

　　個人以為經營婚姻維繫親密關係的主要工具有三，家庭
生活教育學者應幫助夫妻們意識到潛在的婚姻危機，提供教
育題材和設計技巧訓練課程，以為夫妻間關係的維繫和發展
之基礎：

(1) 調適

　　因夫妻彼此間的差異性而造成的衝突，常無法輕易排除
，這時就得暫時把衝突擱置一旁，使彼此的關係得以維繫，
再共謀解決之道。

(2) 妥協

　　人往往有不同的嗜好與需求，絕不能有一方一意孤行，
以致破壞兩人的親密關係，唯有彼此均放棄自己的某一部分
主張，適度的妥協學習配合對方的興趣，並立下承諾。

(3) 溝通

　　如何與伴侶進行有效的溝通，並沒有簡易的單一公式可

循，主要的要件不外乎維持一個安全無脅迫性的氣氛，專注傾聽做一個最佳聽眾，共享每日生活的點滴，充分的自我表達，除了正視彼此之差異與建設性的爭論並勇敢面對問題。

婚姻關係的結束

當一對戀人深愛著對方準備結婚時，是不會想到有朝一日會離婚的。通常經歷過下列經驗的人，較無法維繫他們的婚姻：曾經結過婚、擁有離婚的父母、有過婚前同居的經驗、早婚（於青少年時期）、未婚生子。

婚姻是一生唯一的承諾，肉體的性關係，一生一世的夫妻關係。因此，當婚姻親密關係終止，在離婚的過程中，壓力程度與情感力量的體驗，將會是非常的強烈。離婚常使人意氣消沉、社會地位低落；離婚是生命中經歷最大的傷痛。家庭生活教育工作者，需提供支持及供應相關的教育資訊，幫助這些家庭調適離婚後的日子，使其儘快復原與成長。

造成離婚的理論

「開門七件事，柴米油鹽醬醋茶」，即使是固若磐石的婚姻也可能有危機存在，多數人「此生不渝」的盟誓終究得經歷嚴格的考驗。「婚姻生活本身就是一種危機」，用〝結婚引起離婚〞這樣的說法來回答〝離婚的原因是什麼？〞是太輕率了些。許多伴隨婚姻而來的事物，使夫妻倆人相互牽繫，態度和價值觀不斷碰撞，其中的緊張和壓力，都可能醞釀危機。過度「黏連」是一種束縛，太獨立又顯得冷淡，終究導致彼此親密關係的瓦解。要理解的是：為什麼有些夫妻能安然度過婚姻的驚濤駭浪，有些人卻走上不歸路呢？對許多夫

妻來說，壓力和生活在一起的緊張讓他們難以相處，有些離婚的因素是非常錯綜複雜的，這就是爲什麼有些人在離婚已有一段時間後，仍停留在過去婚姻不安的關係中。Whisman, Dixon和Johnson（1997, 引自D. Olson & J. Defrain, 2000）對夫妻間經常突顯出來的問題做了一份報告，他們的研究結果顯示：權力鬥爭、缺乏愛的感覺、不足的溝通、外遇和不切實際的期望等五個議題是最常引起爭執的。

Gelles（1995）認爲探討離婚的原因可從許多觀點來看：

(1)社會交換理論

交換理論建議「離婚」是之前已經計算好了離婚的代價。如：

1. 當繼續維持一段婚姻關係的損失比結束這段婚姻關係的代價要高時，則選擇離婚。

2. 離婚是因「第三者」而引起的。從第三者交換有益的報酬來換取已經破碎的婚姻。

3. 當他們的最後一位子女離開了家，夫妻就離婚。除了不想子女被拖下水，早期離婚對孩子所造成的影響、所付出的代價太大了。

(2)發展理論

發展理論架構的學者，研究家庭生命週期各不同階段離婚的可能性。發現離婚最可能發生在婚姻早期階段，這是因爲在這第一階段的生命週期中，有經濟的壓力而必須外出工作，沒有實現此階段的發展任務，就會增加離婚的可能。同樣的，在家庭生命週期的後幾個階段，只要階段任務沒有實現，也同樣具有離婚危機。

(3) 結構功能理論

結構功能理論的假設中，雖然離婚率高，但是婚姻仍會存在，因為它提供了重要的中心功能。認為離婚是社會系統的失敗或瓦解，離婚是更正婚姻錯誤的需要，以改善整體婚姻品質為目的。

(4) 衝突理論和女性主義理論

衝突理論和女性主義理論時常研究婚姻衝突和權力的問題，特別是權力的不平衡，係源於性別系統的男性沙文主義及父系社會的社會型態。離婚是女人從男性掌控中得到自由的唯一方法。

(5) 危機理論

危機理論解釋離婚是壓力作用，和家人及個人去經營及處理各種個人的、經濟的、社會的壓力....等能力不足所造成的。

事實上，據很多實務調查研究所知：婚姻失敗的原因，不脫離情感、性關係、經濟、溝通、衝突解決、子女管教、休閒活動等問題。上述理論能幫助我們瞭解「他們是很完美的一對，真不懂為什麼會離婚？」。

婚姻關係結束的歷程

想離婚者主要是希望從不快樂的婚姻中解脫，但結束關係不容易，離婚之痛令人難以承受，大部分人是以什麼樣的方式來結束親密關係呢？學者們大致歸納了幾種策略：軟語訴求、口頭撤退、行動撤退、負面的身份管理、辯護。而要瞭解個人對於分手的感受，則要先瞭解個體在做成分手決定時所扮演的角色：1.主動提出者，對於親密關係的結束較不

感到憂傷。2.被動接受者會經歷較多的沮喪與孤獨。3.雙方共識的分手。

雙方共識的分手，固然也有痛苦；但總不如單方提出分手，所可能帶來的殺傷力強大。無論如何，分手仍然是難做的課題，別說滿意，想接受都難。在分手的過程中以及影響上，總會有一些負面症狀。了解關係結束的歷程，能改善一個人對關係定位的能力，才能理智的分手。

Paul Bohannan（1970, 引自D. Olson & J. Defrain, 2000）曾說離婚是因人們沒有辦法得到一個好婚姻，他們通常也是無法解決不好婚姻的人。他指出離婚是一激烈的過程，包括六個層面的離婚，這些情形或經歷時常會重疊；它以不同的程序共生，並對每個個體有不同的強度，這六種狀態是：

(1) 感情上的離婚

婚姻破滅，連結和溝通崩潰，取而代之的是外人的感覺，生氣和暴力是離婚雙方常有的現象。在分離的負面感覺中，孤獨感是最一般性、也是最重要的。

(2) 法律上的離婚

由法制系統和法庭來判定婚姻關係的破裂，但無過失的法律讓責備或過錯等元素消除至某種程度，卻未能移除程序上的所有衝突點。有時法律系統不但沒有幫助破碎家庭補好傷口，反而時常使得事情更為惡化。

(3) 經濟上的離婚

財物的分配，建立了兩個分別的經濟單元，而必須面對並解決的事實是離婚造成的經濟物質損失。離婚後，女方較不易找到並維持一個好的工作。貧窮女性是統計資料所顯示的，單親媽媽所造成的家庭貧窮現象在惡化中。

(4)撫育上的離婚

夫妻分開,但親職關係卻無法分離,所面臨的就是關於小孩監護權的決策和探視權的問題。

(5)社會網絡的離婚

離婚的衝擊不僅對家庭成員產生,它也會對親戚、朋友、鄰居、工作同事有所影響,社區、團體的朋友關係改變,不僅許多人不知如何去面對離婚的朋友或親戚,雙方的共同朋友也感到很為難,很難同時擁有兩方。失去共同朋友,都是雙方痛苦的事情。

(6)精神上的離婚

許多離婚者可以從婚姻或家庭治療師或人際問題專家處得到協助,使當事者學習從危機中成長,調適回到單身生活。

Textor(1989, 引自Stahmann & Salts,1993)將不同模式的要素,歸納為一種三階段的離婚過渡期。(1)第一個階段是準離婚期:個體對關係的覺醒,包括婚姻本身和他們的伴侶。這種感覺在個體心中或與另一半之間產生決定性的衝突導致分離。(2)當分手成定局,離婚階段才正式開始。分離付諸行動,將涉及到有關財務狀況、孩子的撫養、與子女的反應等問題,同時有關平日的家務處理、個人習慣及生活形態上的改變。離婚階段也牽涉法律方面的問題。(3)離婚後的階段會涉及到人際網絡的改變、約會、和前任配偶的關係等問題,以及小孩的教養與子女的反應等後續問題。很多離婚者將這段過渡期延續到下一次的婚姻中,影響新的戀情和繼親家庭的關係。

中國人的親密關係與婚姻

　　文化與生活在其中的個體之間存在著什麼樣的關係？對於華人所處的這個特殊的「文化/社會/歷史」脈絡下之親密關係與婚姻關係，傳統文化是否給了我們什麼有關的指導原則？本節主要想尋求本土文化在人際關係與人際交往上的基本看法，以幫助我們瞭解中國人的親密關係與婚姻生活之形成與發展。

中國人的人際關係與人際交往

　　關係是親密、信任與責任的依據。要想瞭解中國人的人際關係或交往規範，必然要求助於「儒家學說」，儒家學說中的「三綱」、「五倫」不僅強調身分與角色的匹配和符合，也強調角色之間在關係當中的地位之差別；因它是用以調整和規範人與人之間交往的指歸，可說是中國古代的人際關係理論。中國人的人際關係重視人倫的義務情感多於親密的自發感情，「感情」只是一被運用的資源，是一工具性的存在，所謂的「三綱」，君為臣綱、父為子綱、夫為婦綱，可以說最為典型；而一般性的人際交往又多受社會既定的義務性情感

之左右，包括對兄弟、朋友等合乎「禮」的人情--「人之常情」。

中國人的人際「交往」與西方的人際「互動」，意義其實是雷同的。劉萃俠（民90）將人際交往界定為一個由起動到維持、發展到結束的過程，此過程包括交往對象、目的、動機、手段、規範、結果等；人際交往是一系列個體間相互影響、相互作用的過程，其中發生著許多心理與行為，如印象形成與整飾、自我表現、溝通、信任、服從、依賴、交換、交往成敗的歸因等。

林語堂先生曾說過：「命運、面子及人情是中國人日常生活中不可或缺的三要素」。人情主義是中國人特有的，它存在於各種關係和各種社會情境當中，人們傾向於以人情的眼光來看待生活中多數事件並以此處理與他人的關係；通常在受到別人幫助後，受助者就得以各種形式向人表示感謝或報答。但金耀基（引自張志學、楊中芳，民90）認為人情在交換中是很難計算的，因而不容易等量償還清楚，所以人們不肯輕易接受別人給的人情，但由於拒絕別人給予的人情是不合乎中國人交往的規範的，故人們縱使不喜歡也只好先接受別人提供的人情，然後再還給別人更多的人情，這種不斷加碼的人情往來—「禮尚往來」，使已有的關係變得更為親密。

在這樣的一個文化系統來看中國人的人際交往，其人際關係與西方有些差異，顯現出幾個特點：（1）親密度常不是人際關係中最主要的考量，重要的是兩人關係中所含的義務。（2）角色規範的不平等，對於男生和女生（或夫和妻）的角色期望不同；無論如何，妻子要忍氣吞聲，為丈夫保留面子或做人情。（3）把在婚姻、家庭或與人交往等之關係上的衝突，看成是「緣」、「命」使然，以這樣的宿命觀來化解衝突並不能獲得真正的情感。（4）在「面子」、「人情」的前提下，不敢直接向人說出自己內心的想法和需求，便用一些

迂迴曲折或暗示等間接性的溝通方式來傳達，給人表裡不一、鄉愿的感覺。（5）由於「信任」對方是會履行「回報」義務的人，即使親密的家人或密友也常以物品交換的有無來看待對方是否對自己有感情，對誠意、誠心的注重遠超過對誠實的重視。

中國人的婚姻觀

　　傳統的中國人是很相信緣份的，所謂的「千里姻緣一線牽」或「無緣對面不相識」，冥冥之中似乎有一位操縱著人生姻緣的月老，至於交往的結果是良緣或孽緣則是命定、因果報應。婚姻的締結主要遵從「父母之命，媒妁之言」；而擇偶的標準是門當戶對，婚後夫妻的地位是不平等的─「男尊女卑，男主女從」，且分工明確─「男主外，女主內」，男子可納妾、休妻，烈女則不嫁二夫，婚姻的建立主要為傳宗接代並非以雙方感情為基礎。

　　在儒家「三綱」的說法裡，「父為子綱」、「君為臣綱」、「夫為婦綱」，夫婦是順著父子、君臣縱貫而下；簡言之，中國人的親屬系統立基於父子軸，有別於美國的夫妻軸。相對於美國人之重視「情愛」，以「愛」規範家族成員相互關聯的情感，中國人則重視倫理中所隱含的義務的「情」及維繫一般生活運作所需的「人情」，以「敬」來規範情感，女子嫁入夫門後，被賦予順從的責任（在家從父，出嫁從夫），透過角色規範的教化使得夫妻個人均能形成適切的角色結構認知，以能「不失其倫」。所以，夫妻在婚姻中多為盡「情感」義務而非表達真感情，更別說是愛情了。按民間「嫁雞隨雞，嫁狗隨狗」的說法，主要是要求女性在婚後「跟隨」丈夫應

有的，並用「緣份」「宿命」來解釋這種角色身分轉變的原因。

　　自古迄今，和諧穩定的婚姻是夫妻都企盼的，但觀念上的衝突、經濟上的矛盾、生活習慣上的差異、行為的不道德等都會影響夫妻的親密與婚姻關係；過去儒家學說中的「夫婦綱」依據夫婦角色關係嚴格的限定其權力及服從關係，箝制了古代婦女的行為、思想與感情，不能期待真情，甚至得壓抑真情謹守既有之情，以期待「媳婦熬成婆」。

中國夫妻親密情感的形成與發展

　　親密關係的發展有其社會脈絡，強勢文化主導親密情感的演化。西方的人際關係具有個人選擇性，其關係中的個人所具有的自我概念也與中國人不同，在擇偶過程中西方人強調的多是自己的需要或彼此的情愛，當關係越近的配偶，之間越是熟悉親密，婚姻關係才能永久持續。至於中國人在傳統儒家學說的教化與規範下，所談的「自己」是一種「個己」的延伸—「群己」，不但包括個人，也涵蓋家族中其他重要成員，宗教及家族的力量往往強過個人的自主；「個人」是否具備足夠的能力去扮演婚姻角色，才是婚姻的重要考慮。在這種文化背景下，鮮少有人能以情愛作基礎，但因此進入婚姻關係的男女，並不是沒有親密的需求，只是在受壓抑的社會情境中，以另一種形式出現，例如文人墨客與青樓妓女的愛情故事、母與子之間特殊的情感依賴。

　　不過，隨著社會的變遷及西方思潮的東移，傳統婚姻禮俗只在中國的農村還能發生某些程度的效用，擇偶條件主要是養家活口的能力，愛情可以位居次要位置；但往大城市中，婚姻家庭觀已改變，男性擇偶的條件以女性的容貌、健康

、溫柔為要，女性則希望男性能有事業心、有經濟能力、高
學歷、健康等，家庭的凝聚力正在減弱，以愛情為婚姻基礎
的觀念日強，離婚率上升。年輕一代的男女為選擇自己的「
情愛」，極力反抗傳統，為與父母爭取婚姻主控權甚至落得親
子關係惡劣，若父母對自己的配偶無法互容，就會在夫妻之
間引起很大的掙扎與痛苦，成為日後婚姻關係破裂的潛在元
兇；更由於夫妻間的情感衝突和角色行為衝突（如妻子就業
、家務分工等）成為衝突之首因，因此，以情感因素維繫婚
姻對於現代的中國人來說似乎愈來愈重要了。

　　學者利翠珊（民86）認為夫妻間的親密關係為一種親近
的情感連結，能使個人在婚姻中得以獲得安全、幸福與滿足
的感受。她並指出中國夫妻親密情感的形成主要來自個人的
付出與共同的生活經驗，而個人對婚姻的期望與溝通是影響
親密情感形成的重要因素。她多次訪談25對結婚6至26年的夫
妻，將資料整理分析後發現，中國夫妻的親密之情所展現的
是一種有別於傳統，卻又不完全西化的形貌，包括四種夫妻
之間的親密之情，四種情感並隨著時日的累積，受個人面對
婚姻衝突的方式及婚姻中關鍵事件的影響，而彼此相生相長
。分別為：

（1）感激之情

　　對配偶的付出與犧牲、配偶的支持與配合、配偶的鼓勵
、配偶的退讓等待與包容產生感動或感激之情。

（2）欣賞之情

　　欣賞或喜愛配偶的個性與能力，這種欣賞有些是在擇偶
時期已經萌芽，隨著時日累積醞釀、發酵；有些則是在婚姻
的不同階段與歷練中產生的。

(3) 親近之情

親近之情通常藉著像獨處的機會、表情達意、分享與分擔及生命中特殊的生活經驗做為共同的生活經驗基礎，透過溝通而產生一種彼此接近的感受。

(4) 契合之情

夫妻雙方在經歷前述三種情感後對彼此更深刻的瞭解與信任，並且願意支持對方的信念與目標之情感，在所有的親密情感中是最深刻的一種，「默契十足」。

李良哲（民88）對維繫婚姻關係的重要因素在三個成人階段差異現象的探討發現，不同成人期階段維繫婚姻關係的要素不同；年輕成年人強調熱烈式愛情，突顯溝通良好、表達情愛、性生活美滿的重要性；中年人強調責任式愛情，突顯同心協力為了孩子、責任感的重要；老年人強調感恩式愛情，突顯相互扶持與照顧、男主外女主內在維繫婚姻關係中所扮演的重要性。

對中國夫妻而言，親密情感的內涵揉合了傳統文化的角色規範、責任付出與西方思潮的愛情，婚姻關係愛情成分的變化與長期婚姻動力係依循著一種回饋模式，親密的感受不一定在此時此刻透過語言的表達，時間常會緩和彼此的爭執，回顧長久以來共同走過的路，不再是你儂我儂的滋味，卻反而更能肯定經年累月所沉澱出的情感，相互珍惜不可分離 。

相關議題分述

問題一、婚前教育四小時的可行性？

　　根據行政院主計處的統計資料：85年底臺閩地區年滿15歲以上人口計1,654萬人，其中未婚人口占34.2%，有偶人口57.6%，喪偶人口5.0%，離婚人口3.2%，與75年底（未婚人口34.6%，有偶人口59.2%，喪偶人口4.5%，離婚人口1.7%）相較，有偶人口比率略呈下降，未婚人口與離婚人口比率則均呈增加。日前內政部戶政司與衛生署家庭計畫研究所合辦之研討會的資料顯示，遲婚和早結婚多離婚，是目前台灣婚姻狀態的兩大趨勢。台大社會系薛承泰教授研究這幾十年來的遲婚趨勢，歸結台灣人遲婚的首因是經濟因素，第二個原因是新世代性活動提前所致，教育的延伸則是第三個原因，而離婚率的上升、婚姻的不穩定也會激發年輕人遲婚的因子（2000.12.6.中國時報35版）。

　　現代人由於自主性、開放性較高，婚姻的型式也越來越多樣化；雖然上述「有偶人口比率略呈下降，未婚人口與離婚人口比率則均呈增加」，但有偶人口仍佔了59.2% ，可見婚姻還是很多人想要的。因此，教育部提出婚前四小時婚姻教

育，透過預防性的觀念，提供關於婚姻生活的教育和資訊，促使未婚夫妻去思忖他們的婚姻，並協助準夫妻面對他們未來可能遭遇的人際關係困擾，其用意是可理解的；只是，單提供婚前四小時婚姻教育是否足以發揮功能，值得探究？如再進一步思考遲婚和早結婚多離婚的社會現象，婚前四小時婚姻教育有無其他替代解決方案？或者應該如美國佛羅里達州將婚姻課程納入正規教育中，比如在高中職兩性教育課程中加入婚姻探討議題；在大學通識課程中提供婚前教育課程；在社區成人教育中開設婚姻教育課程。

實際上，不管是放在婚前三至六個月的未婚夫妻或中等以上的學校教育，都有一些困難。目前所有的婚前方案設計，主題是基於臨床醫師及研究者的計劃，參與的未婚夫妻他們本身並沒有投入，常涵蓋了太多的婚姻準備課程，不一定符合每一學員或參與者的需求。若是放在學校教育中，學生把婚姻的角色，性及壓力管理的重要性看得比研究者預期的還低，中國人有句話說：『如人飲水，冷暖自知』，要年輕人去預料未來的婚姻生活問題，他們只能以婚前的關係和角色等經驗來集成對婚姻的想法，缺乏對於在婚姻生活中日常問題的覺察。因此，家庭生活教育學者真要制定法令，設計並傳授婚前教育四小時，如何善用各種資源使參與者投入可得多費心思量。

問題二、老少配是否納入婚姻教育？

　　立法院教育委員會審查「家庭教育法草案」，由於法案中規範了婚姻教育、性教育等活動，因此立委陳景峻以引起媒體廣泛報導的「小鄭與莉莉姐」的老少配愛情故事來質疑研議中的家庭教育法。他說目前小鄭還是學生，既然家庭教育法中明訂了「適婚男女參加四小時以上婚前教育課程」，那麼是否以此來規範老少配的婚姻。立委許舒博也建議教育部應該多加強都會地區家庭教育，他說在都會的誘惑比較多，才會有老少配的問題，在鄉下，五十一歲的老太太已經很蒼老了，比較沒有辦法「那樣」。（李怡志/台北報導 2001.04.30 中時晚報）

　　中國的文化傳承中，「男大當婚，女大當嫁」；婚姻對於成年人似乎是一種瓜熟蒂落、水到渠成的事情。但『相愛容易相處難』，婚姻關係不僅僅是性的結合，婚姻的社會性，卻是必須學習才能掌握。「小鄭與莉莉姐」的老少配愛情故事之所以對簿公堂、令人擔心，成為大家茶餘飯後的笑談，主要跟一般人對性別的刻板期待有關，加上媒體的炒作宣傳，更是推波助瀾一發不可收拾。同樣是老少配，男大女小，便不足為奇，更不會有立委建議要納入家庭教育法了。

　　雖然，親密關係的形成最初來自吸引力，但真正值得家庭教育學者深思的是，若從吸引力的幾個變數中推敲猜測「小鄭與莉莉姐」之所以會迸發出這樣一段老少配的愛情故事，相關的因素可能有：1.時空接近性—「近水樓臺」，隔壁鄰居接觸及互動較頻繁；2.外表—除「情人眼裡出西施」外，醫學及美容業抗老技術之高超，讓莉莉姐風韻猶存；3.社會交易—彼此滿意互換的報酬（受讚美、被人喜歡、金錢、地位、成就等）；4.幼年的依附型態—極度的感情依賴（安全感

、被愛等）。

　　只是，夫妻間除了「感激之情」、「欣賞之情」外，特別需要由溝通而來深度的「親近之情」與「契合之情」。單以「純純的愛」來維持親密關係，企求「有夢就去追」與「有情人終成眷屬」，而不考慮年齡所帶來態度、價值觀、背景、教育....等差異，以及社會網絡的支持，要維持這樣的愛情長程關係是很艱辛為難的。事實上，在愛情關係的初期，外表的吸引力、相似性的知覺、自我揭露、浪漫情調、熱情雖然是愛情關係維持良好的重要因素；但是一個能維持長久良好的愛情關係中，安全、忠誠和共同興趣是必備的條件。二人的相互扶持，分享彼此的喜樂，分擔彼此的困難，並對對方的生活滿意與否負起責任，才能使愛情關係維持久遠（李良哲，民89）。

　　老少配究竟該不該納入婚姻教育呢？成效如何？據美國有幾個州已在中學課程中實施婚前教育，但並不是所有人都對婚姻教育課程的必要性表示贊同，也沒有證據表明接受婚姻教育會造就成功的婚姻。但根據波士頓大學過去五年來一直追蹤調查曾參與婚姻教育的學生，結果發現，這些學生在人際關係技巧上有一定程度的改善；另外，這些學生在戀愛和性生活等方面，也採取比較嚴謹審慎的態度，將有利於其日後真正的婚姻生活。由此可見，婚姻教育極為重要，需未雨綢繆，若能從尚未走入婚姻的年輕人開始，也許可收事半功倍之效。

　　不過，婚前諮商效果有限，情侶看待婚姻關係是充滿夢想、不夠客觀的，總要等結婚經過一段時間去體驗婚姻的真實性後，才能對外界的幫助做出適當的回應。雖然絕

大部分的人期望家庭生活教育學者專家有充分的學識能力去教育婚姻及親密關係，但對家庭生活教育者而言，肩負這份神聖的使命是很難的。

問題三、「牽手到白頭」或「千山我獨行不用相陪」？

民89.11.18.中時晚報五版的報導：近三十年來，台灣的離婚率平均大幅攀升約六倍，其中離婚人口的年齡也不斷的提高，六十五歲的老人家也不再認命，彼此不合，還是會結束婚姻生活（中正大學社會福利研究所副教授李美玲發表「台灣離婚趨勢的社會成因、效應及因應」專題報告）。

大多人以為順利度過"七年之癢"就可以與伴侶白頭偕老，但越來越多結婚四、五十年的老夫老妻，卻決定各奔東西，形成所謂"五十年之癢"。不是常說：「少年夫妻老來伴」嗎？為何這群中老年人口甘冒晚年孤單無依的危險，毅然決然的選擇離去？崔麗娟在1995年（引自劉萃俠，民90）以上海市180名老年人夫妻為對象所做的婚姻關係問卷調查發現，性格相似、有共同的興趣、愛好、和諧的性生活、家庭經濟支配和家務勞動的分擔是影響夫妻婚姻關係好壞的主要因素。而根據老人病學專家分析，部分老人的婚姻在年輕時看似美滿，直到退休後真正與配偶朝夕相處，才完全走樣。有些老夫老妻則是在長年的忍耐委曲求全中，磨蝕了那份攜手同行的心，由於社會對離婚的看法不再排斥，認為離婚也有積極的結果—使個人遠離無可改變的痛苦婚姻。所以很多老人在責任已盡之際選擇與配偶的仳離，寧願在黃昏的歲月再覓良

伴，或是享受單身生活，也不願意勉強守著不快樂的婚姻。

「離婚是生命的巨變」，離婚後的生活究竟是重生的開始或問題的開始？如何一個人獨自過日子？老夫老妻們是否完全明白，這會不會成為社會的另一種負擔？其實，多數的離婚往往只是逃避的表現，如能發揮教育應有的功能，讓這些老夫老妻認清自己的現狀，分析問題之所在，或許還有努力的空間。個人以為傳統「勸合不勸離」的觀念並非落伍，若以現在的婚姻諮商觀念重新再詮釋它的意義，應該說是「外力」協助當事人在諮商中先釐清個人需求、評估每一個解決方案的結果後再做出決定；決定不離婚之當事人可藉諮商改善婚姻關係，決定離婚的當事人需接受婚姻結束的事實，重新調適單身的生活。只是對於這些面臨離婚衝突的年長者，很多不僅是缺乏經濟能力、中低階層的個案，也不知有哪些管道可得到幫助？

離婚的過程是有壓力甚至具創傷性的，當分手已經不再是年輕人的專利時，「外力」或「重要他人」要如何主動介入做有效的服務？不管是各縣市家庭教育中心或民間團體，對於這個階段的服務與具體的因應之道是目前尚未看到的，值得深思？

問題四、新「傳統變型」家庭－－外籍新娘心事誰人知

　　根據外交部領事事務局核發給國人東南亞地區各國配偶的簽證統計，去年一年，領事事務局共核發一萬三千零四十人合法進入台灣。大多數外籍新娘來到台灣，等於是投入一個全新的陌生環境，不僅無法和人溝通，還得重新適應新的生活習慣，外籍新娘在台灣面臨的婚姻問題卓實令人擔憂！（王宏仁，2000.11.16.中國時報33版）

　　近幾年，在報紙廣告、街道的小道消息.....，隨處可見廉價的買賣式婚姻。異族婚姻在感覺上似乎常給人一種浪漫的聯想，很多在台灣找不到老婆的男人（可能年紀大、鰥居、智弱、有身體上某些缺陷...等），經由掮客的媒介、安排到東南亞落後國家中選購年輕貌美的女子回國。這些女性通常是為改善家庭經濟、尋求新的生活而進入婚姻市場，投入一個全新的陌生環境中；原以為「台灣錢淹腳目」，但嫁到台灣之後，才發現夫家經濟情況其實不佳，加上被賦予的任務不外乎是扮演傳宗接代和擔任家庭照顧提供的角色，處在低劣的地位與廉價外籍勞工相去不遠，人際關係與網絡也皆以夫家為基礎，而台灣先生為防止逃妻事件之發生，對其語言、生活習慣不僅刻意忽視，甚至限制其朋友圈、休閒活動等，因此，由於無法和人溝通，導致其在情感經驗上缺乏分享的社會支持網絡，獨立生存的資源也薄弱，當在台灣的婚姻面臨無可避免的困境時，不得不走上絕境。

　　雖然，「每一個人都需要一個家庭主婦」，但是「沒有一個人有權利佔有一個家庭主婦」。從逐年增加的外籍新娘數目，以及日前南投縣發生越南新娘攜幼女自焚二屍三命之悲劇來看，台灣男人對傳宗接代的觀念尤其要三思：有良好的生

活品質才有親密關係的婚姻生活，增進家人之間的良性互動。異族間的婚姻能否成功，需要夫妻加倍用心的經營。異族間的婚姻並不如想像中的浪漫、充滿期待；異族間婚姻引發的實際問題不少，包括社會環境的干擾、社會的支持網絡不足、宗教文化的差異性等。很多當初帶著夢想來到台灣尋求更好生活的外籍新娘，現實婚姻生活「磨力」（削磨、折磨）大，生活「壓力」更大；憂鬱症、自殺等問題難免會發生，「不如歸去」，更造成台灣郎的逃妻恐懼症。婚姻對外籍新娘的不良影響，對那些期待飛到國外成就一段姻緣的男性是否有某些啟示？家庭教育工作者如何承接這樣的「新傳統變型」家庭？

實務經驗與相關的工作現況

　　國外對於婚前及婚姻教育的推廣已有數十年的時間，在美國有關婚姻與親密關係教育的發展研究顯示：婚姻教育應有連貫性與整體性，未婚男女的婚前準備教育或已婚夫妻的婚姻強化教育之實施，對未來或現有的婚姻調適，均有其正向的效應。就提高婚姻的品質而言，美國目前已有四種婚姻教育的方式：一般性的教育模式、婚前諮商、婚姻強化，及婚姻和婚前治療（Stahmann & Salts，1993）；藉由預防性的婚前準備教育建構婚姻的相關知識，婚姻強化教育協助已

婚夫妻平時能去檢視自己的婚姻關係，找出彼此的盲點與迷失，使得婚姻和家庭生活功能可以延續發揮或解決。如果彼此的衝突眞的大到非要分手之地步，家庭教育工作者針對離婚現象提供的諮商服務採取補救性措施，在與離婚現象相關之領域內，包括單親、再婚或繼親家庭也能提供專業諮商服務與協助，以期能夠轉變成下一次婚姻的預防性措施，學習調適之道幫助自己成長，讓明天更亮麗。各學者對各階段所提方案很多，著重的焦點各有不同，呈現的風貌亦異，有的強調溝通技巧、有的偏向婚前評估....等。各方案在執行上優缺點互現，但對方案的評估之研究仍很缺乏，是家庭教育學者未來努力的方向。

在台灣，婚姻成長的相關活動進行至今，約十年的時間，屬於起步階段，對於婚前及婚姻教育的相關學術研究不多，在此方面本土性的方案仍付之闕如。上述執行於美國的方案內容，由於國情不同，並不一定適於台灣民眾的需求，但仍不失爲家庭教育者或推動者探討及思考的方向。教育部自民國七十六年起積極於各縣市成立「親職教育諮詢中心」，並於七十九年，爲強化各縣市推廣家庭教育功能，而將其更名爲「家庭教育服務中心」；八十八年進一步更名爲「家庭教育中心」。爲進行更長遠的計劃，並使家庭教育的推展有明確的實施依據，「家庭教育法草案」也積極研議立法當中。其中有關婚姻的部分，在第十二條中內容爲「直轄市、縣（市）主管機關應研訂獎勵措施，鼓勵適婚男女參加四小時以上之婚前家庭教育課程，以培養正確的婚姻觀念，促進家庭的美滿。」（民國90年3月14日行政院通過版本）。

筆者整理國內這十幾年來與婚姻主題有關的碩博士論文，約有三十多篇，其中以探討離婚調適（12篇，不含離婚對其子女的影響）和婚姻滿意（12篇）問題的較多，婚前教育較少（4篇），未婚男女親密關係的發展與擇偶條件之研究也

不多（各2篇）。在這三十多篇論文中，主要是婚姻相關因素的理論探討研究（有22篇），實務運作部分很少（4篇），至於評估研究更缺乏（僅1篇）。因此，未來國內家庭教育工作者在方案規劃的實務運作及方案的評估研究上極需努力。

婚前教育

親密關係的每個階段都是重要的。兩性交往，關係由生疏而親密，由親密而進入婚姻關係，婚前兩性對婚姻充滿美好的憧憬夢幻，對於婚姻有許多的期待，由浪漫燭光晚餐、華麗的白紗禮服構築出對婚姻的假象「公主與王子從此過著幸福快樂的日子」。往往忽略掉婚姻實際生活裡必須面對的諸如角色分工、家庭勞務、理財、溝通、衝突、決策等情況。新婚期的適應很困難，最常面對的壓力包括工作與家庭的抉擇、財務問題、家庭人際關係以及父母或親人的健康問題，所以新婚配偶有必要事先儲備資源。俗諺：「始終傷害你的最愛」，意指愈是親密關係也愈容易形成許多衝突；從這個層面看，即將進入婚姻的情侶要認清事實、正面討論，包括正式的婚禮、彼此之間關係上的協調、生活共識的討論、人際關係的一致性、經濟上的收支分配、家庭計劃等，有建設性的溝通幫助彼此瞭解差異需解決。婚姻失敗的種子時常是在初期關係中就已播下─甚至在婚前；婚前的不良溝通是有可能持續到婚後的。因此，與其婚後為此產生抱怨成為婚姻發生問題的癥結，倒不如在婚前談清楚想明白。

婚前教育的目標與內涵

一般未婚者大都無法覺知婚後要面臨的問題有哪些，因

此，如何掌握所需，國內外學者有關婚前教育的規劃，對婚前教育所訂定的目標與內容各有其著重點。

Stahmann & Salts（1993）提出婚姻準備計劃的內容與目標，成為家庭生活教育學者評估和發展婚姻教育方法的參考：

(1) 提昇伴侶之間的溝通技巧

重視語言及非語言的溝通
增進討論彼此話題的能力
討論及分享每日的生活事件

(2) 發展友誼及關係的承諾

給予彼此一起談天的時間
共享樂趣

(3) 發展親密關係

分享彼此的感覺
分享各自的生活經驗
心靈上的契合

(4) 學習解決問題的技巧與處理能力

婚姻角色的扮演
財務處理
情緒性的行為控制

(5) 強調積極正向而非負面的溝通

Stahmann & Salts（1993）提到婚前最需要準備的課程主題是：

1. 婚姻是一種承諾

2.雙方家庭的背景關係

3.你另一半的脾氣與人格特質（如：圓融、幽默感）

4.溝通技巧

5.婚姻中夫妻雙方應扮演的角色

6.兩人互動的模式

7.衝突解決的技巧

8.做決定的技巧

9.財務收支和理財技巧

10.休閒和娛樂

11.教育、工作及個人生涯規劃與期許

12.性知識和疾病

13.對子女教養態度

14.宗教信仰、精神價值觀與期望

15.人際關係的外顯行為

16.婚禮的籌畫

　　褚雪梅（民86）針對台灣地區推行婚前教育的機構，以問卷調查方式，發現婚前教育相關機構其方案目標以增強溝通技巧為主，方案的內容包括：

1.溝通技巧的增強。

2.建立合理的角色期待。

3.增強經營婚姻生活的能力。

4.學習處理衝突的技巧。

5.探索及認識個人價值觀與建立正確的婚姻觀。

6.增進性教育的學習與婚姻性生活的調適。

7.了解兩性差異。

8.對於婚姻內涵的了解。

　　簡春安（1991）提出婚姻教育方案的內涵，分別從學校教育與社會教育來看：

(1)學校教育

　1.情感教育，即為兩性關係教育。

　2.交往教育，教導學生如何充實自我、如何與異性溝通、如何於日常生活中進行兩性互動、如何於兩性交往中保護自己等的實務教育訓練。

　3.相處教育，包括生理教育、愛的表達教育等。

(2)社會教育

　1.婚前交往：如何與對方交往、如何進一步認識對方等。

　2.婚前輔導：要進入婚姻時，輔導新婚者注意事項。

　3.婚姻輔導：婚姻生活問題的解決。

　　黃迺毓、林如萍、鄭淑子（民89）綜合民眾、各家庭教育中心人員、學者專家及民間相關團體實務工作者等多方之觀點，研究歸納提出婚前教育內容如下：

(1)參與者之需求

　民眾認為最需要獲得的知識，依序為：

　1.了解兩性差異。

　2.學習如何適應婚後的姻親關係。

　3.增進性教育的知識。

　4.學習夫妻間衝突的處理與溝通方式。

　5.學習家庭生活的管理(如：理財等)。

(2)家庭教育實務工作者及專業學者之建議

　婚前教育四小時的課程，應包含的內容為：

　1.兩性差異認知。

　2.溝通技巧。

　3.衝突管理。

4.婚後生活的認識。

5.兩性教育。

6.自我認識。

7.原生家庭的探索。

實施婚前教育活動現況

(1)美國實施狀況

在美國實施婚前教育活動包括一般性的婚姻準備方案與婚前諮商課程（Stahmann & Salts，1993）：

1.一般性的婚姻準備方案：一般性的婚姻準備方案，已經直接在中學和高等教育的家庭生活教育範疇內傳授，近來更藉由社區成人教育課程逐步的推廣。通常這些課程都具有結構性，學生們都能獲得婚姻和人際關係的知識，並且能學習應用到實務的操作上。因此這些目標包括了資訊的獲得（如：婚姻評估、門當戶對、婚姻的滿意度因素等），以及技巧上的訓練（如：溝通、問題解決、做決定等），和價值觀及態度的探索（如對婚姻的期待、角色的扮演等）。由於學生們年齡階層不同，其家庭生活教育婚姻準備目標自然迥異。

2.婚前諮商課程：婚前諮商方案是一種教育計劃，其目的是為協助伴侶們更瞭解自己，同時提供他們成為夫妻後較好的相處模式。婚前諮商不僅對婚前準備過程有所幫助，並學習了一些技巧以維持未來婚姻關係的品質，同時是給伴侶一個機會，去評估和確認彼此成為夫妻的進展。除了決定婚前課程的目標和明確的內容外，教育家也必須注意形式的問題；有許多的婚前預備課程，已經被規劃成未婚夫妻團體的教育和諮商；至於個別婚姻諮商中，建議諮商員須運用交叉諮商，至少應與未婚夫或妻分別約談一次。

(2) 國內實施狀況

在國內，有越來越多的學校開辦婚姻及家庭準備的課程，以大學較多，也逐漸擴及高中。至於辦理婚前教育機構則相當多樣化，各縣市家庭教育中心爲主要的婚前教育行政單位，平均已有實施四年的經驗。辦理婚前教育活動的經費來源，有百分之八十的縣市是由中心及受益者付費；曾採完全以受益者自費方式的縣市僅佔百分之九。其中，近八成的機構，其方案設計是由中心內部工作人員自行策劃執行；由授課人員策劃後執行的方案約佔五成；近八成的婚前教育方案設計人員，是委由其他機構專家或是實務工作者自行帶領；有五成的縣市中心其部分方案是由專家學者自行帶領或執行；僅三分之一的縣市是由中心內部人員親自帶領（林如萍等，民89）。另外，也有引進國外婚前教育文獻資料作爲參考設計者，如東海大學的幸福家庭推廣中心（褚雪梅，民86）。

自八十四年度至八十八年度間，辦理婚前教育相關活動的家庭教育中心，均集中於都會區，例如：台北市、台中市、台南市；並且，以北區及中區辦理活動的頻率較爲固定。辦理活動的型態如：研習班、成長營、各類型團體、週末營、讀書會及講座等；以「週末營」及「各類型團體」居多，「講座」的形式亦會搭配辦理。值得注意的是，綜合式活動結合教育性與聯誼性，對於未婚的青年男女而言，十分具有吸引力。各中心推動婚前教育方案，實施的對象可分爲兩類：一爲尚無固定異性伴侶的未婚男女爲主；另一部份則是，有固定伴侶或即將步入紅毯的男女朋友爲主。家庭教育中心爲推動婚前教育，除辦理活動外，同時也以出版叢書方式，提供民衆多樣化的學習機會（林如萍等，民89）。

除了各縣市的家庭教育中心，一些民間團體、基金會、中心，如張老師、生命線、婦女新知、宇宙光全人關懷機構、協談中心⋯⋯等，爲了讓即將結婚的男女，有能力創造一

個更平等、平權的幸福婚姻生活，除以電話諮詢、諮商方式進行外，也會開辦類似的婚前講座、訓練活動、成長營、聯誼會等，讓男女雙方對眞實的婚姻生活有更多的認知與協調。

婚前教育方案的成效

在美國，對於一般性的教育方案，雖然在中學階段所做的婚姻教育有待商榷，但在各大專院校通識教育中開設的婚姻預備課程，使用特定的參考書，以結構性的上課方式，縱使不能提供很明確可用的資料，儼然已具有代表性。因此，當這些課程經過精心設計，符合當前的特殊需要以及參與者的利害關係時，參與者自然能從中獲得更多正向的結果。至於婚前的準備課程有一半以上是由教會提供的服務，根據研究指出效果有限，可能是缺乏長期效果的追蹤報導，學者暗示婚後的課程也許會比婚前的課程更有效，指出婚姻教育應從婚前延伸到婚後的階段。婚前諮商究竟應選擇何種諮商模式，至今尚無定論。基於研究員和課程負責人的經驗，他們提出課程包含有人際關係技巧發展的或者學習過程以活動爲取向，效果比純演講方式或討論方式好，避免單日的課程。有些專家們，成立了婚姻準備工作坊，設計一套夫妻團體課程，這套課程作爲婚姻準備之用，重點在教導溝通技巧以提昇夫妻互動的品質。

在國內，國人對於婚前教育觀念多有誤解，視婚前教育爲婚姻介紹的聯誼活動，成效不彰。但有八成以上的機構工作者肯定婚前教育服務方案對成員的正面價值、且認爲小團體活動方式較易達成目標。絕大多數的機構工作者對婚前教育的必要性、可行性、及未來展望持肯定的看法（褚雪梅，民86；林如萍等，民89；蕭韻文，民90）。大多數學者、民衆也都認爲婚前教育有助於建立幸福家庭，婚前教育有其必要

性（林如萍等，民89）。至於課程的內涵、進行的方式、介入的時間點、配套措施及執行上的困難與克服方法，是未來努力的方向。

婚後的婚姻教育

電視廣告詞中有一段：「我是做了爸爸以後，才學習怎麼做爸爸的」；你我可能都有過『喝過才知酒濃，愛過方知情深』那種「事後才知」的經驗。在夫妻參與婚姻準備計劃中顯示在婚後的階段可能比婚前階段更為有效，結婚之後的夫妻若要維持婚姻的品質，夫妻雙方可以再進修及參加婚姻成長的活動，這與我國目前所推行的終身教育學習型組織的概念相符合。夫妻倆人被視為一個有機體，透過不斷的學習、彼此成長，培養有助於「非正式」、「非威脅」、「低權威」的環境，共同面對變遷社會對家庭婚姻生活的挑戰與壓力。

高雄市家庭教育中心從婚姻教育實務的推廣工作上，歸納參與婚姻團體學員普遍的期待如下（陳惠英，2000）：（1）學習溝通技巧。（2）希望能改善婚姻狀態。（3）更確認「妻子」、「丈夫」角色的扮演。（4）希望能加強家庭互動功能。（5）使婚姻生活更有趣。（6）希望婚姻生活更美滿。（7）期待彼此更瞭解、更契合。（8）增進彼此親密度。（9）增進處理衝突的能力。

實施婚姻教育活動現況

在美國有關婚姻教育的最新方法是促進美滿婚姻方案。婚姻的強化，是基於成長和人類潛能的哲學，假設所有的人和關係都存在著許多可以被挖掘和發展的優點、資源和無限的潛能。促進美滿婚姻的提倡者相信所有的關係都需要成長，在適當的條件下，人均能學習維持重要的人際關係（Stahmann & Salts，1993）。

目前已發展出的促進美滿婚姻方案很多，並已擴大到特定的群體：包括酗酒、毆打妻子、雙生涯夫妻、再婚夫妻、約會中的情侶及單身漢。上課方式很多，有密集的週末課程，也有每週一次連續的聚會。有些課程具有高度的結構性，有些是非結構性的，適合特殊群體的需要；課程加強的重點不同，包括夫妻的互動、小組或全體互動、以及個人反應。目前促進美滿婚姻課程由一群（已婚的夫妻，沒有結婚的伴侶、個人）來引導，他們有各種專業知識及非專業知識的背景，教育學位以及領導的模範。這麼多差異使得對促進美滿婚姻課程領導人的選擇、訓練及檢定證照等問題益發重要。

國內在這方面，以目前家庭教育中心辦理的活動來看，雖然常辦理一些「夫妻溝通工作坊」、「夫妻成長營」、「夫妻溝通成長團體」等相關的活動，但很遺憾的是，活動往往因為需要夫妻共同參與，造成對數不足無法辦成，或因為女方意願高但男方不願意參加而告終止。婚姻、親密關係這和人一生最重要的議題卻未受國人重視，為什麼？筆者以為國人「自尊心」太強，基於「家醜不可外揚」，不知尋求管道來幫助自己，無法或不肯參加相關的活動，以避免被人誤會為「夫妻失和」及「夫妻關係不良」，而機構的成效也令人質疑。

在婚姻諮商課程裡，我們都較針對一般的族群而忽略了一些特定的族群：如異國姻緣、外籍新娘、夫妻分居兩地等

婚姻調適問題。近年台灣大幅增加的東南亞跨國婚姻現象，衍生不少新社會現象；如外籍新娘聚居卻孤立、大肚子比賽；如台灣郎的逃妻恐懼症；還有夫妻年紀差距大，外籍新娘在台獨立生存資源薄弱；婆媳關係緊張等（鄭雅雯，1999）。目前是由社工及社區人員、宗教人士、學者等熱心推動，以「外籍新娘識字/生活教育輔導班」所展開的活動，未來希望能針對研究對象的需要，發展出一些支持性改善策略。

婚姻教育方案的成效

在美國，促進美滿婚姻方案雖然也有一些負面的效應產生，但促進美滿婚姻策略的基本價值觀早已受認同。需要研究的主要問題，是因應未來不同的群體和條件而設計的最適合的方案。其他重要的問題，包括這個方案如何實施更有效、費用更低，市場行銷更好。

以國內而言，在推動婚姻教育的過程中亦仍有許多困境尚待突破：（1）普遍求助個案及參與對象仍以女性居多，男性多半無動力，讓女性有挫折感。（2）眞正需要幫助的族群往往沒有求助的動機。（3）課程中學習到的理論，未能眞正落實於現實生活。（4）追蹤服務難以進行，無法有效掌握實際成果。

婚姻的和諧要靠兩性雙方的努力經營，只有透過兩性的溝通、協調、對話，才能建構出婚姻美麗的遠景。就家庭教育工作者而言，婚姻加強教育所能做的不是替參與的夫妻解決問題，而是要協助他們發展新的溝通方式、覺察事物的新角度，他們需要的是合力解決問題的共識與力量。

離婚教育

內政部與衛生署家庭計畫研究所舉行的「新世紀之婚姻、生育與家庭問題與政策研討會」，中正大學社會福利研究所副教授李美玲提出「台灣離婚趨勢的社會成因、效應及因應」專題報告。報告指出台灣地區離婚率，三十年來上升了五倍。除了早婚族的婚姻關係明顯較不穩定外，五十歲以上中高齡者的離婚率也在上升（2000.11.19.中國時報6版）。

在高離婚率的今日，人們有必要被教育如何結束一段關係。但受一些似是而非的觀念影響，所以很少有人去教導夫妻如何準備離婚。無論如何，家庭教育專家需提供知識給這些已經分居或離婚的人，協助他們在參加短期、有結構性課程的離婚團體後，能從過去的震驚和離婚初期的否定階段走過來。有效的團體指導協助個人使自己適應於單身的身分、角色。這個調整包括個人在態度、感情及自己的反應、以前的配偶、孩子、朋友、性和約會、婚姻、工作、嗜好和生命等整體的成長和改變。這些調適的團體幫助離婚的成人能夠自治，多去了解自己及他人，有處理問題的能力，重新出發。

國內有關離婚狀況的研究

離婚所衍生的問題包括法律、本身調適、子女撫育三方面；而法律面又具體分成離婚之訴請、夫妻財產之清算、贍養費之給付及子女監護權之歸屬等四項內容。社會工作在提供服務時應加強了解的領域，包含單親家庭、再婚及重組家庭、諮商輔導與社會資源的建立。這些內容乃是針對離婚現象的連貫性探討，期能發揮整體的了解。從離婚問題及相關資料的研討中可以發現：要減輕此一困境所需要的協助是各個層面相互配合，從福利政策、離婚法之修訂、社會教育、

學術研究及社會工作等方面著手。透過實務運作的需求來加強法令規章之內容,透過學術、教育的研究來發揮積極的改良作用,使針對離婚現象所採取的事後補救性措施能夠轉變成事前預防性措施(李文英,1988)。

離婚的衝擊始於婚姻出現狀況開始,隨時間過去,生活的適應型態也會有所不同,而離婚者可以獲得的資源如何,影響其離婚後生活適應的品質。離婚時所擁有的生活資源分為自己提供給自己的資源即個人的條件和特質;和別人所給與的資源兩大類(韓貴香,1999)。根據研究指出,離婚單親歷程的助力、阻力:阻力包括經濟、子女教養、心理適應、社會標籤及與異性交往。而助力主要為離婚者自己認知上的調適及配合家人的支持與民間福利機構的協助(李雅惠,1999)。離婚者的各項支持系統愈強,其生活適應也就愈佳;而離婚者的各項壓力認知愈大,其生活適應也就愈差。離婚原因、離婚主動性、收入和健康情形是影響離婚者壓力認知的基本特質(王慧琦,1992)。

國內實施離婚教育活動的現況

綜合國內對離婚者調整教育所做的研究指出,在諮商過程中是以當事者自我發展為主軸進行改變,當事者若有強烈的自我成長需求,便能藉由諮商的協助,使其自我認定更加清楚,自我意識更加堅定,同時出現新的行為與人際互動方式。但在過程中,當事者常是掙扎於傳統社會文化的期待與規條中,社會文化中對女性與離婚婦女存在著偏見且具有壓抑性,因此,諮商的信賴關係與有關的做法及信念,對於當事者的改變是有催化效果的(高琇鈴,1999)。

國內目前提供離婚者服務的機構如家庭教育中心、張老師、家扶中心、生命線、晚晴協會、婦女新知及一些宗教團

體等。開設了各式各樣的的課程，分白天班、夜間班、週末密集營等。在這些團體中，諮商員折衷地應用評估性策略、認知重建策略、情緒及行為改變策略和促進關係策略。評估性策略有助於當事人做決定，認知重建及行為改變策略可協助當事人改善婚姻關係。此外，認知重建與情緒改變策略幫助當事人減低負面情緒與認知，而促進關係策略有助於當事人在諮商中自我探索重獲自我力量。整體而言，當事人在諮商中的改變歷程呈現自我探索→洞察→行為改變的型態（陳瑛治，1998）。

有關離婚教育方案的成效與建議

李雅惠（1999）、王慧琦（1992）根據研究結果提出對實務及政策的相關建議：

(1)對相關服務內容之分析

單親後的服務已相當豐富，但部份活動經費，需要自行付費，對剛離婚面臨經濟壓力的婦女有些困難。另外，多數機構服務對象皆為已離婚的或成為單親的人，對於瀕臨離婚邊緣，需要協助於婚姻諮商及離婚諮商與協調者，較少納入目前的服務體系內。

(2)對實務工作者之建議

針對不同階段建議提供不同服務策略。(1)婚前階段—協助婚前自我的澄清、婚前諮商。(2)結婚至離婚階段—提供情感及同理的支持、法律諮詢服務、婚姻諮商及離婚諮商與調解工作、提供自我肯定訓練。(3)離婚後單親階段—經濟上，提供單親孩子課後輔導、提供離婚者職業訓練或額外收入的機會及做理財投資計畫擬定。心理上建議可對輔導方案做優

勢觀點的增強服務方案計畫，加強離婚婦女內在正向對話，增強單親親子關係的凝聚，協助單親建立資源連結。子女教養上，針對學校做單親的正向優勢觀點宣導。人際關係上，可協助成立互助團體或多辦些戶外活動，促使離婚單親婦女能擴展人際資源。

再婚教育

國內，根據非正式統計，去年全國各地方法院家事法庭審理終結的離婚事件超過6000件。在這些離婚事件中，惡意遺棄是最大的導火線，家暴、外遇也是最常遇到的案例，其他因素如：婆媳問題、異國姻緣、夫妻分隔兩地...等（2001.1.8.中國時報8版報導）。在美國，根據統計目前約有2/3的第一次婚姻最後皆以離婚收場，有40%以上的婚姻，夫妻中有一人或兩人均是再婚。以1980年到1985年之間結婚的而言，第二次婚姻離婚率高於第一次婚姻25%。

怨偶分手、家庭暴力、性虐待....等問題不斷上演，顯示一般民眾對於婚姻關係與家庭價值的認知不足，婚姻的品質令人擔憂。有鑒於日益嚴重的離婚問題，欲對離婚有一完整的了解，必須同時研究離婚後可能的婚姻狀況—再婚。除了探討婚姻不穩定性的影響因素外，婚姻的穩定性及再婚的速度亦應是關心的重點。從這些統計數值顯示出家庭教育者對再婚以及繼親家庭的教育，和第一次結婚的婚姻教育同樣重要。一套可行的課程，內容應包含再婚的家人關係，後繼家庭家族史、溝通、決策、和讚美等。

學者Stahmann & Salts（1993）從文獻上獲得廣泛的的觀點，例舉一般再婚家庭較大的挑戰，將其編列成表，經逐一分類成七大項目如下：

1.建立唯一家庭的型式

2.結合兩個家庭並滿足每個家人的需求

3.發展穩固的婚姻關係

4.澄清繼父母的角色

5.決定規範

6.澄清擴大家庭成員間的關係

7.經濟問題。

　　再婚被視為是一種以先前婚姻及家庭經驗作為開始的過程，假如沒有仔細的考慮夫妻在再婚之前的經驗的話，那過程是不能被了解的，認清第一次婚姻與再婚之間的差異，對家庭生活教育者發展方案是重要的。在美國已開始推廣再婚教育活動，國內由於婚姻成長的相關活動較慢，加上再婚教育牽涉再婚及繼親家庭結構的複雜性及多樣性，因此尚未列入，但再婚教育的重要是無庸置疑的。

家庭教育工作方向

　　根據一項調查（褚雪梅，民86）指出：七成以上的婚前教育服務機構辦理，認為「工作人員負荷量過重」是辦理婚前教育活動的主要障礙；「缺乏專業人員」、「經費不足」則佔了五成以上；「宣傳不足」、「場地受限」也是辦理困擾的因素。

事實上，各縣市家庭教育中心目前人員配置有主任一人、專任人員一名、兼任人員一名及一名工讀生，這樣單薄的人力，卻要扛起數以萬計民眾的教育問題，如此窘境若眞的僅靠招募義工、訓練義工，是根本不足以應付的。

個人以爲家庭教育工作在婚姻與親密關係教育上應努力的方向是：

相關制度與法規之研修

因應家庭結構的改變，爲有效進行婚姻教育，能使每個家庭和諧美好，有必要就家庭教育有關業務法令著手，進行檢討與增修，婚前四小時是否就可以因應新的時代需要？

各項婚姻教育資源網絡的建立

充實各縣市家庭教育服務中心之硬體與軟體設備，建立國內外家庭婚姻教育通訊、學術網路及人力資源網絡。國內目前提供有關婚姻服務的機構如大專家庭教育中心、救國團、張老師、家扶中心、生命線、晚晴協會、婦女新知及一些宗教團體等，開設了各式各樣的的課程，分白天班、夜間班、週末密集營等，如能有效的將點連成線再統整爲面，建立完整的教育實施體系，以強化專業性服務功能，提昇工作品質。

實用婚姻教育課程專業化、系統化的規劃

近年來，台灣地區有越來越多的學校，通常是在大學，目前高中職也逐漸開辦類似婚姻及家庭準備的課程。無論是學校課程、家庭教育人員訓練或滿足人民需求的推廣活動都需事先評估規劃，以建立系統性課程，包含預防性的婚前課程、促進婚姻美滿及離婚、再婚等。至於課程的內涵、進行的方式、介入的時間點，要考量參與者關心的重點及需求和規劃者想達成的目標，相關配套措施及執行上的困難與克服方法，是未來努力的方向。

透過大眾媒體，傳達婚姻與親密關係教育資訊

為因應現代人講求以快速便利的途徑來獲取訊息的趨勢，妥善運用報紙、雜誌、書籍、錄影（音）帶、電視節目、廣播、印刷品郵寄通訊等方式來傳送訊息，使婚姻與親密關係教育能融入一般人的家庭生活中。至於這些訊息如何能化被動為主動吸引一般人的閱讀，在編輯及策略的運用上則要精心策劃。

進行各項婚姻與親密關係教育有關之專業學術研究或舉辦研討會

邀請學者專家規劃執行，獎勵有關研究著作，提昇國內這部分學術研究水準，尤其是在方案規劃的實務運作及方案的評估研究上極需努力。

 **結語**

在台灣，儘管還有很多人不認同婚姻與親密關係教育有相當之成效，但評估、研擬婚姻教育的需求、目標與內涵仍是此一專業領域人士應積極努力的課題，除希望主管單位在政策立法能更周延外，也能扮演領導婚姻與親密關係教育研究之角色，此外，有關婚姻教育學者與實務工作者所組成專業團體的組織力量，更是婚姻與親密關係教育被大眾接受和認同的決定要素。

參考書目

中文部分

王慧琦（民81）。離婚者生活適應之研究。私立東海大學社會
　　　工作所，未出版碩士論文。

王宏仁（20001116）。建立外籍新娘的支持網絡。中國時報，
　　　33版。

王碧朗（民90）。依附理論–探索人類情感的發展。教育研究
　　　資訊，9（3），68-85。

李文英（民77）。當前社會中離婚問題之探討。國立台灣大學
　　　社會學研究所碩士論文。

李良哲（民88）。維繫婚姻關係重要因素的成人期差異初探。
　　　教育與心理研究，22，145-160。

李良哲（民89）。維繫婚姻關係因素的成人期差異研究。中華
　　　心理衛生學刊，13（3），61-87。

李美玲（20001118）。台灣離婚趨勢的社會成因、效應及因應
　　　。中時晚報，5版。

李美玲（20001119）。台灣離婚趨勢的社會成因、效應及因應
　　　。中國時報，6版。

李雅惠（民88）。單親婦女離婚歷程之探討。私立東吳大學社
　　　會工作所，未出版碩士論文。

利翠珊（民86）。婚姻中親密關係的形成與發展。中華心理衛
　　　生學刊，10（4），101-128。

利翠珊（民89）。婚姻親密情感的內涵與測量。中華心理衛生
　　　學刊，12（4），61-87。

林淑玲（民89）。台灣地區家庭教育研究之回顧與前瞻。家庭

教育學，中華民國家庭教育學會，303-312。

高淑清（民89）。美國地區家庭教育相關研究回顧。家庭教育
學，中華民國家庭教育學會，325。

林如萍、黃迺毓、鄭淑子（民89）。婚前教育需求與方案規劃
之研究。國立台灣師範大學家庭教育中心。

高琇鈴（民88）。一個離婚女性在諮商中自我改變歷程之分析
研究。國立台灣師範大學教育心理與輔導研究所，
未出版碩士論文。

張志學、楊中芳（民90）。關於人情概念的一項研究。載於楊
中芳主編，中國人的人際關係、情感與信任——一個
人際交往的觀點，本土心理研究叢書（3），223-246。

陳瑛治（民87）。離婚前諮商之當事人改變歷程研究。彰化師
範大學輔導系，未出版博士論文。

曾文志（民84）。成年早期婚姻親密量表之編製及影響婚姻親
密之因素探討。國立高雄師範大學輔導研究所，未
出版碩士論文。

黃惠玲、吳英璋（民81）。一 歲至三歲幼兒依附行為量表之
編製。中華心理學刊，34，9-27。

褚雪梅（民86）。台灣地區婚前教育工作實施機構之狀況調查
研究。私立東吳大學社會工作所，未出版碩士論文
。

劉萃俠（民90）。一九九八年以來大陸人際關係與交往研究概
述。載於楊中芳主編，中國人的人際關係、情感與
信任——一個人際交往的觀點，本土心理研究叢書（3）
，27-83。

鄭雅雯（民88）。南洋到台灣：東南亞外籍新娘在台婚姻與生
活探究以台南市為例。國立東華大學族群關係與文
化研究所，未出版碩士論文。

薛承泰（20001206）。婚姻趨勢–遲婚篇。中國時報，35版。

韓貴香（民88）。離婚婦女之生活資源與適應。國立政治大學
　　心理學系，未出版碩士論文。

蕭韻文（民90）。婚前教育需求及其方案規劃之研究──以台
　　中市為例。國立嘉義大學家庭教育研究所，未出版
　　碩士論文。

簡春安（民80）。將婚姻理念融合於教育-古霞專訪。師友，
　　294，10-11。

西文部分

Stahmann, R. F. & Salts, C. J. (1993). Education for
　　　　Marriage and Intimate Relationships. In Arcus,
　　　　M. E., Schvaneveldt, J. D. & Moss, J. J. (Eds.)
　　　　,Handbook of Family Life Education：Foundation
　　　　of family life education Vol. I. (pp.51-73)
　　　　Newberry Park, CA: Sage.

Gelles, R. J. (1995). Contemporary families. (pp.403)
　　　　Thousand Oaks, CA: Sage Publications, Inc.

Weishaus, S. & Field, D. (1988). A half century of
　　　　marriage: Continuity or change? Journal of
　　　　Marriage and the Family, 50, 763-774.

Olson D. & Defrain, J. (3rd.)(2000). Marriage and the
　　　　family: Diversity and strengths. CA, Mountain
　　　　View: Mayfield.

西文部分

chapter 13

開啟新世紀的親職教育

李慧美

前言

　　人類因夢想而偉大，孩子是每一個為人父母的夢想，家庭生命週期因為新生命的來臨產生相當大的變化，無論家庭成員的心情調適、空間配置、時間運用都隨著新生命而有所改變。中國人向來以家庭為社會的基本單位，「以家為本」的社會是我們特重家庭教育的寫照，古人認為「天下之本在家」，只有做到齊家，方能治國，齊家之基在修身，而家庭是每一個人最早接觸的環境　，父母的一言一行，都深深的影響孩子的發展，因此，「家教」是中國父母親對孩子的教育，「家教」也在中國家庭中佔有不可或缺之地。

　　蘇愛秋（民75）認為親職教育（parent education）是教人怎樣為人父母的教育，黃德祥（民86）則定義親職教育為一門教導父母如何瞭解與滿足子女身心發展需求，善盡父母職責，以協助子女有效成長、適應與發展的學問。在社會快速變遷的年代，父母面臨新環境的挑戰與適應，需要重新檢視基本的父母功能，並採取不同以往的角色。從社會的變遷、家庭結構的改變、兒童、父母等相關議題的研究、印刷出版品的激增、兒童人權的重視等等，發現對於親職教育一詞定義的差異。過去，親職教育強調以孩子為中心，試從以父母為教育的主角，提升與增進父母的教養效能；直到今日，親職教育實施的重點已不再是父母單方面的教育，而是將孩子與父母的地位提升到一個新的平衡點。

　　為什麼需要親職教育呢？Harmin 和 Brim確認幾個促成現代需要親職教育的社會因素如：家庭核心化的過程、社區的瓦解、角色分化與專業分工、家庭成員地理上的距離和勞動力的增加等；其次，兒童發展的需求與權利、父母權威的

削弱、親子關係的維持與溝通、家庭共同體的成長、社會資源的運用、公權力對家庭的介入、以及強調家庭、學校與社區的結合等,都是現代父母必須面臨的議題;離婚和再婚率的增加、兒童虐待與疏忽、配偶虐待、私奔、情緒困擾、年輕懷孕的高發生率,均被視為現代需要親職教育的指標(引自 Brock & Oertwein & Coufal, 1993)。因此,親職教育的時代性意義不僅在於父母對孩子的教育、父母滿足孩子發展的需求,更應包含整個家庭網絡的維繫,並以積極正向的角度面對變遷社會的衝擊,進而增強父母親職角色,給予父母更多對於親職角色扮演的支持。

↕ ⌀ 親職的發展根源

親職相關理論的研究眾多，如：生育動機、兒童氣質、父母信念（parental beliefs）、教養態度、依附理論、親子互動等等，爲親職教育實施奠立深厚的根基，也爲父母親提供親職教育具體的內容。親職源起於父母與孩子間的互動和關係，自生命最初的開始就已漸自醞釀成形，但推究父母本身，我們可以就父母的生育動機、父母信念的發展、成爲父母的轉變等探究親職的根源。

父母的生育動機

根據民國九十年九月份國情統計通報資料發現婦女的生育年齡，若依生母年齡結構觀察，以25-29歲占37.9%最多，30-34歲占27.0%居次，20-24歲占22.5%再次之，與79年相較，以30-34歲及35-39歲分別增加8.5及3.9個百分點增幅較大；生母平均年齡爲28.2歲，較79年增加1.2歲，這樣的結果呈現出生母年齡高齡化愈趨明顯。而從內政部台閩地區人口統計資料中也發現育齡婦女的生育率降低的趨勢。在這個多元的社會中，家庭、婚姻、生兒育女、兩性相處都受到許多不

同觀念的衝擊，這些名詞的概念定義不再單一絕對，不同的家庭型態、婚姻觀、兩性價值觀都讓傳統傳宗接代的家庭原則，不再是婚姻的要目的。一個家庭沒有了孩子就不算眞正的家了嗎？決定生育與否、生育時機抉擇都是現代夫妻重要的課題。如此多元的價值之下，什麼是夫妻選擇成爲父母的動機呢？以下就父母的生育動機作一概略介紹：

子宮向來被視爲母性的象徵，婦女生育的動機和其具有「子宮」一樣，是與生俱來的、是母性本能、也是一種天性。Hoffmans認爲父母生育孩子的動機包括成人地位與社會認同；傳宗接代，生命的傳承；道德上的價值觀；與子女建立親密的情感聯繫，滿足爲人父母的需求與樂趣；小孩可帶來愉悅與滿足；孩子成長帶來父母的創造性與成就感；掌握塑造孩子的權利與影響；社會比較與光耀門楣，提升父母競爭力與名譽；孩子具有經濟價值等九點（引自Goldberg，1993）。

當然，生育動機亦隨著文化背景、個人特質而有所不同，傳統中國視生育子女爲婚姻最大的使命，不但要生育子女，最好還是一舉得男。時代的變遷下，重男輕女的觀念已漸淡化，甚至有出現了不生育孩子的「頂客族」，生育孩子的動機從傳宗接代、滿足父母的需求、父母的成就感種種正向的因素，轉化爲負面因素的考量。Hoffman指出父母不想生育的理由如下：孩子成爲夫妻雙方的束縛；經濟負擔的增加；精神負擔加重，擔心孩子的安危、健康、學業；想起小時候與父母不愉快的回憶；母親工作事業受影響；社會環境混雜，競爭壓力大；影響婚姻品質；擔心沒有能力扮演好角色；害怕孩子成爲一輩子的負擔；人口膨脹以及環境污染生存空間不佳等等（引自梁香，民90），都成爲現代父母選擇是否成爲父母的考量。

生育動機的多樣性是無法以幾個向度或複選的選項所能決定的，「不被期望的孩子」如未婚懷孕、意外懷孕（遭受

強暴、父母不想懷孕）、特殊兒童便不存在於生育動機的具體選項中。生育動機影響父母親對孩子的教養方式，同時也是親職行爲研究中的不可缺少的一部份。

父母信念的發展

信念是現實的建構，個體知道一些命題是眞的以及知道如何從事一些活動，個體知道其所相信的可能是眞的，也不須有一定的證據證明，而父母信念所指的是父母對子女的認知或想法，是父母親職行爲的認知基礎（林惠雅，民85）。父母信念的發展受到個人背景中的多元因素影響，這些因素可從家庭內部的影響與家庭外部的因素兩方面探討妹，在家庭外部的因素部分包括文化差異、社經地位、工作、朋友與鄰居的影響與專家意見等，但以朋友與鄰居的影響專家意見兩項因素說明父母信念的發展。由於父母的非正式的社會網絡系統包括親戚長輩、朋友、鄰居、工作夥伴等，父母經常藉由這些管道取得新的概念與資訊，而有關親子間的互動與發展的想法觀念，也在父母親間非正式的社會網絡中流動著。Cohen指出父母信念的態度會在參與鄰居、朋友、同事間的相互討論中受到影響，如母親對孩子的管教、教育、日常的生活瑣事處理等事項（引自Okagaki & Divecha，1993）。

專家的建議來自於醫師、行爲主義學家、社會工作者、牧師、教師、研究學者以及父母本身對於有關孩子發展與做父母所發展出來的研究與著作。就現代社會而言，經由媒體、書籍、刊物是最受父母歡迎的親職相關訊息的傳達方式，究竟這這樣的資訊傳遞方式會不會影響父母的信念呢？1950年代晚期，Bronfenbernner的研究中指出，父母會實踐兒童

刊物上成功的研究或專家的建議，而明顯的改變其照顧兒童的型態，尤以中產階級的母親更爲顯著。Clark-Stewart在一份針對美國芝加哥地區父母的調查研究結果指出，有94% 父母至少曾閱讀過一種關於孩子照顧的流行雜誌或書籍，而較少與家人接觸的父母，當面臨孩子養育問題時，他們通常會選擇從閱讀讀書本、期刊文章中尋求解決的建議（引自Okagaki & Divecha，1993）。因此可得知，專家的建議對於父母的教養行爲具有相當程度的影響力，也會影響其信念的發展。

其次，家庭的內部因素包括父母特質、婚姻關係、孩子特質等三方面，本文就孩子的特質部分作說明：每個孩子都具有獨一無二的各人特質，這些特質無論是表現在孩子的年齡、性別、行爲、氣質、學業成就等都會對父母信念有所影響。不同特質的孩子會影響或限制父母的信念，這種觀點是由Bell所提出來的，他認爲孩子的社會化是一種互動的過程，其強調的重點是親職行爲中，父母與孩子之間的相互影響，而不再是父母對孩子發展過程中的單向影響。以下就孩子氣質這一項特質說明其對父母的影響：

氣質是指孩子行爲的獨特性，是與生俱來的，一出生時便會展露出來，如孩子的飲食時間、睡眠習性等都與氣質息息相關。Thomas和Chess將氣質型態概念劃分爲九類：規律性（rhythmicity）、活動量（activity level）、堅持度（attion span-persistence）、注意力（distractibility）、適應性（adaptability）、趨避性（approach-withdrawal）、反應閾（threshold）、反應強度（intensity of reaction）、情緒特質（mood）（引自Lerner，1993）。與氣質相關一個重要的概念是由Thomas和Chess所提出的和調模式（goodness of fit model），其主要的概念是當人們的身體和行爲表現特徵，與身體及外在發展中社會環境需求一致時，則適應性的發展行爲結果便會產生。孩子在成長的過程中，自身具有的身心獨

特性，在社會化的歷程間便會有不同的反應，當這些反應再回饋到孩子身上時，更添增孩子發展的獨特性，將此一模式概念轉移至親子關係上，可了解外在社會及身體對孩子的要求，這些要求形成的管道有下列三點（引自Lerner，1993）：第一，和孩子有關的那些人會因孩子的特徵產生看法、價值觀與刻板印象；其次，爲了適應性的反應，孩子必須與情境中他人的特徵相互適應協調；最後，環境的特徵會影響孩子是否表現某些行爲與否，且在適應的過程中會保留某些行爲。

許多研究指出孩子的各種氣質特徵會影響父母對孩子的管教行爲表現，而另一不可忽視的概念是小孩子是否有問題，與父母親的知覺有關，其牽涉到的包括父母的生活環境、文化、價值觀等等。總之，孩子與父母之間的影響是相互的，但並非總是成一直線關係，這改變的動力可能隨著時間和其他因素而改變，如孩子的性別、年齡都是一個重要的影響因素。

從以上的論述可得知，在影響父母信念因素與父母信念之間有三個重要的議題：第一，當父母親接收到有關父母的相關訊息時，會改變其原有的父母信念；第二，父母對自己親職的角色與孩子的態度會影響到他們非親職（nonparenting）角色時的心理滿足；第三，父母的信念與價值觀會藉由其所扮演的功能性角色形塑而成（Okagaki & Divecha，1993）。父母的信念發展直接影響其親職行爲的表現，因此，對於如何形成與影響父母信念之因素，與父母信念如何表現在親職行爲上都是親職研究的重點之一。

成爲父母的轉變

個人角色合併是由Turner所提出的一個概念，它是指成

人所面臨的新狀況、新的角色型態以及社會新的要求時所引發出不同的行為，其改變的不僅於行為的層面，更包括了人格的特質（引自Antonucci&Mikus，1993）。一般而言，我們將擔任親職視為真正「成年」的象徵，也是人生的旅程中一項重要的里程碑，親職代表的不只是個人角色的轉換，也意味著一種生命的傳承。雖然現代社會包容多元的價值觀念，親職角色的擔任不再是婚姻關係的絕對選擇，但絕大多數的人仍會選擇成為父母。

家庭的生命週期從兩個人的婚姻關係開始，環繞著孩子的發展過程而變換不同的週期，雖然不少人質疑家庭生命週期的完整性，如不生育的家庭、不婚主義的個人都無法隨著家庭生命週期運轉，甚至階段間的時間距也非如此的固定。但若以家庭生命週期的角度來看，面對第一個孩子的出生，新手父母的課題包括了懷孕間的調適、生產的準備與可能的危機、嬰兒的照護、家庭內次系統的增加（夫妻、父子、母子）、個人承擔角色的增加......等。

以整體的改變而言，社會學家Rossi認為成為父母至少會有四方面的獨特性：1.文化對承擔角色的壓力（cultural pressure to assume the role）：現代的夫妻擁有是否生育的控制權，經由各種避孕措施與合法的墮胎管道，選擇不成為父母。雖然墮胎在許多國家已是合法的醫療行為，但大多數人仍會感受到社會對墮胎行為的苛責，由以婦女遭受更多的社會壓力，因此，多數的婦女仍舊會選擇生育子女，只是有延緩生育年齡或是降低孩子數之趨勢；2.父母角色的扮演：在孩子出生後，個體必須承擔一個全新的角色，且社會對此角色賦予相當大的期許與較嚴謹的規範；3.不能更變的關係：當親子關係一但被命定，就無法如同訂婚契約、婚姻關係一般，隨時可以終止或選擇放棄；4.為親子關係做準備：當孩子這個角色在家庭中被產出，如何養育孩子是新手父

母的重要課題,正如電視廣告所說的「我是在成爲爸爸之後,才學會如何當爸爸的,在教育體系中,我們鮮少開設教導對於扮演「父母角色」的訓練課程。因此,從懷孕到分娩的九個月時間,才讓夫妻雙方眞正爲預備爲人父母角色做練習。

父母角色的承擔被視爲是一項高勞務的工作,尤其新生兒時期,父母幾乎是二十四小時待命,成爲父母的轉變是一個重大的變動期,這全新的經驗爲父母親帶來了強大的壓力與挑戰,而且許多人認爲扮演父母角色的能力是與生俱來的,所以常常忽略新手父母轉變的教育部分,從Antonucci 和 Mikus(1993)所提出成人人格發展改變的領域,我們可以看到新手父母的轉變,不僅於角色的承擔、與教養新生兒的調適,它更包括自我知覺、個人功效、情緒狀況、個人成熟、價值觀。新手父母在面對親職角色時,可能會有許多的不解與困惑,親職技巧的運用也可能有些生疏,因此,對於新手父母在扮演這個充滿挑戰性的角色時,我們必須給予更多的重視與支持。

親職教育的概念

> 「在有關親子問題的求助個案中,最害怕的就是有些父母沒有自我覺察能力,他們對於孩子有無限的期待與盼望,卻無法去觀察問題的根源在他自己身上,這是很令人擔憂的」。
>
> 家庭教育工作者

「孩子我要你比我更強」,一句簡短的廣告詞,透露出許

許多多為人父母，望子成龍、望女成鳳的心聲，孩子彷彿是父母親的翻版，因此，自己兒時無法實現的願望、理想、抱負，便一股腦兒的往孩子的身上丟。逼著練鋼琴說是學琴的孩子不會變壞、寫書法是為了發揚國粹、學游泳好強壯體格、說英文是培養國際觀，我們的孩子個個十項全能、十八般武藝樣樣精通，但親子關係卻愈來愈緊繃，溝通永遠是誤解的開始。犯罪低齡化、青少年自殺率增高、課業中輟、飆車層出不窮的社會事件，讓人搞不懂E世代的孩子究竟想些什麼？

一位家庭教育工作者曾感嘆的說：「在有關親子問題的求助個案中，最害怕的就是有些父母沒有自我覺察能力，他們對於孩子有無限的期待與盼望，卻無法去觀察問題的根源在他自己身上，這是很令人擔憂的」。許多父母習慣以物質來滿足孩子，金錢彷彿成了萬能丹，可以彌補缺乏陪伴孩子的時間，人類對親情的需求是無法剔除的，當孩子出了問題，一昧只問孩子、學校、社會「為什麼」的父母，是家庭教育工作者最憂心的，因為一旦父母不曾察覺自身的問題，就無法真正的解決親子關係的衝突。我想這是必然的，中國人習慣把父母的角色權威化，顯現出上位者的的姿態，於是再多的教育、溝通、諮商、問題解決技巧都只是表面的形式，一種卸除推托親職責任的理由。

若以系統的觀點來解析家庭，我們發現家庭存在許多的次系統，如夫妻、手足、親子、祖孫、親族等，這些次系統的交互關係形成家庭，也就是我們每個人、每天在不同的次系統中扮演不同的角色，角色間緊密的連結、影響著各系統間的互動，而親子關係也深受影響。一直以來，親職教育強調的是親子關係的問題，忽略了手足、代間、或是親族，而這一點讓我們憂心的是，在家庭系統中，問題的成因並非單一，現今親職教育只往親子關係上放重藥，追究父母應負的責任，是不是應該有所改變？親職教育一般而言被認為是一

種如何使父母扮演好父母的訓練，另一個是如經由教育促使父母效能的發揮，針對這兩層的概念以下就親子互動與教養、孩子對父母的影響、影響親職的因素以及生態觀點的親職教育四個方面，探究當今社會中親職教育的概念。

親子互動與教養

親子間的互動關係影響親職行爲的表現，早期學者認爲互動的關係是直線式的過程，也就是父母如何做，孩子也會跟著做，父母親的一言一行是影響孩子的關鍵。漸漸的許多研究發現親子之間的互動是相互影響的，親子之間的互動特質是系統或互換的。教養是親子關係行爲的集合體（如溫暖、支持、視每個孩子爲獨立個體、適當的發展期望、孩子親密互動的回應、依附等），它構成了父母的正面、感情投入的照顧，父母的教養行爲被發現積極地影響親子互動與兒童發展，正面的影響包括：分享與鼓勵增加、較少行爲問題、正向的情緒表達、智力增加、社會能力的發展（Brock & Oertwein & Coufal，1993）。

此外，父母的教養型態也影響著親子關係的互動，有三種型態的父母可以用來說明親子互動間的關係：第一種是寬容型的父母，這種父母是支持、教養的，但避免運用控制，他們允許孩子做許多選擇，對孩子很少要求，以負起有秩序行爲的責任，必要時寬容型的父母會經由理性或操縱來控制，寬容型父母的小孩，比其他孩子較無法自我依賴、好問與自我控制；其次爲獨裁型的父母，這類型的父母習慣使用一種行爲標準去控制小孩，他們重視價值，使用處罰和強迫的策略去確保孩子的順從，限制自主和實行去壓制每個孩子的自主意志，且獨裁型父母的小孩傾向退縮、不滿、不信任；

第三種是權威型的父母，他們使用誘導的兒童導向方式，但是他們也期待孩子順從他們的期望，父母均重視自我意志和順從，且鼓勵口頭上的施與受，權威型父母使用理性、權力、和增強來組織行為，權威型父母的小孩是自我依賴、自我控制、好探究的及滿足的（Brock & Oertwein & Coufal,1993）。

親子互動與教養態度是親職教育中重要的內容，互動的內容從依附理論延伸而來，父母親被視為孩子生命重要他人，深刻地牽動著孩子的成長與發展。親子間的互動是相互的概念，孩子的氣質、特性、外表、健康....都影響父母親職行為的展現，而孩子的回饋也反應父母親的教養行為，直接、間接都是影響親子互動的因素。

孩子對父母的影響

孩子對父母的影響，一直以來是個被忽略的觀點，過去的研究認為父母是影響孩子發展的主要因素，這種單向的偏見觀點，導致研究與資料收集疏忽了親子間互動所產生的相互影響，意即孩子也會對父母親造成影響。在文獻的檢視上，研究發現人的一生是一個持續發展的過程，雖然兒童早期生活會對日後有深遠的影響，但並非佛洛依德所強調的六歲定一生，孩子與生俱來的氣質，和環境互動過程中，產生許多正向或負向的影響，加以社會中許多的影響力減低了父母對孩子的影響力，「以孩子為中心」是現代為人父母最大的特徵，以下就Ambert（1992）所提出父母受孩子影響的十一個生活領域做介紹：

(1)父母健康(Parent Health)

母親在懷孕與整過生產的過程中，將經歷生理的變化以及許多因懷孕所帶來的不適，產後憂鬱症、難產、傳染病的感染、有缺陷的孩子都使得父母親遭受相當大的身心壓力，而家庭隱藏暴力中，孩子對父母施虐的案件也打破了「所有的孩子愛與尊敬父母」的迷思。

(2)地點、空間、活動(Place/Space/Activities)

這個議題最好的例證是中國古代「孟母三遷」的歷史故事，父母親為了兒女著想而遷居，這種遷移的動作影響父母的社區與休閒活動，有時也會造成父母親經濟上的負擔，而生活空間、活動時間的安排上有深受孩子的影響。

(3)父母工作(Parental Employment)

當第一個孩子出生後，職業母親面臨工作與照顧孩子間的選擇，而當男人一旦成為父親的角色後，會更加深其對家庭的責任，以及對工作穩定的需求。

(4)財務、經濟(Financial/Economic)

經濟與財物是和日常生活最息息相關的，由於經濟型態的轉變，養育孩子的工作比以前需要花更多的錢，孩子不再被視為經濟資源和受教育的年限增加，都增加了父母親的經濟負擔。

(5)夫妻與家庭關係(Marital and Family Relation)

第一個孩子的出生，家庭生命週期產生第一個衝擊，也意味的家庭系統的擴大，孩子的降臨占去夫妻大部分的相處時間，減少夫妻對婚姻生活的維持，孩子也可能成為衝突的中心點。

(6)人際互動(Human Interaction)

以孩子為中心的家庭生命週期，因孩子的發展而擴展了父母與外界的人際互動，而親子間的互動則隨著孩子的年齡，父母親會改變其說話的型態，孩子的情緒、一舉一動也常牽引著父母的心情。

(7)社區(Community)

為了瞭解孩子的需求與家庭的功能，父母走向社區是必然的，尤其是家庭主婦缺少社會網絡的支持，因此，孩子成為父母進入社區的媒介，而擁有特殊兒童的父母，會有更多機會接觸不同的團體，但也可能是其社交能力的阻礙。

(8)父母人格(Parental Personality)

影響父母人個的兒童因素包括：年齡、性別、出生序、氣質等等，但也和父母自身的生命週期息息相關。未成年父母由於心智尚未成熟，情緒也比較不穩定，較容易受到孩子的影響，而是否擁有生育能力、孩子的健康狀況也都影響父母的生活與發展。

(9)態度、價值觀與信念(Attitudes, Values, and Beliefs)

父母在實踐養育的角色過程中，將其特有的態度、價值觀與信念傳遞給孩子，相對的父母也可能因孩子而改變其自身的價值觀，最簡單的例子是，許多人在擁有孩子後變得更有責任心，對家庭的價值與認同也都隨之改變。

(10)人生計畫(Life Plans)

孩子對父母親的人生規劃有著深遠的影響，如職業的選擇

、進修、旅遊計畫都會因孩子而更變，養育孩子的重責大任、經濟的付出，都讓父母親必須為未來的生活做仔細的規劃和衡量。

(11) 自我控制感(Feeling of Control over one's Life)

以孩子為中心的畫圓方式，父母親必須依孩子而畫出不同大小的圓，孩子成為生活中最主要的問題來源，父母不再擁有生活的控制權，自我的控制感降低，而無法再像未生育前的自由自在。

生活中孩子對父母的影響隨處可見，父母親將生活的重心圍繞著小孩，因孩子的喜怒哀樂而情緒起伏，隨著孩子的生活改變而調整自己的步驟與目標，而這一些的卻常常被視為理所當然，對為人父母角色的苛求，賦予其孩子發展與成就的重責大任，父母親承受著強大的壓力。

影響親職的因素

影響親職的因素的了解有助於親職教育的實施與改進，當代親職教育的目的是給予父母親更多的支持而非單一親職技巧的教授與學習，不同階段的父母親面臨不同的危機與任務，因此，對親職做適當的調整是必須的，我們應給予父母親多一點的同理與接納，支持父母扮演其父母的角色。而親職的行為是多元的，影響親職的行為包括父母、孩子本身的特質、情境背景、親子互動、工作、社區等等，列下以Crouter和McHale（1993）的父母工作對養育子女的影響、Garbarino和Kostenlny（1993）的社區街坊對親職行為影響，以及Cocharn(1993)的個人社會網絡與親職，三個部分做陳述：

父母工作對子女養育的影響

Crouter和McHale（1993）發現父母會使用工作所學到的技巧去處理家庭問題，而同事間的友誼，也可能成為父母尋求建議及取得養育孩子規準的重要來源。工作情境的氣氛影響父母親的情緒與壓力，父母親的情緒會影響其親職行為的表現，現代社會的家庭型態中最明顯的例子是雙薪家庭，雙薪家庭包括父親的工作世界以及母親的工作世界，來自兩個不同環境生態所交織的情緒、壓力、價值觀、解決問題的方法是全然不同的。雙薪家庭面臨的子女教養挑戰如：1.時間的壓力：父母親必須找出時間和孩子一起活動；2.教養的問題：處理與管教孩子的生活事務，比較沒也時間監控孩子的生活；3.親子關係的維持：親子關係的維持來自於雙方適當與經常性的互動，而雙薪家庭對此相當缺乏。概括來談父母工作對孩子養育的影響有下列幾點：

(1)工作價值觀的涉入

父母從工作經驗中吸取不同的價值觀，不同的價值取向影響父母對孩子的管教態度以及處世的方法，在高度民主工作環境中的父母，對孩子較能以民主、自由的方式，給予孩子適度的發展空間，以及意見的尊重。

(2)情緒壓力的蔓延

父母親將工作環境的情緒、壓力帶入家庭，容易影響家庭氣氛，家人給予適度的支持與鼓舞，是減緩壓力情緒的良方，但不定時的低氣壓對孩子的教養，可能形成不一致的態度，令孩子無所適從。

(3)時間的配置

安親班、托兒中心林立，顯示現代社會中雙薪家庭的普遍，父母雙方忙碌於事業的追求，親子互動的時間相對減少，

家務、工作、休閒、家人相處等時間的配置都面臨重重考驗。

(4) 家人關係與角色的再調適

父母的工作爲家庭不僅帶來經濟利益的增加，同時也包括新資訊、不同的價值觀點的注入，家人關係的維持以及角色的調適都隨著父母工作而改變。

社區街坊對親職行為影響

社區街坊對親職行為的影響，可從系統的觀點探討之，Day（1995）將系統定義爲「由互動整合的一個實體」，系統所指的是持續、重複的模式及系統中各部分的互動。系統理論認爲系統的所有部分都是互相關連的，唯有觀察整體才能瞭解，且系統的行爲影響其環境，環境也會影響系統。在家庭系統中，家庭被視爲一個有生命的有機體，由許多相互依賴的成員所組成，這些成員關係密切，且也相互影響，（引自周麗端編，民88）。

Bronfenbrenner所提出的生態系統理論（ecological systems theory）可用以來解釋個體與環境間互動的過程，以及環境對個人所造成的影響。Bronfenbrenner認爲一個人的發展受到小系統（microsystem）、中間系統（mesosystem）、外系統（exosystem）、大系統（macrosystem）的影響。小系統所指的是個人直接面對或接觸的人事物，如家庭、學校、同儕團體；中間系統指的是個人直接參與的或兩個以上小系統的互動連結，如家庭與學校、家庭與街坊鄰居、學校與社區；外系統是個人爲直接參與的系統，但卻會影響個人直接參與的小系統，而間接的影響個人的成長、價值觀；大系統則是指社會、文化、次文化等高層次的影響（Bronfenbrenner，1979）。

在Bronfenbrenner的生態系統論中，人和環境間的互動

關係是息息相關的，中國人認為「蓬生麻中，不扶而直；白沙在涅，與之俱黑」其描述的正是環境對人的影響，過去親職教育研究，將環境對人的影響，只放在孩子的身上，認為孩子像一張白紙，孩子的可塑性大，因此容易受到外界事物的影響，而強調積極正向的環境對孩子發展的助益，以及不良環境對孩子的傷害。其實，正如Bronfenbrenner所言，人從出生開始其發展便受到環境的影響，而成年人一樣受到環境所帶來的衝擊與壓力。

Garbarino和Kosten1ny（1993）的研究中指出，高危險群家庭有愈來愈集中於同一地理區域的趨勢，而低階層的集中現象影響稱職的父母行為。失業現象造成嚴重的經濟損失對個人、家庭、社區資源都是挑戰，不但資源減少、父母親身心健康受到影響，也威脅著親職行為的表現。Gabarino(1992)認為嬰兒的死亡率與兒童受虐適用來衡量懷孕期的照顧、產後對孩子的照顧、社區的健康中心等品質的指標。在圖1.中外在的環境與壓力都會影響到孩子與父母親，孩子雖然受到環境與父母親的影響，但Punamaki緩衝模式(buffering mode1)提到，母親對孩子的身心健康具有決定性的重要性，居住在高危險社區對孩子與父母親有負向的身心結果，而每個家庭、社區有其個別的策略，可以對抗問題，也減少負向的發展結果，因此，父母親對孩子的影響會大於環境加諸在孩子身上的影響，所以，提供適當的父母支持與因應問題策略是相當重要的（Garbarino和Kosten1ny，1993）。

個人社會網絡與親職

個人社會網絡（personal social network）是個人間的

一套特殊連結，連結的內容包括各種的資訊、情緒和物質的協助，強調的不僅是許多特徵的連結，還包括網絡成員各種型態的交流（Cochran，1993）。圖2是個人網絡發展的一個模式，從網絡中可以看到影響網絡發展的因素與力量、父母在網絡建構過程中的角色、網絡如何影響親職行為及態度等等。

從圖2.中，我們看到網絡的建立會受到外在環境的束縛因素的影響，即左方大系統內的文化命定與社會地位，同時也決定了父母所擔任的角色。最右方的教育經驗、社會及認知技巧則影響個人的主動性，主動性包括兩種形式：1.從父母可獲得的資源範圍中選擇網絡成員；2.在既有的網絡中維持活動。而在種種因素下所形成的父母個人網絡，經過社會過程的步驟，產生個人的親職態度與行為（Cochran，1993）。

來自於網絡成員間的支持與壓力，會對父母親造成不同的影響，也轉化成不同的親職行為與認知，Colletta（1981）指出青少年媽媽在高度的情緒支持下，會有較少的侵略與拒絕行為，對孩子較少嘮叨、嘲笑及威脅。現代的父母親承受相當大的教養責任，眾多與多元化的管道，不斷傳輸「如何做好父母」的訊息，外在的壓力以及父母親自身內化而來的壓力，使得親職教育的實施，一直以來都是以「教育、教導」的方式，對父母角色施壓、加責任，而忽略了以「支持」的角度切入，方能幫助建立正向的個人社會網絡。

由Crockenberg界定四個社會支持對整個社會網絡及親職行為影響的要素1.社會支持可減少生活壓力事件；2.社會支持可能沒有直接減少壓力事件，但能使父母得到緩衝，得以維持滿意的親職；3.社會支持對父母產生有效的影響，願意採取積極主動的態度；4.父母親產生更多建設性的親職行為。根據上述四點，可以看到支持性的親職教育，不僅能為父母角色加能(empower)，維持正向積極的個人社會網絡，以促進有效的親職角色（引自Cochran，1993）。

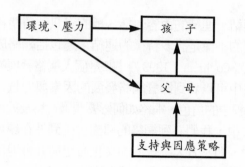

圖1. 親子關係影響模式

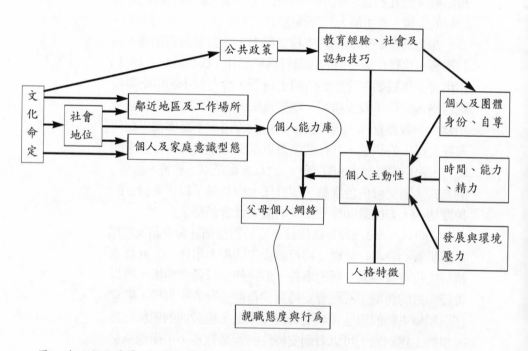

圖2. 個人網絡發展：一個模式（Development of the personal network: A model）

資料來源：引自Cochran M.(1993). Developmental Origins of Parenting: Personality and Relationship Factor,p153.

↕ ⒝當代親職教育方案

　　筆者從民國八十九年台灣地區各縣市家庭教育中心推動學習型家庭成果報告中發現，對於親職教育實施的部分，其常有的活動形式包括：讀書會、電影賞析、父母成長團體、專家講座、知性之旅以及親子烹飪等，而在父母成長團體方案部分，主要著重於訓練父母傾聽、溝通、情緒管理、同理心等技巧，以及親子關係的培養及父母效能的增進。在這其中我們不難發現台灣地區親職教育的實施，鮮少有一個具備完整的、系統的方案型態出現，且幾乎以父母效能訓練為理論依據。茲將美國境內幾個當代盛行的親職教育方案概述如下：

有效親職系統訓練(Systematic Training for Effective Parenting)

　　有效親職系統訓練（簡稱STEP）源於Adler的個體心理學（individual psychology），並由Dyinkmeyer與Mackay依此為理論基礎，發展出一套增進父母親子教養能力的訓練模式。STEP強調的是平等的親子關係、家庭社會化過程以及家庭的民主氣氛，而在眾多的親職教育方案中，STEP是目前最廣為

人知與運用的親職教育訓練模式（何華國，民85；黃德祥，民86）。STEP主要的論點有下列兩點（李郁文，民87）：

（1）幫助父母了解子女不當行爲的行爲目標如何產生，以及如何消除這些不當的行爲表現。

（2）幫助父母了解自然結果（natural consequences）和邏輯結果（logical consequences）的基本概念，以導正子女不當的行爲。

　　STEP認爲小孩不當行爲的目的有四：引起注意、爭取權力、進行報復以及自暴自棄。父母被鼓勵以一種能促進正向行爲與互動的方式，來審視孩子不當行爲的目的，如以設定限制、允許孩子選擇、以孩子爲問題解決的焦點，也就是建立積極的親子關係，以幫助孩子消除其不良目標。有兩種假設是STEP的重心：1導致孩子不當行爲的情緒，常是基於經驗與事件的錯誤解釋；2.當父母改變他們本身的行爲時，能使孩子獲更正確的解釋，兒童的行爲就會改變。在STEP方案中強調兒童行爲改變的方法，及自然邏輯的結果，內容包括家庭會議的介紹、鼓勵家庭舉行對家庭的問題、活動和目標等民主式的討論等（Brock & Oertwein & Coufal，1993）。

父母效能訓練(Parent Effectiveness Training)

　　父母效能訓練（簡稱P.E.T.）是Gordon在1962年提出，

其主要的內容強調教導父母學習教養之能力與各種促進親子關係之技巧。父母效能訓練是以Rogers的當事人中心學派論點爲基礎，教導父母如何成爲一個有效的輔導者，運用尊重、同理、接納、傾聽與子女做溝通，以增進彼此的親子關係。

父母效能訓練包含三個重點（李郁文，民87）：積極傾聽（active listening）、使用「我－訊息」（I-message）、積極溝通（active communication）。積極傾聽是訓練父母的傾聽能力，以便作子女的心理輔導員；我－訊息是訓練父母以「我」開頭來傳達訊息與子女溝通；積極溝通則是訓練父母如何與子女溝通。另外，P.E.T.的方案有幾個要素：包括問題歸屬（problem ownership）、彈性(flexibility)、沒有輸家或雙贏策略(no-lose conflict resolution)。所謂問題歸屬是一種技巧，用來決定誰需要執行問題的解決，高登認爲解決問題有時需要重新定義，或將問題所有權從家庭的這個成員轉給另一個成員，例如家庭工作常被認爲是父母的問題，常使父母苦惱，在P.E.T.中，重新組織問題是必須的，能使之成爲小孩的問題，並讓孩子爲此問題盡力做些事。

高登認爲父母容易強調一致性，他認爲應該有視情況而有彈性變通的餘地，例如不一定每天要求孩子準時九時上床睡覺，在這些議題上開放協商，能使孩子相信他個人的需求和想法是被重視的。家庭中如此的開放，能增進其他的家庭成員發展與家庭中改變的情境。而使用沒有輸家的衝突解決方法，能減低親子間的權力爭奪，假如能使親子經協商後各獲得他們想要的（雙贏局面），就不需付出所有代價去贏（輸-贏局面）（Brock & Oertwein & Coufal，1993）。

行爲改變方案(Behavior Modification Programs)

　　行爲改變方案是根據行爲學派之學習理論而來的，行爲改變方案與其他策略最大的差異在於，這個方案是建立在一大群研究有關行爲的管理控制與行爲改變效能的過程與結果。O'Dell提出行爲改變方案對父母的影響如下：1.父母能在短時間內學會技術；　2.團體教導是有效的；　3.這個模式不會對父母與小孩貼標籤；　4.對多變的孩子行爲，這些技術是有效的。另一方面，Cagan也提出行爲改變技巧的不利處有1.可能對孩子的需求、情緒、發展階段不敏銳；　2.強調一貫性，可能會限制彈性、自發性、與反應性的行爲；3.假設父母的行爲期望都是自動合法的；　4.可能失去個人對個人的互動（例如：父母的反應是基於方案的增強，而非出自於自己的感覺，或是一種互惠式的親子間的互動）。有效的行爲改變技術是需要選擇增強物來酬賞小孩，而且建立行爲改變的基準線是重要的，這個過程通常單獨重新義問題，因爲當父母計算行爲和注意到什麼是前導並遵循它時，他們可能自然地改變行爲或觀點，這種改變可能未進一步介入便解決困難。在行爲改變技術上有一原則很重要，就是有計劃的塑造，當父母專注在塑造行爲時，常會以一種新的且正向的方式與孩子互動，這些行爲改變的部分通常被反對者所忽視（Brock & Oertwein & Coufal, 1993）。行爲改變技術常被使用在學校教育的層面上，以刺激、反應的連結促使行爲的建立，行爲改變技巧的運用必須適度、適時，因爲過多的獎懲與不正確的獎懲時機都會影響行爲的發生與改變。

父母教育的大眾模式(The Mass Mode of Parent Education)

　　大眾模式也稱爲匿名演說，意指透過各種媒體如：書籍、手冊、雜誌、報紙、收音機、電視等等所形成的親職教育，父母教育大眾模式是重要且相當合宜的，經濟時代每個人對時間的要求分秒必稱，因此閱讀成爲父母學習養育子女的最常使用的方法，廣泛使用流行的印刷讀物，以獲得有關養育子女的建議。在美國有一份「與年齡同步」（age-paced）的簡訊，這是一份提供給準備當父母或新任父母的育兒相關訊息，從計劃嬰兒出生日期，到嬰兒一歲或更大時，每一期簡訊的內容是配合孩子的年齡，如此父母就能在可教育的時機用到它，簡訊通常也包括個別與父母需求的資訊（例如家庭溝通、壓力管理）。根據研究發現，多數的父母認爲簡訊是有用的，且有超過一半的父母會保留簡訊，作爲將來可能的參考，父母也報告說在閱讀簡訊後，改變養育子女的行爲，有些也證明簡訊對危機團體的父母（如：第一次當父母、低收入父母、低教育程度父母）比對其它父母（有經驗的父母、高收入的父母、高教育程度的父母）更有益處。由上述可知，簡訊不僅能以特定聽眾在特定時間爲對象，而且也比其他教育的介入成本低，簡訊也可爲一些難以接近的家庭服務（那些不可能或不願意參加課程和會議的家庭），這些父母能在他們的社會網路中與人分享和討論。對父母而言，書本也是重要資訊的來源，坊間許多如何成爲父母的書正快速的發展，許多新的主題都加入傳統的資源中，成爲父母唾手可得、重要育兒資訊的來源（Brock & Oertwein & Coufal，1993）。

　　雖然大眾模式在今日社會的親職教育中佔有重要的地位

，也是大多數父母願意採用的方式之一，印刷的便利、書籍大量的出版，對於相關親職教育書籍的數量與品質之間是否平衡是令人相當憂心的，大眾模式的親職教育輕易、直接、廣泛的介入各層面家庭之中，影響的範圍既深也廣，所以政府相關單位的把關必須嚴格，讓大眾模式能夠真正的發揮其最大效益，以提供父母親所需的親職資訊。

成為父母前的介入方案（Intervention Programs for the Transition to Par-enthood）

　　成為父母前的介入方案包括懷孕規劃、生產準備、親職準備三個部分，是夫妻兩人從決定是否要生育小孩，到分娩出為人父母的一系列課程，在時間上則以規劃前的預先概念開始，一直到嬰兒出生後的一年為止。家庭的問題如同一個倒三角形，愈早期其影響因素愈小，隨著時間的拉長，其可影響的因素也逐漸增多，所以，親職教育的實施應該要慎始。而成為父母前的介入方案，也日益的受到重視。

　　是否成為父母？何時成為父母？很少有親職教育方案，去幫助夫妻決定這樣的議題，而這種方案在預防的領域最近已被發展出來，目前只有美國有此類的方案實施。以預防的觀點來看，在懷孕規劃的部分，方案提供夫妻一些可能失序的訊息以防止失序的發生，如產後憂鬱症、教養的困擾、婚姻品質降低等等，提供相關養育孩子的需求與滿足，讓夫妻雙方再決定是否成為父母前，能夠實際的評估自己的需求與能力。以團體的形式幫助夫妻澄清了解個人的觀點、夫妻對於何時成為父母的渴望、以及是否成為父母的看法。其次，

生產準備的主題著重於分娩課程，包括懷孕與分娩的生理資訊、拉梅茲呼吸課程、父親角色對分娩的影響等等，此類的課程可減少父母親對懷孕過程的壓力與不安。親職準備部分強調第一個孩子的出生，被視爲預防性方案介入的最佳時機，趁此時夫妻雙方都還想學習與調整變化中的婚姻關係，能給予最大的改善空間，第一個孩子的出生，代表兩人世界進入三人全然不同的生活領域，孩子成爲生活的重心，夫妻雙方需重新調整原有的生活方式，以往的家庭支持方案鮮少對從夫妻兩人行到與孩子三人行間的過渡期做介入，而成爲父母前的介入方案即爲此做努力。

台灣親職教育實施現況

　　親職教育的實施由來已久，對於父母的教育早期稱之爲家庭教育，而親職教育也包含其中。民國二十三年「新生活運動」中，強調家庭與父母的職責，爲政府推行家庭教育之始，二十七年教育部公布「中等以下學校推行家庭教育辦法」，三十四年頒訂「推行家庭教育辦法」，並於五十七年修訂公佈實施，六十七再次進行修訂，民國七十五年行政院頒佈「加強家庭教育，促進社會和諧」五年計畫實施方案，希望以社會運動的方式，協助父母扮演好良好的角色。民國七十七年教育部於各縣市成立「親職教育諮詢中心」，提供父母各種親子議題相關諮詢，教育部隨即在民國七十九年訂定「家庭教育工作綱要」，內容包括家庭世代生活倫理教育、夫妻婚姻關係教育、親職教育、現代化家庭生活教育、家庭和社區關係教育等五個工作要項，同年將親職教育諮詢中心更名爲家庭教育服務中心，民國八十年訂定「加強推行家庭教育強化親職教育功能計畫」，以多元的方式，提供諮詢與親職教育活

動的推廣。在各界推波助瀾下，訂民國八十三年爲「國際家庭年」，迄今，教育部委託國立中正大學擬定之「家庭教育法草案」仍在審議中，而家庭教育法草案的通過，將是我國執行家庭教育政策的最高法（張耐、王文瑛，民83；何進財，民85）。

王文瑛、張耐（民84）認爲在我國推展親職教育的發展過程中，非常重視以學校爲中心，結合家庭教育與社區教育方式來作整合性、全面性的推動，因爲學校，尤其是國民小學，是社區的重要資源。以孩子的發展爲主軸的親職教育似乎不應該被忽視，隨著孩子的年齡劃分，實施階段性的親職教育，更可以貼近父母親對親職教育的需求，而這也是我們重視學校角色的原因。許多親職教育的實施，不論是政府單位、民間團體、學校，最常發生、也是親職教育無法全面性落實的最大因素，是「該來的不來」的問題，這一點讓很多從事家庭教育工作者傷透腦筋，另外時間的配合、父母參與的意願、經費的來源、資源的運用等，都深深影響政策的實行。

另外，筆者從國家圖書館檢索親職教育相關碩博士論文的結果也發現，親職教育的研究重點多從父母親對親職教育的需求、參加親職教育活動動機、滿意度與影響參與的因素等切入，同時也針對不同型態的家庭、父母去探討親職教育。在這一些研究結果呈現中發現：父母對親職教育的需求程度很高，也以正面的態度接受親職教育，其需求的層面多以「如何養育子女」的向度最高，接觸親職教育的方式以大眾傳播媒體的訴求最受歡迎，影響其參與的因素最主要的因素是沒有時間參與。

台灣親職教育的實行多以主題、活動的方式呈現，幾乎沒有明確的親職教育方案，實施的單位包括政府相關單位（如：各縣市家庭教育中心、各級學校、文化中心等）以及民

間團體（如：信誼基金會、小大繪本館、各文教基金會等）
，而活動的方式包括講座、簡訊、讀書會、電視廣播、父母
成長團體、親職訓練團體、親子活動、假日園遊會等多種不
同的型態。而不論政府也好、民間團體也好，其親職教育各
種活動的推行都在於增進親子關係、家庭和諧以及減少家庭
問題。

🖊️ 新世紀親職教育的危機

　　親職教育的實施必須兼具全面性、適切性、時代性，全
面性所指的是親職教育的範圍應包含不同種族、階層的家庭
族群，特別是在弱勢家庭的教育部分，弱勢家庭經常是親職
教育活動中「該來而不來的一群」，其牽涉到的包括時間、資
源、資訊、教育程度的不足等問題；適切性指的是親職教育
的推行和父母親的需要，強調終身親職教育的概念，配合不
同階段兒童發展、父母的需求、家庭生命週期，以施行親職
教育；時代性的含意是依據社會的現況、民俗風情、觀念想
法等，設計合宜的時代親職教育，因為不同的時代，可能有
迥然不同的觀點，因此必須隨著社會的變遷，家庭結構的改
變，而訂定教育內容與方式的調整。

　　當今社會存在著許多不同型態的家庭類型，如混血家庭

、年輕家庭、不完全家庭、單親家庭、通勤家庭、繼親家庭
等等，這些的家庭在親職關係、親族關係的連結，以及對外
的社會認同都遭遇相當大的衝擊與挑戰，雖然社會越來越多
元化、也越來越接受不同的思潮與觀念，但在傳統和包容性
之間的矛盾情節依舊存在。現代人面臨生存的壓力，進步的
節奏不斷的向前，壓力指數不斷高升、幸福指數也不斷的下
降，人際關係的漠視，都讓焦躁的現代人困入了情緒的牢籠
裡。老人獨居、家庭暴力、兒童虐待、老人虐待、亂倫禁忌
、子女弒父、保母虐待兒童，我們的家庭每天上映著不同的
戲碼，這樣的亂象不得不讓人重新省思家庭的意義與價值，
而親職教育的實行與推廣也面臨不同以往的衝擊與挑戰。以
下針對社會現象提出當今親職教育所面臨的危機：

（1）父母角色弱化

　　許多的父母親馳聘在職場上，賺進了大錢卻少了時間，
孩子教養的工作轉移到學校、安親班、保母、家庭教師等等
，父母的角色變成單一的物質供應者。在親職教育中，我們
仍然強調父母角色的重要性，當父母的角色失去其原有的教
育功能、情感功能時，就喪失親職教育的意義。

（2）親子溝通的失衡

　　人們說每差三歲就有代溝，資訊社會不斷的快速改變，
我們永遠無法預測明天的變化，父母親若疏忽對孩子的關心
與注意，很容易造成溝通的失衡，而這也會影響到家庭氣氛
與凝聚力。良好的親子關係來自於彼此不斷的傾聽與溝通，
而親職教育的基礎也奠基於完善的親子溝通系統。

（3）親屬支持網絡的縮減

　　核心化家庭盛行於現今社會，小家庭的成員獨居於外，

因此在親族的聯繫上大大的減少,當夫妻有所衝突時,沒有調節的中間人,這也是離婚率高增的原因。核心化家庭的父母親承擔子女的教育、管教之責任,相較昔日的大家庭,父母的壓力愈來愈大。因此,親職教育的責任,不再只是關係著親子之間的教育,應朝向更廣泛的範圍去推行,以維持家的完整性。

(4) 社會強大的壓力

社會賦予家庭很大的責任,每當孩子出了問題,我們習慣的將矛頭指向家庭,將一切的過錯歸因於父母親的管教不當,相對的,相關推行親職教育的單位也背負著承重的責任。

(5) 子女教養的不易

由於獨生子女的增加、孩子數的減少,父母親將全部的精力都放在一、兩個孩子的身上,孩子的早熟、新知識、教養新觀念、專家的建議、傳媒等等,使得父母親的教養方式大量的被教導,讓父母無所適從。鑑於此親職教育實施的內容,是否適合當今社會所求?是否合於父母親的需要?是否能以多元的方式面對子女的教養?都是值得再深思的。

家庭角色的重要性日益受到重視,政府近年來推行學習型家庭方案、提倡兒童閱讀運動、舉辦親子共讀、家庭共學等活動,其目的不但是增進親子關係與互動,更是藉由此活動爲家庭投注新生命力。親職教育的任務不只是教育父母「如何當好父母」,它還包括對兒童發展的認知、親子互動的本質、問題處理、情緒輔導等,最重要的是當代的親職教育應提供父母適當的支持,支持其成爲父母的角色,以「支持」取代「教育」,讓父母更有信心做好「好父母」!

参考書目

中文部分

內政部（民90）台閩地區人口統計資料。嘉義：作者。民國
　　　　91年3月25日，摘錄於World Wide Web：
　　　　http://www.dgbas.gov.tw/dgbas03/bs2/90chy/
　　　　table/s00 6.xls

王文瑛、張耐（民84）。使用函授推廣社區親職教育之研究。
　　　　靜宜人文學報，6，115-133。

王連生（民76）。親職教育的原理與推廣。台北：武陵。

王麗容（民83）。社會變遷中的親職教育需求、觀念與策略。
　　　　台灣大學社會學刊，23，191-216。

行政院主計處（民90）。國情統計通報。嘉義：作者。民國
　　　　91年3月25日，摘錄於World Wide Web：
　　　　http://www.dgbas.gov.tw/dgbas03/bs3/report/
　　　　N900912.htm

何華國（民85）。特殊兒童親職教育。台北：五南。

何進財（民85）。積極推展家庭教育共享溫馨家庭生活。研考
　　　　雙月刊，6，4-9。

李建興（民88）。社會變遷中的親職教育。社會教育年刊，12
　　　　-15。

李郁文（民87）。團體動力學－群體動力的理論與實務。台北
　　　　：桂冠。

周麗端編著（民88）。婚姻與家人關係。台北縣：空中大學。

林惠雅（民85）。母親信念和教養策略的關係。行政院國家科

學委員會專題研究計畫成果報告。計畫編號：NSC85
-2413-H301-003。

張耐、王文瑛（民83）。我國親職教育之政策與發展。社會福
利，114，23-26。

梁香（民90）。台灣南部地區婦女生育動機及其相關因素之研
究。嘉義大學家庭教育研究所未出版碩士論文。

陳玉賢（民86）。淺談親職教育的加強。教師之友，3，24-29。

黃德祥（民86）。親職教育。台北：偉華。

蘇愛秋（民75）。幼稚園符-托兒所-親職教育。台北：信誼基
金會。

西文部分

Ambert, A. M. (1992). The Effect of Children on Parents.
New York：The Haworth Press.

Antonucci, T. C., & Mikus, K. (1993). The power of
parenthood: personality and attitudinal changes
during the transition to parenthood. In Gerald
Y. M. & Wendy A. G. (Eds), In The transition
to parenthood, current theory and research
(pp62-84). NY: Press Syndicate of the University
of Cambridge.

Brock, G. W., & Oertwein, M. , & Coufal, J. D. (1993).
Parent Education Theory, Research, and Practice.

In Arcus, M. E., & Schvaneveldt, J. D.,& Moss, J. J. (Eds), Handbook of Family Life Education (pp 87-107) . Ga. : SAGE Publications, Inc.

Bronfenbrenner, U. (1979) .The ecology of human development : experiments by nature and design. Cambridge, MA: Harvard University Press.

Cochran, M. (1993). Parenting and Personal Social Networks. In Vondra J., & Belsky, J. (Eds), Developmental Origins of Parenting: Personality and Relationship Factor (pp149-179) . American:Lawrence Erlbaum Associates.

Colletta, N. (1981). Social support and the risk of maternal rejection by adolescent mother. Journal of Psychology, 109, 191-197.

Crouter, A. C., & McHale, S. M. (1993). The Long Arm of Job: Influence of Parental Work on Childrearing. In Vondra J., & Belsky J. (Eds), Developmental Origins of Parenting: Personality and Relationship Factor (pp179-203) . American:Lawrence Erlbaum Associates.

Garbarino, J. ,& Kostenlny, K.(1993). Neighborhood and Community Influences on Parention. In Vondra J., & Belsky J. (Eds), Developmental Origins of Parenting: Personality and Relationship Factor (pp203-227) . American:Lawrence Erlbaum Associates.

Goldberg, W. A. (1993). Perspectives on the transition to parenthood.In Michaels, G. Y., & Goldberg, W. A. (Eds), The Transition to Parenthood :

Current Theory and Research(pp1–23). New York: Cambridge
University Press.

Lerner, J. V. (1993). The Influence of Child Temperamental
Characteristics on Parent Behaviors. In Vondra,
J., & Belsky, J. (Eds), Developmental Origins
of Parenting: Personality and Relationship
Factor（pp101–120）. American: Lawrence Erlbaum
Associates.

Okagaki, 1., & Divecha, D. J.(1993). Development of
Parental Beliefs. In Vondra, J. , & Belsky,
J. (Eds), Developmental Origins of Parenting:
Personality and Relationship Factor（pp35–68）.
American: Lawrence Erlbaum Associates.

chapter 14

家庭資源管理教育

◆前言
◆理論基礎論述
◆家庭資源管理相關議題
　分述
◆台灣家庭資源管理教育
　現況
◆未來家庭資源管理教育
　的工作方向
◆結語
◆參考書目

張正正

前言

　　根據報載，台灣地區民國90年全年失業率平均為4‧57%
，失業人數45萬人，創下歷年新高（國際日報，民91）。居高
不下的失業率造就的失業問題最直接的衝擊就是家庭經濟問
題，而當一個家庭發生經濟問題時，要如何維持夫妻感情、
親子關係與家庭生活品質更是一大挑戰；更嚴重的是，當家
庭連日常生計都有困難時，許多社會問題就因此而產生！有
鑑於此，有些家庭能安然的度過失業的危機等待機會重新出
發，有些家庭卻在失業的衝擊中立刻陷入窘境引發家庭危機
，有道是「凡事豫則立，不豫則廢。」、「平時有準備，急時
不用愁。」！由此可知，家庭經濟對經營整個家庭、甚至整
個社會環境的維持而言是非常重要的。

　　談到家庭的經濟，就不免要提到「家庭資源管理」（Family
Resource Management），國人可能對「家庭資源管理」一詞
感到陌生，一般人最直接的聯想就是對於家中財務的管理，
也就是我們常說的「理財」。然而，「家庭資源管理」不單指
家庭的財務管理、更非只有金錢層面而已，而是擴大至家庭
內與社會上所有可以接觸到的各種資源的運用及管理。因此
，小自家裡柴米油鹽醬醋茶的使用、大到如何聰明消費與投
資、家中人力資源的提升、做好節約能源及資源回收、居家
環境美化與休閒生活的安排等，包括所有的財物、人力與環
境資源的運用等都是家庭資源管理的內容。換言之，「家庭
資源管理」事實上和我們以往所稱的「理家」、「家管」有異
曲同工之妙，只是隨著時代的演進，我們「理家」的觀點及
方式必須有所調整，例如：以往的理家可能只是女性的專職
，而且內容僅止於家中的財務管理，然而今日的理家則牽涉
到更多層面，也就是說我們對於「家」的看法需要重新檢視

與再做反省（蔡慧貞，民89）。總之，若每個家庭能將家庭資源管理觀念落實到家庭生活中，從每天日常生活中確實做起，就可以使每天的生活既充實又有意義！

我們總以為「家」像一棵大樹一樣的照料我們、滋養我們；相對的，我們也要時常灌溉這棵樹、供給養分肥料，才可以使它更成長茁壯。「家」也如同公司或團體的運作一樣，需要成員們為它效力、付出心力、相互合作、共同經營才可以使它更美好；也需要成員們要一起設定目標、共同努力來面對及處理家中每天的大小事物，才可以在有限的資源中做最有效的運用，以促進家庭之幸福，因此，「家」是需要經營與管理的！本文將針對家庭資源的理論基礎與內容與家庭資源管理的定義、過程、方式與相關概念做說明，再將家庭資源管理教育的目的、假設、實施等層面加以澄清，並提出未來家庭資源管理的挑戰以做為教育人員及大眾的參考。最後，再將台灣目前關於家庭資源管理教育的推展情形加以介紹。

⚙ 理論基礎論述

　　自古以來，在每個社會中就有「理家」與「家管」的觀念，而能不能把「家」理好，更是每個女人最在意的神聖使命，甚至攸關到她在家中的地位與對自己的看法！然而，雖然理家是每個家庭生活中存在已久的事實，卻很少有人特別重視它，因爲它就像呼吸一樣已成爲生活中的一部，以至於習以爲常、對它沒有特別的感覺！此外，我們也都聽過「家和萬事興」的道理，卻很少注意爲何有些家庭做得到，有些家庭卻終日問題不斷、紛爭不斷。探究其因：「家」，是每個人成長過程中最需要可以提供精神慰藉之處，然而每個家庭內的資源是固定的，無論家境是富有、貧窮或者是小康，在選擇或決定這些資源如何分配時，常會有非配不均的現象發生，許多家庭糾紛因此而來。有鑑於此，如果所有人都可以更重視「家庭資源管理」，對其理論基礎與家庭資源管理的意義與內涵有更深入的了解，將有助於家庭生活之和諧與幸福！幸好在1984年，美國家庭關係全國會議（The National Council on Family Relations, NCFR）根據多年的文獻檢視與整理，提出「家庭生活教育」的三個程序和七個主題，三個程序分別是「溝通、作決策、解決問題」，而七個主題中則包含了「家庭資源管理」（林淑玲，民89；高叔清，民90；黃迺毓，民88；Arcus, Schvaneveldt, & Moss, 1993）。從此之後，家庭資源管理才日漸爲人所注意。談到家庭資管理

理論基礎，其涉及範圍甚廣，以下逐一論述：

家庭資源的內容

所謂「工欲善其事，必先利其器。」要做好家庭資源管理，首先必須先對家庭資源的內容加以認識與了解。就一般人而言，對於家庭資源的內容可能總以為只有「錢」而已，其實不然，家庭資源的內容應該擴大到家庭中與社會上所有可利用的各種資源，概分為人力的以及非人力的資源等。國外學者Retting、Rossmann和Hogan（1993）等人指出家庭資源應包括：

非人類的資源

經濟（時間與金錢）、環境的（水、火力等）、技術的（電腦、發明等）。

人類的資源

指的是人力資源，包括：知識、情感、認知、智慧與經驗等。

而國內學者謝高橋（民86）指出，家庭資源可分為：土地的、人力的以及社會的資源等三大項。再者，蔡慧貞（民89）則將家庭資源分為：人力資源、環保資源以及消費理財等三大層面。綜合以上所述，我們可以說家庭資源包含了：人、事、時、地、物，等五大層面。

人力資源

包括了人類的健康、知識、情感、認知、智慧、經驗、技術以及體力等。特別是在重視醫療保健的今日，保持身心健康是一切的基礎；此外，提升教育水準、充實自己才能、提升自己心智才可以提昇整個人力資源的品質。

事件資源

指的是對於事情與問題的認知、掌握、處理、決策及追蹤與反省等。特別是家庭中發生了一些變化或事件或危機等，若能妥善處理則可化危機為轉機；反之，或許會帶來家中更大的災難，所以這些事件何嘗不是一個考驗及提供家人學習應變能力與增加凝聚力的機會！

時間資源

所謂「時間就是金錢」，尤其在這分秒必爭的時代，時間也是極重要的資源。像是交通工具的便利、速食業的快速發展、網際網路的暢通都是因應「時間至上」的時勢所趨。

土地資源

包含了所有的天然資源，如水、土壤、空氣、石油等各種能源。這些資源在人類不斷的開發利用下，即將面臨匱乏的階段。所以如何珍惜現有資源與開發新的資源以及做好環境保護，是所有人類的共同課題。

物質資源

就是我們最常提到的經濟資源，包括了金錢、各種動產、不動產等。尤其近日景氣日益低迷、銀根緊縮，家庭不僅要會「節流」，更要學會「開源」，如何投資理財已經成為每個家庭必修的功課了。

根據以上家庭資源的內容，我們可以知道：小自家裡柴

米油鹽醬醋茶的使用、大到家中人力資源的提升與居家環境佈置以及日常生活的安排計劃等，包括所有的財物、人力與環境資源的運用等都是家庭資源管理的內容。而將這些資源內容充分的認識與分類之後，家庭成員可以一起列張表格，仔細檢視家庭中現有的資源有哪些？哪些是尚未發覺或未善加利用的？而又有哪些資源是過度消耗或是運用不當的？做好檢視工作之後，就可以針對這些資源的特性與使用情形做妥善規劃及運用，而這些規劃與運用就是所謂的「家庭資源管理」。只要做好家庭資源管理就得以讓每天的家庭生活有條不紊並能增進家庭生活品質，藉此也得以謀求家庭最大的經濟效益。

家庭資源管理的相關理論

家庭資管理的相關理論有很多，諸如：家庭生態系統、家庭動力學、經濟學、管理學與環境生態學等，以下就最主要的理論加以介紹：

家庭生態系統

家庭就像一個生態系統，整個生態系統中的每家庭成員間就又一個次系統，而這些次系統間又會緊密互動、交互影響；其次，家庭系統和外面社會網絡又連結成一個超系統，而在這整格系統中各系統都彼此交互作用、互相影響。總之，整個家庭生態系統是由這些次系統、系統與超系統緊緊相扣、互相連結成的整體，而家庭就在這些過程中成長與發展，彼此共生共榮（Bronfenbrenner,1979;01son & Defrain, 2000）。而家庭資源管理就是依據此生態系統概念形成的，因為家庭資源管理是透過所有家庭成員共同設定目標與計劃，

將家中與社會上所有可利用的各種人力、物力、財力等資源加以整合與運用，過程中藉由決策、計劃、溝通及組織活動，將一切的人力、物力資源與價值及信念統整到家庭生活中，以促進生活品質爲目的（高淑清，民89；蔡慧貞，民89）。

家庭經濟學

家庭除了有生育、情感、社會化等功能之外，經濟功能也是其中之一（黃迺毓，民80；藍采風，民85；Berk, 2000），因爲在每天家庭生活中持續進行著生產、消費及分配等經濟活動，因此我們可以認定「家是一個經濟單位」（Retting, Rossmann, & Hogan, 1993）。即使隨著時代的變遷與社會環境的改變，家庭不再是從事生產工作的唯一單位，卻仍是一個重要的經濟單位，因爲每天的家庭生活都和經濟活動息息相關，尤其是家庭幾乎已經成爲一個特殊的消費單位，舉凡像日常生活的消費、教養子女的投資、健保與保險、水電瓦斯石油等天然資源的使用以及等，都屬於家庭的經濟活動，而這些活動就是所謂的家庭資源管理。

管理學

隨著社會的變遷與時代的脈動，「管理」的觀念已經深植到社會中的各個角落，小自個人的時間與財物管理、家庭資源管理、大到公司行號人力資源管理甚至國家的各種資源管理，「管理」幾乎成爲生存與競爭的必要方法與手段。因爲唯有做好管理工作才得以減少不必要的浪費，更可以達到「人盡其才、地盡其利、物盡其用、貨暢其流」的境界。顧名思義，「管」就是管制、「理」就是處理、整理，因此「管理」就是對事物加以管制、運用及處理；而運用在家庭中，就成爲「家庭資源管理」。顯而易見的，家庭資源管理不是靜止不動的，而是一種動態的過程，以「問題解決、決策選擇

及落實決策」等三大重心加以貫穿（高叔清，民90；黃迺毓，民88；Retting et al.,1993），而這三大重心是一種相互依賴與適應的過程，是從改變開始、也從改變結束。簡而言之，家庭資源管理過程必須透過家人相互溝通、選擇、做決定、做出完善的規劃，並將這些規劃落實到每天生活中（高淑清，民89）。

以上是家庭資源管理最主要的相關理論介紹，此外，家庭資源管理還涉及：社會學、人類生態學、人類發展、家庭發展、環境工作與健康、消費者與經濟、人口策劃等，因為家庭資源管理牽涉範圍甚廣，諸如：資源、倫理、價值觀、問題解決、溝通、決策等，因此只要和家庭生活有關的，都可以視為其理論基礎。

家庭資源管理教育的概念性架構

家庭資源管理教育牽涉到幾個基本概念性架構，如：家庭資源管理教育的前提為何？其基本假設是什麼？該如何訂定方案？又牽涉到哪些層面？這些都和其基本概念架構有關。所以家庭資源管理教育必須有其基本的概念性架構，藉著這些概念性架構才得以發展出許多家庭資源管理教育的全貌，其中包括：人類生態系統架構、實際的問題解決架構、批判性思考架構及家庭生命週期的架構等（Retting et al.,1993），以下逐一介紹：

人類生態系統架構

指的是探究在家庭資源管理教育時，應以教育為觀點並以整個人類生態為主要觀點，因此必須有全面而廣泛的思考與想法，並能從中去檢視其間的細微觀點。舉例而言，像環

境資源的議題就必須擴大視野到全球資源使用與分布情形、
家中經濟問題可能和整個大社會環境有關等。

實際的問題解決架構

　　家庭資源管理主要是以問題解決爲主，因此在實際解決
問題的過程中，必定牽涉到許多層面，如：問題分析、價值
觀、決策核心等，都和實際解決問題過程中有重大的關聯。

批判性思考架構

　　批判性思考提供的家庭資源管理教育另一種視野觀點，
藉此可以檢視當中的每一步驟、以及人類所忽視或未曾發覺
的層面，比如說：家庭資源管理牽涉到家中的權力結構問題
，以往大多只注重夫妻間的權力關係，但是家中其他成員，
如祖父母、子女等人在家庭資源管理中又扮演何種角色、居
於何種地位？這也必須透過批判性的觀點去思考與檢視。

家庭生命週期架構

　　就如同美國家庭關係全國會議（NCFR）所言一樣，每個
不同的家庭週期都有其不同的發展重點，也有不同的問題待
處理。因此家庭資源管理教育必須依照不同的家庭生命週期
去安排規劃。例如：處於家庭創始期的家庭和育有青少年子
女期的家庭，其資源管理內容與過程就有明顯不同，因此教
育課程也必須加以調整。

　　有鑑於以上不同的概念性架構，在制定家庭資源管理教
育課程或方案時，必須整合不同的概念兼顧不同觀點，以開擴
的視野去檢視家庭資源管理教育的各個層面。此外，爲了要
綜合資源管理的種種觀點，所以也必須橫跨家庭生活教育其他
主題的部分，也就是說家庭資源管理教育並非單獨存在，而
是必須融入其他家庭教育領域中，如親職教育、兩性教育等。

家庭資源管理相關議題分述

家庭資源管理是發生在每天的家庭生活之中，透過家庭資源管理才可以使家庭資源保持流通與平衡；而唯又有做好家庭資源管理才得以使家人共同努力齊心一意、產生相互扶持的力量、並激發出愛的感覺，這也就是家庭資源管理的目的之一。因此，對家庭資源管理的內涵、定義、過程與方式的了解、以及制定家庭資源管理教育方案有關議題之檢視，就顯得格外重要！以下逐一論述：

家庭資源管理的內涵

家庭資源管理包含哪些內涵呢？上文提到美國家庭關係全國會議（NCFR）在1984年將「家庭資源管理」納入家庭生活教育的領域當中（Arcus et al.,1993），其內涵牽涉到許多層面：

就家庭而言

不同生命週期家庭（如家庭初始期或子女離家期）及不同結構家庭（如單親、雙薪家庭、重組家庭等）都有不同的重點。

就個人而言

兒童、青少年與成年期分別有不同之內涵（林淑玲，民
89），此外，老年人的家庭資源內涵也是很值得重視的。

綜合而言，家庭資源管理內涵包含了家庭所有的時間與財
務的規劃、人力資源的發展與利用、價值觀與目標的建立、以
及選擇與消費、家務與休閒等事物的安排與處理等內涵，舉凡
像：日常生活的消費、教養子女的投資、健保與保險、水電瓦
斯石油等天然資源的使用以及等，都可歸類其中（蔡慧貞，民
89）。

以下列出美國家庭關係全國會議所訂定之家庭資源管理
內涵，提供各位參考。

家庭資源管理的定義

根據美國家庭關係全國會議（NCFR）所規定的家庭資源
管理內涵，我們知道家庭資源管理是一個動態的過程，包括
「問題解決、決策選擇及落實決策」等（黃迺毓，民88；Retting
et al.,1993）。也就是針對家中所有的「人、事、時、地、
物」等資源做妥善的規劃與運用，而這些規劃與運用可以大
致分為常態性的與偶發性的資源管理兩種：

常態性的資源管理

是指發生在每天的家庭生活中，針對家中每個人的所有
大小事物、可預期的狀況、或是依照家庭生活週期發展做好家
中資源的規劃與運用，比如：新婚時期的購屋計劃、子女的教
養投資與計劃、個人身體的保健等、家庭環境的安排佈置等。

表1.國家庭關係全國會議（NCFR）所定之家庭資源管理內涵

	家庭	青少年	成年
家庭資源管理內涵	＊照顧所有物 ＊學習時間和作息規則 ＊發展天賦與能力 ＊使用和節約人力和非人力資源 ＊空間和隱私的重要性 ＊學習做選擇 ＊選擇和消費（食物、衣物、娛樂） ＊使用金錢 ＊影響消費者決定的因素（個人價值觀、價格、媒體、同儕）	＊運用個人資源 ＊評估及改變個人及家庭資源 ＊選擇資源以滿足個人需求（食物、衣物、娛樂） ＊規劃工作、學校和休閒的時間 ＊調適隱私權和獨立性 ＊發展休閒興趣 ＊根據價值觀做選擇 ＊選擇長期和短期目標 ＊做決定的責任 ＊探索生涯抉擇 ＊影響消費者決定的因素（個人價值觀、價格、媒體、同儕）	＊發展個人資源 ＊資源的消耗與保存—結婚與不結婚 ＊運用資源以滿足家庭需求（食物、衣物、居所） ＊人力資源利用 ＊平衡家庭與工作角色 ＊發展休閒興趣 ＊家庭成員對於隱私和獨立自主的不同需求 ＊經濟計劃 ＊建立短期和長期目標 ＊對於使用家庭資源的不同觀點 ＊發展人力資源以作生涯抉擇 ＊影響消費者決定的因素（個人價值觀、價格、媒體、同儕）

資料來源：轉引自林淑玲（民89）。"家庭與家庭教育"，家庭教育學，頁20-21。

偶發性的家庭資源管理

指的是家中突然發生的狀況與問題的處理與解決，比如

說失業、家裡有人生病、或是中了樂透彩等,而這些處理解決的過程中又必須考慮到家庭的背景、現況與情境做適切的規劃以發揮家庭的功能,並透過溝通、計劃與做決策的過程,將家庭的各種資源做最有效的結合與運用,以增進生活品質。

綜合以上,我們可以說「家庭資源管理」乃是把整個家庭生活所有大小事物做妥善的安排規劃處理,簡而言之,就是現代觀點的「理家」(蔡慧貞,民89)。一個家庭的成長有賴做好家庭資源管理工作,因此有賴於所有家庭成員共同設定目標與計劃,將家中與社會上所有可利用的各種人力、物力、財力等資源加以整合與運用,過程中藉由決策、計劃、溝通及組織活動,將一切的人力、物力資源與價值及信念統整到家庭生活中,以促進生活品質為目的(高淑清,民89;蔡慧貞,民89),而這整個就是家庭資源管理。

家庭資源管理的過程與方式

家庭資源管理藉由問題解決、決策選擇及落實決策三大過程完成,然其中牽涉到究竟要以何種方式完成這些過程?究竟誰是主要的決策者?等議題,以下逐一論述:

以何種方式完成資源管理的三大過程

在家庭資源管理中牽涉到問題解決、決策選擇及落實決策等過程,而完成這些過程的主要方式就是「溝通」,唯有透過家人溝通,才能做出適切的選擇、才能做出完善的規劃、也才能將規劃齊心合力的完成,才能達到家庭資源管的目的。至於家人該如何溝通呢?Retting(1993)等人提出以透過父母和子女共同參與討論和做決定之「家庭會議」方式與過

程來經營家庭資源管理。因為唯有全家共同以民主的會議方式，才能溝通觀念、認清現實與希望之差距、了解個人與家庭之目標，做出適切的選擇與決策，並能兼顧個人意見且達到家庭目標。於是乎，家庭會議也成為家庭生活中的一部份。

誰是主要決策者

此議題牽涉到家中的權力關係與結構的問題（凌月，民87；魏秀珍，民86）。以往，傳統家庭兩性各有明顯的職務與角色模式，雖然「理家」、「家管」時常是妻子的責任，然而父親卻是「一家之主」，是家中權力中心、是家中的經濟來源，因此也是唯一決策者。但隨著時代變遷，婦女紛紛就業導致在社會與家中的地位提高，家中該由誰做決策已經和性別角色不再有直接的關聯。此外，現代家庭子女人數少，許多父母成為唯子女之命是從的「孝子」、「孝女」，因此，家中的權力結構、決策核心都應該有所改變。許多人開玩笑說掌握家中電視遙控器的人就是家裡權力最大的人，所以家中決策者應該就是那個非卡通不看的小朋友了？這當然是笑話，但從中我們可以察覺到現今家庭中的「父母」（特別是父親）幾乎不再是家中的唯一決策者，取而代之的是全家共同討論、根據現實情境而做不同的決策，亦即家中不會只有一個唯一決策者，而是針對問題情勢、現實情況，「因人、因事、因時、因地、因物」做出適切的決策。比如說買房子或家庭旅遊計劃就必須透過全家共同討論完成；而參加才藝班、買電腦或是升學選填志願，就可能以子女意見為主。由此可知，主要決策者應該是和該事物最切身的人；再者，他本身還必須對問題及所有事物有最通盤的了解，也要對決策後的結果或轉變有所了解與準備。此外，他也必須考量其他所有相關之因素，如當中的適應過程、其他家人的意見以及所必須承擔的責任等，而這些考量與思索也都是家庭資源管理過程中

的一部份。以下列出家庭資源管理的過程，供各位參考：

表2. 家庭資源管理的過程

問題的解決、決策、選擇及決策的完成

設定價值標準及維持標準

目標的確認、同意及先後順序

資源的生產、分配、消耗、保存、投資及交換

資訊的接收、處理及分享

計劃之組織、促進及完成

協調之控制、確認、調解、評價及革新

溝通之完成、協議、和解

領導、動機、監督學習及社會化

資料來源：Retting , Rossmann, & Hogan (1993). "Educating for family resource management." Handbook of familylife education: Preactice, p.120

家庭資源管理教育的議題

從上文我們清楚的看出家庭資源管理對家庭生活的影響，因此益加地顯示出推行「家庭資源管理教育」(Educating

for Family Resource Management）的重要性。根據Retting
（1993）等人指出，家庭資源管理教育的主要前提是將價值觀
、目標以及決策過程做有意識的運用，如此將可以增進人力
資源在產生、交換、使用時的有效性，且亦可增加非人力資
源耗費交流、並保有投資或保存的效用。也就是說做好家庭
資源管裡教育可以達到所謂的「人盡其才、地盡其利、物盡
其用、貨暢其流」之境地！以下就將家庭資源管理教育的目
的、相關議題加以探討：

家庭資源管理教育的目的

　　家庭資源管理教育的目的是顯而易見的，根據高淑清（
民89）指出，家庭資源管理教育的目的是要協助人們縮短期
望、需求與現實資源的差距，可以幫助家庭善用有限的資源
，實踐家庭重要的目標和價值。我們時常可以看到有些家庭
雖然經濟貧困，但是他們能珍惜彼此、善用各種資源，因此
即使物質缺乏但心靈卻十分充實、一家人和樂相處；相對的
，有些人雖家財萬貫，卻胡亂揮霍、坐吃山空、以致家道中
落；或是永不滿足，整天汲汲營營，錯失和家人相處的寶貴
時光，因而家庭破碎的例子也層出不窮。因此，唯有做好家
庭資源管理教育才能平衡個人與家庭、增進全家之的和諧幸
福！尤其台灣最近景氣低迷，失業率居高不下，每個人面對
家中經濟來源減少，該如何維持基本家庭生計對每個家庭而
言可能都是一大問題，正所謂「饑寒起盜心」、「貧賤夫妻百
事哀」，最近許多社會問題正是因為家庭經濟問題所引起。有
鑒於於此，推動家庭資源管理教育是極必須的，唯有透過家
庭資源管理教育才可以縮短理想和現實的差距，使個人及家
庭在有限的資源中尋求最大的效益，使家庭生活更加符合個
人及家庭的期望，也使得社會能因此而更安定祥和。

在學習管理的過程之假設

Retting（1993）等人根據人類生態系統管理的教育角度、解決實務問題時所需要的批判性思考等概念性架構，提出學習資源管理過程的基本假設，如下列所述：

（1）學習者在環境條件中必須檢視問題以解決價值衝突問題。此外還必須確定目標及標準以及檢查資源和方向的過程與選擇使用。

（2）學習者必須意識到關於重要的決策過程，特別是對於個人的價值優先與衝突等議題，如個人與家庭資源的分享與選擇等問題以及如何處理並解決實際家庭問題等。

（3）學習者必須使用認知能力來分析及綜合評價整個關鍵性的思想過程，能從正反兩方面考慮事實和價值的爭論、能做調解評價以及綜合分歧的觀點等。

（4）學習者能執行決策與計畫，並且評估其效益。此外，也必須在先前的思考過程中依據既有的事實根據以達到預期的目標，然後再從內在過程開始著手處理管理事宜，直到執行完成並做成評鑑。

（5）學習者須注意到在溝通的過程中或許會因為一時想法的改變而造成內在的不安或延緩處理的時間，這是經常有的事情，但只要保持客觀和理性去進

行與處理，就可以接受。

根據上述關於學習管理過程的假設，我們可以清楚的了解在這些學習過程中有關於學習者的角色、會產生的各種情境與發生的問題等，透過這些假設得以對管理的過程更清楚與了解。

整合資源管理的內容

資源管理教育究竟該從家庭生活教育中獨立出來或是整合到家庭生活教育各領域中？而有哪些內容須加以整合且又該如何整合？舉例而言，像「家庭生活週期」教育架構中提出家庭資源管理教育內容應該可以、或者根本就應該從家庭和社會、家庭互動、人類發展與性、人際互動、親職教育、道德等領域中區分出來。然而我們知道家庭資源管理是一個動態的過程、是家中每天都會發生的事，它和家庭裡的所有層面都有密切關聯，所以這種區分不但沒有給予家庭資源管理更明顯的好處，反而還可能無法傳達給學習者有關於家庭生活範圍內一系列的管理過程（Retting et al.,1993）。因此將家庭資源管理的內容加以整合是極其必要的。

至於家庭資源管理的內容究竟該如何整合呢？Retting（1993）等人認為：

（1）已呈現的資源管理內容必須清楚地標明，好讓學習者能根據定義加以確認，比如充實婚姻的方案是要鼓勵夫妻互相溝通、瞭解彼此好的個人特質（人類資源），並且能夠一起分享目標以及完成未來的計畫。像這些都算是管理的過程，然而，大部分充實婚姻的教育課程卻沒有如此標明。

（2）須重視或強調已經呈現在有關資源管理文獻上的內容。此外，文獻上較少提及或未加整合的，如家庭生命週期階段與家庭關係的文獻中較少提及關於金錢與時間管理發展任務，因此教育人員必須將所有相關文獻加以整理整合。

（3）一些已經遺失的資源管理內容，若經過判斷是特別重要的，就應再添加進去，比如說將家庭資源管理教育整合到「家庭與社會」及「親職教育」中（Retting et al., 1993）。

此外，像是家庭中的資源與社會資源的整合、家庭資源管理和社會的關係、家庭資源管理教育課程與其他家庭教育領域的關係等議題，都必須重新檢視並加以整合。

台灣家庭資源管理教育現況

我國國中、高中及大學中有一門學科叫做「家政」，英文原文是「Home Economics」，也就是「家庭經濟」，因此大多數的人也自然而然的把家政視為理財了。但從中文字面上來看，「政

」是眾人之事，而「家政」也就是家庭中所有的事，所以應該是以「家管」或「理家」的觀點做解釋較正確，而家中必須管理的除了財務方面之外，也包含了所有的人事時地物的資源。從上文我們了解到實施家庭資源管理教育的重要性，然而台灣的家庭資源管理教育的研究成果為何？推行現況又是如何？又有哪些值得特別關注的議題呢？以下針對台灣的家庭資源管理教育研究結果與推行現況做簡單介紹，並提出台灣在實施家庭資源管理教育時所面臨到的社會議題與隱憂，以做為從事家庭資源管理教育研究及方案制定與推行有關人員的參考。

台灣家庭資源管理教育的研究結果

在上文中提到，美國在1984年的家庭關係全國會議（NCFR）將「家庭資源管理」訂定到家庭生活教育的領域中，也將家庭資源管理的內容、定義目的等相關層面做了完善的研究與規定（Arcus et al., 1993）；反觀國內，雖然中國自古即有「理家」、「家管」等名詞，但在國人心中何謂「家庭資源管理」可能還尚未十分清楚，因為國內目前關於家庭資源管理方面的文獻並不充足。以往國內的相關文獻多只注重在家庭的經濟行為與家庭中的權力結構以及決策等議題方面而已，比如像家庭理財與決策問題、家庭主婦的經濟問題或家務分工方面等（魏秀珍，民86；魏子容，民87），或是貧窮家庭的經濟問題方面，像是關於單親家庭或老人家庭的經濟問題等（李淑菁，民89；林長杰，民89；劉美惠，民89），然而正式研究與介紹「家庭資源管理」的文獻及書籍仍十分缺乏。在89年師大書苑發行的「家庭教育學」一書中，林淑玲與高淑清兩位學者分別參考外國文獻將家庭資源管理的相關內容與議題做了簡單的說明與

介紹，包括家庭資源管理教育的內涵以及介紹國外家庭資源管理教育推行現況等。而教育部社教司在89年發行了一系列的「台灣地區家庭教育資源手冊」，其中由蔡慧貞所著的「家庭資源管理」一書將家庭資源管理分為人力資源、環保資源以及消費理財等三大層面，並以實例說明家庭資源管理的過程與相關議題及方法，內容淺顯清楚且具體，十分適合社會大眾閱讀。另外，在90年12月由中華民國家庭教育學會主編的「家庭生活教育」一書中，「家庭生活教育的本質」（許美瑞，民90）和「家庭生活教育與社會資源」（高淑清，民90）兩篇文章也都提到家庭資源管理；此外，書中由學者魏秀珍(民90)撰寫之「經營家庭的利器－談家庭資源管理」一文將家庭資源管理做了十分詳盡的介紹，是一本值得所有關心家庭教育者必看的佳著。

台灣推行家庭資源管理教育的現況

我們知道美國早已將家庭資源管理教育視為家庭生活教育的主題之一，許多教育機構也早已開始實施家庭資源管理教育，像俄亥俄州立大學還成立了「家庭資源管理學系」（The Department of Family Resource Management, The Ohio State University），其重點除了家庭內的資源管理方面之外，更注意到全球資源方面的管理，尤其是人類的消費行為對環境資源所造成的影響與結果；此外也著重在以家庭為經濟單位的觀點與社會環境所產生的交互影響（Jackson & Wasnich, 1997）。而美國職業教育學會(American Vocational Association)的家政教育部門(Home Economics Education Division)也將其視為指出八個家庭生活教育的使命之一(黃迺毓，民88)。反觀國內，雖然也有一些大專院校，如師範大學、空中大學、

文化大學、實踐大學、屏東科技大學、台南女子技術學院等也開設家庭資源管理相關課程，授課目的是藉由對家庭資源、管理及操作的認識，使學生了解如何運用家庭中的有限資源，達成家庭成員個人及共同的無限目標，以滿足家人最高的需求。而授課內容主要包括：介紹家庭系統概念以及價值、需求、目標、資源、決策、計劃、執行、控制與溝通在生活資源管理中的作用，以增進生活技巧及解決問題之能力。然而，雖然這些課程將家庭資源管理甚至所有生活管理的內容都包括進去，但卻都是隸屬於家政學系、應用生活學系或人類發展學系的課程之中，而非獨立的科系，故仍須教育界的重視，將其獨立為單一學系以發展理論基礎、擴充研究結果並培育出更多專業的家庭資源管理教育工作人員，此將更有利於國內家庭資源管理教育的推展。

此外，現今高中家政課程也將家庭資源管理納入其中；其次，以往國中三年級上學期公民與道德一科也有包含家庭資源管理的課程，其內容包括：家庭的經濟功能介紹、家務分工與理財及惜用家庭資源等。再者，近幾年來各級學校及社區的家庭教育活動中也開始將「家庭資源管理」納入活動課程當中，如：高雄市立光華國中、獅湖國小自及和平國等小自87年左右起就依據教育部公佈的「邁向學習社會白皮書」推行一系列的社區家庭教育及親職教育活動等，其中的家庭資源管理部份主要以演講方式介紹家庭理財、善用資源與親子消費教育，此外也有以親子籃球運動、烤肉等同樂方式進行，讓成員在活動過程中體驗出家庭管理的意義。此外，在電腦上各個搜尋入口網站中也可以找到跟家庭資源管理有關的網路消息，不過幾乎多偏重在投資理財、消費與環保或家務管理實務等方面，較缺乏理論的介紹以及如何以宏觀的角度看待全球性的資源議題。綜合而言，雖然家庭資源管理教育在教育部及各級學校與社區團體的推動之下漸為大眾所

認識，但其理論與相關內容及定位並非十分明確，而且未十分普及，因此即使我們自古就有「理家」與「家管」的觀念，但總認爲它就是家庭財物的管理、或只是女人的柴米油鹽醬醋茶等雜物處理而已！所以該如何重新思考、如何以現代的觀點來從事家庭資源管理、如何有效推行家庭資源管理教育等，都將是每個個人與所有家庭都須學習的，也是所有家庭教育工作者的任務與挑戰！

台灣推行家庭資源管理教育的議題與隱憂

家庭資源管理教育牽涉到許多層面，包括價值觀議題、文化背景與與生活水準等議題，在台灣亦是如此；特別是價值觀問題、環境資源與貧富差距等都是台灣推行家庭資源管理教育所必須格外重視的。特別是以往「台灣錢淹腳目」的時期養成許多人揮霍無度的習慣；如今因爲產業外移、失業率攀高、景氣低迷、銀根緊縮，有人一時無法適應因而發生了許多社會問題，這些也都是台灣家庭資源管理教育必須重視的課題。此外，由於社會變遷，家庭雖然還保持有經濟功能，然而家庭卻無法再自給自足，因此，社會資源與支持網絡的整合也有其必要性與急迫性。以下提出本人認爲和家庭資源管理教育有關的議題與社會現象，做爲大家的參考。

世代價值觀差異、該如何調整

有許多人將這一代的青少年稱爲「草莓族」，意指他們在父母細心照料與呵護下成長，外表光鮮亮麗內心卻十分空虛

脆弱，一捏就碎，無法面對壓力與危機。因此許多青少年生活缺乏目標、總覺得生命沒也意義，故而沉溺在虛無的網路世界中；也有些人因爲受不了壓力、無法解決問題而走上迷途或自殺。此外，現今的青少年時常崇尚名牌、拼命花費，所以父母必須拼命的賺錢才可以提供他們的消費。因此在台北市西門町、東區、全省各大商圈，一到假日就聚集了無數的青少年消費享樂；此外，許多歌星演唱會、簽唱會、流行商品發表會與展覽等也幾乎到處都有青少年的蹤跡。近日更掀起所謂「哈日風」與「哈韓風」，只要一有日韓偶像到台灣宣傳，一大堆學生翹課去接機，機場幾乎發生暴動；而各種日韓商品更是買氣不斷、生意興隆、業績蒸蒸日上，消費者卻幾乎都是不會賺錢的青少年！台灣經濟持續惡化，大人們面臨失業的危機只好縮緊銀根，然而青少年卻不事生產，拼命花錢追求物質享受，這眞是一個値得憂心的現象！因此，政府以及社會大眾即將面臨到的是另一種危機：這些草莓族將來該何去何從？他們的價值觀與消費習慣是否能適應未來的社會？他們的下一代又會成爲什麼樣子？這些都是値得深思的問題！

環境資源日益匱乏、人民如何因應

台灣原有的各種天然資源面臨即將匱乏的地步，然而人民卻沒有警覺心，依然不斷的揮霍與浪費，比如在山坡地濫墾濫伐造成水土流失，不肖業者盜採盜挖河川砂石使得每遇風災水災必定造成嚴重傷亡。此外，在地球溫室效應下，各地夏天氣溫屢創新高，然而卻有許多受不了熱的民眾任由冷氣一直吹才撐得過炎熱的夏天，殊不知過度使用冷氣就是造成氣溫上升的原因之一。此外，因爲夏天用電過量而造成電廠跳電的情形也時有所聞，還有一些人也因爲受不了過高的氣溫而生病甚至熱死，這些現象正是人類過度開發、過度追

求一時享受所造成的困境。再加上近年久旱不雨,每到夏天各地水庫時常達到警戒水位,各種限水措施才讓民眾驚覺水資源竟是如此珍貴!再者,人民垃圾分類未能落實、政府資源回收未確實施行、廠商食品禮物過度包裝、商家塑膠袋使用過度等而造成的種種垃圾問題也是台灣一大環保問題。綜合以上問題,未來台灣在推行家庭資源管理教育時,更應教育民眾要愛護環境、做好環保,所有人都能以「地球人」自許,確實好好愛惜與保護我們現有的生存環境!

貧富差距拉大、各地資源分配不均

自由經濟的結果造成了嚴重的貧富差距,也造成了全球資源分佈不均的現象,以國家而言,已開發國家掌握了極大多數的各種資源,包括人力、經濟與各種能源,所以更可恣意加強各種建設以增強國力;然開發中國家與未開發國家在極少數的資源中想要發展建設,無異是緣木求魚!惡性循環之下造成富者愈富、窮者愈窮的現象,在台灣亦是如此!因為失業率節節升高,有人為了生計而犯法、有人連每天三餐都成問題,但卻也有人大啖鮑魚、魚翅、出入以百萬名車代步、手握百萬的高爾夫球證、居住在上億元的豪宅當中,正所謂「朱門酒肉臭,路有凍死骨。」由於社會嚴重的貧富差距與資源分配不均,已經造成許多社會問題。此外,貧富差距造成人民價值觀的改變,許多人為了追求物質生活不惜出賣靈肉,因此造成許多年輕人及學生去從事「援助交際」或盜賣光碟、販毒的社會現象,所謂「笑貧不笑娼」幾乎成為許多人可以接受的觀念,這也是台灣家庭資源管理教育的隱憂。

樂透彩券造成全民瘋狂、社會亂象四起

樂透彩券自從民國91年1月22日發行以來,已造成全民瘋

狂搶購現象，許多社會問題因此產生。報載已經有許多人放著工作不做，四處求神問卜求明牌！日前更有子女因父母丟下他們四處求明牌而向社會局求助的新聞（聯合報，民91），也有許家長拿孩子的學費去簽注，甚至連小孩子在過年時拿壓歲錢去簽注的新聞，更誇張的是有多人一次簽注數十萬公司以及員工上班時翹班出去買彩券或集資購買，等著中獎好把工作辭掉的人。新聞媒體幾乎天天都是樂透的消息，各種光怪陸離的消息已經不是新聞了！而且幾乎每個人都說中了頭彩就把工作辭掉，要去環遊世界、好好享受人生！社會上到處充斥著這些抱持著一夜致富發財夢而將工作和家庭都棄置不管的人，難怪呂副總統會說樂透使得全民養成好逸惡勞、心存僥倖、迷信的心態，成為「社會的土石流」（中國時報，民91）。因為台灣民眾的心態與價值觀幾乎完全偏差了，以前「台灣經濟奇蹟」是由全民共同打拼努力得來的，現在卻是全民總動員大家瘋狂簽注，簽注金額不但破世界紀錄而且還把半年用量的簽注單在短短不到一個月就用完，這也算是現在的「台灣經濟奇蹟」！

此外，社會極遽變遷，導致人類生活型態及價值觀的大幅轉變，消費型態的轉變、思想及價值觀的多元化、家庭與人際關係的複雜、家庭功能日漸式微、家人關係日益薄弱、功利主義、個人主義等種種社會現象，都是從事家庭資源管理教育時所必須格外注意的議題。再者，家庭與社會的關係、家庭資源與社會資源的妥善運用與充實、擴大視野到整個人類生態的觀點等議題，也是今後從事家庭資源管理教育應該多注意的重點。

✦ 未來家庭資源管理教育的工作方向

在台灣，家庭資源管理教育雖然還在起步階段，幸而經過各方推動，逐漸爲社會大眾所重視！至於今後家庭資源管理的家庭教育工作方向，可以從以下幾點加以注意：

家庭資源管理教育方案規劃與實施的假設

家庭資源管理教育方案究竟該如何規劃與實施？其前提是：家庭生活教育的重點是將所有的內容依據人類生命週期的各種需求制定方案與實施。因此關於方案實施的假設必須先加以條列出來，然後根據各種策略及資源管理的內容加以討論並將其整合到家庭生活教育的兩個主要範疇中（Retting et al.,1993）。因此在規劃家庭資源管理教育方案時，應先將參加對象、實施場所、目標與焦點及內容等相關範圍確定，才可以訂定出適切的方案出來。Retting（1993）等人認爲在以下的假設情形中，可以有效地規劃和實施資源管理方案。

推行對象

包括小孩、青少年和成人，也就是所有的家人。

實施場所

包括正式和非正式的場合。

教育目標

要以增強家庭生活教育的所有目標，包括教育、強化、預防、介入、輔導或治療為主。

規劃焦點

應直接集中在家庭資源管理內容和過程上，或間接的在以家庭生活教育其他主要領域的資源管理角度上。

方案內容

包含所有能增強家庭生活教育的所有主題範圍，包括：家庭和社會、親職教育、家庭互動、人類發展和性、人際關係和倫理道德。

遵守以家庭成員為對象、以家庭為主要目標而將家庭資源管理落實到每天家庭生活中的前提下，家庭資源管理教育才可以真正發揮其目的並達到其效用，所以在制定家庭資源管理方案時，必須以能符合這些假設才能達到家庭資源管理教育的目的。

推行家庭資源管理教育的相關議題

對家庭資源管理教育的目的、相關概念性架構有深入的認知之後外,在實際規劃與推行家庭資源管理教育時,還必須注意到幾個相關議題,諸如:如何培訓教育人員、如何推動與教導學員、以及學員的價值觀、文化背景、生活水準與性別等問題、還有如何將理論與實務加以結合,才能符合學員需求與現實所需等,都是必須格外關注的焦點。

培訓教育人員方面

以往學校並無此專業課程、政府也沒有設置專業的培訓課程及檢定的標準(美國早有檢證),因此教育人員的開發與專業化就是一大問題!

家庭資源管理教育的課程與方案規劃

即使有了專業的家庭資源管理教育人員,但是如何訂定家庭資源管理教育的課程以及教育方案的規劃等議題都有待解決。

究竟誰需要學習家庭資源管理

以往都將「理家」視為女人的專職,但是家中的決策者卻是父親,所以究竟誰該接受教育課程?這也是必須加以思索的。

學習者背景問題

不同的性別、年齡、生活水準、文化背景的人也有不同的家庭資源教育課程,像是鄉村和都市需要管理的資源可能就不同、新婚夫婦和喪偶者也有不同的實務問題等。

理論和現實的融合

　　如何將學習到的資源管理課程融入生活中而非僅是空談，對教育人員也是一大問題，特別是現實狀況中有許多情形是無法預期的，因此如何將學習到的內容加以運用自如，是值得注意的議題。

不同領域間的整合議題

　　前面提到家庭資源管理的內容必須加以整合，而家庭資源管理教育也可以整合到家庭教育其他領域中，例如如何和親職教育、生涯發展等領域加以整合等議題。

　　除此之外，家庭資源管理是一個連續不斷的歷程，它牽涉到不同的家庭生命週期、不同的年齡層，所以它是一種終生學習教育。因此基本上，如何能引發人類不斷的學習動機以及保持學習的興趣及意願本身就已經是一大難題了！此外，理想與現實的差距、觀念與態度的調整、如何能知行合一等問題，也是從事家庭資源管理教育時必須關切的議題。

社會資源的整合與運用

　　在本文第一部份曾提到家庭資源的內容小自家裡個人或家庭整體的所有資源，大到社會上所有可利用的各種人力以及非人力的資源都包含在內。根據高淑清（民90）指出，家的安定與和諧要靠經營，且能善用有限的資源，因此除了將有形的家庭資源做好妥善的管理之外，還必須善用利用所處社區有用資源，依賴社會各類的福利機構、宗教機構、慈善團體來支援，提供家庭各種情感、經濟、教育的需求（頁89

-90）。此外，有鑑於目前家庭雖仍保有經濟功能，但卻是以消費爲主要的經濟功能，而現今許多家庭已經無法再自給自足，因此，社會資源與支持網絡的整合也有其必要性與急迫性。至於社會資源該如何整合？而家庭又如何獲取社會網絡的支援與支持呢？以下逐一說明。

　　社會資源指的是凡爲協助個人及家庭適應社會環境之變遷並能滿足國民需求，使其達到健全人格與富足的家庭生活，所提供的有形之物質資源與無形的精神資源（高淑清，民90），因此其涵蓋範圍相當廣泛，小自社區鄰里、大至國家社會，依據不同的依據而有不同的分類，概括如下（資料來源高淑清，民90）

（1）社會資源的來源

　　分爲正式及非正式資源兩種，前者來自政府稅收所提供的資源、及民間的社福單位所提供之支援，後者則是指和個人有關之鄰里親友或志工之支持。

（2）社會資源的型態

　　分爲有形及無形資源兩種，有形的資源指的是實質上的資源，例如人力資源包含的宗教團體、社會團體、學校及志工等，或是物力及財力資源等。無形的資源指的是支持與鼓勵，亦及精神上的協助。

（3）社會資源的内涵

　　包括資源的結構與功能等，整體而言，社會資源功能包括情感、尊重、資訊及實質上的的支持等。

　　以上是各種不同的社會資源，然而如何將這些社會資源結合成可利用的網絡與支持體系呢？首先，必須先考量到三

個原則：多元化及整體性、主動化與開放性、以及整合性與前瞻性等；然後再依據資源整合的涵義、時機、理由、對象及方法（高淑清，民90），進行社會資源網絡的實際整合與運用。亦即先評估與選擇社區中現有的資源，包含了有關的人力、物力及財力資源，將各種資源透過橫向的聯繫與合作、以及縱向的督導與協助，將社會上所有有形與無形、公部門與私部門的各項資源進行合縱連橫，整合成一個可運用的網絡體系，讓人民能依據其需要尋求支持與協助，將社會資源的功用發揮到極致。

魏秀珍（民90）提到：「家庭是社會運用的資源，提供社會進步的動力；若從家庭對於家人的意義來看，家庭提供了個人成長所需要的許多資源，所以，『家庭是資源』表示家庭是個體發展的基本資源，同時更是推動社會的根本機制。」（頁314）。同理可證，社會資源也是攸關家庭生存的要素之一，如果社會能提供家庭充分且可利用的資源網絡與支持體系，相信每個家庭真的能「從今以後過著幸福快樂的日子」，唯有如此，社會才能安定與和諧，因此家庭資源管理教育應該注重家庭與社會之間的關係，加強家庭與社會資源的整合與運用，如此才能真正達到家庭資源管理的目的。

未來全球家庭資源管理教育的重點

隨著交通工具的發達與大眾傳播的無遠弗界，地球上的人類已經成為一個生命共同體，大家必須同舟共濟、禍福與共。特別是在地球資源與環境保護方面，經濟學家馬爾薩斯（Thomas Malthus）早在1789年就提出了著名的「人口論」，指出人類的數量是以等比級數增加而地球的資源卻僅是以倍

數增加，地球有面臨到資源匱乏的危機。而根據侯薩（Philip Hauser，1970）的看法則認為當人口密度接近飽和點時，污染及無法更新的重要資源之耗盡也會造成人類生存的嚴重威脅（資料來源：謝高橋，民86）。特別是地球人口早已突破60億大關，因此如果人類能對於開墾耕種有所節制、並且限制消費以及人口的數量，或者能開發出非物質的資源，人類才可以避免帶來悲慘危險的命運。所以不同領域學者最憂心的就是地球資源的問題，像是環境保護學、生物學、經濟學等，而家庭資源管理教育亦是如此，由此可知未來家庭資源管理教育首要挑戰就是全球性資源問題。

　　有鑑於此，Retting（1993）等人指出，未來家庭資源管理重點是在如何獲取世界性的資源等議題方面，像是如何充分開發環境資源卻又能減少森林、土壤、水、空氣和氣候等資源的破壞，以免一旦面臨所有資源都用盡的威脅。此外，學者Puritans等人則主張一種「自願簡樸」生活型態，將物質慾望減至最低，唯有簡樸的生活才是人類自救的唯一途徑，也是下一世紀人類生存不可逃避的型態。然而，自願簡樸、降低物慾、減少消費卻通常會產生供需失調因而影響到經濟問題、漸而導致失業率的增加，就以台灣現況為例，經濟不景氣以致失業率節節升高，高失業率又導致消費行為減少，消費減少又使得廠商面臨關廠的危機，如此形成一個惡性循環。所以究竟應該自求簡樸或是保持資源流通及運用，真是一個兩難的問題！再者，也有些學者提出要養成「生活夠用就好、勿鋪張」的觀念，或許因而使得家庭面臨到調整價值觀以及改變原有的生活水準的挑戰（Retting et al.,1993），這也是家庭資源管理教育必須格外重視的地方。如今我們已經進入了21世紀，如何在面臨資源匱乏與人類生存危機中繼續發展？如何延續及創造現有的價值觀與文化？這些將是身為地球人的共同挑戰。

結語

　　台灣地區近年連續受到九二一大地震與桃芝及納莉等風災等重大災難的侵襲，使得天然環境與生存空間產生變化，瞬間奪走家庭原有的常態性資源，復甦重建仍在緩慢的進行中，災難與重建都深烙於家庭成員中，也將影響家庭資源管理的觀念與型態。此外，受到全球經濟的影響，原本創造台灣經濟奇蹟的製造加工產業漸漸失去競爭力因而不斷外移或關閉。2002年加入世界貿易組織（WTO）更加衝擊原已岌岌可危的台灣農村家庭，現今的高失業率使許多家庭產生了家計問題，家庭應如何預防、因應與解決，更加突顯出在平日就要養成家庭資源管理的觀念及做好家庭資源管理的重要性！此外，我們自小都聽過「家和萬事興」與「人盡其才、地盡其利、物盡其用、貨暢其流」，也知道這是一個完美的理想境界，但事實上卻非遙不可及！因為只要我們每個人從自身做起，每天做好「家庭資源管理」工作，就可以輕鬆達到；因為唯有做好家庭資源管理，才可以讓每天的生活充實又有意義；也唯有做好家庭資源管理，才可以讓我們在有限的家庭中資源中作有效的運用，達成家庭成員個人及共同的無限目標，以滿足家人最高的需求（高淑清，民89）！由此可知，每個家庭應該將家庭資源管理觀念落實到家庭生活中，從每天日常生活中確實做起，才可以讓每天的生活充滿意義與希望。

本文詳細介紹了家庭資源的內容、家庭資源管理的相關
部分與家庭資源管理教育的議題及台灣推行家庭資源管理教
育的現況與隱憂等內容，目的無非是希望大眾能多了解與重
視這個和我們每天生活都息息相關的課題。此外，在國內尚
缺乏相關文獻之情形下，冀望有更多學者專家從事這方面的
研究，以擴展國人視野並且能發展出真正適合國人的家庭資
源管理課程，並制定出適切的庭資源管理教育方案以符合國
人需求！

參考書目

中文部分

李淑菁（民89）。台灣老年婦女經濟安全影響因素分析。國立台灣大學三民主義研究所未出版碩士論文

屏東科技大學（民90）。家政科課程進修對照表。91年2月1日，取自：
http://ehome.npust.edu.tw/ehome/learn/sbjeck/als-0.htm。

林長杰（民89）。窮人的烙印：以台北市安康平宅為例。國立政治大學地政學系未出版碩士論文。

林淑玲（民89）。家庭與家庭教育。載於中華民國家庭教育學會主編：家庭教育學（頁1-34）。台北市：師大書苑。

胡若梅（91年1月25日）。爸媽求明牌孩子求助生命線。聯合報，六版。

凌　月（87年10月26日）。誰說了算？第一手，45期。90年8月1日，取自：
http://chinavista.com/experience/lingdian/b5diaocha240.html。

許美瑞（民90）。家庭生活教育的本質。載於中華民國家庭教育學會主編：家庭生活教育（頁1-27）。台北市：師大書苑。

高雄市獅湖國小（民85）。親職教育系列活動。90年8月1日，取自：高雄市獅湖國小網頁：
http://www.shps.kh.edu.tw/。

高雄市立光華國中（民87）。推展社區家庭教育計劃。90年8月1日，取自：高雄市立光華國中網頁：

http://www.khjh.kh.edu.tw/。

高淑清（民89）。美國地區家庭教育相關研究回顧。載於中華民國家庭教育學會主編：家庭教育學（頁321-349）。台北市：師大書苑。

高淑清（民90）。家庭生活教育與社區資源。載於中華民國家庭教育學會主編：家庭生活教育（頁83-115）。台北市：師大書苑。

高泉錫（90年7月24日）。孩子學費至少12萬失業家庭繳不起。民生報，頭版。

陳晨柏（91年2月16日）。彩券帶來台灣土石流。中國時報，三版。

國際日報（民91）。失業率 春節後還是不樂觀去年十二月份失業率微降至五‧二二％。91年3月15日，取自：新浪新聞網頁：http://www.sina.com.tw/。

黃迺毓（民80）。家庭教育。台北市：五南圖書出版公司。

黃迺毓（民88）。學習型家庭的課題——家庭生活教育的啟示。載於教育部「學習型家庭研討會」資料（頁25-34）。國立台灣師範大學家政教育系。

劉美惠（民89）。台灣的單親家庭與其貧窮原因之探討。國立台灣大學社會學研究所未出版碩士論文。

蔡慧貞（民89）。家庭資源管理。台灣地區家庭教育資源手冊。教育部社教司。

謝高橋（民86）。社會學。台北市：巨流出版社。

魏子容（民87）。婚姻中的錢與權-談家庭主婦的經濟處境。國立台灣大學社會學研究所未出版碩士論文。

魏秀珍（民86）。家庭理財與決策問題。家政教育：第13卷，第4期，頁7-19。

魏秀珍（民90）。經營家庭的利器－談家庭資源管理。載於中華民國家庭教育學會主編：家庭生活教育（頁307-

335）。台北市：師大書苑。

藍采風（民85）。婚姻與家庭。台北市：幼獅文化出版公司。

西文部分

Arcus, M.E. , Schvaneveldt, J.D. & Moss , J.J. (1993). Nature of family life education. In M.E. Arcus, J.D. Schvaneveldt, & J.J. Moss.(Ends.), Handbook of family life education: Foundations , (pp.1- 25). CA: SAGE Pub., Inc.

Berk, L. E. (2000).The family. Child development. Fifth ddition,(pp.557-596) . London: Allyn and Bacon.

Bronfenbrenner, U.(1979). The ewlugy of human develop : Experiment by nature and disign. Cam bridge, MA:Havard University Press.

Jackson, G. & Wasnich, W. (1997).Consumer choice in an ecological context: A course description. Journal of Environmental Education, 28 (3). 20-27.

Olson, D.& Defrain, J. (3rd.)(2000). Perspectives on itimate relationship . Marriage and the family: Diversity and strengths, (pp.226-248). CA, Mountain View : Mayfield.

Retting , K. D., Rossmann, M.M, & Hogan, M.J. (1993).
　　Educating for family resource management. In
　　M.E. Arcus, J.D. Schvaneveldt, & J.J.　Moss.(Ends.
　　), Handbook of family life education : Preactice,
　　(pp.115-154). CA. : SAGE Pub.,Inc.

婚姻與家庭

國立嘉義大學家庭教育
研究所 ◎著

林淑玲 ◎校閱

定價 600 元

幸福家庭的定義怎麼說?

　　隨著政治民主化、經濟自由化、生活科技化,婚姻還是
一如過去一樣神聖而令人嚮向?家庭依然是價值觀傳承的殿
堂以及每個人身心最溫馨的避風港?面對今天這個激烈變動
的社會,夫妻關係、親子關係、家庭與社會的關係,該用甚
麼態度與方式來維繫與經營?顯然和諧家庭的建立,從鞏固
婚姻關係開始;和諧家庭總是先有一對相處融洽的夫妻...

生涯輔導與諮商
《理論與實務》
吳芝儀◎著

定價 600元

ISBN：957-30722-0-3

　　本書彙整當前有關生涯發展、生涯選擇、生涯決定理論，及針對小學、中學、大專各階段學生實施的生涯輔導方案，以提供各級學校老師位學生實施生涯輔導與規劃的理論依據和策略參考。本書並彙整作者數年來帶領學生進行生涯探索與規劃的團體活動教材，除提供老師們設計活動之參考外，更可直接作為學生自我學習的活動手冊，引導學生自行進行生涯探索與規劃。

生涯探索與規劃
《我的生涯手冊》
吳芝儀◎著

定價 320 元

ISBN：957-30722-1-1

　　本書涵蓋了自我探索、工作世界探索、家庭期待與溝通、生涯選擇與決定、生涯願景與規劃、生涯準備與行動等數個與生涯發展相關的重要議題，均提供了循序漸進的個別或團體活動，以輔助青少年或大專學生的自我學習，並可運用於生涯輔導課程、生涯探索團體、或生涯規劃工作坊中，作為輔導學生進行生涯探索與規劃輔助教材。

行動研究：生活實踐家的研究錦囊

吳美枝、何禮恩◎譯者

吳芝儀◎校閱者

定價 320元

ISBN：957-30722-7-0

　　本書關注行動研究的各個階段，並採取實務工作者─研究者的取向（從行動計畫到書寫報告），提供一些具體有用的建議，包括蒐集、處理與詮釋資料的議題，以及行動研究報告的評鑑標準等。本書的實務取向將鼓舞讀者嘗試新的行動策略來改善他們自身的實務工作，並持續尋求更好的專業發展。一系列行動研究（action research）的循環過程，則是促使教師能秉其專業知能設計課程與建構教學的最有效方法。

中輟學生的危機與轉機

吳芝儀◎著

定價 350元

ISBN：957-30722-3-8

　　本書彙整目的有二：一是試圖從多元層面理解中輟學生的問題，二是深入探討能解決中輟學生問題的有效中輟防治策略和選替教育方案。能提供關心中輟學生問題的教育、輔導、社福、警政、法務等不同專業領域的實務工作者參考，協力促成國內中輟學生教育和輔導方案的長足發展，以有效消弭青少年中途輟學或犯罪的問題，減低少年偏差和犯罪行為對社會之戕害。

國家圖書館出版品預行編目資料

家庭教育學 = Family educational/國立嘉義
　大學家庭教育研究所著. ── 初版. ── 嘉義市
　：濤石文化，2003〔民92〕
　　面；　　公分
　含參考書目
　ISBN 957-28367-7-3(平裝)
　1. 家庭教育學
528.2　　　　　　　　　　　　92014963

家庭教育學
Family Educational

校 閱 者：林淑玲

作　　者：國立嘉義大學家庭教育研究所著

出 版 者：濤石文化事業有限公司

責任編輯：郭玉滿

封面設計：白金廣告設計　梁淑媛

地　　址：嘉義市台斗街57-11號3F-1

登 記 證：嘉市府建商登字第08900830號

電　　話：(05)271-4478

傳　　真：(05)271-4479

戶　　名：濤石文化事業有限公司

郵撥帳號：31442485

印　　刷：鼎易印刷事業股份有限公司

初版二刷：2006年2月

Ｉ Ｓ Ｂ Ｎ ： 957-28367-7-3

總 經 銷：揚智文化事業股份有限公司

定　　價：新台幣650元

E-mail：waterstone@giga.com.tw

http://home.kimo.com.tw/tw_waterstone

濤石文化

濤石文化